高等学校交通运输与工程类专业教材建设委员会规划教材

公路养护决策与支持系统

HIGHWAY MAINTENANCE DECISION AND SUPPORT SYSTEM

主　编　纪小平
副主编　王朝辉
主　审　王选仓

人民交通出版社

北　京

内 容 提 要

本书为高等学校交通运输与工程类专业教材建设委员会规划教材。全书共八章,包括概论、公路养护数据统计与管理、公路技术状况调查检测与评价、公路技术状况预测、公路病害处治与养护、公路养护工程经济分析、公路养护决策分析、公路养护决策支持系统等内容。

本书可作为道路桥梁与渡河工程、土木工程(桥梁、隧道方向)专业本科生,交通运输工程(道路与机场工程方向)、土木工程(桥梁、隧道方向)专业研究生的教材,也可作为相关的工程类专业和相关的管理类专业大学生、工程技术人员的教学参考书和培训教材。

图书在版编目(CIP)数据

公路养护决策与支持系统 / 纪小平主编. — 北京:
人民交通出版社股份有限公司,2024.8
ISBN 978-7-114-19336-1

Ⅰ.①公… Ⅱ.①纪… Ⅲ.①公路养护—决策支持系统 Ⅳ.①U418

中国国家版本馆 CIP 数据核字(2024)第 107923 号

高等学校交通运输与工程类专业教材建设委员会规划教材
Gonglu Yanghu Juece yu Zhichi Xitong

书　　名:	公路养护决策与支持系统
著 作 者:	纪小平
策划编辑:	李　瑞
责任编辑:	王景景
责任校对:	赵媛媛　宋佳时
责任印制:	刘高彤
出版发行:	人民交通出版社
地　　址:	(100011)北京市朝阳区安定门外外馆斜街3号
网　　址:	http://www.ccpcl.com.cn
销售电话:	(010)59757973
总 经 销:	人民交通出版社发行部
经　　销:	各地新华书店
印　　刷:	北京建宏印刷有限公司
开　　本:	787×1092　1/16
印　　张:	29.5
字　　数:	676 千
版　　次:	2024 年 8 月　第 1 版
印　　次:	2024 年 8 月　第 1 次印刷
书　　号:	ISBN 978-7-114-19336-1
定　　价:	65.00 元

(有印刷、装订质量问题的图书,由本社负责调换)

前言

新中国成立以来特别是改革开放以来,我国公路建设取得了显著成绩,里程快速增长,质量持续提升。20世纪90年代大规模建设的公路,以及2005年前后大规模修建的农村公路都将进入周期性的养护高峰期,需要集中进行大中修改造。2022年末,全国公路里程535.48万公里,公路养护里程535.03万公里,占公路里程比重为99.9%。根据交通运输部《国家公路网规划(2013年—2030年)》,我国97%的国道、省道及县乡道将进行升级改造,公路养护设备+服务市场规模达2000亿。如何对存量公路设定合理的养护目标,做好科学合理的养护决策,将有限的养护资金优化分配到最需要养护的路段上,实现最低的全寿命周期养护成本,是当前必须解决的问题。

传统的养护决策体系已明显不适应现代化公路养护管理的需要。随着近年来自动化检测技术和信息化分析技术的不断深化应用,公路养护决策正逐步由传统经验判断向数据驱动的科学决策管理模式转变,效率和能力都显著提升。但是,限于理念差异以及当前技术所限,对科学决策的认识仍不到位,养护决策在养护工程各阶段工作中的定位不清晰,迫切需要加强公路养护决策科学化和规范化工作。

我国《"十四五"公路养护管理发展纲要》明确提出要强化养护科学决策,包括加快构建涵盖技术状况检测评定、目标设定、需求分析和养护计划编制的科学决策体系;探索推广新型无损检测装备,开发推广应用经济高效自动化的检测装备;强化各类检测监测数据的决策分析,形成数据驱动型的养护科学决策工作机制；加强科学决策成果的应用，构建国家公路养护工程项目库，并实现动态管理。因此，加强公路养护科学决策方法研究，重点研发各类设施养护评价、预测、决策等分析算法与模型，通过算法与模型汇集分析数据，提高决策水平，提升公路养护管理工作效能，是新时期公路养护决策亟须解决的问题。

本教材是在遵循我国最新公路养护相关的法律、法规、管理办法和行业规范的基础上，并充分吸收国内外相关成果编撰形成，对公路养护与养护决策的内容和流程，公路技术状况检测的抽样与数据处理方法，公路技术状况的调查检测、评价与预测，公路养护技术与项目经济分析，公路养护决策与支持系统等内容做了较为系统全面的论述。通过本教材的学习，使读者掌握公路养护决策的内容、流程与方法，具备从事公路养护决策的能力。

本教材由长安大学纪小平、王朝辉、史小丽以及安徽亳阜高速有限公司袁毅编写。其中，第一章、第二章、第三章、第五章、第八章（第一、二节）由纪小平编写，第四章、第七章由王朝辉编写，第六章由史小丽编写，第八章第三节中的安徽某高速公路运营管理平台由袁毅编写。全书由纪小平主编并统稿，由王选仓主审。

由于编者水平所限，谬误之处在所难免，欢迎读者批评指正。

编　者

2024 年 3 月

目录

第一章 概论 ··· 001
  第一节 公路设施组成与病害 ·· 001
  第二节 公路养护概述 ·· 008
  第三节 公路养护决策概述 ··· 015
  第四节 本课程特点与主要教学内容 ·· 021
  复习思考题 ·· 022

第二章 公路养护数据统计与管理 ··· 023
  第一节 抽样方法 ··· 023
  第二节 数据处理与统计方法 ·· 036
  第三节 数据管理 ··· 040
  复习思考题 ·· 052

第三章 公路技术状况调查检测与评价 ·· 053
  第一节 路基技术状况调查检测与评价 ··· 053
  第二节 路面技术状况调查检测与评价 ··· 068
  第三节 桥梁技术状况调查检测与评价 ··· 113
  第四节 隧道技术状况调查检测与评价 ··· 136
  第五节 沿线设施技术状况调查检测与评价 ·································· 156
  第六节 公路技术状况综合评价 ··· 160
  复习思考题 ·· 162

第四章 公路技术状况预测 ·· 164
  第一节 公路技术状况预测方法 ··· 164

第二节　公路技术状况预测常用模型……………………………………178
　　第三节　公路技术状况预测技术与实例分析……………………………184
　　复习思考题…………………………………………………………………202
第五章　公路病害处治与养护……………………………………………………204
　　第一节　路基病害处治与养护……………………………………………204
　　第二节　沥青路面病害处治与养护………………………………………220
　　第三节　水泥混凝土路面病害处治与养护………………………………243
　　第四节　桥涵病害处治与养护……………………………………………260
　　第五节　隧道病害处治与养护……………………………………………265
　　第六节　沿线设施养护……………………………………………………268
　　复习思考题…………………………………………………………………269
第六章　公路养护工程经济分析…………………………………………………270
　　第一节　公路养护费用分析………………………………………………270
　　第二节　公路养护效益分析………………………………………………301
　　第三节　公路资产估值……………………………………………………307
　　第四节　公路养护经济分析方法…………………………………………312
　　第五节　公路养护寿命周期经济分析方法与案例………………………320
　　复习思考题…………………………………………………………………336
第七章　公路养护决策分析………………………………………………………338
　　第一节　公路养护决策的内容与程序……………………………………338
　　第二节　项目级公路养护决策分析………………………………………343
　　第三节　网级公路资产养护维修排序与优化决策………………………389
　　复习思考题…………………………………………………………………414
第八章　公路养护决策支持系统…………………………………………………415
　　第一节　公路养护单项决策支持系统……………………………………415
　　第二节　公路养护综合决策支持系统……………………………………434
　　复习思考题…………………………………………………………………461
参考文献……………………………………………………………………………462

第一章 CHAPTER ONE
概论

【学习目标】

公路设施在交通荷载和自然环境综合作用下出现的各种病害,缩短了其使用年限,影响了运输综合效益的发挥。采取适当的养护措施修复病害,明确公路养护内容、养护决策方法和流程,是进行科学养护与决策的基础。本章介绍公路设施组成与病害、公路养护及公路养护决策概述,以及本课程的特点与主要教学内容。通过本章的学习,了解公路设施的组成与主要病害,明确我国公路养护的分类与内容,掌握公路养护决策的内容与流程。

第一节 公路设施组成与病害

公路(Highway)是供各种车辆和行人等通行的工程设施。公路工程则是以公路为对象而进行的规划、设计、施工、养护与管理工作的全过程及其工程实体的总称。公路按其行政等级分为国道、省道、县道、乡道、村道和专用公路;按其技术等级分为高速公路、一级公路、二级公路、三级公路、四级公路。

公路是线形结构物,包括线形和结构两个组成部分。公路结构是承受交通荷载和自然环境影响的结构物,包括路基、路面、桥涵、隧道、排水系统、防护工程、特殊构造物和沿线设施等。不同等级的公路在不同的条件下,其组成会有所不同。《公路技术状况评定标准》(JTG 5210—2018)将公路设施划分为路基、路面、桥隧构造物和沿线设施四大类。

一、路基

1. 路基组成

路基是按照公路路线设计确定的位置和形状在天然地表开挖或堆填岩土而成的带状结构物。它是公路行车部分的基础，承受路面传递下来的行车荷载，为路面提供坚固和稳定的支撑。路基贯穿公路全线，它由路基本体和为保证路基本体正常工作而设置的路基防护加固建筑物和排水建筑物等组成。

(1) 路基本体

路基本体是由天然的土、石填筑路堤，或在天然的地层中挖出路堑而形成的。路基本体顶面两侧边缘之间的距离，称为路基宽度。路基顶面以下 80cm 或 130cm 范围内的路基称为路床。路基两侧的斜坡称为路基边坡。边坡的坡度是边坡上两点间的竖直距离和水平距离之比，采用 $1:n$ 形式表征。

(2) 路基防护加固建筑物

路基防护加固建筑物是为了保证路基本体的坚固和稳定而设置的各种建筑物，包括为防止边坡风化和冲刷的边坡防护，支撑路基稳定的挡土墙，防止受水流和波浪冲刷的冲刷防护等。边坡防护有植物防护、工程防护和综合防护，常见的有植草、种树、植草皮、砂浆抹面、喷浆、挂网喷浆、锚杆挂网喷浆、护坡、护面墙、浆砌片石或水泥混凝土骨架植草护坡、多边形水泥混凝土空心块植物护坡、锚杆混凝土框架植物防护等。挡土墙包括路肩墙、路堤墙、路堑墙、山坡墙，其作用为降低挖方边坡高度，减少挖方数量，避免山体失稳滑坍；收缩路堤坡脚，减少填方数量和占地面积，保证路堤稳定；避免沿河路基挤缩河床，防止水流冲刷路基；防止山坡覆盖层下滑和治理滑坡以避免产生塌方与滑坡等。冲刷防护又分为直接防护和间接防护，前者包括植物防护、砌石防护、抛石防护、石笼防护、支挡防护和土工织物软体沉排防护，后者主要包括可改变水流方向和流速的丁坝、顺坝和格坝。

(3) 路基排水建筑物

路基排水建筑物能够保证路基经常处于干燥状态，避免因水的活动而使路基受到有害的影响。路基排水建筑物分为地面排水设施和地下排水设施。地面排水设施用以汇集地面雨水并将其引至路基以外排走，常见的有边沟、截水沟、排水沟、跌水、急流槽、倒虹吸、渡水槽和蒸发池等。地下排水设施用以降低地下水位，引排地下水流，常见的有盲沟、渗沟、渗井和检查井等。

2. 路基性能要求

路基除断面尺寸应符合设计标准外，还应满足下列基本要求：

(1) 整体稳定性

路基建成后改变了原地面的天然平衡状态。在工程地质不良地区，修建路基可能加剧原地面的不平衡状态；开挖路堑使两侧边坡土体失去支承力，可能导致边坡坍塌或滑坡；天然坡面特别是陡坡面上的填方路堤，可能因自重而下滑。对于上述种种情况，都必须因地制宜地采取一定措施来保证路基的整体稳定性。

(2)结构承载力

公路上的行车荷载通过路面传递给路基,对其产生一定压力,路基自重及路面的重量也给予路基和地基一定压力。这些压力都可使路基产生一定的变形,从而使路面变形,直接影响路面的使用品质。因此,要求路基应具有足够的强度,以保证在外力作用下不致产生超过容许范围的变形。

(3)水温稳定性

在地面水和地下水作用下,路基强度将显著降低。特别是在季节性冰冻地区,由于水温状况的变化,路基将发生周期性冻融作用,使路基强度急剧下降。因此路基应保证在最不利的水温状况下,强度不至于显著地降低,以使路面处于正常稳定状态,亦即要求路基具有足够的水温稳定性。

(4)符合环境保护要求

路基应符合环境保护要求,避免引发地质灾害,减少对生态环境的影响。

3. 路基病害

公路在行车荷载、温度与水分以及地震等自然灾害的作用下,路基的技术状况会逐步衰减,不可避免地出现各种破坏。破坏形式多种多样,原因也错综复杂。《公路技术状况评定标准》(JTG 5210—2018)将路基损坏分为路肩损坏、边坡坍塌、水毁冲沟、路基构造物损坏、路缘石缺损、路基沉降和排水不畅等七类,是进行路基技术状况评定的主要依据。而《公路路基养护技术规范》(JTG 5150—2020)将路基病害分为路肩病害、路堤与路床病害、边坡病害、既有防护及支挡结构物病害、排水设施病害等五类。

二、路面

1. 路面组成

路面是公路的重要组成部分,是在路基的顶部用各种材料或混合料分层修筑的供车辆行驶的一种层状结构物。它直接承受车辆荷载和自然因素的作用。路面的性能影响行车速度、安全、舒适性和运输成本。行车荷载和自然因素对路面的作用和影响,随着路面深度增加而递减。因此,对路面结构的强度、抗变形能力和稳定性的要求也随深度的增加而逐渐降低。根据这一特点,同时考虑到经济性,路面结构一般由各种不同材料分多层铺筑,各个层位分别承担不同的功能。通常将路面结构层划分为面层、基层和功能层。

(1)面层

面层是路面结构的最上层,直接承受车辆荷载,并与大气相接触。与其他结构层相比,面层应具备更高的强度、抗变形能力和较好的稳定性、平整度、耐磨性、抗滑性和不透水性。铺筑面层的材料主要有水泥混凝土、沥青混合料、块石等。等级高的公路路面面层通常由两层或三层构成,分别称为上面层和下面层,或上、中、下面层。

(2)基层

基层设置在面层之下,承受由面层传递下来的行车荷载,并将它扩散和传递到功能层和路基。虽然基层位于面层之下，但仍然难以避免大气降水从面层渗入，而且还可能受到地下水的侵蚀，因此基层除应具有足够的强度和刚度外，还应具有良好的水稳定性。同时为了保证面层的平整度，要求基层具有一定的平整度。修筑基层的材料主要有：各种结合料（如石灰、水泥或沥青等）稳定土或碎（砾）石以及各种工业废渣（如煤渣、粉煤灰、矿渣、石灰渣等）组成的混合料，贫水泥混凝土，各种碎（砾）石混合料，天然砂砾及片石、块石等。等级高的公路路面基层通常较厚，一般分两层或三层铺筑，位于下层的叫底基层。底基层对材料的质量和强度要求相对较低，应尽量使用当地材料修筑。

(3) 功能层

路面设计时，视情况需要设置具有排水、防水或抗冻等性能的功能层，其位于基层和路基之间，它的功能是改善路基的湿度和温度状况，保证基层和面层的强度、刚度和稳定性不受路基的影响。同时，它还将路面基层传下来的车辆荷载进一步扩散，从而减小路基顶面的压应力和竖向变形；另外，也能阻止路基土挤入路面基层。在地下水位较高的路基上，土质不良或冻深较大的路基上通常都应设置此类功能层。功能层材料的强度要求不一定高，但水稳定性和隔温性要好。常用的材料有两类：一类为松散粒料，如砂、砾石、炉渣、煤渣等透水性材料；另一类为石灰、水泥和炉渣稳定土等稳定性材料。

2. 路面性能要求

为了保证公路全天候通车，提高行车速度，增强安全性和舒适性，降低运输成本和延长公路使用年限，要求路面具有下述性能：

(1) 强度和刚度

汽车在路面上行驶，通过车轮把垂直力和水平力传递给路面，水平力又分为横向和纵向两种。此外，路面还受到车辆振动力和冲击力作用，在车身后面还会产生真空吸力。

在上述各种外力的综合作用下，路面结构内会产生不同大小的应力、应变，如果这些应力或应变超过路面结构整体或某一组成部分的强度或抗变形能力，路面就会出现断裂、沉陷、车辙及波浪等病害，从而使路况恶化，服务水平下降。因此，要求路面结构具有足够的强度，同时应具有一定的刚度，即抵抗变形的能力。

(2) 稳定性

路面结构袒露在大气中，无时不受到温度和湿度变化的影响，其力学性能也会随之不断发生变化，例如，沥青路面在夏季高温时会变软而易产生车辙和推移，冬季低温时又可能因收缩或变脆而开裂；水泥混凝土路面在高温时易发生拱胀破坏，温度急剧变化时会因翘曲而产生破坏。在冰冻地区，温度和湿度的共同作用易使路基路面结构产生冻胀、翻浆破坏。因此，要求路面结构必须具有足够的水温稳定性。

(3) 耐久性

路面结构要承受车辆荷载的多次重复作用，由此而逐渐产生疲劳破坏和塑性变形累积；另外，温度、湿度、日照等自然因素的影响会使路面各结构层材料老化而导致破坏，这些都将缩短路面的使用寿命、增加养护工作量及难度。因此，路面结构必须具有足够的抗疲劳强度、抗老化能力以及抗变形累积的能力。

(4) 表面平整度

路面平整度是影响行车安全、行驶舒适性和运输效益的重要指标。不平整的路面会增大行车阻力,并使车辆产生附加的振动作用。这种振动会造成行车颠簸,影响行车的速度和安全、驾驶的平稳和乘客的舒适。同时,振动作用还会对路面施加冲击力,从而加剧路面和汽车机件损坏,并增大燃油消耗。不平整的路面还会积滞雨水,加速路面的破坏。不同等级的公路,对路面平整度的要求不同。

平整的路面需依靠优良的施工机具、精细的施工工艺、严格的施工质量控制来保证。同时,路面结构的平整度还和整个路面结构、面层材料的强度及抗变形能力有关。强度和抗变形能力差的路面结构,经不起车轮荷载的反复作用,极易出现沉陷、车辙和推移等破坏,从而形成不平整的路面。

(5) 表面抗滑性和耐磨性

路面表面要求平整度好,但不宜光滑。光滑的路面,造成行驶的车轮与路面之间的附着力和摩擦力较小,影响行车安全性。特别是在雨天高速行车,或紧急制动,或爬坡、转弯时,车轮易产生空转或打滑,致使车速降低,燃油消耗增多,甚至引起严重的交通事故。路面的抗滑性能通常采用摩擦因数表征。高速公路和一级公路,由于行车速度高,因此,要求具有较高的抗滑性。

路面的抗滑性可通过采用坚硬、耐磨、表面粗糙的集料组成路面表层材料来实现,有时也可采用一些工艺性措施来实现,如水泥混凝土路面的刷毛、刻槽、露石等。此外,路面上的积雪、浮冰或污泥等也会降低路面的抗滑性,必须及时予以清除。

3. 路面病害

路面病害产生的原因是多方面的,有行车荷载因素(如超载、重复加载和水平荷载等)、环境因素(如温度变化、湿度变化和冰冻作用等)、施工和材料因素等。同一种因素可以引起不同的损坏,而同一种损坏可以由不同原因所造成。

沥青路面的损坏分为裂缝、变形、表面损坏和修补四大类,可细分为 11 种主要损坏类型。其中,裂缝包括横向裂缝、纵向裂缝、龟裂和块状裂缝 4 种,变形包括车辙、波浪拥包、沉陷 3 种,表面损坏包括泛油、松散、坑槽(洞)3 种。水泥混凝土路面的损坏分为裂缝、竖向变形、接缝损坏、表面损坏和修补五大类,可细分为 11 种主要损坏类型。其中,裂缝类病害包括裂缝、破碎板、板角断裂 3 种,竖向变形包括错台和拱起 2 种,接缝损坏包括唧泥、边角剥落和接缝料损坏 3 种,表面损坏包括坑洞和露骨 2 种。

三、桥梁

1. 桥梁组成

从养护工程角度,通常将桥梁分为上部结构、下部结构与桥面系。

(1) 上部结构

上部结构(又称桥跨结构),是在路线中断时跨越障碍的主要承载结构,不同桥型上部结构会有差异。梁式桥上部结构由上部承重构件(主梁、挂梁)、上部一般构件(湿接缝、横隔板等)和支座等组成;拱式桥上部结构由主拱圈、拱上结构、桥面板、拱片、拱肋及横向联结系等组成;悬索桥上部结构由加劲梁、索塔、支座、主鞍、主缆、索夹、吊索及钢护筒和锚杆等组成;斜拉桥上部结构由斜拉索系统(斜拉索、锚具、拉索护套、减振装置等)、主梁、索塔和支座等组成。

(2)下部结构

下部结构(又称桥墩和桥台),是支承桥跨结构并将荷载传至地基的建筑物。梁式桥、拱式桥和斜拉桥下部结构由翼墙、耳墙、锥坡、护坡、桥墩、桥台、墩台基础、河床和调治构造物等组成;悬索桥下部结构则由锚碇、索塔基础、散索鞍、河床和调治构造物等组成。

(3)桥面系

不同桥型的桥面系由桥面铺装、伸缩装置、人行道、栏杆或护栏、防排水系统、照明和标志等组成。

2. 桥梁病害

(1)上部结构病害

梁式桥上部结构的病害主要包括结构混凝土和混凝土保护层的破坏(蜂窝、麻面、剥落、掉角、空洞、孔洞)、混凝土碳化、混凝土强度衰减、钢筋锈蚀、涂层劣化、焊缝开裂、铆钉(螺栓)损失、结构变位(如横向联结件松动、纵向接缝开裂较大、边梁有横移或外倾现象等)、预应力构件损伤(如钢绞线裸露、断裂或失效,锚头开裂、损坏失效,梁板出现严重变形等)、(板)桥开裂、橡胶支座老化变质与开裂、钢支座磨损与裂缝等。

(2)下部结构病害

桥梁下部结构常见病害包括混凝土的破坏(蜂窝、麻面、剥落、露筋、空洞、孔洞),混凝土碳化、腐蚀、磨损与强度衰减,钢筋锈蚀,圬工砌体缺陷,桥墩滑动、下沉、倾斜和开裂等,台背排水不良、开裂、滑动、下沉、倾斜、冻拔等,台帽破损和开裂,基础冲刷、淘空、剥落、露筋、冲蚀、沉降、滑移、倾斜和开裂等,翼墙和耳墙破损、下沉、滑动、开裂、鼓肚、砌体松动等,锥坡和护坡冲刷,河床及调治构造物堵塞、冲刷和变形等。

(3)桥面系病害

桥面铺装包括沥青混凝土桥面铺装和水泥混凝土桥面铺装。沥青混凝土桥面铺装的主要病害有变形、泛油、破损和裂缝四大类。其中变形破坏包括车辙、拥包和高低不平等,破损主要包括松散、坑槽和露骨,裂缝包括纵向裂缝、横向裂缝、龟裂和块裂。水泥混凝土桥面铺装的主要病害有裂缝、竖向变形、接缝损坏、表面损坏四大类,具体包括磨光、脱皮、露骨、坑洞、剥落、错台、拱起、接缝料损坏、板角断裂和破碎板等。

伸缩缝装置主要病害包括凹凸不平、锚固区缺陷(锚固构件松动、锚固螺栓松脱、混凝土损坏)、破损(锚固构件松动、缺失,橡胶条老化、剥离,防水材料老化、脱落,焊接开裂、排水管堵塞失效)、伸缩异常或失效等。

除桥面铺装和伸缩缝装置外,桥面系病害还包括人行道、栏杆、护栏、照明、标志的破损和缺失,防排水系统排水不畅和破损等。

四、隧道

1. 隧道组成

从养护工程角度,通常将公路隧道分为土建结构、机电设施以及其他工程设施。

(1)土建结构

公路隧道的土建结构主要是指隧道的各类土木建筑工程结构物,包括洞口、洞门、衬砌、路面、检修道及风道、防排水设施、斜(竖)井、吊顶及各种预埋件、内装饰、交通标志标线等。

(2)机电设施

为隧道运行服务的相关机电设施包括供配电设施、照明设施、通风设施、消防设施、监控与通信设施等。供配电设施包括配变电所内电力设备、箱式变电站、外场配电箱、插座箱、控制箱等,照明设施包括隧道灯具与洞外路灯,通风设施类型有轴流风机和射流风机,消防设施由消火栓及水泵接合器、灭火器、火灾报警设施、水喷雾控制阀及喷头、气体灭火设施、电光标志等组成,监控与通信设施主要有各类检测仪、闭路电视、有线广播、紧急电话、横通道门、交通控制和诱导设施、控制器(箱)、光端机、交换机等。

(3)其他工程设施

其他工程设施主要包括电缆沟和设备洞室、洞外联络通道、洞口限高门架、洞口绿化设施、消音设施、减光设施、污水处理设施、洞口雕塑、隧道铭牌和房屋设施等。

2. 隧道病害

(1)土建结构病害

公路隧道土建结构的病害包括:洞口边(仰)坡有危石、积水、积雪、挂冰,边沟淤塞,构造物开裂、倾斜、沉陷等;洞门的开裂、倾斜、沉陷、错台、起层、剥落、渗漏水、挂冰等;衬砌的裂缝、错台、起层和剥落,渗漏水、挂冰、冰柱等;隧道路面落物、油污、滞水或结冰,路面拱起、坑槽、开裂与错台等;检修道的结构破损、盖板缺损、栏杆变形与损坏等;防排水设施缺损、堵塞、积水、结冰;吊顶及各种预埋件变形、缺损、漏水和挂冰;内装饰脏污、变形、缺损;标志、标线和轮廓标脏污、部分缺失、连接件失效等。

(2)机电设施病害

公路隧道机电设施的主要病害包括:线路老化、短路、断路、绝缘失效、套管破损等,开关、断路器等松动、联锁不正常、接触不紧密等,操作结构污染、卡塞转动失灵,照明设备失亮、破损,设备老化、破损和功能失效等。

(3)其他工程设施病害

公路隧道其他工程设施的主要病害包括:电缆沟破损、积尘和积水;设备洞室损坏、渗漏水,标志不齐、不清晰;洞外联络通道设施破损,标志不齐全、不清晰,路面积水、破损等;洞口限高门架变形,结构不完整,标志不齐、不清晰;洞口绿化树木妨碍行车、枯死;消音设施工作不正常;减光设施损坏,标志不齐、不清晰,减光效果不正常;污水处理设施渗漏、淤积;洞口雕塑、隧道铭牌毁损和脏污;房屋设施的承重构件变形、裂缝、松动,非承重墙体渗漏、破损,屋面排水不通畅、渗漏;楼地面、门窗、顶棚变形,水卫、电照、暖气等设备损坏。

五、沿线设施

根据《公路技术状况评定标准》(JTG 5210—2018)的规定,公路沿线设施主要包括交通安全设施、交通管理设施、附属设施和绿化等,由于机电和服务设施等具有特殊性,不纳入养护管理的范畴。沿线设施损坏主要包括防护设施缺损、隔离栅损坏、标志缺损、标线缺损和绿化管护不善5类。

第二节 公路养护概述

一、我国公路养护概况

截至 2022 年底我国公路通车总里程 535.48 万公里,公路养护里程 535.03 万公里,占公路总里程比重为 99.9%。20 世纪 90 年代大规模建设的公路,以及 2005 年前后大规模修建的农村公路都将进入周期性的养护高峰期,需要集中进行大中修改造。我国高速公路修建高峰期集中在 21 世纪头十年,公路建设高峰过后,公路养护的压力与日俱增。按照 5~10 年的中大修年限推算,过去十年建成通车的公路都将进入密集养护期,需要集中进行大中修改造。根据《国家综合立体交通网规划纲要》,未来我国将建设国家高速公路网、普通国道网等公路,合计 46 万公里左右,公路养护的基础里程仍将增长。2015—2022 年中国公路通车总里程、公路养护里程及占比见图 1-1。

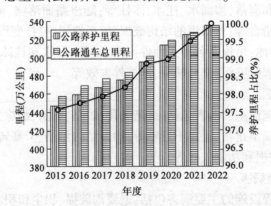

图 1-1 2015—2022 年中国公路通车总里程、公路养护里程及占比

随着社会经济快速发展、公路网规模迅速扩大、公众出行需求提升,公路养护工程的内涵和外延都发生了新变化。加快构建现代公路养护体系,推行养护决策科学化、养护管理制度化、养护工程精准化、养护生产绿色化,是公路养护事业的发展方向,也是公路交通

转型升级、服务交通强国的必由之路。我国《"十四五"公路养护管理发展纲要》指出,到2025年实现以下目标:

(1)高速公路技术状况(MQI)优等路率保持在90%以上。普通国道MQI优良路率达到85%以上,其中东、中、西部分别达到90%、85%、80%以上。普通省道MQI优良路率达到80%以上,其中东、中、西部分别达到85%、80%、72%以上。农村公路MQI优良中等路率达到85%以上,年均养护工程实施比例不低于5%。

(2)高速公路路面技术状况(PQI)优等路率保持在88%以上。普通国道PQI优良路率达到80%以上,其中东、中、西部分别达到88%、80%、72%以上。普通省道PQI优良路率达到75%以上,其中东、中、西部分别达到80%、75%、70%以上。

(3)高速公路一、二类桥梁比例达到95%,普通国省干线公路一、二类桥梁比例达到90%。到2023年底和2025年底,分阶段完成国省干线公路和农村公路2020年底存量四、五类桥梁(隧道)改造。国省干线公路新发现四、五类桥梁(隧道)处治率达100%。

二、公路养护工程分类与内容

公路养护是指交通运输主管部门或公路管理机构(经营性收费公路为该公路经营企业)为了保证公路的安全畅通,并使公路处于良好的技术状态,在公路运营期间,按照相关的法律法规、政府规章和技术规范、操作规程,对公路、公路用地和公路沿线附属设施开展的保养、维修、水土保持、绿化和管理的各项业务工作。为加强和规范公路养护工程管理,区分工作范围,提高养护质量与效益,须按养护工程性质、规模等对养护工程类型进行划分。不同时期的公路养护工程分类方法并不一致。

《公路养护工程管理办法》(交公路发〔2001〕27号)规定,公路养护工程按其工程性质、复杂程度、规模大小划分为小修保养、中修、大修和改建工程,详见表1-1。

公路养护工程分类与作业内容(2001)　　　　表1-1

类别	定义	具体作业内容
小修保养	小修保养是对管养范围内的公路及其沿线设施经常进行维护保养和修补其轻微损坏部分的作业。小修保养经费由省级公路管理机构根据所管养公路的行政等级、使用年限、技术等级、交通量和路况现状等因素,按照养护工程定额核定养护经费,实行定额计量管理	小修: 路基:小段开挖边沟、截水沟或分期铺砌边沟;清除零星塌方,填补路基缺口,轻微沉陷翻浆的处理;桥头接线或桥头、涵顶跳车的处理;修理挡土墙、护坡、护坡道、泄水槽、护栏和防冰雪设施的局部损坏;局部加固路肩。 路面:局部处理砂石路的翻浆变形、添加稳定料;碎砂石路面修补坑槽、沉降,整段修理磨耗或扫浆砂砂;桥头、涵顶跳车的处理;沥青路面修补坑槽、沉降、处理波浪、局部龟裂、裂缝、啃边、松散等病害;水泥混凝土路面板块的局部修理;水泥混凝土路面局部清缝、灌缝及裂缝封填。 桥梁、涵洞、隧道:局部修理,更换桥栏杆和修理泄水孔、伸缩缝、支座和桥面的局部轻微损坏;修补墩、台及河床铺层和防圬工的微小损坏;涵洞进出口铺砌的加固修理;通道的局部维修和疏通修理排水沟;清除隧道洞口碎落石和修理圬工裂缝,处理渗漏水。 沿线设施:安保设施、里程碑、百米桩、界碑、轮廓标等油漆、修理或部分更换;路面标线的局部补划。

续上表

类别	定义	具体作业内容
小修保养	小修保养是对管养范围内的公路及其沿线设施经常进行维护保养和修补其轻微损坏部分的作业。小修保养经费由省级公路管理机构根据所管养公路的行政等级、使用年限、技术等级、交通量和路况现状等因素，按照养护工程定额核定养护经费，实行定额计量管理	保养： 路基：整理路肩、边坡，修剪路肩、分隔带草木，消除杂物，保持路容整洁；疏通边沟，保持排水系统畅通；消除挡土墙、护坡滋生的有碍设施功能发挥的杂草，修理伸缩缝、疏通泄水孔及松动石块；路缘带的修理。 路面：清除路面泥土、杂物，保持路面清洁；排除路面积水、积雪、积冰、积砂，铺防滑料、灭尘剂或压实积雪维持交通；砂石路面刮平，修理车辙；碎砾石路面匀扫面砂，添加面砂，洒水润湿，刮平波浪，修补磨耗层；处理沥青路面的泛油、拥包等病害；路缘石的修理和刷白。 桥梁、涵洞、隧道：清除淤泥、积雪、杂物，保持桥面清洁；疏通涵管，疏导桥下河槽，伸缩缝养护，泄水孔疏通，钢支座加涂滑油，栏杆油漆，桥涵的日常养护；保持隧道内及洞口清洁。 沿线设施：安保设施、里程碑、百米桩、界碑、轮廓标等维护或定期清洗
中修工程	中修工程是对公路及其沿线设施的一般性损坏部分进行定期的修理加固，以恢复公路原有技术状况的工程。中修工程项目由地(市)级公路管理机构向省级公路管理机构提出建议计划和概算，省级公路管理机构审核、汇总提出建议计划，报省级交通主管部门审批下达	路基：局部加宽路基，或改善个别急弯、陡坡、视距；全面修理、接长或个别添建挡土墙、护坡、护坡道、泄水槽及铺砌边沟；清除较大塌方，大面积灌浆，沉陷处理；整段开挖边沟、截水沟或铺砌边沟；积水路面的处理；平交道口的改善；整段加固路肩。 路面：砂石路面处理翻浆，调整横坡；碎砾石路面局部路段加厚、加宽、调整路拱加铺磨耗层，处理严重病害；沥青路面整段封层罩面；沥青路面严重病害的处理；水泥混凝土路面整块换板；水泥混凝土路面整段进行板底灌注，整段进行裂缝、断角、错台、沉陷等病害处治；水泥混凝土路面整段刻纹恢复路面抗滑性能；水泥接缝材料的整段更换；桥头搭板或过渡路面的整修；整段安装、更换路缘石。 桥梁、涵洞、隧道：修理、更换木桥的较大损坏构件及防腐；修理更换中小桥支座、伸缩缝及个别构件；大中型钢桥的全面油漆除锈和各部件的检修；永久性桥墩、台侧墙及桥面的修理和小型桥面的加宽；重建、增建、接长涵洞；小桥桥面的加宽；桥梁河床铺底或调治构造物的修复和加固；通道的修理与加固；排水设施的更新；各类排水泵站的修理。 沿线设施：全线新设或更换里程碑、百米桩、界碑、轮廓标等；隔离栅的全面修理更换；整段路面标线的划设；整段更新标志牌面板
大修工程	大修工程是对公路及其沿线设施的较大损坏进行周期性的综合修理，以全面恢复到原技术标准的工程项目。大修工程项目由地(市)级公路管理机构向省级公路管理机构上报建议计划和概算，省级公路管理机构审核、汇总提出建议计划，报省级交通主管部门审批下达	路基：在原有技术等级内整段改善线形；重建或增建大型挡土墙、护坡等防护工程；大塌方的清除及善后处理。 路面：整段用稳定材料改善土路；整段加宽、加厚或翻修重铺碎砾石路面；加宽、翻修或补强重铺水泥混凝土路面或沥青路面；局部路段砂石路面改造为沥青路面或水泥混凝土路面；局部路段沥青路面改造为水泥混凝土路面；局部路段水泥混凝土路面改造为沥青路面。 桥梁、涵洞、隧道：在原技术等级内加宽、加高、加固大中型桥梁；改建、拆除重建、增建小型桥梁和技术简单的中桥；增建或改建较大的河床铺底和永久性调治构造物；吊桥、斜拉桥缆索的调整更换；大桥桥面铺装的更换；大桥支座、伸缩缝的修理更换；通道改建；隧道的通风、照明和排水设施的全面整修或更新；隧道的较大防护、加固工程

续上表

类别	定义	具体作业内容
改建工程	改建工程是对公路及其沿线设施因不适应现有交通量增长和载重需要而提高技术等级指标,显著提高其通行能力的较大工程项目。省级公路管理机构应根据本辖区路网的总体规划、现有公路的技术状况、通行能力和国民经济发展等的需要,研究提出本辖区的路网改建计划,报省级交通主管部门审批。国省干线改建工程项目,由省级公路管理机构组织实施;县道改建工程项目,由地(市)级公路管理机构组织实施	路基:整段加宽路基,改善公路线形,提高技术等级。 路面:整线整段提高公路等级,铺筑铺装、简易铺装路面;新铺碎砾石路面;水泥混凝土路面病害处理后,补强或改造为沥青混凝土路面。 桥梁、涵洞、隧道:提高公路技术等级,加宽、加高大中型桥梁;改建、增建小型立体交叉桥;增建公路通道;新建渡口的公路接线、码头接线;新建短隧道工程

《公路养护工程管理办法》(交公路发〔2018〕33号)规定,公路养护工程按照养护目的和养护设施差异,分为预防养护工程、修复养护工程、专项养护工程和应急养护工程,详见表1-2。

公路养护工程分类与作业内容(2018) 表1-2

类别	定义	具体作业内容
预防养护	公路整体性能良好但有轻微病害,为延缓性能过快衰减、延长使用寿命而预先采取的主动防护工程	路基:增设或完善路基防护,如柔性防护网、生态防护、网格防护等;增设或完善排水系统,如边沟、截水沟、排水沟、拦水带、跌水槽等;集中清理路基两侧山体危石等;其他。 路面:针对整段沥青路面面层轻微病害采取的防损、防水、抗滑、抗老化等表面处治;整段水泥混凝土路面防滑处治、防剥落表面处理、板底脱空处治、接缝材料集中清理更换等;其他。 桥梁、涵洞:桥梁、涵洞周期性预防处治,如防腐、防锈、防侵蚀处理等;桥梁构件的集中维护或更换,如伸缩缝、支座等;其他。 隧道:隧道周期性预防处治,如防腐、防侵蚀处理、防火阻燃处理等;针对隧道渗水、剥落等的预防处治;其他

续上表

类别	定义	具体作业内容
修复养护	公路出现明显病害或部分丧失服务功能,为恢复技术状况而进行的功能性、结构性修复或定期更换工程	路基:处治路堤路床病害,如沉降、桥头跳车、翻浆、开裂滑移等;增设或修复支挡结构物,如挡土墙、抗滑桩等;维修加固失稳边坡;集中更换安装路缘石、硬化路肩、修复排水设施等;局部路基加高、加宽、截弯取直等;防石、防风沙设施的修复养护等;其他。 路面:改善沥青路面结构强度,如直接加铺、铣刨加铺、翻修加铺或其他各类集中修复等;水泥混凝土路面结构形式改造、破碎板或其他路面病害修复等;整路段砂石、块石、条石路面的结构修复及改善等;配套路面修复完善相关附属设施,如调整标志标线、护栏、路缘石、路口及分隔带开口等;其他。 桥梁、涵洞:桥梁、涵洞加固、病害修复,如墩台(基础)、锥坡翼墙、护栏、拉索、调治结构物、径流系统等的维修完善;桥梁加宽、加高、涵洞重建、增设、接长涵洞等;其他。 隧道:对隧道结构进行加固、病害修复,如洞门、衬砌、顶板、斜井、侧墙等的修复;其他。 机电:对通信、监控、通风、照明、消防、收费、供配电设施、健康监测系统等进行增设、维修或更新;其他。 交通安全设施:集中更换或新设标志标牌、防眩板、隔音屏、隔离栅、中央活动门、限高架等;整段路面标线的施划;集中维修、更换或新设公路护栏、警示桩、道口桩、减速带等;其他。 管理服务设施:公路养护、管理、服务等的房屋、场地和设施设备的维修、改造、扩建或增设;其他。 绿化景观:更换、新植行道树及花草,开辟苗圃等,公路景观提升、路域环境治理等
专项养护	为恢复、保持或提升公路服务功能而集中实施的完善增设、加固改造或拆除重建等工程	针对阶段性重点工作实施的专项公路养护治理项目
应急养护	在突发情况下造成公路损毁、中断,产生重大安全隐患等,为较快恢复公路安全通行能力而实施的应急性抢通、保通、抢修工程	对自然灾害或其他突发事件造成的障碍物的清理;公路突发损毁的抢通、保通、抢修;突发的经判定可能危及公路通行安全的重大风险的处治

三、公路养护工程实施流程

公路养护工程按照养护工程前期工作、养护工程计划编制、养护工程设计、养护工程施工、养护工程验收等环节和流程组织实施,如图1-2所示。

1. 养护工程前期工作

养护工程前期工作指的是在确定养护计划之前进行公路技术状况检测与评定、养护需求分析、养护方案确定等,并进行项目级和网级的养护科学决策,制订养护计划,如图1-3所示。

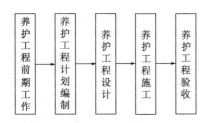

图1-2 养护工程实施流程图

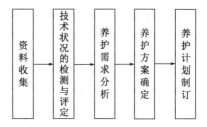

图1-3 养护工程前期工作基本流程图

公路技术状况检测与评定是确定实施养护的基础,应按照相关标准规范规定的检测方法、指标与频率,定期对路基、路面、桥隧、沿线设施等进行检测与评定。积极运用自动化快速检测技术开展检测与评定,确保数据客观真实。

按照路况检测与评定、养护需求分析、养护方案确定的程序进行养护决策,为制订养护计划提供科学依据。在公路技术状况检测与评定的基础上,结合国家或者本地区养护规划和相关标准规范的要求,科学设定养护目标,合理筛选出需要实施养护工程的路段或者构造物。对于需要实施养护工程的路段或者构造物,应当及时开展专项调查,根据公路技术状况、病害情况及发展趋势,综合考虑技术、经济、安全、环保等因素,按照全寿命周期综合效益最佳的理念,合理确定养护方案。对于整个路网来说,应当建立养护工程项目库,养护工程应当纳入项目库管理。项目库按照滚动方式实施动态调整,每年定期进行更新,形成新一轮项目库。

2. 养护工程计划编制

公路管理机构和公路运营企业应当根据项目库的储备更新情况,合理编制养护工程年度实施计划。公路养护工程计划编制应当遵循以下原则:

(1)优先安排严重影响公众安全通行的项目;
(2)优先安排具有重大政治、经济意义的项目;
(3)优先考虑路况水平较差、明显影响公路整体服务水平的项目;
(4)优先考虑全寿命周期综合效益较好的预防性养护工程项目;
(5)统筹安排,避免集中养护作业造成交通拥堵;
(6)确保与养护施工的最佳时间相匹配,以保障工程实施效果和经济效益。

3. 养护工程设计

公路养护工程设计应根据养护工程类型与病害类型明确设计原则、设计标准、设计方法及其他技术要求等内容。养护工程设计以公路养护工程专项检测与评价为基本依据,结合养护工程类别、病害状况及发展趋势、全寿命周期技术经济分析等合理确定养护工程设计方案，并应遵循下列原则：

(1) 坚持因地制宜、就地取材、循环利用。根据区域社会经济发展状况、公路自然区划、公路等级、项目特点等进行针对性设计。我国不同区域在社会经济、气候、水文等方面存在较大差异，会出现相同病害不同病因的情况，因此病害处治方法也存在一定的差异。

(2) 针对不同病害的分布特点分段、分类设计，实现养护工程设计标准化。公路设施病害的种类、程度、范围千差万别，需要在精准分析病害种类与机理的基础上，提出高效对症的养护措施。即使针对同种病害，相邻路段病害的严重程度也存在差别，养护措施也需要进行调整。

(3) 公路养护工程设计遵循动态设计原则，及时跟踪公路病害发展情况，并根据需要进行设计变更。在养护工程设计周期内，工程病害受交通车辆运行的影响，存在进一步发展扩大或加深的情况，因此为完整、彻底地处治病害，在施工过程中进行动态变更设计是非常必要的；同时部分养护工程设计完成后未能按时施工，且拖延时间过长，此类项目再次启动时需按病害发展情况进行重新设计，也是动态设计的内容之一。

(4) 公路养护工程设计应积极采用成熟的新技术、新材料、新设备、新工艺。

(5) 公路养护工程设计应坚持保护环境和节约资源，充分利用废旧材料。充分利用地材，推进废旧沥青路面与水泥混凝土路面材料的循环利用。

(6) 公路养护工程应同步开展交通组织评价与设计，保障养护工程实施期间的交通通行和施工作业区安全。公路养护工程施工，特别是低等级公路，多采用边通车边施工的组织方式，对公路服务水平和施工安全影响较大，需结合既有路网布局编制交通组织方案，以最大限度降低对公路正常运营的影响。对于占道施工的情况需对交通服务水平下降状况和实际需求进行说明。

养护工程设计根据养护工程类型、公路等级及结构物复杂程度等的不同，分为一阶段设计和两阶段设计。预防养护工程设计一般采用一阶段施工图设计；修复养护工程设计一般采用方案设计和施工图设计两阶段设计，技术简单、方案明确的修复养护工程设计可采用一阶段施工图设计；应急养护工程设计可采用一阶段方案设计。公路养护工程设计基本流程如图 1-4 所示。

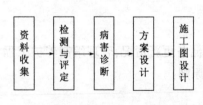

图 1-4　养护工程设计基本流程图

4. 养护工程施工

养护工程施工应遵循以下原则：

(1) 养护工程开工前，公路管理机构、公路运营企业应当根据设计文件要求，严格审查养护作业路段的安全和交通保障方案，并根据需要报交通运输主管部门、公安机关交通管理部门等进行备案。

(2) 养护工程应当按照审查通过的设计文件进行施工，对施工中发现的设计问题，应当书面提出设计变更建议，设计变更经原设计审查单位批准后实施。

(3)公路养护工程施工作业应当按照有关技术规范和操作规程进行。养护工程施工应当尽量选择交通流量较小的时段。除应急养护工程外,公路管理机构、公路运营企业、施工单位应当在施工作业开始之前,通过媒介、公告牌等向社会公告,明确绕行路线,并在绕行处设置标志。

(4)公路管理机构、公路运营企业应当加强养护工程成本控制和管理;项目完工后,及时按照有关规定进行工程审计及财务决算。

5. 养护工程验收

对于技术复杂程度高或投资规模较大的养护工程,可以按交工验收和竣工验收两个阶段执行。其余一般养护工程按一阶段竣工验收执行。对于适用于一阶段验收的养护工程项目,应当在工程完工交付使用后6个月之内完成验收;对于适用于两阶段验收的养护工程项目,应当在工程完工后及时组织交工验收,并在养护工程质量缺陷责任期满后6个月之内完成竣工验收。养护工程质量缺陷责任期一般不少于6个月,最多不超过24个月。

养护工程完工后未经验收的,由施工单位承担养护责任;经验收不合格的,由施工单位负责返修。公路养护工程验收依据主要包括:

(1)批准的公路养护工程计划文件;
(2)签订的公路养护工程合同;
(3)批准的设计文件,预算及批复;
(4)批准的变更设计文件及图纸;
(5)公路养护工程有关标准、规范及有关规定。

公路养护工程验收应当具备下列条件:

(1)完成设计文件和合同约定的各项内容;
(2)完整的技术档案和施工管理资料;
(3)工程使用的主要材料和设备的进场试验报告;
(4)设计、施工等单位分别签署的质量合格文件;
(5)施工单位签署的质量保证书;
(6)公路工程质量监督机构出具的项目质量鉴定证书;
(7)工程质量缺陷问题已整改完毕。

第三节 公路养护决策概述

一、养护决策概念与发展概况

公路养护决策,指的是围绕养护目标,应用科学的分析手段与方法,按照一定的工作程序进行分析比选,制定公路中长期养护规划、养护工程项目库和年度养护计划的活动。

公路养护决策属于公路养护前期工作,其主要目的在于:根据公路技术状况的检测与评定结果,进行养护需求分析,确定养护方案,制定养护计划与中长期养护投资。

20世纪70年代中期,西方发达国家在经历了大规模的公路建设之后,突如其来的巨大公路养护需求、养护资金短缺和公众对快速安全出行要求的提高,使公路养护管理部门遇到了前所未有的新问题。面对突然到来的大规模公路养护时代,西方发达国家投入了巨大的人力、物力和财力,实施了系统的科学研究,开发了新的检测技术、检测装备和新型养护材料,提出科学的决策理论、决策方法和基于全寿命的养护设计技术,建立了现代养护决策制度体系。通过新技术的广泛应用,改变了传统的公路养护模式,缓解了公路养护压力,使公路养护走上了可持续发展道路。

养护决策是公路养护工作的重要组成,是公路养护管理部门的主要工作。传统的公路养护决策方法是以人工调查、主观决策为主的经验型决策模式。这种传统的经验型决策模式是在特定时期,为适应特定时期技术经济环境及公路养护需求而形成的一种模式化的决策方法。传统决策模式的优点是决策简单,效率高,不占或少占用资源;缺点是养护决策主观性大,主观决策常常导致应该养护的没有及时养护,不需要养护的却提前养护。但是公路养护缺乏科学的规划性和计划性,决策的主观性和只考虑现状不问长期效果的决策方法经常造成严重的资金浪费,同时也使公路尤其是路面处于经常性的维修状态,降低了公路的服务水平和投资效益。随着我国公路养护规模的迅速扩大、交通量的快速增长和社会对公路服务水平(行驶质量、运行速度和行车安全性)期望的提高,传统的养护决策模式已经远远不能适应以快速、安全、舒适为服务宗旨的现代公路养护要求,公路的快速发展要求建立一种新的养护决策模式。

从20世纪70年代引入国外的路面管理系统,到21世纪初开发形成具有自主知识产权的公路资产管理系统,我国公路检测装备、计算机技术和管理水平不断提高,公路养护决策的能力得到明显提升,我国正逐步由传统经验判断向数据驱动的科学决策管理模式转变。经过20多年的研究,我国已经具备了支撑现代公路养护决策的快速可靠的公路检测技术及装备,以及以养护决策为核心技术的决策支持系统。现代公路养护决策内容主要包括:

(1)路况快速检测与数据管理;
(2)公路技术状况评定;
(3)项目级公路养护决策(为路段或项目选择最佳的养护措施);
(4)网级公路养护决策(路网中项目的选择、优化与排序);
(5)年度养护计划和中长期养护规划;
(6)养护工程项目库确定;
(7)中长期养护资金安排。

强化养护科学决策是新时期公路养护的重点内容。需要加快构建涵盖技术状况检测评定、目标设定、需求分析和养护计划编制的科学决策体系。探索推广新型无损检测装备,开发推广应用经济高效的自动化检测装备。强化各类检测监测数据的决策分析,形成数据驱动型养护科学决策工作机制。加强科学决策成果的应用,构建公路养护工程项目库,并实现动态管理。加强公路养护科学决策方法研究,重点研发各类设施养护评价、预测、决策等分析算法与模型,通过算法模型汇集分析数据,提高决策水平,提升公路养护管理工作效能。

二、公路养护决策分类与任务

根据对象的不同,公路养护决策可以分为网级决策和项目级决策。

1. 网级决策

网级决策面向一个地区(省、市)的公路网或一大批工程项目,主要目的是为管理部门在进行关键性的行政决策时提供对策,任务包括:

(1)性能检测——路网内公路设施技术状况检测;
(2)技术分析——路网内公路设施技术状况的分析和预估;
(3)路网规划——确定路网内需要养护、改建和新建的项目;
(4)计划安排——项目应进行养护、改建和新建的时间,各项目的优先排序;
(5)预算编制——路网达到不同预定服务水平时,各年度所需的投资额;
(6)资源分配——各行政区域或不同等级公路养护、改建和新建之间的资源分配。

网级决策会受到技术、经济与政策等方面的约束,科学的决策就是在给定限制的条件下,进行资金分配方案的分析,选择最经济有效的方案,合理地分配和使用有限的养护资金、资源,最大限度地满足系统的要求。网级决策要充分考虑工程技术、预算或投资、政策等方面所带来的影响,如图1-5所示。

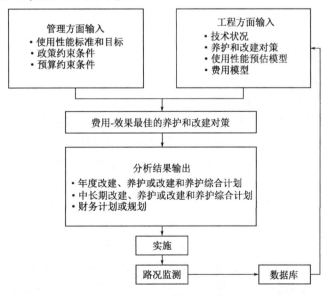

图1-5 网级决策影响因素

管理方面输入要素包括：

(1)使用性能标准和目标——路网内各项目规定的使用性能的最低要求,预定路网技术状况达到的总体水平等;

(2)政策约束条件——项目优先排序的特定原则,事先规定的地区投资分配比例或养护、改建和新建投资分配比例等;

(3)预算约束条件——各年度可用于公路养护的资金等。

工程方面的输入要素包括：

(1)技术状况——通过路况监测系统定期采集到的公路技术状况数据,以及依据这些数据所作出的路况水平评价;

(2)养护和改建对策——针对不同的公路设施,按当地的经验、条件和政策,制订出若干典型的养护和改建对策,供选择对策方案时参考;

(3)使用性能预估模型——建立各类公路设施(包括采取各种养护和改建措施后)的使用性能随时间或交通作用而变化的关系,据以分析比较各种对策方案的效果,以求得到最佳的对策;

(4)费用模型——通常包括建设费用、养护费用和用户费用三部分。建设费用是指新建或改建时的一次投资。养护费用则是公路在使用期间的日常维护费。用户费用是指使用公路的车辆所担负的运行费、行程时间费和延误费等。它反映了公路部门提供的投资和服务水平所产生的直接社会效益。

2. 项目级决策

项目级决策仅针对一个工程项目或一个路段,主要目的在于为一个工程项目或一个路段选择费用-效果最佳的方案,主要任务包括：

(1)技术状况检测与评定;

(2)养护对策确定;

(3)养护时机确定;

(4)养护措施选择;

(5)经济分析与最佳养护措施确定。

项目级决策影响因素如图1-6所示。在项目级决策时,要将网级决策结果作为项目级决策的目标,包括行动目标(采取哪一类养护、改建或新建措施)、费用目标(可分配到的最高投资额)和使用性能目标(在预定期限内应具有的使用性能指标)。这三方面目标便是选择项目方案的约束条件。

项目级管理系统依据网级系统所给定的约束条件,把该计划项目有关的设计、施工、养护和改建活动组织协调在一起进行周详的考虑。通常,新建或改建公路的设计都是按预定的服务年限(设计年限)提出结构方案,而并不分析寿命周期的经济性,也不考虑初期修建同养护和改建的相互影响。项目级管理系统可以对考虑设计、施工、养护和改建的各个方案的费用和效益进行比较,从中得出可以在分析期内以最低的总费用提供要求的服务水平或效益的最佳对策方案,如图1-7所示。

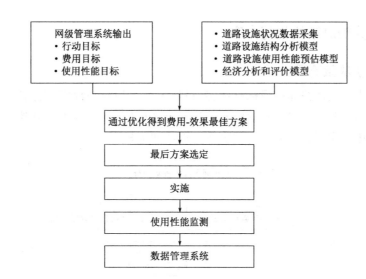

图1-6 项目级决策影响因素

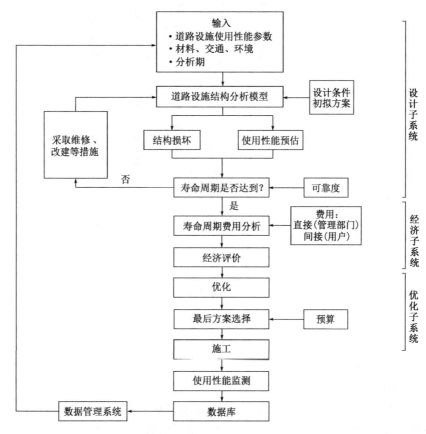

图1-7 项目级决策流程图

三、公路养护决策流程与内容

1. 公路养护决策流程

公路养护决策应按照养护目标制定、公路技术状况检测与评定、公路技术状况分析、养护需求分析、养护工程项目库编制、养护技术方案确定、年度养护计划建议编制和养护效益评估等工作程序开展。公路养护决策流程如图1-8所示。

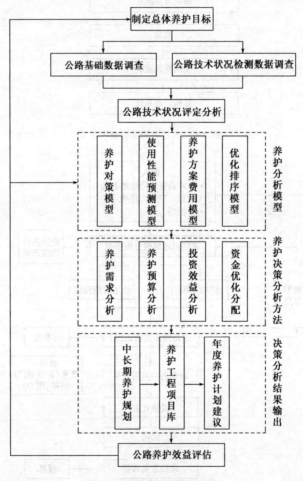

图1-8 公路养护决策流程图

2. 公路养护决策内容

公路养护的内容主要包括以下五个方面：

(1)公路技术状况检测与评定。公路养护决策应基于准确的公路基础信息数据，并定期组织开展公路技术状况检测评价工作，全面掌握当前路况水平。

(2)公路技术状况分析。根据公路技术状况评价结果，开展路况现状分析、历史路况分析及病害成因分析,科学评估公路的安全性、耐久性、适应性。

(3) 养护决策相关模型构建。应结合本地实际,构建养护决策相关模型,包括养护对策模型、使用性能预测模型、养护方案费用模型、优先排序模型等,养护决策模型参数应进行定期标定和修正。

(4) 公路年度养护计划编制。应开展年度养护决策分析工作,包括养护需求分析、养护预算分析、养护投资效益分析和养护资金优化分配工作,支撑中长期养护规划及年度养护建议计划编制,宜采用具有公路养护决策功能的信息化系统完成。

(5) 公路养护规划。根据现有的公路养护技术状况,预测未来公路,特别是路面的使用性能、养护需求、资金需求、投资效益等关键因素时间序列变化趋势,通过科学的中长期(10 年)养护投资安排、养护标准的选择,提出合理的长期投资规模,优化养护资金的使用方案,降低全寿命周期费用成本,提高公路的服务水平。

第四节 本课程特点与主要教学内容

公路养护决策对科学合理地确定养护措施、安排养护计划、制定中长期规划扮演不可或缺的角色。"公路养护决策与支持系统"是一门新兴的课程,也是一门重要的专业课程,主要介绍公路养护决策所涉及的一系列内容,包括:公路养护数据统计与管理,公路技术状况检测、评定与预估,公路养护技术与经济分析,项目级和网级公路养护决策方法,公路养护决策支持系统。

公路养护决策与支持系统是运用数学、物理、机械、经济、管理、计算机信息科学等基础科学知识,融合路基、路面、桥梁、隧道等工程基础知识与理论、经济分析与系统分析等,来研究、设计和管理公路养护的理论与技术。

本课程具有多学科深度交叉融合的特点,与其他基础课和专业课存在紧密关系。公路养护数据统计与管理,涉及复杂的数据抽样统计与处理;公路养护经济分析,与工程经济管理紧密相连;公路养护决策所涉及的公路技术状况预估模型、养护费用模型、排序模型、网级排序与优化,是工程学与数学、运筹学的深度融合。本课程的另外一个显著特点是几乎涵盖了公路所有设施,包括路基、路面、桥涵、隧道和沿线设施。

本书可作为道路桥梁与渡河工程、土木工程(桥梁、隧道方向)专业本科生,交通运输工程(道路与机场工程方向)、土木工程(桥梁、隧道方向)专业研究生的教科书,也可作为相关的工程类专业和相关的管理类专业大学生、工程技术人员的教学参考书和培训教材。

根据教学大纲要求和学时安排,主要教学内容包括:①公路养护与养护决策的概念、分类与内容;②公路养护数据统计与管理;③公路技术状况调查检测与评价;④公路技术状况预测;⑤公路病害处治与养护;⑥公路养护工程经济分析;⑦公路养护决策分析;⑧公路养护决策支持系统。

复习思考题

1. 交通荷载与自然环境条件对公路设施病害发生的作用机制是什么？
2. 按照养护目的和养护设施差异,公路养护分为哪4大类？每类养护工程的主要内容是什么？
3. 公路养护工程实施包括哪些内容？
4. 网级决策与项目级决策在对象、主要任务和影响因素等方面,有何异同？
5. 项目级和网级公路养护决策的目的分别是什么？各包括哪些内容？

第二章 CHAPTER TWO
公路养护数据统计与管理

【学习目标】

公路养护决策的核心任务是,根据运营期各种公路设施的技术状况寻找最优的维修养护策略。不管是项目级还是网级养护决策,都需要大量的数据并对数据进行统计分析。因此,如何确保数据的可靠性和准确性是首先要考虑的问题。本章介绍相关的公路技术状况试验检测的抽样方法、试样数据统计方法以及数据集成方法。通过本章的学习,掌握在路网中筛选测试路段和在路段中确定测点的抽样方法,掌握公路检测数据统计方法,了解公路养护决策所需的数据类型与集成方法。

第一节 抽样方法

一、网级抽样方法——路段选择

当进行路网资产管理与养护决策时,首先应通过试验检测精确了解路网的状态或性能水平。路网往往是非常庞大的,若对每个路段都展开检测,不仅费时费力,而且资金难以保证。因此,采用科学方法抽选代表性路段进行检测,是十分必要的。常见的抽样或路段选择方法有简单随机抽样法、系统随机抽样法、分层随机抽样法、整群抽样法和组合抽样法。

1. 简单随机抽样

简单随机抽样是最简单的抽样方式,它假定整个目标路网中的每个路段都有相同的被选中的概率。简单随机抽样有很多方法,最为常见的一种是彩票方法。假设路网中共

有 N 个路段,每个路段分配一个唯一的编号,如 $1,2,\cdots,N$,称为路段 ID;这些路段 ID 被放置在一个容器中并完全混合,然后进行盲选,选中的 n 个路段作为试验检测样本。

(1)样本量

对于简单随机抽样方法,首先要确定样本量 n,往往需要考虑以下因素:

①资源投入。资源投入越大,样本量就可设置得更大,样本往往更有代表性。

②准确度和精确度。由总体参数与样本估计值的最大预期差异来衡量,也称为误差界限(Margin of Error,ME)。例如,在 ME 为 $+5\%$、置信水平为 90% 下,某路网中 80% 路段的路面技术状况指数 PQI 超过 91,这意味着真实百分比落入 $80.0\% +5\%$ 的事件概率 p 为 90%。

一般来说,误差界限(ME)是标准误差(Standard Error,SE)的 1.96 倍,标准误差可通过式(2-1)计算。1.96 是 95% 置信水平的 Z 分数,1.64 是 90% 置信水平的 Z 分数,2.58 是 99% 置信水平的 Z 分数。当总体抽样不完全时,就会出现误差。较高的值提供较低的置信区间,较低的值提供较高的置信区间。

$$SE = \sqrt{\frac{p(1-p)}{n}} \quad (2\text{-}1)$$

$$ME = \sqrt{\frac{p(1-p)}{n}} \quad (2\text{-}2)$$

③显著性水平 α。显著性水平是估计总体参数落在某一区间内可能犯错误的概率,是在进行假设检验时事先确定一个可允许的作为判断界限的小概率标准,其中,$\alpha = 1 - $ 置信水平。

④临界标准 Z 分数(Z-score),也叫标准分数(standard score),反映一个分数距离平均数的相对标准距离,见式(2-3)。对于估计问题,临界标准分数为 $1 - \alpha/2$:

$$Z = \frac{X - \bar{X}}{\sigma} \quad (2\text{-}3)$$

⑤总体方差 σ^2。

⑥总体数 N。

当总体方差 σ^2 已知时,抽样的样本量 n 可通过式(2-4)、式(2-5)确定:

样本无重复时

$$n = \frac{Z^2 \sigma^2 \dfrac{N}{N-1}}{ME^2 + \dfrac{Z^2 \sigma^2}{N-1}} \quad (2\text{-}4)$$

样本有重复时

$$n = \frac{Z^2 \sigma^2}{ME^2} \quad (2\text{-}5)$$

当抽样概率 p 已知时,抽样的样本量 n 可通过式(2-6)、式(2-7)确定:

样本无重复时

$$n = \frac{Z^2 p(1-p) + \text{ME}^2}{\text{ME}^2 + \dfrac{Z^2 p(1+p)}{N}} \quad (2\text{-}6)$$

样本有重复时

$$n = \frac{Z^2 p(1-p) + \text{ME}^2}{\text{ME}^2} \quad (2\text{-}7)$$

(2)数据抽样分析

抽样样本的精度与样本统计数据的变异性成反比,由抽样分布的标准差 SD 或标准误差 SE 来衡量。当总体方差 σ^2 已知或未知时,抽样分布的标准差 SD 或标准误差 SE 采用式(2-8)和式(2-9)计算。当 p 已知或未知时,抽样分布的标准差 SD 或标准误差 SE 采用式(2-10)和式(2-11)计算。

$$\text{SD} = \begin{cases} \sqrt{\dfrac{\sigma^2}{n}}, \text{样本有重复且 } \sigma^2 \text{ 已知} \\ \sqrt{\dfrac{N-n}{N-1}\dfrac{\sigma^2}{n}}, \text{样本没有重复且 } \sigma^2 \text{ 已知} \end{cases} \quad (2\text{-}8)$$

$$\text{SE} = \begin{cases} \sqrt{\dfrac{s^2}{n}}, \text{样本有重复且 } \sigma^2 \text{ 未知} \\ \sqrt{\dfrac{N-n}{N-1}\dfrac{s^2}{n}}, \text{样本没有重复且 } \sigma^2 \text{ 未知} \end{cases} \quad (2\text{-}9)$$

$$\text{SD} = \begin{cases} \sqrt{\dfrac{P(1-P)}{n}}, \text{样本有重复且 } p \text{ 已知} \\ \sqrt{\dfrac{N-n}{N-1}\dfrac{P(1-P)}{n}}, \text{样本没有重复且 } p \text{ 已知} \end{cases} \quad (2\text{-}10)$$

$$\text{SE} = \begin{cases} \sqrt{\dfrac{p(1-p)}{n}}, \text{样本有重复且 } p \text{ 未知} \\ \sqrt{\dfrac{N-n}{N-1}\dfrac{p(1-p)}{n}}, \text{样本没有重复且 } p \text{ 未知} \end{cases} \quad (2\text{-}11)$$

以上式中:σ——已知总体标准差;

σ^2——已知总体方差;

N——总体数;

n——样本数;

s——样本标准差,也是总体标准差的估计;

s^2——样本方差,也是总体方差的估计;

p——样本中拥有特定属性的个体比例;

P——拥有特定属性的元素的真实总体比例;

SD——抽样分布的标准差;

SE——抽样分布的标准误差。

(3)案例分析

需要评估某路网的路面技术状况指数 PQI,按以下步骤进行简单随机抽样:①将同一路面类型的所有公路路段分成相等的长度,由路段构成总体,每个路段就是一个样本;②从总体中随机选择 n 个路段进行评估。

该路网总里程为 5000km,每个路段划分长度为 10km,因此共有 500 个路段。为了解 PQI 大于 90 的路段比例(误差界限为 0.1,置信水平为 95%),如何进行抽样检测并保证结果的精确性? 简单随机抽样过程如下:

步骤1:确定样本量 n。

历史经验表明,初步比例 $p = 175/500 = 35\%$。由于 500 是个相对较大的总体(样本有重复),因此采用式(2-7)估算样本量:

$$n_1 = \frac{Z^2 p(1-p) + ME^2}{ME^2} = \frac{1.64^2 \times 35\% \times (1 - 35\%) + 10\%^2}{10\%^2} = 62.2$$

历史检测数据得到的样本方差为 3.45,用它估计总体方差,此时采用式(2-5)估算样本量:

$$n_2 = \frac{Z^2 \sigma^2}{ME^2} = \frac{1.64^2 \times 3.45^2}{10\%^2} = 3201.3$$

因此,最小样本量为:

$$n = \text{Min}\{175, \text{Max}\{n_1, n_2\}\} = \text{Min}\{175, \text{Max}\{62.2, 3201.3\}\} = 175$$

综上,确定 175 个路段用于试验检测。

步骤2:简单随机抽样和试验检测。

总体 500 个路段编号为 $1, 2, \cdots\cdots, 500$,接着使用随机数生成器在 1~500 范围内生成随机数 175 次,这个过程可视为一个有重复的简单随机抽样过程,每个路段可能不止出现一次。然后对这些路段进行现场检测并确定每个路段的 PQI。

步骤3:数据抽样分析。

175 个路段的 PQI 值的样本均值和样本方差是 85.4 和 3.483,且 PQI 值超过 90 的路段比例是 32.5%,则可做如下计算分析:

对于 PQI 值大于 90 的路段部分,SE 可使用式(2-1)进行计算:

$$\text{SE} = \sqrt{\frac{p(1-p)}{n}} = \sqrt{\frac{32.5\% \times (1 - 32.5\%)}{175}} = 3.5\%$$

如上所示,SE 都明显小于其相应的估计量,因此抽样检测数据相当精确。

2. 系统随机抽样

(1)抽样方法

系统随机抽样法又称等距抽样法或机械抽样法,依据一定的抽样距离从母体中抽取样本。在总体 N 中抽取 n 个样本,可将总体分成均衡的若干部分,然后按照预先规定的规则,从每一部分抽取样本。与简单随机抽样法相比,系统随机抽样法操作简便,实施起来不易出错。其抽样步骤如下:

①编号:先将总体的 N 个路段进行编号,如 $1,2,\cdots,N$。
②分段:确定分段间隔 k,当 N/n(n 是样本量)是整数时,取 $k = N/n$。
③确定第一个样本编号:在第一段用简单随机抽样法确定第一个路段编号 $r(r \leq k)$。
④成样:按照一定的规则抽取样本,通常是将 r 加上间隔 k 得到第二个路段编号($r+k$),再加上 k 得到第三个路段编号($r+2k$),依次类推直到获取整个样本。

（2）案例分析

需要评估某路网的路面技术状况指数 PQI,路网共有 500 个路段,假设计算出的所需样本量为 50 个路段,则分段间隔 $k = 500/50 = 10$。随机选取 1~10 之间的一个数字,记为 r。那么最终的样本将由样本排名编号 r、$r+10$、$r+20$,直到随机排序的总体元素列表中的 $r+490$。

3. 分层随机抽样

分层随机抽样又称类型随机抽样,它是先将总体按一定标准分成各种类型(或层);然后根据各类型单位数与总体单位数的比例,确定从各类型中抽取样本单位的数量;最后,按照随机原则从各类型中抽取样本。分层随机抽样的优点是,它适用于总体数量较多、内部差异较大的对象。与简单随机抽样和系统随机抽样相比较,在样本数量相同时,它的抽样误差较小;在抽样误差的要求相同时,它所需的样本数量较少。分层随机抽样的缺点是,必须对总体有较多的了解,否则无法做出科学的分类。

（1）样本量

在分层随机抽样方法中,可使用两种方法将样本分配到层。第一种方法是按比例分层,按比例分层是指样本中各层所占的比例与总体中同一层所占的比例一致,按式(2-12)计算。

$$n_h = n \frac{N_h}{N} \tag{2-12}$$

式中:N——总体数量;

N_h——总体中第 h 层的数量;

n——样本量;

n_h——样本中第 h 层的数量。

第二种方法是不按比例分层,只要科学合理地使用,这种方法有很多潜在的优点,如费用低、精度高。理想的分配计划应该在最小费用的情况下提供最高的精度。假设费用函数是线性的,则收集数据的费用可由式(2-13)计算:

$$C = c_0 + \sum_{h=1}^{H} n_h c_h \tag{2-13}$$

式中:C——数据收集所需的总费用;

c_0——间接费用;

H——总层数;

c_h——h 层中每个样本的费用。

式(2-14)表明最佳的抽样比能最小化固定方差的费用或者最小化固定费用的方差,即

$$n_h/n = \frac{N_h\sigma_h/\sqrt{c_h}}{\sum_{h=1}^{H} N_h\sigma_h/\sqrt{c_h}} \tag{2-14}$$

式中：σ_h——第 h 层的标准差。

估计平均方差可通过式(2-15)计算：

$$V = \frac{1}{N^2}\sum_{h=1}^{H} N_h^2\left(1 - \frac{n_h}{N_h}\right)\frac{\sigma_h^2}{n_h} \tag{2-15}$$

总样本量由式(2-16)计算：

$$n = \begin{cases} \dfrac{\left(\sum_{h=1}^{H} \dfrac{N_h\sigma_h}{\sqrt{c_h}}\right)\left(\sum_{h=1}^{H} N_h\sigma_h\sqrt{c_h}\right)}{N^2V + \sum_{h=1}^{H} N_h\sigma_h^2}, & \text{给定方差 } V \text{ 时的最小费用 } C \\[2ex] \dfrac{(C - c_0)\left(\sum_{h=1}^{H} N_h\sigma_h/\sqrt{c_h}\right)}{\sum_{h=1}^{H} N_h\sigma_h/\sqrt{c_h}}, & \text{给定费用 } C \text{ 时的最小方差 } V \end{cases} \tag{2-16}$$

通过式(2-16)计算确定抽样样本量 n，再结合式(2-14)确定抽样层数。

(2) 数据抽样分析

因为在分层随机抽样法中包含很多层，所以计算公式更加复杂。式(2-17)、式(2-18)显示了如何计算四种情况下抽样的变异性。前两种情况为根据已知的总体方差直接计算 SD，后两种情况为总体方差未知由 SE 来估计 SD。

$$SD = \begin{cases} \dfrac{1}{N}\sqrt{\sum_{h=1}^{H} \dfrac{N_h^2\sigma_h^2}{n_h}}, & \text{样本有重复且 } \sigma^2 \text{ 已知} \\[2ex] \dfrac{1}{N}\sqrt{\sum_{h=1}^{H} \dfrac{N_h^3}{N_h - 1}\dfrac{1 - n_h}{N_h}\dfrac{\sigma_h^2}{n_h}}, & \text{样本没有重复且 } \sigma^2 \text{ 已知} \end{cases} \tag{2-17}$$

$$SE = \begin{cases} \dfrac{1}{N}\sqrt{\sum_{h=1}^{H} \dfrac{N_h^2 S_h^2}{n_h}}, & \text{样本有重复且 } \sigma^2 \text{ 未知} \\[2ex] \dfrac{1}{N}\sqrt{\sum_{h=1}^{H} \dfrac{1 - n_h}{N_h}\dfrac{N_h^2 S_h^2}{n_h}}, & \text{样本没有重复且 } \sigma^2 \text{ 未知} \end{cases} \tag{2-18}$$

同样地，式(2-19)、式(2-20)显示了如何计算四种情况下抽样的变异性。前两种情况为根据已知的总体方差直接计算 SD，后两种情况为总体方差未知由 SE 来估计 SD。

$$SD = \begin{cases} \dfrac{1}{N}\sqrt{\sum_{h=1}^{H} \dfrac{N_h^2 P_h(1 - P_h)}{n_h}}, & \text{样本有重复且 } P \text{ 已知} \\[2ex] \dfrac{1}{N}\sqrt{\sum_{h=1}^{H} \dfrac{N_h^3}{N_h - 1}\dfrac{1 - n_h}{N_h}\dfrac{P_h(1 - P_h)}{n_h}}, & \text{样本没有重复且 } P \text{ 已知} \end{cases} \tag{2-19}$$

$$SE = \begin{cases} \dfrac{1}{N}\sqrt{\sum_{h=1}^{H} \dfrac{N_h^2 P_h(1 - P_h)}{n_h - 1}}, & \text{样本有重复且 } P \text{ 未知} \\[2ex] \dfrac{1}{N}\sqrt{\sum_{h=1}^{H} \dfrac{1 - n_h}{N_h}\dfrac{N_h^2 P_h(1 - P_h)}{n_h - 1}}, & \text{样本没有重复且 } P \text{ 未知} \end{cases} \tag{2-20}$$

此外,中间的趋势可以通过以下的平均值或者平均比例来确定:

$$\text{平均值} = \sum_{h=1}^{H} \frac{N_h}{N} \overline{X}_h \tag{2-21}$$

$$\text{平均比例} = \sum_{h=1}^{H} \frac{N_h}{N} p_h \tag{2-22}$$

以上式中:σ——已知总体标准差;

σ^2——已知总体方差;

$\overline{X}$——样本平均值,也是总体平均值的估计;

$\overline{X}_h$——第 h 层的样本平均值;

S_h——第 h 层的样本标准差;

S_h^2——第 h 层的样本方差;

p_h——第 h 层中拥有特定属性的个体比例;

P_h——第 h 层中拥有特定属性的元素的真实总体比例;

SD——抽样分布的标准差;

SE——抽样分布的标准误差。

(3)案例分析

某路网总里程为5000km,每个路段划分长度为10km,共500个路段。其中沥青路面和水泥混凝土路面的比例分别为60%和40%(表2-1)。现需检测路网内的路面技术状况指数PQI,如何进行抽样?

确定分层抽样样本量　　　　　表2-1

路面类型	总量	预估的 PQI 总体标准差	检测费用(元/km)
沥青路面	300	2.91	2340
水泥混凝土路面	200	3.75	1750

步骤1:确定样本量。

对于总体平均 PQI 值的估计,给定的标准差为 0.215,如果部门想要最小化费用,则总样本量应该由式(2-16)计算,即

$$n = \frac{\left(\sum_{h=1}^{H} \frac{N_h \sigma_h}{\sqrt{c_h}}\right) \left(\sum_{h=1}^{H} N_h \sigma_h \sqrt{c_h}\right)}{N^2 V + \sum_{h=1}^{H} N_h \sigma_h^2}$$

$$= \frac{\left(\frac{300 \times 2.91}{\sqrt{2340}} + \frac{200 \times 3.75}{\sqrt{1750}}\right)(300 \times 2.91 \times \sqrt{2340} + 200 \times 3.75 \times \sqrt{1750})}{500^2 \times 0.215^2 + 300 \times 2.91^2 + 200 \times 3.75^2}$$

$$= 156.6$$

因此,总样本量 $n \approx 157$。

根据式(2-14)计算每层的比例:

$$\frac{n_1}{n} = \frac{N_1 \sigma_1 / \sqrt{c_1}}{\sum_{h=1}^{H} N_h \sigma_h / \sqrt{c_h}} = \frac{300 \times 2.91 / \sqrt{2340}}{300 \times 2.91 / \sqrt{2340} + 200 \times 3.75 / \sqrt{1750}} = 50.2\%$$

$$\frac{n_2}{n} = \frac{N_2 \sigma_2 / \sqrt{c_2}}{\sum_{h=1}^{H} N_h \sigma_h / \sqrt{c_h}} = \frac{200 \times 3.75 / \sqrt{1750}}{300 \times 2.91 / \sqrt{2340} + 200 \times 3.75 / \sqrt{1750}} = 49.8\%$$

总共157个路段样本,因此沥青路面抽样79个、水泥混凝土路面抽样78个。

步骤2:分层随机抽样和现场数据采集。

在沥青路面、水泥混凝土路面中,分别使用简单抽样法从300个沥青路面路段中选择79个,从200个水泥混凝土路面中选择78个。

步骤3:数据样本分析。

根据现场检测结果分析,PQI值的整体样本平均值和样本标准差分别为88.4、3.45,沥青路面PQI值的样本平均值和样本标准差分别为90.2、2.74,水泥混凝土路面PQI值的样本平均值和样本标准差分别为86.7、3.68。PQI平均估计值的方差可由式(2-15)计算:

$$V = \frac{1}{N^2} \sum_{h=1}^{H} N_h^2 \left(1 - \frac{n_h}{N_h}\right) \frac{\sigma_h^2}{n_h} = \frac{1}{500^2} \sum_{h=1}^{H} N_h^2 \left(1 - \frac{n_h}{N_h}\right) \frac{\sigma_h^2}{n_h} = 0.0042 < 0.215$$

结果说明抽样设计满足要求。

4. 整群抽样

整群抽样又称聚类取样,即按照某一标准将总体分成若干群或组,从中抽选群或组;然后把被抽出的群或组所包含的个体组合在一起作为样本,被抽出的群或组的所有单位都是样本,最后利用所抽群或组的调查结果推断总体。抽取群或组可以采用随机方式或分类方式,也可以采用等距方式来确定,而群或组内的调查则采用普查的方式进行。整群又可分为一段抽样和分段抽样两种类型。一段抽样是指将所选群中的所有单位都包含在样本中的抽样方法。分段抽样是指仅随机选择所选群中元素的子集纳入样本的抽样方法。整群抽样的优点是实施方便、节省经费,其缺点是由于不同群之间的差异较大,由此而引起的抽样误差往往大于简单随机抽样。

(1)样本量

估计总体比例时所需样本量按式(2-23)和式(2-24)计算:

无限总体时

$$k = u_\alpha^2 \sum_{i=1}^{k} \frac{m_i^2 (p_i - p)^2}{(k_y - 1) \overline{m}^2 \delta^2} \tag{2-23}$$

有限总体时

$$k' = k\left(1 - \frac{k}{K}\right) \tag{2-24}$$

式中:K——所有群数;

k_y——预查的群体数;

m_i、p_i——预查的群体中第 i 群调查人数和某事件发生频率；

$\overline{m}$、p——k_y 群的平均调查人数和平均发生率；

δ——允许误差。

估计总体均数时所需样本量按式(2-25)和式(2-26)计算：

无限总体时

$$k = u_\alpha^2 \sum_{i=1}^{k} \frac{m_i^2 (\overline{x}_i - \overline{x})^2}{(k_y - 1) \overline{m}^2 \delta^2} \tag{2-25}$$

有限总体时

$$k' = k\left(1 - \frac{k}{K}\right) \tag{2-26}$$

式中：$\overline{x}_i$——第 i 个群体观察指标的平均值；

$\overline{x}$——k_y 个群体观察指标的平均值。

（2）数据抽样分析

先将总体按某种与研究指标无关的特征分为 K 组，再从 K 个组中随机抽取 k 个样本。

①当群体中观察样本数 m 不等时：

样本平均数

$$\overline{x} = \frac{K}{NK}\sum_{i=1}^{k} x_i = \frac{K}{NK}\sum_{i=1}^{k} m_i \overline{x}_i \tag{2-27}$$

样本平均数的标准误差

$$S_{\overline{x}} = \frac{K}{N}\sqrt{\left(1 - \frac{k}{K}\right)\left[\frac{1}{k(k-1)}\right]\sum_{i=1}^{k}(T_i - \overline{T})^2} \tag{2-28}$$

式中：N——总体数；

$\overline{x}_i$——样本第 i 群的平均数；

T_i——样本第 i 群体中观察值之和；

$\overline{T}$——各 T_i 的均数，$\overline{T} = T_i/k$。

样本率：

$$p = \frac{K}{NK}\sum_{i=1}^{k} p_i \tag{2-29}$$

样本率的标准误差：

$$S_p = \frac{K}{N}\sqrt{\left(1 - \frac{k}{K}\right)\left(\frac{1}{k(k-1)}\right)\sum_{i=1}^{k}(p_i - a)^2} \tag{2-30}$$

式中：p_i——样本第 i 群的比率，$p_i = m_i/k$；$\overline{a} = \sum_{i=1}^{k} p_i$。

②当群体中观察样本数 m 相等时：

样本平均数

$$\bar{x} = \frac{\sum_{i=1}^{k} x_i}{mk} = \frac{\sum_{i=1}^{k} \bar{x}_i}{k} \tag{2-31}$$

样本平均数的标准误差

$$S_{\bar{x}} = \sqrt{\left(1 - \frac{k}{K}\right)\left[\frac{\sum_{i=1}^{k}(\bar{x}_i - \bar{x})^2}{k(k-1)}\right]} \tag{2-32}$$

样本率

$$p = \frac{\sum_{i=1}^{k} a_i}{mk} = \frac{1}{k}\sum_{i=1}^{k} p_i \tag{2-33}$$

样本率的标准误差

$$S_p = \sqrt{\left(1 - \frac{k}{K}\right)\frac{\sum_{i=1}^{k}(p_i - p)^2}{k(k-1)}} \tag{2-34}$$

(3) 案例分析

某省级路网共有55个县级路网,为了解路网内路面PQI处于差状态(PQI<60)的比例,拟采用整群抽样调查,随机预查了2个县级路网。为满足 $\alpha = 0.05$、$\delta = 0.1$ 的抽样精度,需要调查多少个县级路网?

步骤1:随机预查与检测。

第一个县级路网共有200个路段,PQI<60的路段共51个,比例为25.5%;第二个县级路网共有250个路段,PQI<60的路段共36个,比例为14.4%。

步骤2:校正样本量。

$$u_{0.05} = 1.96, \delta = 0.1, \bar{m} = \frac{200+250}{2} = 225$$

$$p = \frac{51+36}{200+250} = 0.193, k_y = 2, K = 55$$

$$k = \frac{1.96^2[200^2 \times (0.193 - 0.255)^2 + 250^2 \times (0.193 - 0.144)^2]}{(2-1) \times 225^2 \times 0.1^2} = 2.31 \approx 3(\text{县级路网})$$

因为该省路网为有限总体 $K = 55$,需做校正:$k' = 3 \times \left(1 - \frac{3}{55}\right) = 2.84 \approx 3$(县级路网)

因此,最少要抽取3个县级路网方可保证抽样精度。

5. 组合抽样

通过上述4种方法的2种或2种以上进行抽样,以达到节约成本的目的。

比如,要对某个省的干线公路进行抽样检测。该省共有8个地级市,通过整群抽样分成8个群(一个地级市一个群);每个群按高速公路、一级公路、二级公路、其他等级公路划分为4个层进行分层抽样;对每个层采用简单随机抽样。

二、项目级抽样方法——测点选择

路段确定后,需要在路段上选择测点。公路路基路面工程线长面广,质量检验只能采用抽样检验,即从待检工程中抽取样本,根据样本的质量检查结果,推断整个待检工程的质量状况。常见的测点选择方法有均匀法、定向法、连续法、随机法和组合法。

1. 均匀法

将道路沿纵向或横向进行等间距划分,并在划分点处做好标记,在划分点上布置测点,如图 2-1 所示。

图 2-1　均匀法测点选择示意图

2. 定向法

选取轮迹带或出现裂缝、错台、板角等具有某个特征或指定的位置作为测点,如图 2-2 所示。

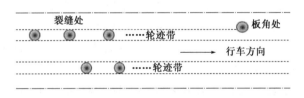

图 2-2　定向法测点选择示意图

3. 连续法

按相应标准的规定,沿道路纵向间距连续、均匀布置测区,如图 2-3 所示。

图 2-3　连续法测点选择示意图

4. 随机法

随机抽样是以数理统计的原理,根据样本取得的质量数据来推测、判断总体质量的一种科学抽样检验方法。随机抽样可排除人的主观因素,使待检总体中每一个产品具有同等被抽取到的机会,能客观地反映总体的质量状况,因而被广泛使用。

《公路路基路面现场测试规程》(JTG 3450—2019)规定了公路路基路面现场测试随机选点方法。随机取样选点的方法是按数理统计原理在路基路面现场测试时确定测点位置的方法。

应事先备好:量尺(钢尺、皮尺或测距仪等);编号从1~28共28块硬纸片,装在一个布袋中;随机数表或能够产生随机数的计算机软件(如WPS表格、EXCEL等)。

《公路路基路面现场测试规程》(JTG 3450—2019)附录A提供了一般取样的随机数表,包括栏号1~栏号28,每个栏号下分为A、B、C三列,A列为1~30的随机数,B列和C列为小于1的三位小数的随机数。

根据路基路面施工或验收、质量评定方法等有关规范要求,确定需要测试的路段。它可以是一个作业段、一天完成的路段或路线全程。在路基路面工程质量验收时,通常以1km为一个测试路段。

(1)选取测试区间或断面(纵向位置)的步骤

①按照有关标准规范规定的测试区间(断面)数量要求,将确定的测试路段划分为若干个区间或断面,将其编号为第1~n个区间或第1~n个断面,其总的区间数或断面数为T。公路路基路面测试一般采用等长度(间距)划分区间(断面)。当区间(断面)数量$T>30$时,应分次选取,若采用计算机软件进行随机选取,则不受选取数量限制。

②随机抽取一块硬纸片,硬纸片上的编号即对应一般取样的随机数表上的栏号。根据所抽取硬纸片对应的栏号,依次找出该栏号下A列1~n对应的B列中的值,也可通过计算机软件产生对应A值的B值。即得到n组A、B值。

③将n个B值与总区间数或断面数T相乘,四舍五入成整数,即得到n个断面的编号,即可根据该编号确定实际断面位置。

例如,按照有关规范规定,拟从K36+000~K37+000的1km检测路段中选择20个断面测定路面宽度、高程、横坡等外形尺寸,可采取以下方法确定断面:

a. 按照20m等间距对拟测试路段内的断面进行编号。则1km总长的断面数$T=1000/20=50$个,其编号为1,2,……,50。

b. 从布袋中摸出一块硬纸片,如其编号为14,则使用一般取样的随机数表的第14栏。

c. 从第14栏A列中挑出小于或等于20所对应的B列数值,将B与T相乘,四舍五入得到20个断面号,断面号乘以选择断面,并得到20个断面的桩号。

上述计算结果见表2-2。

随机选取测试断面(纵向位置)示例计算表　　　　表2-2

断面编号	14栏A列	B列	$B \times T$	断面号	桩号
1	17	0.089	4.45	4	K36+080
2	10	0.149	7.45	7	K36+J40

续上表

断面编号	14栏A列	B列	$B \times T$	断面号	桩号
3	13	0.244	12.2	12	K36+240
4	08	0.264	13.2	13	K36+260
5	18	0.285	14.25	14	K36+280
6	02	0.340	17.05	17	K36+340
7	06	0.359	17.95	18	K36+360
8	14	0.392	19.60	20	K36+400
9	03	0.408	20.40	20	K36+420
10	16	0.527	26.35	26	K36+520
11	20	0.531	26.55	27	K36+540
12	05	0.787	39.35	39	K36+780
13	15	0.801	40.05	40	K36+800
14	12	0.836	41.8	42	K36+840
15	04	0.854	42.7	43	K36+860
16	11	0.884	44.2	44	K36+880
17	19	0.886	44.3	44	K36+900
18	07	0.929	46.45	46	K36+920
19	09	0.932	46.6	47	K36+940
20	01	0.970	48.5	49	K36+980

(2)选取测点(纵向及横向位置)的步骤

①按照有关标准规范要求确定测点数量n。$n>30$时应分次选取,若采用计算机软件进行随机选取,则不受选取数量限制。

②随机抽取一块硬纸片,纸片上的编号即对应一般取样的随机数表中的栏号。根据所抽取硬纸片的栏号,依次找出该栏号下A列$1 \sim n$值对应的B、C列中的值,也可通过计算机软件产生对应A值的B值和C值。即得n组A、B、C值。

③以A列中对应的B列中数值乘以测试路段的总长度,再加上测试路段起点的桩号,即得出取样纵向位置,即断面桩号。

④以A列中对应的C列中的数值,乘以检查路面的宽度,再减去宽度的一半,即得出取样位置离路面中心线的距离。若差值为正(+),表示在中心线的右侧;若差值为负(−),则表示在中心线的左侧。

例如:按照有关规范规定,检查验收时拟在K36+000~K37+000的1km检测路段中选择6个测点进行钻孔取样检验压实度、沥青用量和矿料级配等,可按照如下方法确定钻孔位置:

a.随机抽取一张硬纸片,比如其编号为3。

b. 一般取样的随机数表中栏号 3 的 A 列中从上至下小于或等于 6 的数为：01、06、03、02、04 及 05。

c. 栏号 3 的 B 列中与 A 列这 6 个数相应的 6 个小数为 0.175、0.310、0.494、0.699、0.838 及 0.977。

d. 取样路段长度 1000m，计算得出 6 个乘积（取样位置与该段起点的距离），分别为 175m、310m、494m、699m、838m、977m。

e. 栏号 3 的 C 列中与 A 列这 6 个数相应的 6 个小数为 0.641、0.063、0.929、0.073、0.166 及 0.494。

f. 路面宽度为 10m，计算得到 6 个乘积，分别为 6.41m、0.63m、9.29m、0.73m、1.66m 及 4.94m。再减去路面宽度的一半，6 个取样的横向位置分别为右侧 1.41m、左侧 4.37m、右侧 4.29m、左侧 4.27m、左侧 3.34m 及左侧 0.06m。

上述计算结果见表 2-3。

随机选取测点（纵向和横向位置）示例计算表 表 2-3

	栏号 3		取样路段长 1000m			路面宽度 10m，测点数 6 个	
测点编号	A 列	B 列	距起点距离（m）	桩号	C 列	距路边缘距离（m）	距中线位置（m）
NO.1	01	0.175	175	K36+175	0.641	6.41	右 1.41
NO.2	06	0.310	310	K36+310	0.063	0.63	左 4.37
NO.3	03	0.494	494	K36+494	0.929	9.29	右 4.29
NO.4	02	0.699	699	K36+699	0.073	0.73	左 4.27
NO.5	04	0.838	838	K36+838	0.166	1.66	左 3.34
NO.6	05	0.977	977	K36+977	0.494	4.94	左 0.06

5. 组合法

组合法，即同时按照上述两种以上选点方法的规定，确定测点位置。通常有沿道纵向连续选择测区，测区内随机选择测点，或者沿道路横向均匀确定测区，测区内定向选取测点等。

第二节 数据处理与统计方法

工程质量的评价是以试验检测数据为依据的，试验检测采集到的原始数据类多量大，有时杂乱无章，甚至还有错误。因此，必须对原始数据进行分析处理才能得到可靠的试验检测结果。

一、数据表达方法

如何对通过试验检测获得的一系列数据进行深入的分析,以便得到各参数之间的关系,甚至用数学解析的方法,导出各参数之间的函数关系,是数据处理的任务之一。检测数据的表达方法通常有表格法、图示法和经验公式法三种。

1. 表格法

对试验中的一系列检测数据都是首先列成表格,然后再进行其他处理。列成表格可表示出检测结果,也便于以后的计算,同时也是图示法和经验公式法的基础。

表格一般分为两种:一种是试验检测数据记录表,另一种是试验检测结果表。

试验检测数据记录表是该项试验检测的原始记录表,它包括的内容应有试验检测目的、内容摘要、试验日期、环境条件、检测仪器设备、原始数据、检测数据、结果分析以及参加人员和负责人等。

试验检测结果表只反映试验检测结果的最后结论,一般只有几个变量之间的对应关系。试验检测结果表应力求简明扼要,能说明问题。

2. 图示法

图示法的最大优点是一目了然,即从图形中可非常直观地看出检测值的变化规律,如递增性或递减性,最大值或最小值,是否具有周期性变化规律等。

图示法的基本要点如下:

(1)在直角坐标系中绘制检测数据的图形时,应以横坐标为自变量,纵坐标为对应的检测值。例如,分析平整度检测结果随路面纵向的变化情况,可设横坐标为桩号,纵坐标为国际平整度指数(IRI)。

(2)坐标纸的大小与分度的选择应与检测数据的精度相适应。坐标分度值不一定自零起,可用低于试验数据的某一数值作起点和高于试验数据的某一数值作终点,曲线以基本占满全幅坐标纸为宜。

(3)坐标轴应注明分度值的有效数字和名称、单位,必要时还应标明试验条件,坐标的文字书写方向应与该坐标轴平行,在同一图上表示不同数据时应该用不同的符号加以区别。

(4)将每个试验数据在坐标系中标为一个点,然后用直线将这些点相连接,即可大致看出一组试验数据的变化特点。

3. 经验公式法

运用最小二乘法原理,通常可利用统计分析软件,对一组试验数据进行曲线拟合或回归分析得到经验公式,使检测数据不仅可用一条直线或曲线表示,而且可用与图形对应的一个经验公式来表示。应通过检验其相关性,明确所建立经验公式的准确性。精度达到一定要求的经验公式才能用于工程中。

二、试验检测数理统计方法

在公路路基路面工程质量检验中,通常通过检测一定数量的点位或断面的质量指标,来评价大面积的工程总体质量是否符合要求,即通过抽取总体中的一小部分样本加以检测,以便了解和分析总体质量状况,也就是抽样检验。

样本容量的大小,直接关系到判断结果的可靠性。一般来说,样本容量越大,可靠性越好,但检测所耗费的工作量亦越大,成本也就越高。因此,在路基路面工程施工控制和质量检验中,都规定了试验检测的频率。

按照我国路基路面工程有关施工技术规范和质量检验评定标准规定,需要对每个检测或评定路段内的测定值计算平均值、标准差、变异系数等统计量;按照数理统计原理计算检测或评定路段内的测定值的代表值,用代表值评价总体质量。

1. 数据的统计量计算

一个检测或评定路段内某项检测指标的测定值有 N 个,分别为 $X_1, X_2, \cdots, X_N$,其中任一个测定值表示为 X_i,可按下列方法计算其统计量。

(1)平均值 $\overline{X}$

算术平均值是表示一组数据集中位置最有用的统计特征量,经常用样本的算术平均值来代表总体的平均水平。算术平均值可按式(2-35)计算。

$$\overline{X} = \frac{\sum X_i}{N} \tag{2-35}$$

(2)标准差 S

标准差是衡量样本数据离散程度的指标。标准差可按式(2-36)计算。

$$S = \sqrt{\frac{\sum (X_i - \overline{X})^2}{N - 1}} \tag{2-36}$$

(3)变异系数 C_v

变异系数反映样本数据的波动的大小。变异系数是标准差 S 与算术平均值 $\overline{X}$ 的比值,即:

$$C_v = \frac{S}{\overline{X}} \times 100\% \tag{2-37}$$

(4)中位数 $\tilde{X}$

将 $X_1, X_2, \cdots, X_N$ 按其大小次序排序,以排在正中间的一个数表示总体的平均水平,称之为中位数,或称中值。N 为奇数时,正中间的数只有一个;N 为偶数时,正中间的数有两个,取这两个数的平均值作为中位数。

(5)极差 R

极差 R 表示数据波动范围的大小,是 $X_1, X_2, \cdots, X_N$ 数据中的最大值 X_{max} 与最小值

$X_{\min}$之差。

2. 可疑数据的剔除

工程质量常会发生波动情况,由于质量的波动或检测设备、人员与环境的变化,自然会引起质量检测数据的变化,有时还会发现一些明显过大或过小的数据,这些数据为可疑数据。因此,在进行数据分析之前,应用数理统计法判别其真伪,并决定取舍。

可疑数据的舍弃可按照 k 倍标准差作为舍弃标准,即在数据分析中,舍弃那些 $\bar{X} \pm kS$ 范围以外的实测值。当试验数据 N 为 3、4、5、6 时,k 值分别为 1.15, 1.46, 1.67, 1.82;当 N 等于或大于 7 时,k 值采用 3,取 $3S$ 的理由是根据随机变量的正态分布规律,在多次试验中,测量值落在 $\bar{X}-3S$ 与 $\bar{X}+3S$ 之间的概率为 99.73%,出现在此范围之外的概率仅为 0.27%。

舍弃可疑值后,应重新计算平均值、标准差、变异系数等统计量,并分析测量值出现异常的原因,对路基路面质量检测出现异常测量值的测点及区域进行妥善处理。

3. 代表值

代表值的确定与测定值的概率分布有关。实践表明,公路路基路面工程试验检测项目的测定值的大小所出现的频率分布大多服从正态分布或 t 分布。

在公路工程质量检验与评价中,对有些指标限定下限,例如压实度、路面结构层厚度、半刚性基层和底基层材料强度;对有的指标限定上限,例如弯沉值。某个质量指标只规定了低限 L 时,其代表值取平均值的单边置信下限,应满足 $X \geq L$ 的要求。某个质量指标只规定了高限 U 时,其代表值取平均值的单边置信上限,应满足 $X \leq U$ 的要求。

一般来说,当测点数 N 大于 30 时,按正态分布计算试验检测数据的代表值;当测点数 N 较少时,按 t 分布计算代表值。

(1)服从正态分布数据的代表值

公路路基路面工程质量检验评定方法中,对于服从正态分布的检测数据,计算代表值时考虑保证率 α,用 Z_α 表示保证率系数。

当限定上限时,代表值 X 的评定标准为:

$$X = \bar{X} + Z_\alpha S \leq U \tag{2-38}$$

当限定下限时,代表值 X 的评定标准为:

$$X = \bar{X} + Z_\alpha S \geq L \tag{2-39}$$

当保证率为 90% 时,$Z_\alpha = 1.282$;当保证率为 93% 时,$Z_\alpha = 1.5$;当保证率为 95% 时,$Z_\alpha = 1.645$;当保证率为 97.72% 时,$Z_\alpha = 2.0$;当保证率为 99.87% 时,$Z_\alpha = 3.0$。

(2)服从 t 分布数据的代表值

对于服从 t 分布的检测数据,计算代表值时考虑保证率 α。

当限定上限时,代表值 X 的评定标准为:

$$X = \bar{X} + t_\alpha \frac{S}{\sqrt{N}} \leq U \tag{2-40}$$

当限定下限时，代表值 X 的评定标准为：

$$X = \overline{X} + t_\alpha \frac{S}{\sqrt{N}} \geqslant L \tag{2-41}$$

式中，t_α 的数值不仅与保证率 α 有关，还随测点数 N 的不同而变，因其计算复杂，有专用表格可查用。

第三节 数据管理

一、基础数据库

基础数据是公路资产管理的基本要素，中长期的建养计划和财务规划都是在各种数据分析基础上做出的。资产管理系统所需的基础数据包括：公路基础数据库、引起公路设施性能衰减的交通环境数据库、养护历史数据库、公路设施性能数据库、其他数据库（如表征公路地理位置的 GIS 数据）。

1. 公路基础数据库

公路基础数据库包括路线基础数据、路基基础数据、路面基础数据、桥梁基础数据、隧道基础数据和沿线设施基础数据等。

（1）路线基础数据，包括路段起止地名和桩号、里程、技术等级、车道数、横断面形式、路面类型与宽度、路基宽度、设计时速、通车年度与改建年度、路段收费性质、气候与地貌、管养单位、收费性质等。

（2）路基基础数据，包括路线编号、路线名称和技术等级、路段起止地名和桩号、里程、路基结构、路基类型、路基厚度、路基宽度、通车年度、养护情况（养护年度、完工日期、改造部位和工程性质等）。

（3）路面基础数据，包括路线编号、路线名称和技术等级、路段起止地名和桩号、里程、路面类型、路面结构、路面厚度、路面宽度、通车年度、养护情况（养护年度、完工日期、改造部位和工程性质等）。

（4）桥梁基础数据，包括桥梁名称、桥梁中心桩号、所属路线情况（路线编号、路线名称和技术等级）、桥长（桥梁全长、跨径总长和跨径组合）、桥宽（桥梁全宽和桥梁组合）、桥梁分类（按跨径分类、按上部结构分类）、上部构造结构形式、墩台构造结构形式、基础类型、设计荷载等级、修建年度、改造情况（改造年度、完工日期、改造部位和工程性质等）。

（5）隧道基础数据，包括隧道名称、隧道中心桩号、所属路线情况（路线编号、路线名称和技术等级）、隧道长度、隧道净宽、隧道净高、分类（按隧道长度）、隧道类型、建设情况（修建年度和建成通车时间）、改造情况（改造年度、完工日期、改造部位和工程性质等）、隧道养护等级和养管单位名称等。

（6）沿线设施基础数据，包括路线编号、路线名称和技术等级，路段起止地名、桩号，交通标志、交通标线（含突起路标）、护栏和栏杆、视线诱导设施、隔离栅、防落网、防眩设施、避险车道和其他交通安全设施（含防风栅、防雪栅、积雪标杆、限高架、减速丘和凸面镜）等缺损数和缺损长度。

2. 交通环境数据库

交通荷载的反复作用是导致各种公路设施发生性能衰减或结构损坏的主要诱因。在公路资产的维养决策、全寿命周期费用分析、性能预估等环节，都需要考虑交通量。交通量数据库以区间为单位存储有关交通量的数据。交通量数据分为两类：一类是交通量调查数据，另一类是交通量统计数据。交通量调查数据是通过交通量观测得到的，可由各级交通量观测站提供，或专门组织的交通调查活动确定，设置收费站的公路可通过收费站收集交通量数据。交通量调查数据包括交通量及增长率、方向系数、车道系数、车辆类型组成、轴载组成、轴重和空载率等。交通量统计数据是通过交通量调查数据统计得出的，包括年平均日交通量（AADT）、小时交通量、轴载换算和累计标准轴载作用次数等。车型包括小型货车、中型货车、大型货车、特大货车、集装箱车、中小客车、大客车、摩托车和拖拉机等。轴载分级见表2-4。

轴载分级　　　　　　　表2-4

车型编号	说明	主要车型	
1类	2轴4轮车辆	11型车	
2类	2轴6轮及以上客车	12型客车	
3类	2轴6轮整体式货车	12型货车	
4类	3轴整体式货车（非双前轴）	15型	
5类	4轴及以上整体式货车（非双前轴）	17型	
6类	双前轴整体式货车	112型 125型	

续上表

车型编号	说明	主要车型
7类	4轴及以下半挂货车（非双前轴）	125型
8类	5轴半挂货车（非双前轴）	127型 155型
9类	6轴及以上半挂货车（非双前轴）	157型
10类	双前轴半挂式货车	1127型
11类	全挂货车	1522型 1222型

温度与水分等的反复作用是引起公路基础设施性能衰减的另一外因。在养护对策选择、性能预估等环节都需要考虑环境条件。环境数据主要包括路线/桥梁/隧道起止桩号、路段起止名称和桩号里程、年平均气温、年最高气温、年最低气温、降雨量、环境地质和水文地质等。

3. 养护历史数据库

公路投入运营后需要进行各种日常保养、小修、大中修和改扩建，包括应急性养护、矫正性养护和预防性养护。每次养护后公路设施的性能得到改善，对后续养护决策有重要影响，也是寿命周期养护决策的重要一环。养护历史数据包括路基养护历史数据、路面养护历史数据、桥梁养护历史数据、隧道养护历史数据和沿线设施养护历史数据。

（1）路基养护历史数据，包括路线、路段起止桩号里程、路段基本属性（技术等级、车道数量、路基结构、路基类型、路基厚度和路基宽度）、修建年度、改建年度、最近一次养护信息（养护年度、养护方向、养护车道、养护分类、养护方案、养护单价、养护总费用等）。

（2）路面养护历史数据，包括路线、路段起止桩号里程、路段基本属性（技术等级、车道数量、路面结构、路面类型、路面厚度和路面宽度）、修建年度、改建年度、最近一次养护信息（养护年度、养护方向、养护车道、养护分类、养护方案、养护单价、养护总费用等）。

（3）桥梁养护历史数据，包括桥梁名称、桥梁代码、桥梁中心桩号、桥梁长度、所属路线情况（路线编号、路线名称、技术等级）、修建年度、改建年度、技术状况评定情况（评定等级、评定日期）、最近一次养护情况（养护年度、养护工程类别、养护部位和养护方案等）。

(4)隧道养护历史数据,包括隧道名称、隧道代码、隧道中心桩号、隧道长度、所属路线情况(路线编号、路线名称、技术等级)、修建年度、改建年度、技术状况评定情况(评定等级、评定日期)、最近一次养护情况(养护年度、养护工程类别、养护部位和养护方案等)。

(5)沿线设施养护历史数据,包括设施类型、路线桩起止桩号、设施所在横断面位置、设施状态(正常使用、待维护、维护中、已拆除)、养护信息(养护单位、养护时间、养护方向、养护车道、养护分类、养护方案、养护单价、养护总费用)。设施类型包括交通标志、交通标线、护栏和栏杆、视线诱导设施、隔离栅、防落网、防眩设施、避险车道、防风栅、防雪栅、积雪标杆、限高架、减速丘和凸面镜等。沿线设施养护类型分为小修保养、中修工程和大修工程。小修保养包括:护栏、隔离栅、轮廓标、标志牌、里程牌、百米桩、防雪栏栅等修理或部分添置更换;路面标线的局部补画;标志牌、里程碑、百米桩、界碑、轮廓标等埋置、维护或定期清洗。中修工程包括:全线新设或更换永久性标志牌、里程碑、百米桩、轮廓标、界碑等;护栏、隔离栅、防雪栏栅等的全面修理更换;整段路面标线的画设。大修工程包括:护栏、隔离栅、防雪栏栅等增设或更换。

4. 公路设施性能数据库

公路设施性能数据库包括路基使用性能数据库、路面使用性能数据库、桥隧构造物使用性能数据库和沿线设施使用性能数据库。

(1)路基使用性能数据库

路基使用性能数据库以路段为单位记录各个路段的路基破损情况,包括7种病害类型、破损程度以及由此计算得到的路基技术状况指数(SCI),路基使用性能数据库见表2-5。

路基使用性能数据库 表2-5

路段名称		路段编码	
路段起始桩号		路段终止桩号	
路幅		路基技术状况指数(SCI)	
损坏类型	损坏名称	损坏程度	扣分值
1	路肩损坏	轻	
		重	
2	边坡坍塌	轻	
		中	
		重	
3	水毁冲沟	轻	
		中	
		重	
4	路基构造物损坏	轻	
		中	
		重	

续上表

损坏类型	损坏名称	损坏程度	扣分值
5	路缘石损坏		
6	路基沉降	轻	
		中	
		重	
7	排水不畅	轻	
		中	
		重	

(2)路面使用性能数据库

路面使用性能数据库以路段为单位记录各个路段的路面性能情况,包括路面破损、路面平整度、路面车辙、路面跳车、路面抗滑与磨耗、路面弯沉,路面使用性能数据库见表2-6~表2-12。

沥青路面病害数据库 表2-6

路段名称		路段编码	
路段起始桩号		路段终止桩号	
路幅		路面破损率DR(%)	
类型	损坏名称	损坏程度	破损面积(m²)
1	龟裂	轻	面积
2		中	
3		重	
4	块状裂缝	轻	面积
5		重	
6	纵向裂缝	轻	长度×0.2m
7		重	
8	横向裂缝	轻	长度×0.2m
9		重	
10	沉陷	轻	面积
11		重	
12	车辙	轻	长度×0.4m
13		重	
14	波浪拥包	轻	面积
15		重	
16	坑槽	轻	面积
17		重	

续上表

类型	损坏名称	损坏程度	破损面积（m²）
18	松散	轻	面积
19		重	
20	泛油	—	面积
21	修补	—	面积或长度×0.2m

水泥混凝土路面病害数据库　　　　　　　表2-7

路段名称		路段编码	
路段起始桩号		路段终止桩号	
路幅		路面破损率DR（%）	
类型	损坏名称	损坏程度	破损面积（m²）
1	破碎板	轻	面积
2		重	
3	裂缝	轻	长度×1.0m
4		中	
5		重	
6	板角断裂	轻	面积
7		中	
8		重	
9	错台	轻	长度×1.0m
10		重	
11	拱起	—	面积
12	边角剥落	轻	长度×1.0m
13		中	
14		重	
15	接缝料损坏	轻	长度×1.0m
16		重	
17	坑洞	—	面积
18	唧泥	—	长度×1.0m
19	露骨	—	面积
20	修补	—	面积或长度×0.2m

路面平整度数据库 表2-8

路段名称		路段编码	
路段起始桩号		路段终止桩号	
路幅		车道	
颠簸累积值 VBI(mm/km)		国际平整度指数 IRI(m/km)	
路面跳车指数 PBI			
测点(左轮迹)	测试结果	测点(右轮迹)	测试结果
1			
⋮			
n			

路面车辙数据库 表2-9

路段名称		路段编码	
路段起始桩号		路段终止桩号	
路幅		车道	
车辙代表深度 RD(mm)		路面车辙深度指数 (RDI)	
测点(左轮迹)	测试结果	测点(右轮迹)	测试结果
1			
⋮			
n			

路面跳车数据库 表2-10

路段名称		路段编码	
路段起始桩号		路段终止桩号	
路幅		车道	
路面跳车指数 PBI			
测点(左轮迹)	测试结果	测点(右轮迹)	测试结果
1			
⋮			
n			

路面抗滑数据库 表2-11

路段名称		路段编码	
路段起始桩号		路段终止桩号	
路幅		车道	
横向力系数 SFC		路面抗滑性能指数(SRI)	
测点(左轮迹)	测试结果	测点(右轮迹)	测试结果
1			
⋮			
n			

路面弯沉数据库 表2-12

路段名称		路段编码	
路段起始桩号		路段终止桩号	
路幅		车道	
弯沉代表值 l_d(0.1mm)		路面结构强度指数(PSSI)	
测点(左轮迹)	测试结果	测点(右轮迹)	测试结果
1			
⋮			
n			

(3)桥隧构造物使用性能数据库

桥隧构造物使用性能数据库以路段为单位记录各个路段的桥隧构造物破损情况,包括桥梁、隧道、涵洞3种构造物类型,桥隧构造物使用性能数据库见表2-13。桥梁技术状况等级评定、隧道技术状况等级评定、涵洞技术状况等级评定见表2-14～表2-16。

桥隧构造物使用性能数据库 表2-13

路段名称				路段编码								
路段起始桩号				路段终止桩号								
路幅				桥隧构造物技术状况指数(BCI)								
构造物类型	评定等级	单位扣分	单位	百米损坏								累计损坏
				1	2	3	4	5	6	7	8	9	10	
1.桥梁	1	0	座										
	2	10											
	3	40											
	4	70											
	5	100											

续上表

构造物类型	评定等级	单位扣分	单位	百米损坏										累计损坏
				1	2	3	4	5	6	7	8	9	10	
2. 隧道	1	0	座											
	2	10												
	3	40												
	4	70												
	5	100												
3. 涵洞	好	0	道											
	较好	10												
	较差	40												
	差	70												
	危险	100												

桥梁技术状况等级评定　　　　　　　　　　　　　　　　　　　　　表2-14

技术状况评定等级	状态	评定类别描述
1类	完好、良好	1. 主要部件功能与材料均良好； 2. 次要部件功能良好，材料有少量(3%以内)轻度缺损； 3. 承载能力和桥面行车条件符合设计标准
2类	较好	1. 主要部件功能良好，材料有少量(3%以内)轻度缺损，结构受力裂缝宽度小于设计限值； 2. 次要部件有较多(10%以内)中等缺损； 3. 承载能力和桥面行车条件达到设计指标
3类	较差	1. 主要部件材料有较多(10%以内)中等缺损，结构受力裂缝宽度超过设计限值，或出现轻度功能性病害，发展缓慢，尚能维持正常使用功能； 2. 次要部件有大量(10%~20%)严重缺损，功能降低，进一步恶化将不利于主要部件和影响正常交通； 3. 承载能力比设计降低10%以内，桥面行车不舒适
4类	差	1. 主要部件材料有大量(10%~20%)严重缺损，结构受力裂缝宽度超过设计限值，锈蚀严重，或出现轻度功能性病害，且发展较快，结构变形小于或等于设计限值，功能明显降低； 2. 次要部件有20%以上的严重缺损，失去应有功能，严重影响正常交通； 3. 承载能力比设计降低10%~25%

续上表

技术状况评定等级	状态	评定类别描述
5类	危险	1. 主要部件出现严重的功能性病害,且有继续扩张现象,关键部位的部分材料强度达到极限,出现部分钢丝或钢筋断裂、混凝土压碎或杆件失稳变形、破损现象,变形大于设计限值,结构的强度、刚度、稳定性和动力响应不能达到交通安全通行的要求; 2. 承载能力比设计降低25%以上

隧道技术状况等级评定 表2-15

技术状况评定等级	评定类别描述	
	土建结构	机电设施
1类	完好状态。 无异常情况,或异常情况轻微,对交通安全无影响	机电设施完好率高,运行正常
2类	轻微破损。 存在轻微破损,现阶段趋于稳定,对交通安全不会有影响	机电设施完好率较高,运行基本正常,部分易耗部件或损坏部件需要更换
3类	中等破损。 存在破坏,发展缓慢,可能会影响行人、行车安全	机电设施尚能运行,部分设备、部件和软件需要更换或改造
4类	严重破损。 存在较严重破坏,发展较快,已影响行人、行车安全	机电设施完好率较低,相关设施需要全面改造
5类	危险状态。 存在严重破坏,发展迅速,已危及行人、行车安全	—

涵洞技术状况等级评定 表2-16

技术状况评定等级	评定类别描述
好	各构件及附属结构完好,使用正常
较好	主要构件有轻微缺损,对使用功能无影响
较差	主要构件有中等缺损,病害发展缓慢,尚能维持正常使用功能
差	主要构件有大的缺损,严重影响涵洞使用功能;或影响承载能力,不能保证正常使用
危险	主要构件存在严重缺损,不能正常使用,危及涵洞结构安全

(4)沿线设施使用性能数据库

沿线设施主要包括防护设施、隔离栅、标志、标线以及绿化管护等,其使用性能数据见表2-17。

沿线设施数据库　　　　　　　　　表2-17

路段名称		路段编码	
路段起始桩号		路段终止桩号	
路幅		沿线设施技术状况指数(TCI)	
类型(i)	损坏名称	损坏程度	损坏面积
1	防护设施缺损	轻	处
		重	
2	隔离栅损坏	—	处
3	标志缺损	—	处
4	标线缺损	—	m
5	绿化管护不善	—	m

二、数据集成

对于完整的公路资产管理,数据包括公路基础设施的性能检测或监测数据,包括路基、路面、桥梁、隧道和沿线设施等,不同设施的数据类型、位数等不尽相同。同时,数据的维护与使用单位有建设管理单位、养护单位、设计或咨询单位、施工单位、检测单位等。数据使用则贯穿于设计、施工、日常维养。因此,对不同设施、来源和用途的数据按统一规则进行集成,是非常必要的。常用的数据集成主要流程有:

1. 需求分析

数据需求分析,包括识别和分析要集成的目标数据。数据和过程流建模根据上一步获得的信息创建显示工作流和数据利用的图表。获得的综合信息可以帮助识别和评估此过程中的替代数据集成策略。可以选择一种策略,并制定其明确的数据库设计规范和计划。最后一步是集成数据策略的开发、测试和实施。

2. 系统需求分析

进行需求分析是数据集成过程中最重要的一步,包括识别和分析要集成的目标数据、确定数据集成系统的需求。这些需求包括要支持的业务流程、要共享的数据、要实现的目标、要输出的结果、要展现的形式等。

3. 数据编码与转化

在需求分析步骤之后，数据和流程建模使用从第一步获得的信息来开发图表，说明业务流程内和跨业务流程的数据流。对不同数据进行编码与转化，编码是对设施基本信息进行编辑与统一，包括路线编码、管养单位编码、路段编码、设施编码、设施位置与结构层编码等。转化则是把试验检测得到的第一手数据按目标进行转化，比如对于运营期沥青路面使用性能，不同性能的采集数据和目标数据见表2-18。

沥青路面的采集数据和目标数据　　　　表2-18

路面使用性能	采集数据	目标数据
舒适性	国际平整度指数 IRI	路面行驶质量指数 RQI
结构完整性	路面破损率 DR	路面损坏状况指数 PCI
结构承载力	路面弯沉 l	路面结构强度指数 PSSI
安全性	横向力系数 SFC 或构造深度 MPD	路面抗滑性能指数 SRI 或路面磨耗指数 PWI
沥青路面车辙	路面车辙深度 RD	路面车辙深度指数 RDI

4. 备选方案的定义、评估和选择

从前两个步骤中获得的信息和流程图都是确定可行的数据集成备选方案的基础。通常，融合数据库和互操作数据库是两种最常用的替代方法。数据融合，也称为数据仓库，是指在一次性集成中组合来自多个来源的信息的过程。当数据移动到仓库时，这些数据源可能会被删除或保留以服务于特定的业务流程。可互操作的数据库系统，也称为联合或分布式系统，包括自通信数据库，其中通信使用多数据库查询。

5. 数据库设计和规范

在这一步中，生成详细的计划和方法来指导数据集成策略的实施，以及数据库开发工作的整体方法。在集成数据库设计中，无论采用哪种数据库环境，都包含以下要素：数据模型、标准、参考系统；元数据和数据字典；计算机通信要求、软件、硬件、人员配备和数据管理要求。表2-19给出了融合数据库和互操作数据库之间的全面比较。

6. 开发、测试和执行

软件开发和系统实施作为数据集成过程的最后一步，包括原型设计和应用程序开发、计算机系统和网络通信设置，以及用数据填充数据库。具体而言，开发活动是指测试活动、评估活动、数据库模型修改、数据管理应用程序和通信接口。为了轻松适应系统任何元素的任何未来可能的改变，建议采用模块化和增量式开发方法，以便集成环境灵活和稳定。

融合数据库和互操作数据库的比较   表2-19

数据库	融合数据库	互操作数据库
数据服务器	集中的	分散的
数据服务器的位置	单一位置	多个位置
数据复制	是	否
优势	易于管理和控制数据库	可以使数据保持在独立的位置和互操作数据库中
	最大数据处理能力（快速访问数据库）	不依赖可能成为故障点的单一站点。对一个位置的数据所做的更改可以快速传播到其他位置
	能够处理大量数据和处理请求	所有数据的统一描述不需要知道数据库模型
	提供数据保障	允许访问计算机网络的资源
劣势	实施起来需要相当多的时间和资源	难以支持和维护的集成（全局）数据模型
	数据通常为只读格式，无法在线更新	数据导出时的方式改变需要每次修复数据库系统
	存储需求可能成为一个主要问题	需要严格的数据库访问和更新程序

复习思考题

1. 简述常见的网级系统抽样方法及其主要步骤。
2. 简单随机抽样法、系统随机抽样法、分层随机抽样法、整群抽样法和组合抽样法分别适用于何种情况的抽样？
3. 简述常见的测点选择方法及其主要步骤。
4. 在进行平整度测试、弯沉测试、抗滑能力测试和压实度测试时，分别采用什么方法选择测点？
5. 在进行平整度测试、弯沉测试、抗滑能力测试和压实度测试时，分别采用什么方法处理和统计试验数据？
6. 简述公路养护决策所需要的数据类型与组成。

第三章
CHAPTER THREE

公路技术状况调查检测与评价

【学习目标】

公路养护决策的核心任务是,根据运营期各种公路的技术状况寻找最优的维修养护策略,因此首先要采用适当的方法与设备对公路路基、路面、桥梁、隧道以及沿线设施的技术状况进行调查与检测,并评价其技术状况水平。本章介绍公路技术状况调查与检测的主要内容与方法,公路技术状况评价指标、方法与标准。通过本章的学习,理解公路技术状况基本检测方法,掌握公路路基、路面、桥梁、隧道以及沿线设施技术状况评价指标、方法与标准。

第一节 路基技术状况调查检测与评价

一、路基损坏类型与分级

1.《公路技术状况评定标准》规定的路基损坏类型与分级

《公路技术状况评定标准》(JTG 5210—2018)将路基损坏分为路肩损坏、边坡坍塌、水毁冲沟、路基构造物损坏、路缘石缺损、路基沉降和排水不畅七类,是进行路基技术状况评定的主要依据。

(1)路肩损坏

路肩损坏指土路肩、硬路肩或紧急停车带表面出现各种损坏,如坑槽、裂缝、松散等,沥青路面路肩和水泥混凝土路面路肩的损坏分别参照沥青路面和水泥混凝土路面的损坏形式进行识别(图3-1)。土路肩损坏主要指路肩出现的沉陷、坑槽和露骨等损坏。路肩损坏程度分为轻、重两个等级。路肩所有损坏均应按损坏面积进行计算,累计面积不足$1m^2$应按$1m^2$计算。

(2)边坡坍塌

边坡坍塌指边坡发生岩石塌落、缺口、冲沟、沉陷、塌方等现象(图3-2)。按边坡坍塌的长度分为轻、中、重三个等级。边坡坍塌长度小于5m为轻度边坡坍塌,长度在5~10m之间为中度边坡坍塌,长度大于10m为重度边坡坍塌。边坡坍塌按处为单位进行计量。

图3-1　路肩损坏

图3-2　边坡坍塌

(3)水毁冲沟

水毁冲沟是另一种形式的边坡损坏,是指边坡因雨水冲刷出现的冲沟、缺口、沉陷等现象(图3-3)。按冲沟深度分为轻、中、重三个等级。冲沟深度小于20cm为轻度冲沟,冲沟深度在20~50cm之间为中度冲沟,冲沟深度大于50cm为重度冲沟。水毁冲沟按处为单位进行计量。

(4)路基构造物损坏

路基构造物损坏指挡土墙等圬工砌体出现断裂、沉陷、倾斜、局部坍塌、松动、较大面积勾缝脱落等损坏(图3-4)。路基构造物损坏按以下标准分为轻、中、重三个等级:轻度应为勾缝损坏、沉降缝损坏、表面破损、钢筋外露和锈蚀等;中度应为局部基础掏空、墙体脱落、轻度裂缝、鼓肚、下沉等;重度应为整体开裂、倾斜、滑移、倾覆等。每10m计1处,不足10m按1处计量。

图3-3　水毁冲沟

(5)路缘石缺损

路缘石缺损指中央分隔带、路肩边缘和挡水缘石等损坏或缺少现象(图3-5),损坏程度不分级,按长度(m)为单位进行计量。

图3-4 路基构造物坍塌

图3-5 路缘石缺损

(6)路基沉降

路基沉降指路基出现深度大于30mm的整体下沉(图3-6)。按损坏长度分为轻、中、重三个等级。损坏长度小于5m为轻度,损坏长度在5~10m之间为中度,损坏长度大于10m为重度。路基沉降按处为单位进行计量。

(7)排水不畅

排水不畅指边沟、排水沟、截水沟及暗沟等各种排水设施发生淤积或堵塞(图3-7)。按淤塞程度分为轻、中、重三个等级:轻度应为边沟、截水沟等排水系统存在杂物、垃圾;中度应为边沟、排水沟、截水沟等排水系统全面堵塞,出现衬砌剥落、破损、圬工砌体破裂、管道损坏等;重度应为路基排水系统和外部排水系统不连通。每10m计1处,不足10m按1处计量。

图3-6 路基沉降

图3-7 排水不畅

路基损坏类型及其等级与范围见表3-1。

路基损坏类型及其等级与范围　　　　　　　　表3-1

类型 i	损坏名称	损坏程度
1	路肩损坏	轻:包括路面损坏中所有轻度和中度损坏
		重:包括路面损坏中所有重度损坏
2	边坡坍塌	轻:边坡坍塌长度小于5m
		中:边坡坍塌长度在5~10m之间
		重:边坡坍塌长度大于10m
3	水毁冲沟	轻:冲沟深度小于20cm
		中:冲沟深度在20~50cm之间
		重:冲沟深度大于50cm
4	路基构造物损坏	轻:勾缝损坏、沉降缝损坏、表面破损、钢筋外露和锈蚀等
		中:局部基础掏空、墙体脱落、轻度裂缝、鼓肚、下沉等
		重:整体开裂、倾斜、滑移、倾塌等
5	路缘石缺损	不分等级
6	路基沉降	轻:损坏长度小于5m
		中:损坏长度在5~10m之间
		重:损坏长度大于10m
7	排水不畅	轻:排水系统存在杂物、垃圾等
		中:排水系统全面堵塞,出现衬砌剥落、破损、圬工砌体破裂、管道损坏等
		重:路基排水系统和外部排水系统不连通

2.《公路路基养护技术规范》规定的路基损坏类型

《公路路基养护技术规范》(JTG 5150—2020)将路基病害分为路肩病害、路堤与路床病害、边坡病害、既有防护及支挡结构物病害、排水设施病害五类。在规范中规定了病害的计量方式,但对病害损坏程度分级未进行进一步细化。

(1)路肩病害,可分为路肩或路缘石缺损、阻挡路面排水、路肩不洁三类(图3-8):

①路肩或路缘石缺损,指路肩一侧宽度小于设计宽度10cm及10cm以上,路肩出现20cm×10cm(长度×宽度)以上的缺口,路缘石丢失、损坏、倾倒或路缘石与路面脱离透水等。

②阻挡路面排水,指路肩高于路面,造成路面排水不畅。

③路肩不洁,指路肩有堆积杂物、未经修剪且高于15cm的杂草。

图3-8　路肩不洁

（2）路堤与路床病害，可分为杂物堆积、不均匀沉降、开裂滑移、冻胀翻浆四类（图3-9）：

①杂物堆积，指人为倾倒的垃圾和秸秆等杂物的堆积。

②不均匀沉降，指路基出现大于4cm的差异沉降，或大于5cm/m的局部沉陷。

③开裂滑移，指沿路基纵向出现弧形开裂，路基产生侧向滑动趋势。

④冻胀翻浆，指季节性冰冻引起的路面隆起、变形，春融或多雨地区的路基在行车荷载作用下造成路面变形、破裂、冒浆等。

a) 开裂滑移

b) 冻胀翻浆

图 3-9　路堤与路床病害

（3）边坡病害，可分为坡面冲刷、碎落崩塌、局部坍塌、滑坡四类（图3-10）：

①坡面冲刷，指由雨水冲刷坡面形成深度10cm以上的沟槽（含坡脚缺口）。

②碎落崩塌，指路堑边坡因表层风化等产生的碎石滚落、局部崩塌等。

③局部坍塌，指因边坡表面松散破碎或雨水冲刷而引起的坡面滑塌。

④滑坡，指边坡发生整体剪切破坏而引起的坡体下滑，或有明显水平位移。

a) 坡面冲刷

b) 碎落崩塌

图　3-10

c)局部坍塌

d)滑坡

图 3-10 边坡病害

(4)既有防护及支挡结构物病害,可分为表观破损、排(泄)水孔淤塞、局部损坏、结构失稳四类(图 3-11):

①表观破损,指勾缝或沉降缝损坏、表面破损、钢筋外露和锈蚀等。
②排(泄)水孔淤塞,指排(泄)水孔被杂物堵塞,造成排水不畅。
③局部损坏,指局部出现的基础掏空、墙体脱空、脱落、鼓肚、轻度裂缝、下沉等。
④结构失稳,指结构物整体出现的开裂、倾斜、滑移、倒塌等。

a)表观破损

b)局部损坏

图 3-11 既有防护及支挡结构物病害

(5)排水设施病害,可分为排水设施堵塞、排水设施损坏、排水设施不完善三类(图 3-12):

①排水设施堵塞,指排水设施内有杂物、垃圾、淤积等,造成排水不畅或设施堵塞。
②排水设施损坏,指排水设施出现勾缝严重脱落,排水沟、截水沟、急流槽等设施破损。
③排水设施不完善,指排水设施缺失、未与外部排水系统有效衔接,造成排水不畅通。

a) 排水设施堵塞　　　　　　　　b) 排水设施损坏

图 3-12　排水设施病害

二、路基技术状况调查与检测方法

由于路基病害易于观察且观测图像多样、难以自动识别,在路基技术状况调查与检测领域,自动化方式并未得到广泛应用。目前路基损坏调查方法为人工巡查,人工巡查分为一般巡查和专项巡查。

根据《公路技术状况评定标准》(JTG 5210—2018),进行人工巡查时应记录路基的 7 种病害以及严重程度,并填写路基损坏调查表,见表 3-2。

路基损坏调查表　　　　　　　　表 3-2

路线名称:			调查方向:		起点桩号:		单元长度:				路面宽度:		
损坏类型	程度	单位扣分	权重	单位	百米损坏								累计损坏
					1	2	3	4	5	6	7	8	9	10	
路肩损坏	轻	1	0.1	m²										
	重	2												
边坡坍塌	轻	20	0.25	处										
	中	50												
	重	100												
水毁冲沟	轻	20	0.15	处										
	中	30												
	重	50												
路基构造物损坏	轻	20	0.1	处										
	中	50												
	重	100												
路缘石缺损		4	0.05	m										

续上表

损坏类型	程度	单位扣分	权重	单位	百米损坏 1	2	3	4	5	6	7	8	9	10	累计损坏
路基沉降	轻	20	0.25	处											
	中	30													
	重	50													
排水不畅	轻	20	0.1	处											
	中	50													
	重	100													

根据《公路路基养护技术规范》(JTG 5150—2020),巡查时应记录路基的17种病害以及严重程度,并填写路基病害调查与技术状况评定表,见表3-3。

路基病害调查与技术状况评定表　　　　　　　　　　　　表3-3

分项	病害名称	路线名称： 调查时间： 调查人员： 检测方向：上行/下行 起点桩号： 终点桩号： 路段长度： 1 2 3 4 5 6 7 8 9 10										单位扣分	病害权重 ω_i	累计扣分 GD_i	分项得分 $100-\sum(GD_i \times \omega_i)$	分项权重 ω
路肩技术状况指数 VSCI	路肩或路缘石缺损											5	0.4			0.1
	阻挡路面排水											10	0.4			
	路肩不洁											2	0.2			
路堤与路床技术状况指数 ESCI	杂物堆积											5	0.2			0.2
	不均匀沉降											20	0.3			
	开裂滑移											50	0.3			
	冻胀翻浆											20	0.2			
边坡技术状况指数 SSCI	坡面冲刷											5	0.2			0.25
	碎落崩塌											20	0.25			
	局部坍塌											50	0.25			
	滑坡											100	0.3			
既有防护及支挡结构物技术状况指数 RSCI	表观破损											10	0.1			0.25
	排(泄)水孔淤塞											20	0.2			
	局部损坏											20	0.3			
	结构失稳											100	0.4			

续上表

分项	病害名称	起点桩号： 路段长度： 终点桩号：										单位扣分	病害权重 ω_i	累计扣分 GD_i	分项得分 $100 - \sum(GD_i \times \omega_i)$	分项权重 ω
		1	2	3	4	5	6	7	8	9	10					
排水设施技术状况指数 DSCI	排水设施堵塞											5	0.5			0.2
	排水设施损坏											10	0.5			

路线名称：　调查时间：　调查人员：　检测方向：上行/下行

在一般巡查和专项巡查中,路基的一般巡查频率每周不宜少于一次,遇特殊气候、突发灾害等情况,应适当增加巡查频率。一般巡查可用目测方式,也可用目测与量测相结合的方式,应包括下列主要工作内容:

(1)检查路肩是否存在缺损、阻挡排水,是否存在杂草、杂物。

(2)检查路堤是否存在杂物堆积,是否存在沉陷、冻胀翻浆。

(3)目测边坡是否存在冲刷、缺口,坡面是否存在杂草、杂物,坡体是否存在松动、碎落崩塌、局部坍塌。

(4)检查既有防护及支挡结构物是否存在表面破损、勾缝脱落、杂草、杂物,是否存在排(泄)水孔堵塞,是否存在局部损坏。

(5)查看排水设施是否存在堵塞、破损等。

路基的专项巡查应主要对高边坡、既有防护及支挡结构物、排水设施等的病害进行实地察看与量测,做好路基专项巡查记录,并应符合下列规定:

(1)路基的专项巡查应在年度公路网级的路基技术状况调查基础上,每半年进行一次。

(2)对最近一次路基技术状况指数 SCI 或任一分项指标评定为"次、差"的路段,其专项巡查频率每月不得少于一次。

路基专项巡查应包括下列主要工作内容:

(1)查看边坡坡顶和坡面是否存在裂缝以及裂缝的发展情况;边坡坡面是否存在岩体风化松散、局部坍塌、滑坡。

(2)检查既有防护及支挡结构物是否存在结构变形、滑移、开裂;基础是否存在积水、冲刷、空洞等。

(3)查看排水设施的排水是否通畅、有效,是否损坏、不完善。

三、路基技术状况评价

公路路基技术状况评价是指根据路基技术状况调查检测结果,对路基技术状况处于何种水平作出判定,并对养护决策提供基础。技术状况判定包括评价指标、评价模型与评价标准。

1.《公路技术状况评定标准》评价方法

按照《公路技术状况评定标准》(JTG 5210—2018),路基各类损坏调查应以100m为单元,按损坏程度,每100m计1个扣分,每一个调查单元计算1个合并累计扣分。值得注意的是重度边坡坍塌有可能影响交通安全,因此,存在影响交通安全的重度边坡坍塌时,其评定单元的MQI值应取0。路基技术状况应采用路基技术状况指数(SCI)评定,SCI应按式(3-1)计算:

$$\text{SCI} = \sum_{i=1}^{i_0} w_i (100 - \text{GD}_{i\text{SCI}}) \tag{3-1}$$

式中:w_i——第i类路基损坏的权重,取值见表3-4;

i——路基损坏类型;

i_0——路基损坏类型总数,取7;

$\text{GD}_{i\text{SCI}}$——第i类路基损坏的累计扣分,最高扣分为100,计算见表3-4。

路基损坏扣分标准　　　　　　　　　　　表3-4

类型(i)	损坏名称	损坏程度	计量单位	单位扣分	权重(w_i)	备注
1	路肩损坏	轻	m²	1	0.10	—
		重		2		
2	边坡坍塌	轻	处	20	0.25	边坡坍塌为重度且影响交通安全时,该评定单元的MQI值应取0
		中		50		
		重		100		
3	水毁冲沟	轻	处	20	0.15	—
		中		30		
		重		50		
4	路基构造物损坏	轻	处	20	0.10	路基构造物损坏为重度时,该评定单元的SCI值应取0
		中		50		
		重		100		
5	路缘石缺损	—	m	4	0.05	路缘石缺损应为路缘石缺失损坏,按长度(m)计算
6	路基沉降	轻	处	20	0.25	—
		中		30		
		重		50		
7	排水不畅	轻	处	20	0.10	—
		中		50		
		重		100		

按照《公路技术状况评定标准》(JTG 5210—2018),路基技术状况评价等级分为"优、良、中、次、差"5级,具体划分标准见表3-5。

路基技术状况评价等级划分标准　　表 3-5

评定指标	优	良	中	次	差
路基技术状况指数(SCI)	≥90	≥80，<90	≥70，<80	≥60，<70	<60

2.《公路路基养护技术规范》评价方法

按照《公路路基养护技术规范》(JTG 5150—2020)，路基技术状况指数 SCI 评定应以 1000m 路段长度为一个基本单元，不足 1000m 按一个基本单元计，并对上、下行方向分别调查，与路基病害调查的基本单元划分相一致，与路面病害调查的基本单元划分相一致。路基病害调查可采用人工调查与设备检测相结合的方式采集路基病害信息。路基技术状况指数 SCI 应按式(3-2)计算。

$$SCI = VSCI \times \omega_V + ESCI \times \omega_E + SSCI \times \omega_S + RSCI \times \omega_R + DSCI \times \omega_D \qquad (3\text{-}2)$$

式中：VSCI——路肩技术状况指数；

　　　ESCI——路堤与路床技术状况指数；

　　　SSCI——边坡技术状况指数；

　　　RSCI——既有防护及支挡结构物技术状况指数；

　　　DSCI——排水设施技术状况指数；

　　　ω_V——VSCI 在 SCI 中的权重，取值为 0.1；

　　　ω_E——ESCI 在 SCI 中的权重，取值为 0.2；

　　　ω_S——SSCI 在 SCI 中的权重，取值为 0.25；

　　　ω_R——RSCI 在 SCI 中的权重，取值为 0.25；

　　　ω_D——DSCI 在 SCI 中的权重，取值为 0.2。

路肩技术状况指数 VSCI 应按式(3-3)计算。

$$VSCI = 100 - \sum(GD_{iV} \times \omega_{iV}) \qquad (3\text{-}3)$$

式中：GD_{iV}——第 i 类路肩病害的总扣分，按表 3-4 的规定执行；

　　　ω_{iV}——第 i 类路肩病害的权重，按表 3-6 的规定取值。

路肩病害权重　　表 3-6

病害名称	路肩或路缘石缺损	阻挡路面排水	路肩不洁
权重	0.4	0.4	0.2

路堤与路床技术状况指数 ESCI 应按式(3-4)计算。

$$ESCI = 100 - \sum(GD_{iE} \times \omega_{iE}) \qquad (3\text{-}4)$$

式中：GD_{iE}——第 i 类路堤与路床病害的总扣分，按表 3-4 的规定执行；

　　　ω_{iE}——第 i 类路堤与路床病害的权重，按表 3-7 取值。

路堤与路床病害权重　　表 3-7

病害名称	杂物堆积	不均匀沉降	开裂滑移	冻胀翻浆
权重	0.2	0.3	0.3	0.2

边坡技术状况指数 SSCI 应按式(3-5)计算。

$$SSCI = 100 - \sum(GD_{iS} \times \omega_{iS}) \qquad(3-5)$$

式中：GD_{iS}——第 i 类边坡病害的总扣分，按表 3-4 的规定执行；

ω_{iS}——第 i 类边坡病害的权重，按表 3-8 取值。

边坡病害权重　　　　　　　　　　　　　表 3-8

病害名称	坡面冲刷	碎落崩塌	局部坍塌	滑坡
权重	0.2	0.25	0.25	0.3

既有防护及支挡结构物技术状况指数 RSCI 应按式(3-6)计算。

$$RSCI = 100 - \sum(GD_{iR} \times \omega_{iR}) \qquad(3-6)$$

式中：GD_{iR}——第 i 类既有防护及支挡结构物病害的总扣分，按表 3-4 的规定执行；

ω_{iR}——第 i 类既有防护及支挡结构物病害的权重，按表 3-9 取值。

既有防护及支挡结构物病害权重　　　　　　　　表 3-9

病害名称	表观破损	排(泄)水孔淤塞	局部损坏	结构失稳
权重	0.1	0.2	0.3	0.4

排水设施技术状况指数 DSCI 应按式(3-7)计算。

$$DSCI = 100 - \sum(GD_{iD} \times \omega_{iD}) \qquad(3-7)$$

式中：GD_{iD}——第 i 类排水设施病害的总扣分，按表 3-4 的规定执行；

ω_{iD}——第 i 类排水设施病害的权重，按表 3-10 取值。

排水设施病害权重　　　　　　　　　　　表 3-10

病害名称	排水设施不完善	排水设施堵塞	排水设施损坏
权重	0	0.5	0.5

高速公路、一级公路应按上、下行方向分别计算路基技术状况指数 SCI；二级及二级以下公路应按上、下行方向分别计算路基技术状况指数 SCI，并以较低路基技术状况指数 SCI 作为该评定单元的评定结果；分离式路基应按两条独立路线分别计算路基技术状况指数 SCI。

按照《公路路基养护技术规范》(JTG 5150—2020)，路基技术状况及其分项评价等级应分为"优、良、中、次、差"五个等级。路基技术状况及其分项评价等级划分标准应符合表 3-11 的规定。

路基技术状况及其分项评价等级划分标准　　　　　表 3-11

评定指标	优	良	中	次	差
路基技术状况指数 SCI	≥90	≥80,<90	≥70,<80	≥60,<70	<60
VSCI、ESCI、SSCI、RSCI、DSCI	≥90	≥80,<90	≥70,<80	≥60,<70	<60

3. 评价案例

(1)案例1

根据《公路技术状况评定标准》(JTG 5210—2018),对广东境内某二级公路进行了路基病害调查,调查结果见表3-12。

路基损坏调查结果　　　　　表3-12

路线编码名称:××　　调查方向:××　　起点桩号:××　　单元长度:××　　路面宽度:××

损坏类型	程度	单位扣分	权重	单位	百米损坏										累计损坏
					1	2	3	4	5	6	7	8	9	10	
路肩损坏	轻	1	0.1	m²	5	0	4	11	0	0	1	2	0	0	23
	重	2			0	3	0	4	0	0	0	0	0	0	7
边坡坍塌	轻	20	0.25	处	0	1	1	0	0	0	0	0	0	0	2
	中	50			0	0	0	0	0	0	0	0	0	0	0
	重	100			0	0	0	0	0	0	0	0	0	0	0
水毁冲沟	轻	20	0.15	处	2	1	0	0	0	0	1	0	0	0	4
	中	30			0	0	0	0	0	1	0	0	0	0	1
	重	50			0	0	0	0	0	0	0	0	0	0	10
路基构造物损坏	轻	20	0.1	处	1	2	2	0	1	0	0	0	1	0	7
	中	50			0	1	0	0	0	0	0	1	0	0	2
	重	100			0	0	0	0	0	0	0	0	0	0	0
路缘石缺损	—	4	0.05	m	0	0	5	3	0	6	0	0	0	0	24
路基沉降	轻	20	0.25	处	0	0	0	0	0	0	0	0	1	0	2
	中	30			0	0	0	0	0	0	0	0	1	0	0
	重	50			0	0	0	0	0	0	0	0	0	0	0
排水不畅	轻	20	0.1	处	0	0	2	0	0	1	0	0	0	0	3
	中	50			0	0	0	0	0	1	0	0	0	0	1
	重	100			0	0	0	0	0	0	0	0	0	0	0

代入公式 $SCI = \sum_{i=1}^{i_0} w_i(100 - GD_{iSCI})$,计算得:

$SCI = 0.1 \times (100 - 1 \times 13 - 2 \times 7) + 0.25 \times (100 - 2 \times 20) + 0.15 \times (100 - 1 \times 20 - 1 \times 30) + 0.1 \times (100 - 20 \times 3) + 0.05 \times (100 - 4 \times 6) + 0.25 \times (100 - 2 \times 20) + 0.1 \times (100 - 1 \times 20) = 60.6$

根据评价标准,路基技术状况评价等级为"次"。

(2)案例2

根据《公路路基养护技术规范》(JTG 5150—2020),对广东境内某二级公路进行了路基病害调查,见表3-13。

路基技术状况调查结果   表3-13

分项	病害名称	1	2	3	4	5	6	7	8	9	10
路肩技术状况指数 VSCI	路肩或路缘石缺损	0	0	1	3	0	1	0	0	0	0
	阻挡路面排水	1	2	0	0	0	0	1	0	0	0
	路肩不洁	1	0	2	1	0	0	0	1	0	0
路堤与路床技术状况指数 ESCI	杂物堆积	1	0	0	0	0	0	0	0	0	0
	不均匀沉降	0	0	0	0	0	0	0	0	1	0
	开裂滑移	0	0	0	0	0	0	0	0	0	1
	冻胀翻浆	0	0	0	0	0	0	0	0	0	0
边坡技术状况指数 SSCI	坡面冲刷	0	1	1	0	0	0	0	0	0	2
	碎落崩塌	0	0	0	0	0	1	0	0	0	0
	局部坍塌	0	0	0	0	0	0	0	0	0	0
	滑坡	0	0	0	0	0	0	0	0	0	0
既有防护及支挡结构物技术状况指数 RSCI	表观破损	0	3	2	0	0	0	0	0	0	0
	排(泄)水孔淤塞	0	0	0	0	0	0	0	1	1	0
	局部损坏	1	0	0	0	1	0	0	0	0	0
	结构失稳	0	0	0	0	0	0	0	0	0	0
排水设施技术状况指数 DSCI	排水设施堵塞	0	0	2	0	0	0	1	0	0	0
	排水设施损坏	0	0	0	0	0	1	0	0	0	0

其中，累计扣分 GD_i = 单位扣分 × 损坏单位；分项得分 $100 - \sum(GD_i \times \omega_i)$

可计算：

路肩技术状况指数
$$VSCI = 100 - (0.4 \times 25 + 0.4 \times 40 + 0.2 \times 10) = 72$$

路堤与路床技术状况指数
$$ESCI = 100 - (0.2 \times 5 + 0.3 \times 20 + 0.3 \times 50) = 78$$

边坡技术状况指数
$$SSCI = 100 - (0.2 \times 20 + 0.25 \times 20 + 0.25 \times 0 + 0.25 \times 0) = 91$$

既有防护及支挡结构物技术状况指数
$$RSCI = 100 - (0.1 \times 50 + 0.2 \times 40 + 0.3 \times 40 + 0.4 \times 0) = 75$$

排水设施技术状况指数
$$DSCI = 100 - (0.5 \times 15 + 0.5 \times 10) = 87.5$$

路基技术状况指数为：

$$SCI = VSCI \times \omega_V + ESCI \times \omega_E + SSCI \times \omega_S + RSCI \times \omega_R + DSCI \times \omega_D$$
$$= 72 \times 0.1 + 78 \times 0.2 + 91 \times 0.25 + 75 \times 0.25 + 87.5 \times 0.2 = 81.8$$

最终评价结果见表3-14。

路基技术状况及其分项评价等级划分结果 表3-14

分项	病害名称	起点桩号:K53+100 终点桩号:K54+100 路段长度:1000m 调查时间:×× 调查人员:×× 检测方向:上行										单位扣分	病害权重 ω_i	累计扣分 GD_i	分项得分 $100-\sum(GD_i \times \omega_i)$	分项权重 ω
		1	2	3	4	5	6	7	8	9	10					
路肩技术状况指数 VSCI	路肩或路缘石缺损	0	0	1	3	0	1	0	0	0	0	5	0.4	25	72	0.1
	阻挡路面排水	1	2	0	0	0	0	1	0	0	0	10	0.4	40		
	路肩不洁	1	0	2	1	0	0	0	1	0	0	2	0.2	10		
路堤与路床技术状况指数 ESCI	杂物堆积	1	0	0	0	0	0	0	0	0	0	5	0.2	5	78	0.2
	不均匀沉降	0	0	0	0	0	0	0	0	1	0	20	0.3	20		
	开裂滑移	0	0	0	0	0	0	0	0	0	1	50	0.3	50		
	冻胀翻浆	0	0	0	0	0	0	0	0	0	0	20	0.2			
边坡技术状况指数 SSCI	坡面冲刷	0	1	1	0	0	0	0	0	0	2	5	0.2	20	91	0.25
	碎落崩塌	0	0	0	0	0	0	0	0	0	1	20	0.25	20		
	局部坍塌	0	0	0	0	0	0	0	0	0	0	50	0.25	0		
	滑坡	0	0	0	0	0	0	0	0	0	0	100	0.3			
既有防护及支挡结构物技术状况指数 RSCI	表观破损	0	3	2	0	0	0	0	0	0	0	10	0.1	50	75	0.25
	排(泄)水孔淤塞	0	0	0	0	0	0	1	1	0	0	20	0.2	40		
	结构损坏	1	0	0	0	1	0	0	0	0	0	20	0.3	40		
	局部失稳	0	0	0	0	0	0	0	0	0	0	100	0.4			
排水设施技术状况指数 DSCI	排水设施堵塞	0	1	2	0	0	0	0	0	0	0	5	0.5	15	87.5	0.2
	排水设施损坏	0	0	0	0	0	1	0	0	0	0	10	0.5	10		
评定结果:路基技术状况指数 SCI	$SCI = VSCI \times \omega_V + ESCI \times \omega_E + SSCI \times \omega_S + RSCI \times \omega_R + DSCI \times \omega_D = 81.8$															

根据评价标准,路肩技术状况评价等级为"中",路堤与路床技术状况评价等级为"中",边坡技术状况评价等级为"优",既有防护及支挡结构物技术状况评价等级为"中",排水设施技术状况评价等级为"良",路基技术状况评价等级为"良"。

第二节　路面技术状况调查检测与评价

一、路面损坏类型与分级

1. 沥青路面损坏

沥青路面的损坏分为裂缝、变形、表面损坏和修补四大类,细分为 11 种主要损坏类型。其中,裂缝包括横向裂缝、纵向裂缝、块状裂缝和龟裂 4 种,变形包括车辙、波浪拥包、沉陷 3 种,表面损坏又分为泛油、松散、坑槽(洞)3 种。

①横向裂缝,通常不是由荷载作用引起的,表现为与道路中线近于垂直、有时伴随有少量支缝(图 3-13)。按裂缝宽度大小及裂缝边缘的破坏情况分为轻、重两个等级。主要裂缝宽度小于或等于 3mm,裂缝壁无散落或有轻微散落,无支缝或有少量支缝为轻度横裂;主要裂缝宽度大于 3mm,缝宽、裂缝贯通整个路面、裂缝壁有散落并伴有少量支缝为重度横裂。横向裂缝按长度计量并按 0.2m 的影响面积换算成损坏面积。

a)轻度裂缝

b)重度裂缝

图 3-13　横向裂缝

图 3-14　纵向裂缝

②纵向裂缝,是指与行车方向基本平行的裂缝,有时伴有少量支缝(图 3-14)。按裂缝宽度大小分为轻、重两个等级。主要裂缝宽度小于或等于 3mm,缝细、裂缝壁无散落或有轻微散落,无支缝或有少量支缝为轻度纵缝;主要裂缝宽度大于 3mm,缝宽、裂缝壁有散落、有支缝为重度纵缝。纵向裂缝按长度计量并按 0.2m 的影响面积换算成损坏面积。

③块状裂缝,是指纵横交错且块度大于

50cm 的网状裂缝(图 3-15)。按裂缝宽度大小及块度大小情况分为轻、重两个等级。主要裂缝块度大于 1.0m,平均裂缝宽度在 1~2mm 之间,缝细、裂缝区无散落为轻度块裂;主要裂缝块度在 0.5~1.0m 之间,平均裂缝宽度大于 2.0mm,缝宽、裂缝区有散落为重度块裂。块状裂缝按损坏面积计量。

④龟裂,是指纵横交错且尺寸小于 50cm 的网状裂缝(图 3-16)。按裂缝宽度大小、块度大小以及散落情况,分为轻、中、重三个等级。主要裂缝块度在 0.2~0.5m 之间,平均裂缝宽度小于 2mm,裂区无变形、缝细为轻度龟裂;主要裂缝块度小于 0.2m,平均裂缝宽度在 2~5mm 之间,裂区轻度散落与变形为中度龟裂;主要裂缝块度小于 0.2m,平均裂缝宽度大于 5mm,裂区散落严重、变形明显为重度龟裂。龟裂按损坏面积计量。

图 3-15 块状裂缝

图 3-16 龟裂

⑤车辙,是指在沥青路面表面形成的沿轮迹方向大于 10mm 的纵向凹陷(图 3-17)。按车辙深度的不同分为轻、重两个等级。车辙深度在 10~15mm 之间为轻度车辙;车辙深度大于 15mm 为重度车辙。车辙按长度计量并按 0.4m 的影响面积换算为损坏面积。

a)轻度车辙

b)重度车辙

图 3-17 车辙

⑥波浪拥包,是指由于局部沥青面层材料移动而在路表面形成的有规律的纵向起伏(图 3-18)。按波峰波谷的大小不同将此类损坏分为轻、重两个等级。波峰波谷高差在 10~25mm 之间为轻度波浪拥包;波峰波谷高差大于 25mm 为重度波浪拥包。波浪拥包按其涉及的面积计量。

 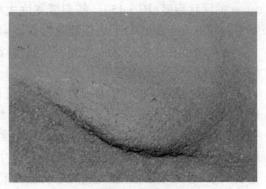

a)轻度波浪拥包　　　　　　　　　　b)重度波浪拥包

图 3-18　波浪拥包

⑦沉陷,是指路面表面产生的大于 10mm 的局部凹陷变形(图 3-19)。按沉陷深度大小及对行车舒适性的影响分为轻、重两个等级。沉陷深度在 10～25mm 之间,行车无明显颠簸感为轻度沉陷;沉陷深度大于 25mm,行车有明显颠簸感为重度沉陷。沉陷按面积计量。

a)轻度沉陷　　　　　　　　　　b)重度沉陷

图 3-19　沉陷

⑧泛油,是指路面混合料中的沥青向上迁移到路表面,形成一层有光泽的沥青膜(图 3-20)。泛油损坏不分严重程度等级,按面积计量。

⑨松散,是指一种从路面表面向下不断发展的集料颗粒流失和沥青结合料流失而造成的路面损坏(图 3-21)。松散按损坏严重程度分为轻、重两个等级。路面细集料散失,表面出现脱皮、麻面等损坏为轻度松散;路面粗集料散失,表面出现脱皮、麻面、露骨、剥落、小坑洞等损坏为重度松散。松散按损坏面积计量。

⑩坑槽,是指局部集料丧失而在路面表面形成的坑洞(图 3-22)。按坑槽的深浅及有效面积的大小,将坑槽分为轻、重两个等级。坑槽深度小于 25mm,或面积小于 $0.1 m^2$ 为轻度坑槽;坑槽深度大于或等于 25mm,或面积大于或等于 $0.1 m^2$ 为重度坑槽。统计时按坑槽外接矩形面积计量。

图 3-20 泛油

a)轻度松散   b)重度松散

图 3-21 松散

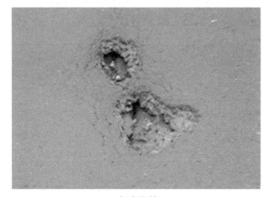 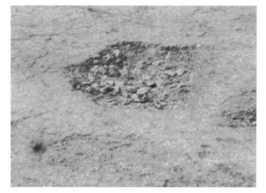

a)轻度坑槽   b)重度坑槽

图 3-22 坑槽

⑪修补,是指因龟裂、坑槽、松散、沉陷、车辙等损坏处理后在路表面形成的修补部分。除裂缝修补外其余均按修补涉及的面积计量;裂缝修补按长度计量,并按0.2m的影响宽度换算为损坏面积。

2. 水泥混凝土路面损坏

水泥混凝土路面的损坏分为裂缝、竖向变形、接缝损坏、表面损坏和修补五大类,细分为 11 种主要损坏类型。其中,裂缝包括裂缝、破碎板、板角断裂 3 种,竖向变形包括错台和拱起 2 种,接缝损坏包括唧泥、边角剥落和接缝料损坏 3 种,表面损坏包括坑洞和露骨 2 种。

①裂缝,是指混凝土板块上只有一条横向、纵向或斜向不规则的裂缝的破坏(图 3-23)。按裂缝缝宽及边缘碎裂情况分为轻、中、重三个等级。主要裂缝宽度小于 3mm,一般为未贯通裂缝,裂缝较窄,裂缝处未剥落,裂缝未贯通板厚为轻度裂缝;主要裂缝宽度在 3~10mm 之间,裂缝边缘有碎裂现象为中度裂缝;主要裂缝宽度大于 10mm,裂缝较宽,边缘有碎裂并伴有错台出现为重度裂缝。统计时按裂缝长度计量,并按 1.0m 的影响宽度换算为损坏面积。

a)轻度裂缝　　　　　　　b)中度裂缝　　　　　　　c)重度裂缝

图 3-23　裂缝

②破碎板,是指混凝土板被多条裂缝分为 3 个以上板块的破坏(图 3-24)。根据破碎板块的活动情况分为轻、重两个等级。破碎板块未发生松动和沉陷为轻度破碎;破碎板块有松动、沉陷和唧泥等现象为重度破碎。统计时按水泥混凝土板整块面积计量。

a)轻度破碎　　　　　　　　　　　　b)重度破碎

图 3-24　破碎板

③板角断裂,是指混凝土板块的板角被与纵横接缝相交且交点距离等于或小于板边长度一半的裂缝从板体断开的破坏(图3-25)。按裂缝宽度和板角的松动程度分为轻、中、重三个等级。主要裂缝宽度小于3mm,裂缝未破碎为轻度断裂;主要裂缝宽度在3～10mm之间,裂缝边缘有碎裂为中度断裂;主要裂缝宽度大于10mm,裂缝边缘有碎裂现象,并伴有错台或沉陷现象为重度断裂。统计时按断裂板角的面积计量。

a)轻度断裂　　　　　　　b)中度断裂　　　　　　　c)重度断裂

图3-25　板角断裂

④错台,是指水泥混凝土路面板的纵向和横向接缝两边板体出现大于5mm的高差(图3-26)。根据错台两边高差的大小分为轻、重两个等级。接缝两侧高差在5～10mm之间为轻度错台;接缝两侧高差大于10mm为重度错台。统计时按发生错台的接缝长度计量,换算成损坏面积时乘以1.0m的影响宽度。

a)轻度错台　　　　　　　　　　　　b)重度错台

图3-26　错台

⑤拱起,是指横缝两侧板体发生高度大于10mm的抬高(图3-27)。不分轻重等级,统计时按拱起所涉及的板块面积计算。

⑥唧泥,是水泥混凝土板块在车辆驶过后接缝处有基层泥浆涌出的现象(图3-28)。不分严重程度,统计时按唧泥处接缝的长度计量,换算成损坏面积时乘以1.0m的影响宽度。

图 3-27 拱起

图 3-28 唧泥

⑦边角剥落,是指沿接缝方向的板边出现裂缝、破碎或脱落现象(图3-29)。按剥落深度分为轻、中、重三个等级。浅层剥落为轻度剥落;接缝附近板多处开裂为中度剥落;接缝附近板多处开裂,深度超过接缝槽底部为重度剥落。统计时按发生剥落的接缝长度换算成损坏面积时乘以1.0m的影响宽度。

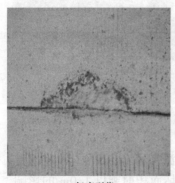
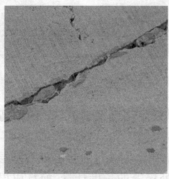

a)轻度剥落　　　　　　　　b)中度剥落　　　　　　　　c)重度剥落

图 3-29 边角剥落

⑧接缝料损坏(图3-30),分为轻、重两个等级。填料老化,不密水,但尚未剥落脱空,未被砂、石、泥土等填塞为轻度损坏;三分之一以上接缝出现空缝或被砂、石、土填塞为重度损坏。统计时按出现接缝料损坏的接缝长度计量,换算成损坏面积时乘以1.0m的影响宽度。

a)轻度损坏　　　　　　　　b)重度损坏

图3-30　接缝料损坏

⑨坑洞,是指面板出现有效直径大于30mm、深度大于10mm的局部坑槽(图3-31)。不分轻重等级,按单个坑洞外接矩形面积或坑洞群所涉及面积计量。

 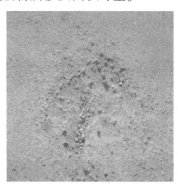

图3-31　坑洞

⑩露骨,是指板块表面出现细集料散失、粗集料暴露或表层松疏剥落等现象(图3-32)。不分轻重等级,统计时按面积计量。

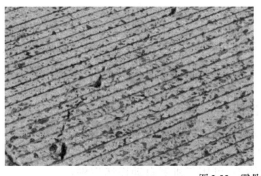 

图3-32　露骨

⑪修补,是指裂缝、板角断裂、边角剥落、坑洞和层状剥落的修补面积或修补影响面积(图3-33)。修补后又出现损坏,按原损坏类型分类统计。

图 3-33　修补

二、路面技术状况调查与检测方法

1. 路面损坏

路面损坏调查方法主要分为人工调查和自动化检测。

1) 人工调查

根据人工观察所得到的裂缝长度与宽度、各类损坏面积等,计算裂缝总长度、损坏总面积等,评价路面损坏状况。主要仪器包括钢卷尺、钢直尺、粉笔或油漆、安全标志等。测试时,一般由两个测试人员组成一个测试组,沿路肩徒步调查;量测或收集测试路段的路面长度及宽度;沿路面仔细观察、量测并在损坏记录表格上填写路面损坏的桩号、位置、类型及尺寸等信息。根据周围交通状况可目测或采用量尺量测各类损坏;必要时在损坏位置用粉笔或油漆做标记、拍摄照片或录像,并记录相应的桩号和照片编号。

人工调查效率低、精度低,且存在安全隐患,在高速公路、一级公路中基本不采用。

2) 自动化检测

高速公路和一级公路路面破损数据调查,宜采用先进快速的自动化检测方法,其他等级公路可采用人工调查的方法。

(1) 检测装置

路面损坏检测可采用不同的检测原理和检测方法,包括线扫成像、面扫成像和激光数字成像等。《多功能路况快速检测设备》(GB/T 26764—2011)规定检测装置应满足以下要求:

①应能检测沥青路面和水泥混凝土路面等不同类型的路面;

②路面图像应采用纵向连续的检测方式,横向检测宽度应不低于车道宽度的70%;

③路面图像应是正视图像,能分辨1.0mm及以上的路面裂缝,路面图像应具有准确的位置信息,检测图像应纹理清晰、亮度均匀,可用于机器自动损坏识别;

④路面原始图像数据应能长期保存。

（2）路面损坏识别软件

检测设备应配备路面裂缝等路面损坏自动识别装置和软件。根据裂缝等损坏的识别结果，计算路面破损率，要求如下：

①能够自动识别沥青路面的纵向裂缝、横向裂缝、龟裂、块状裂缝、裂缝修补及水泥混凝土路面的裂缝、板角断裂、破碎板、裂缝修补等损坏；

②正常路面的裂缝识别准确率应达到90%以上；

③路面裂缝率计算结果及相关数据应以10m为单位记录，路面原始图像及识别结果标注图应能长期保存。

路面损坏识别准确性试验可采用采集图像人工识别对比法：

①沥青、水泥混凝土路面至少各选择三个试验路段，路段平直、路面破损分布均匀，破损率最小值应不大于1%，最大值应不小于8%，单个路段长度为1000m；

②检测设备按正常程序对试验路段进行路面破损图片采集和识别，按10m为一个单元计算破损率 DR_i；

③对检测设备采集的路面图片采用人工判读的方式进行路面破损识别，计算对应每10m检测单元的破损率，并作为标准破损率 DR_C；

④计算每10m单元破损率 DR_i 与标准破损率 DR_C 的绝对误差 Δ_{DR} 和相对误差 δ_{DR}，当 $\Delta_{DR} \leq 0.4\%$ 或 $\delta_{DR} \leq 10\%$ 时，判定该10m单元识别准确，识别准确单元数占试验路段单元总数的百分比即为识别准确率。若沥青路面或水泥混凝土路面的三个试验路段识别准确率平均值大于或等于90%，判定为满足要求。

2. 路面平整度

路面平整度测定方法和仪器有很多，它们可大体上分成两大类型：①断面类平整度测定；②反应类平整度测定。常见的平整度测试设备有三米直尺、连续式平整度仪、车载式颠簸累积仪和车载式激光平整度仪等。

1）三米直尺法

三米直尺测定路面平整度，可用于施工过程的质量检测、成型后的低等级公路路基路面平整度检测、质量评定与验收及运营期性能评价等，如图3-34所示。定义三米直尺基准面距离路表面的最大间隙为路面的平整度，以mm计。

（1）仪器与材料

①三米直尺：测量基准面长度为3m，基准面应平直，用硬木或铝合金钢等材料制成。

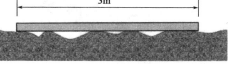

图3-34 三米直尺法测定平整度

②最大间隙测量器具：

a. 楔形塞尺：硬木或金属制的三角形塞尺，有手柄。塞尺的长度与高度之比不小于10，宽度不大于15mm，边部有高度标记，分度值不大于0.5mm。

b. 深度尺:金属制的深度测量尺,有手柄。深度尺测量杆端头直径不小于10mm,分度值不大于0.5mm。

(2)主要测试步骤

①将三米直尺沿道路纵向摆在测试位置的路面上。

②目测三米直尺底面与路表面之间的间隙情况,确定最大间隙的位置。

③将具有高度标线的塞尺塞进间隙处,测试其最大间隙的高度;或者用深度尺在最大间隙位置测试直尺上顶面距地面的深度,该深度减去尺高即为测试点的最大间隙的高度。以 mm 计,准确至 0.5mm。

(3)数据处理

单尺测试路面的平整度计算,以三米直尺与路面的最大间隙(δ_m)为测试结果;连续测试 10 尺时,判断每尺最大间隙(δ_m)是否合格,并计算合格率,以及 10 个最大间隙的平均值。

$$合格率 = (合格数/总测尺数) \times 100\% \tag{3-8}$$

2)连续式平整度仪法

连续式平整度仪作为断面类检测仪器,在我国公路路面平整度检测中应用较多,但不适用于在已有较多坑槽、破损严重的路面上进行测定。平整度仪由机械和电子两部分组成。电子部分包括位移与距离传感器、数显仪,数显仪有两根电缆与位移传感器(装在机架上)、距离传感器(装在测轮上)相连。电子部分是以高性能微处理器为处理核心,外加地址锁存器、数据存储器等。通过设备测试得到位移值,再根据规范计算得到平整度。

(1)仪器与材料

①整体结构:连续式平整度仪如图 3-35、图 3-36 所示,除特殊情况外,连续式平整度仪的标准长度为 3m;中间为一个 3m 长的机架,机架可缩短或折叠,前后各 4 个行走轮,前后两组轮的轴间距离为 3m。

图 3-35 连续式平整度仪

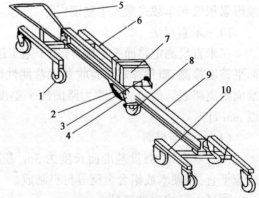

图 3-36 连续式平整度仪构造

1-脚轮;2-拉簧;3-离合器;4-测量架;5-牵引架;6-前架;7-纵断面绘图仪;8-测定轮;9-纵梁;10-后架

②地面高差测量传感器:安装在机架中间,可以是能起落的测定轮,也可以是激光测距仪;机架中间有一个能起落的测定轮。测定轮上装有位移传感器,自动采集位移数据时,测试间距为100mm,每一计算区间的长度为100m并输出一次结果。

③其他辅助机构:蓄电池电源,距离传感器,与数据采集、处理、存储、输出部分配套的采集控制箱及计算机打印机等。

④可记录测试长度(m)、曲线振幅大于某一定值(如3mm、5mm、8mm、10mm等)的次数、曲线振幅的单向(凸起或凹下)累计值及以3m机架为基准的中点路面偏差曲线图,计算打印。

⑤机架装有牵引钩及手拉柄,可用人力或汽车牵引。

(2)主要测试步骤

①将连续式平整度仪置于测试路段路面起点上,保证测定轮位置在轮迹带范围内;

②在牵引汽车的后部,将连续式平整度仪与牵引汽车连接好,按照要求依次完成各项操作;

③启动牵引汽车,沿道路纵向行驶,横向位置保持稳定;

④确认连续式平整度仪工作正常;牵引连续式平整度仪沿车道方向行驶且保持均匀速度,速度宜为5km/h,最大不得超过12km/h,在测试路段较短时,亦可用人力拖拉连续式平整度仪测试路面的平整度,但拖拉时应保持匀速。

(3)数据处理

用每10cm间距采集的位移值自动计算100m计算区间的平整度标准差,见式(3-9);对于一个测试路段,按式(3-10)~式(3-12)计算平整度的平均值、标准差、变异系数。

$$\sigma_i = \sqrt{\frac{\sum_{i=1}^{N}(\overline{d}-d_i)^2}{n-1}} \quad (3\text{-}9)$$

式中:σ_i——各计算区间的平整度计算值(mm);

N——一个测试路段内的测点数;

d_i——以100m为一个计算区间,每隔一定距离采集的路面凹凸偏差位移值(mm);

n——计算区间用于计算标准差的测试数据个数。

$$\overline{X} = \frac{\sum_{i=1}^{N}X_i}{N} \quad (3\text{-}10)$$

$$S = \sqrt{\frac{\sum_{i=1}^{N}(X_i-\overline{X})^2}{N-1}} \quad (3\text{-}11)$$

$$C_v = \frac{S}{\overline{X}} \times 100 \quad (3\text{-}12)$$

式中：X_i——第 i 个测点的实测值；

$\overline{X}$——一个测试路段内实测值的平均值；

S——一个测试路段内实测值的标准差；

C_v——一个测试路段内实测值的变异系数。

3) 车载式颠簸累积仪法

车载式颠簸累积仪属于反应类平整度测定系统，在车上安装由一个传感器和一个显示器组成的仪器，可以传感和积累车辆以一定速度驶经不平整路面时悬挂系的竖向位移量，如图 3-37 所示。车载式颠簸累积仪安装示意图如图 3-38 所示。仪器得到的测定值，通常是一个计数值，每计一个数相应于一定的悬挂系位移。测试车以一定的速度在路面上行驶，由于路面上的凹凸不平状况，引起汽车的激振，通过机械传感器可测量后轴同车厢之间的单向位移累积值 VBI，以 cm/km 计。VBI 越大，说明路面平整性越差，人乘坐汽车时越不舒适。

 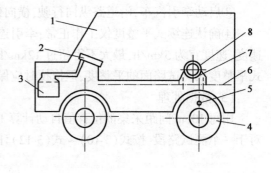

图 3-37 车载式颠簸累积仪

图 3-38 车载式颠簸累积仪安装示意图
1-测试车;2-数据处理器;3-电瓶;4-后桥;5-挂钩;6-底板;7-钢丝绳;8-颠簸累积仪传感器

(1) 仪器与材料

测试系统由承载车、距离测量装置、颠簸累积值测试装置和主控制系统组成，基本技术参数要求如下：①测试速度：30～80km/h；②测试幅值：-0.2～0.2m；③垂直位移分辨率：1mm；④距离标定误差：<0.5%。

(2) 主要测试步骤

①测试开始之前应让测试车以测试速度行驶 5～10km，按照规定的预热时间对测试系统预热；

②测试车停在测试起点前 300～500m 处，启动平整度测试系统程序，按照测试路段的现场技术要求设置完毕所需的测试状态；

③驾驶员在进入测试路段前应保持标定时的车速，沿正常行车轨迹驶入测试路段；

④进入测试路段后，测试人员启动系统的采集和记录程序，在测试过程中必须及时准

确地将测试路段的起终点和其他需要特殊标记的位置输入测试数据记录中;

⑤当测试车辆驶出测试路段后,测试人员停止数据采集和记录,并恢复仪器各部分至初始状态;

⑥测试人员检查数据文件,文件应完整,内容应正常,否则需要重新测试;

⑦关闭测试系统电源,结束测试。

(3)数据处理

根据车载式颠簸累积仪测试的颠簸累积值 VBI 及相关性试验,得到 VBI 与国际平整度指数的换算公式[式(3-13)];并以100m 为计算区间将 VBI 换算成国际平整度指数(IRI),以 m/km 计,保留2位小数。对于一个测试路段,需要计算 IRI 的平均值、标准差和变异系数。

标定方法详见《公路路基路面现场测试规程》(JTG 3450—2019),换算公式如下:

$$IRI = a + b \times VBI \tag{3-13}$$

式中:IRI——国际平整度指数;

VBI——颠簸累积值;

a、b——回归参数。

4)车载式激光平整度仪法

车载式激光平整度仪适用于在无严重坑槽、车辙等病害及无积水、无冰雪、无泥浆的正常通车条件下的路面上进行平整度测试。其原理是通过激光位移传感器,采集路面相对高程,计算 IRI 以表征路面平整度。

(1)仪器与材料

车载式激光平整度仪(以下简称激光平整度仪)由承载车、距离传感器、纵断面高程传感器和主控制系统组成,如图 3-39 所示。基本技术参数要求如下:①测试速度:30~100km/h;②采样间隔:≤500mm;③传感器测试精度:1.0mm;④距离标定误差:≤0.05%。

图 3-39 车载式激光平整度仪

(2)主要测试步骤

①测试开始之前应让承载车以测试速度行驶 5~10km,按照规定的预热时间对激光平整度仪预热;

②承载车停在测试起点前 50~100m 处,启动平整度测试系统程序,按照测试路段的现场技术要求设置完毕所需的测试状态;

③承载车行驶速度宜为 50~80km/h,避免突然加速和突然减速,急弯路段应放慢车速,沿正常行车轨迹驶入测试路段;

④进入测试路段后,测试人员启动系统的采集和记录程序,在测试过程中必须及时准确地将测试路段的起终点和其他需要特殊标记的位置输入测试数据记录中;

⑤当承载车辆驶出测试路段后,测试人员停止数据采集和记录,并恢复仪器各部分至初始状态;

⑥检查测试数据文件,文件应完整,内容应正常,否则需要重新测试;

⑦关闭系统电源,结束测试。

(3)数据处理

激光平整度仪采集的数据是路面相对高程值,首先,应以 100m 为计算区间长度用 IRI 标准计算程序计算 IRI 值,以 m/km 计;其次,进行激光平整度仪测值与 IRI 相关性关系试验,建立两者的关系模型;最后,采用关系模型将路面相对高程值换算为 IRI。

3. 路面车辙

车辙的测定内容包括车辙断面几何形状、最大车辙深度与车辙纵向分布,常见检测方法包括人工方法和自动检测。早期的人工检测是采用横断面尺法和基准尺法,即将刚性梁横跨在车辙上部,用横断面尺或基准尺量出车辙底部与横梁的间距;近年来发展到全自动车载快速检测,采用横向布置的激光、超声与红外等非接触位移传感器检测路面横断面,通过数据处理得出车辙的各项指标。

1)横断面尺法

将横断面尺横跨在车辙上部,用尺量出横断面尺与车辙底部的间距。根据测量数据检测横断面车辙断面。

(1)仪器与材料

横断面尺:如图 3-40 所示,金属制直尺,刻度间距 50mm,长度不小于一个车道宽度。顶面平直,最大弯曲不大于 1mm,两端有把手及高度为 100~200mm 的支脚,两支脚的高度相同,作为基准尺使用。

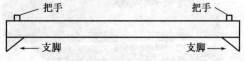

图 3-40 路面横断面尺

(2)主要测试步骤

①选择需测试车辙的断面,将横断面尺置于测试断面上,方向与道路中心线垂直,两端支脚置于测试车道两侧;

②沿横断面尺每隔 200mm 取一点,将钢直尺垂直立于路面上,读取横断面尺底面与路面之间的高差,准确至 1mm,如断面的最高处或最低处明显不在测试点上,应加密

测点;

③记录测试断面的桩号、位置及不同断面处的高差。

(3)数据处理

应按照图 3-41 规定的模式计算车辙深度 R_U,根据测试数据画出横断面图及顶面基准线。在横断面图上确定车辙深度 R_{U1} 和 R_{U2},精确至 1mm。以其中最大值作为断面的最大车辙深度 R_U。计算测试路段各测试断面最大车辙深度的平均值作为该测试路段的平均车辙深度。

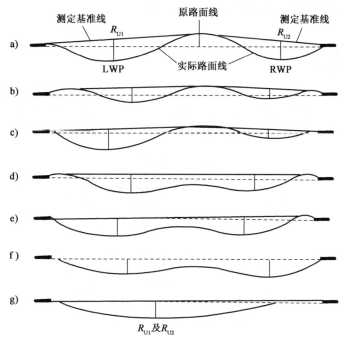

图 3-41 不同形状、不同程度的路面车辙示意图
注:LWP、RWP 表示左轮迹带与右轮迹带。

横断面尺法的报告列表应包含以下技术内容:测试位置信息(桩号等)、每个断面车辙深度值 R_U、测试路段的平均车辙深度。

2)基准尺法

基准尺法适用于不需要测试横断面,仅需测试最大车辙时的情况。用基准尺横跨在车辙上部,目测出车辙最深处,量出最大车辙深度。

(1)仪器与材料

基准尺:金属制品,长度不小于一个车道宽度,表面平直且最大弯曲部分不超过 1mm。

(2)主要测试步骤

①选择需测试车辙的横断面,将基准尺置于该测试横断面上,方向与道路中心线垂直;

②若车辙形状为图3-41中a)、b)、c)形式,则需分别测左、右轮迹带的车辙深度,将基准尺分别置于左、右轮迹带车辙槽两端最高位置,目测确定左、右轮迹带最大车辙位置,用量尺量取基准尺底面与路面之间的高差,准确至1mm,记录车辙深度 R_{U1} 和 R_{U2};

③若车辙形状为其他形式,则直接将基准尺于横断面辙槽两端最高位置,目测确定断面最大车辙位置,用量尺量取基准尺底面与路面之间的高差,准确至1mm,记录车辙深度 R_U;

④记录测试断面的桩号、位置及断面处车辙深度。

(3) 数据处理

与横断面尺法数据处理方法一致。

3) 激光车辙仪法

激光车辙仪法是采用点激光测距传感技术(图3-42)或线激光测距技术测试车辙断面。点激光测距传感器能够精确测出某一个点的高度,一般车辙测量系统中至少使用3~5个点激光测距传感器,就能测出车辙的深度。

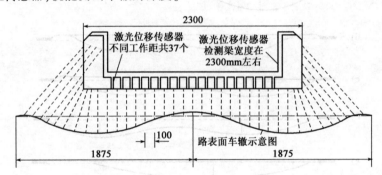

图3-42 点激光路面车辙检测示意图(尺寸单位:mm)

(1) 仪器与材料

目前国内自动化车辙仪主要包括点激光车辙仪和线激光车辙仪,属于非接触式的自动检测技术,由于其检测精度高,不易受环境影响,普遍被人们所采用。

点激光测距传感技术数据采集率高,还能沿着道路以最小10mm的间隔记录道路的横向轮廓。点激光车辙仪是目前使用最为广泛的系统,具有成本低、精度高、使用方便等优点。

线激光车辙仪由面阵相机和激光器组成,测试原理为:线激光器将激光光束(激光点+柱面透镜)投射到路表面,在表面上形成由被测路面形状所调制的光条纹,利用CCD摄像机采集经路面调制后的结构光条信息,通过对变形的光条纹图像进行处理与分析,提取出光条中心线,即可获得车辙深度曲线。

(2) 主要测试步骤

①将测试车辆就位于测试区间起点前一定距离,以保证到达测试区域时能够达到测试要求的稳定车速,启动测试设备并将其调整至工作状态;

②设定测试系统参数,输入路线名称、路段桩号、测试车道和测试方向等信息;
③根据交通量、路面状况等实际情况确定测试速度;
④测试时应分车道测试,保持测试车中心线与车道中心线重合,测试系统自动记录被测试车道的路面车辙数据;
⑤测试结束,保存数据。

(3)数据处理

数据处理方法同横断面尺法。

4.路面磨耗与抗滑性能

目前,路面抗滑性能主要通过构造深度、摆值和横向力系数三项指标进行评价。构造深度用于表征路表的宏观粗糙度,主要取决于矿料级配,测试方法通常为手工铺砂法、电动铺砂法与车载式激光构造深度仪法;摆值与集料的微观粗糙度有关,一般认为它只反映行车速度低时的路面抗滑性能,测试方法为摆式仪法;横向力系数反映较高车速下路面的抗滑值,测试方法为摩擦系数检测法。

1)构造深度

路面表面的构造深度(TD)也称纹理深度。

(1)仪器与材料

铺砂法的原理是将已知体积的细砂摊铺在所要测试路表的测点上,然后量取所铺砂的直径,计算砂的体积与面积,二者之比即为构造深度。人工铺砂仪由量砂筒($V = 25\text{cm}^3$)、推平板(直径50mm,底面粘一层厚1.5mm的橡胶片)以及刮平尺组成,与量砂以及量尺组合测试路表构造深度,如图3-43所示。

(2)主要测试步骤

①用扫帚或毛刷子将测点附近的路面清扫干净,面积不少于30cm×30cm。

图3-43 手工铺砂法仪器与材料

②用小铲向圆筒中缓缓注入准备好的量砂至高出量筒成尖顶状,手提圆筒上部,用钢尺轻轻叩打圆筒中部3次,并用刮尺边沿筒口一次刮平。(注:不可直接用量砂筒装量砂,以免影响量砂密度的均匀性)。

③将砂倒在路面上,用推平板由里向外重复作摊铺运动,稍稍用力将砂向外均匀摊开,使砂填入路表面的空隙中,尽可能将砂摊成圆形,并不得在表面上留有浮动余砂。注意摊铺时不可用力过大或向外推挤。

④用钢板尺测量所构成圆的两个垂直方向的直径,取其平均值,准确至1mm。也可用专用尺直接测量构造深度。

⑤按以上方法,同一处平行测试不少于3次,3个测点均位于轮迹带上,测点间距3~5m。对同一处测试应该由同一个试验员进行,该处的测试位置以中间测点的位置表示。

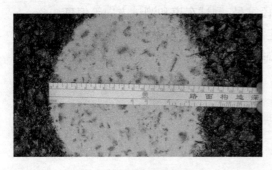

图3-44 手动铺砂法测试结果

(3) 数据处理

手动铺砂法测试构造深度结果如图3-44所示。

采用式(3-14)计算构造深度,每一测试位置取3次路面构造深度测试结果的平均值作为试验结果,准确至0.01m。当平均值小于0.2mm时,试验结果以<0.2mm表示。对于一个测试路段,需要计算路面构造深度的平均值、标准差与变异系数。

$$\mathrm{TD} = \frac{1000V}{\pi D^2/4} = \frac{31831}{D^2} \quad (3\text{-}14)$$

式中:V——砂的体积($25m^3$);

D——摊平砂的平均直径(mm)。

除了手工铺砂法之外,构造深度还可采用电动铺砂法和车载式激光构造深度仪法测试。电动铺砂法适用于测试沥青路面及无刻槽水泥混凝土路面表面构造深度,用以评定路面表面抗滑性能。电动铺砂仪利用可充电的直流电源将量砂通过沙漏铺设至宽度5cm,厚度均匀一致,如图3-45所示。

车载式激光构造深度仪适用于在新、改建路面工程质量验收和无严重破损病害及没有积水、积雪、泥浆等正常行车条件下连续采集路面构造深度,但不适用于带有沟槽构造的水泥混凝土路面。激光构造深度仪是利用激光测距的原理测量地面材料颗粒表面以及材料颗粒之间的深度变化情况的仪器。在工作时向目标射出一束或一序列

图3-45 电动铺砂仪

短暂的脉冲激光束,由光元件接收目标反射的激光束,计时器测定激光束从发射到接收的时间,计算出从测距仪到目标的距离。

2) 摆值

摆值反映了行车速度低时的路面抗滑性能,通常由摆式仪测试。摆锤底面装一橡胶滑块,当摆锤从一定高度下摆时,滑块面同试验表面接触。由于两者间的摩擦而耗损部分能量,使摆锤只能回摆一定高度。表面摩阻力越大,回摆高度越小。通过量测回摆高度,可以评定表面的摩阻力,回摆高度直接从仪器上读取,以BPN表示。

(1) 仪器与材料

指针式摆式仪,如图3-46所示。

(2) 主要测试步骤

①将摆固定在右侧悬臂上,使摆处于水平位置,并把指针拨至右端靠紧摆杆;

②用喷水壶浇洒测点处路面,使之处于湿润状态;
③按下右侧悬臂上的释放开关,使摆在路面滑过,当摆杆回落时,用手接住摆杆并读数,但不做记录;
④重复操作步骤①~③5次,读记每次测试的摆值,5个摆值中最大值与最小值的差值不得大于3,如差值大于3,应重复上述各项操作,至符合规定为止;
⑤在测点处用温度计测记潮湿路表温度,准确至1℃;
⑥一个测试位置进行3个测点的摆值测试。

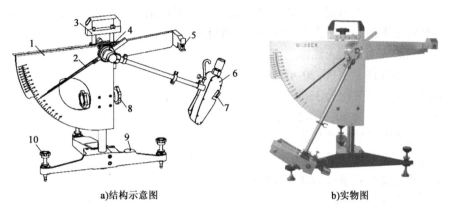

a)结构示意图　　　　　　　　　b)实物图

图3-46　指针式摆式仪

1、10-度盘;2-指针;3-紧固把手;4-松紧调节螺栓;5-释放开关;6-摆;7-滑溜块;8-升降把手;9-水准泡

(3)数据处理

每个测点测取5个摆值的平均值作为该测点的摆值BPN_T,取整数。对其进行温度修正,见式(3-15),换算成标准温度20℃的摆值BPN_{20};计算每个测试位置3个测点摆值的平均值,作为该测试位置的摆值并取整;对于一个测试路段,需要计算摆值的平均值、标准差与变异系数。

$$BPN_{20} = BPN_T + \Delta BPN \tag{3-15}$$

式中:BPN_{20}——换算成标准温度20℃时的摆值;

BPN_T——路面温度T时测得的摆值;

ΔBPN——温度修正值,见表3-15。

温度修正值　　　　表3-15

温度T(℃)	0	5	10	15	20	25	30	35	40
温度修正值ΔBPN	-6	-4	-3	-1	0	+2	+3	+5	+7

3)横向力系数(SFC)

目前我国已普遍使用横向力系数测试系统作为高速公路、一级公路抗滑能力的检测设备,常用的测试系统为单轮式横向力系数测试系统与双轮式横向力系数测试系统。适用于在新建、改建路面工程质量验收和无严重坑槽、车辙等病害的正常行车条件下连续采集路面的横向力系数。测试系统借助机械方法推动车轮转动的同时,给其附加阻力使车轮在路面滚动时产生一定的滑溜(即轮胎与路面发生滑动摩擦),使二者形成一个合力,即为车轮所受的横向力,通过检测这个力并计算其与车轮的垂直重力的比值作为路面的摩擦系数,即为横向力系数(SFC 值)。

(1)仪器与材料

单轮式横向力系数测试系统由承载车、距离测试装置、横向力测试装置、供水装置和主控制单元组成,如图 3-47 所示。其主控制单元应符合下列技术要求:

①承载车应为能够固定和安装测试、储供水、控制和记录等系统的载重车底盘,具有在水罐满载状态下最高车速大于 100km/h 的性能;

②测试轮胎应为光面天然橡胶充气轮胎;

③测试轮胎规格为 3.00-20-4PR;

④测试轮胎标准气压为 350kPa ± 20kPa;

⑤测试轮偏置角为 19.5°~21°;

⑥测试轮静态垂直标准荷载为 2000N ± 20N;

⑦拉力传感器非线性误差 < 0.05%;

⑧拉力传感器有效量程为 0~2000N;

⑨距离标定误差 < 2%。

图 3-47 单轮式横向力系数测试系统

双轮式横向力系数测试系统主要由牵引车、供水系统、测试单元、主控制单元、标定装置等组成,如图 3-48 所示。其主要技术要求如下:

①牵引车最高行驶车速须大于 80km/h,车辆后部可安装专用拖挂的装置,车辆应配备警灯及相关警示标志;

②测试单元总质量为 256kg;

③单轮静态标准荷载为 1.27kN;

④测试轮夹角为 15°;

⑤横向力系数测试轮气压为(70 ± 3.5)kPa;

⑥距离测试轮气压为(210 ± 13.7)kPa;

⑦测试轮规格为 4.00/4.80-8 光面轮胎;

⑧路面洒水厚度为 0.5~1.0mm;

⑨测试速度范围为 40～60km/h。

图 3-48　双轮式横向力系数测试系统

(2) 主要测试步骤

①两套设备分别以 40km/h、50km/h、60km/h、70km/h、80km/h 的速度在所选择的 4 种试验路段上各测试 3 次,3 次测试的平均值的绝对差值不得大于 5,否则重测;

②两种试验设备设置的采样频率差值不应超过一倍,每个试验路段的采样数据量不应少于 10 个。

(3) 数据处理

①SFC 值的速度修正

以测试结果使用时所需的速度作为标准测试速度,其他测试速度条件下得到的 SFC 值应通过式(3-16)转换至标准速度下的等效 SFC 值。

$$\mathrm{SFC}_{标} = \mathrm{SFC}_{测} - 0.22(v_{标} - v_{测}) \tag{3-16}$$

式中:$\mathrm{SFC}_{标}$——标准测试速度下的等效 SFC 值;

$\mathrm{SFC}_{测}$——现场实际测试速度条件下 SFC 值;

$v_{标}$——标准测试速度;

$v_{测}$——现场实际测试速度。

②SFC 值的温度修正

测试系统的标准现场测试地面温度范围为 20℃±5℃,其他地面条件下测试的 SFC 值必须通过表 3-16 转换至标准温度下的等效 SFC 值。系统测试要求控制在 8～60℃ 的地面温度范围内。

SFC 值温度修正　　　　表 3-16

温度(℃)	10	15	20	25	30	35	40	45	50	55	60
修正值	-3	-1	0	+1	+3	+4	+6	+7	+8	+9	+10

按照《公路路基路面现场测试规程》(JTG 3450—2019)附录 B 的方法,计算一个测试路段路面摩擦系数的平均值、标准差、变异系数。

(4)与 SFC 测试系统相关性试验

当制动时摩擦系数测试设备或其他类型横向力式测试设备需换算成 SFC 使用时,应进行相关性试验,建立其他类型测试结果与 SFC 值的相关性关系。

①试验条件

按 SFC 值 0~30、30~50、50~70、70~100 的范围选择 4 段不同摩擦系数的路段,路段长度可为 100~300m;试验路段地面应清洁干燥,地面温度应在 10~30℃ 范围内,天气宜选择在晴天无风条件。

②试验步骤

两套设备分别以 40km/h、50km/h、60km/h、70km/h、80km/h 的速度在所选择的 4 种试验路段上各测试 3 次,3 次测试的平均值的绝对差值不得大于 5,否则重测。两种试验设备设置的采样频率差值不应超过一倍,每个试验路段的采样数据量不应少于 10 个。

③试验数据处理

分别计算出每种速度下各路段 3 次测试结果的总平均值和标准差,超过 3 倍标准差的值应予以舍弃。用数理统计的回归分析方法建立试验设备测值与速度的相关性关系式,相关系数 R 不得小于 0.95。建立不同速度下试验设备测值 SFC 的相关性关系式,相关系数 R 不得小于 0.95。

5. 弯沉

目前使用的弯沉测定仪器主要有贝克曼梁弯沉仪、自动弯沉仪、落锤式弯沉仪以及激光式高速路面弯沉测定仪。前两种为静态测定,可得到路表的最大弯沉值;后两种为动态测定,可得到路表的最大弯沉值和弯沉盆。

1)贝克曼梁弯沉仪

(1)仪器与材料

贝克曼梁弯沉仪由贝克曼梁与加载车组成。

①贝克曼梁:由合金铝制成,上有水准泡,其前臂与后臂长度比为 2:1。贝克曼梁按长度分为 5.4m(3.6m+1.8m)梁和 3.6m(2.4m+1.2m)梁两种,如图 3-49 所示。

②加载车:单后轴、单侧双轮组的载重车,双轮轮隙应能满足自由插入贝克曼梁测头的要求,后轴标准轴载为 (100 ± 1) kN,单侧双轮荷载为 (50 ± 0.5) kN,轮胎气压为 (0.7 ± 0.05) MPa。

(2)主要测试步骤

①将加载车停放在测试路段的测试位置,后轮一般应置于道路行车轮迹带上。将贝克曼梁插入加载车后轮轮隙处,与加载车行车方向一致,梁臂不得接触轮胎。贝克曼梁测头置于轮隙中心前方 30~50mm 处测点上。用路表温度计测量并记录测点附近的路表温度。可采用两台贝克曼梁对双侧轮迹同时进行回弹弯沉测试。

②将百分表安装在表架上,并将百分表的测头安放在贝克曼梁的测定杆顶面。轻轻叩击贝克曼梁,确保百分表正常归位。

③指挥加载车缓缓前进,速度一般为 5km/h 左右,百分表示值随路面变形持续增加。

当示值最大时,迅速读取初读数 L_1。加载车仍继续前进,示值开始反向变化,待加载车驶出弯沉影响范围(约3m以上),百分表示值稳定后,读取终读数 L_2。

④指挥加载车沿轮迹带前行,驶向下一测试位置,重复步骤①~③,完成测试路段的回弹弯沉测试。

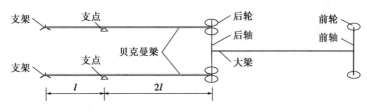

a)结构示意图

b)标准车

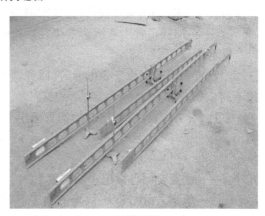

c)贝克曼梁

图3-49 贝克曼梁弯沉仪

(3)数据处理

路面测点的回弹弯沉值按式(3-17)计算,并进行支点变形修正和温度修正。

$$l_t = L_1 - L_2 \tag{3-17}$$

式中:l_t——在沥青面层平均温度 t 时的回弹弯沉值(0.01mm);

L_1——车轮中心临近贝克曼梁测头时百分表的最大读数(0.01mm);

L_2——加载车驶出弯沉影响半径后待百分表稳定后的终读数(0.01mm)。

①支点变形修正

当采用5.4m贝克曼梁测试弯沉时,一般可不进行支点变形修正。当有可能引起贝克曼梁支座处变形时,应在测试时检验支点有无变形现象。如有变形,应采用另一台测试用的贝克曼梁安装在测定用贝克曼梁的后方,其测点架于测定用贝克曼梁的支点旁。当加载车开出时,同时测定两台贝克曼梁的弯沉读数,如检验贝克曼梁百分表有读数,即应该记录并进行支点变形修正。当在同一结构层上测定时,可在不同位置测定5次,求取平均值,以后每次测定时以此作为修正值。支点变形修正的原理如图3-50所示。

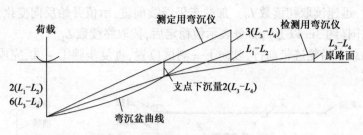

图 3-50 贝克曼梁支点变形修正原理

当需要进行弯沉仪支点变形修正时,按式(3-18)计算路面测点回弹弯沉值。

$$l_t = (L_1 - L_2) \times 2 + (L_3 - L_4) \times 6 \tag{3-18}$$

式中:L_3——加载车中心临近贝克曼梁测头时检验用贝克曼梁的最大读数(0.01mm);

L_4——加载车驶出弯沉影响半径后检验用贝克曼梁的终读数(0.01mm)。

②温度修正

当沥青面层厚度大于50mm时,回弹弯沉值应根据沥青面层平均温度进行温度修正。按下列步骤进行:

a. 按式(3-19)计算测定时的沥青面层平均温度。

$$t = \frac{t_{25} + t_m + t_e}{3} \tag{3-19}$$

式中:t——测定时沥青面层平均温度(℃);

t_{25}——根据 t_0 由图 3-51 决定的路表下 25mm 处的温度(℃);

t_m——根据 t_0 由图 3-51 决定的沥青面层中间深度的温度(℃);

t_e——根据 t_0 由图 3-51 决定的沥青面层底面处的温度(℃);

t_0——测定时路表温度与测定前5d日平均气温的平均值之和(℃),日平均气温为日最高气温与日最低气温的平均值。

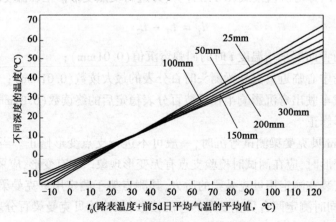

图 3-51 沥青面层平均温度的确定

b. 当沥青面层平均温度在(20±2)℃时,温度修正系数 $\kappa = 1$。当沥青面层平均温度为其他温度时,应根据沥青面层厚度,分别由图 3-52 及图 3-53 求取不同基层的沥青路面弯沉值的温度修正系数 κ。

c. 按式(3-20)计算修正后的沥青路面回弹弯沉值。

$$l_{20} = l_t \times \kappa \tag{3-20}$$

式中:κ——温度修正系数;

l_{20}——修正后的沥青路面回弹弯沉值(0.01mm)。

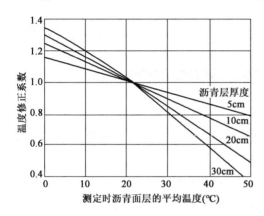 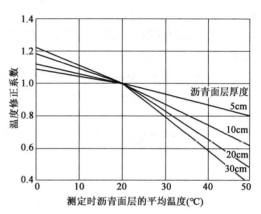

图 3-52　路面弯沉温度修正系数曲线(适用于　　图 3-53　路面弯沉温度修正系数曲线(适用于
　　　　　粒料基层及沥青稳定基层)　　　　　　　　　　　无机结合料稳定的半刚性基层)

2)自动弯沉仪

自动弯沉仪可连续进行弯沉测量,并自动记录测定结果。不适用于有严重坑槽、车辙等病害以及不具备正常通车条件的路面。

(1)仪器与材料

自动弯沉仪(图 3-54)由承载车、测量机架及控制系统,位移、温度和距离传感器,数据采集与处理系统等基本部分组成。

图 3-54　自动弯沉仪

(2)主要测试步骤

①通电预热测试系统。

②开启工程警灯和导向标等警告标志,在测试路段前20m处将测量机架放落在路面上。

③按照测试路段的现场技术要求设置所需的测试状态参数。

④缓慢加速承载车到测试速度,一般应控制在3.5km/h以内。在测试过程中,根据承载车实际到达的位置,将测试路段起终点、桥涵等特征位置的桩号输入到记录数据中。同时,应测量并记录路表温度。

⑤当承载车驶出测试路段后,停止数据采集和记录,并缓慢停止承载车,提起测量机架。

⑥检查数据文件的完整性,确保测试内容正常,否则需要重新测试。

⑦关闭测试系统电源,结束测试。

(3)数据处理

自动弯沉仪采集路面弯沉盆峰值为路面总弯沉,左臂测值、右臂测值按单独弯沉处理。

①温度修正:参照贝克曼梁弯沉仪温度修正步骤进行温度修正。

②横坡修正:当路面横坡不超过4%时,不进行横坡修正;当横坡超过4%时,横坡修正按照表3-17的规定进行。

弯沉值横坡修正　　　　　　　　　表3-17

横坡范围	高位修正系数	低位修正系数
>4%	$\dfrac{1}{1-i}$	$\dfrac{1}{1+i}$

注:i是路面横坡(%)。

③参照贝克曼梁弯沉仪数据处理步骤进行。

④计算一个测试路段的弯沉平均值、标准差及代表值。

(4)自动弯沉仪测试值与贝克曼梁弯沉仪测试值的相关性试验

①按弯沉值不同水平范围选择不少于4段且路面结构相似的测试路段,长度一般为300~500m,标记好起终点位置。

②自动弯沉仪以正常车速对测试路段进行弯沉测试,每隔3个测试步距或约20m标记测点位置;自动弯沉仪测试完毕后,等待30min,然后在每一个标记位置用贝克曼梁法测试每个点的回弹弯沉值。

③按照对应数据,得到贝克曼梁测试值和自动弯沉仪测试值之间的相关性关系式,相关系数R应不小于0.95。

3)落锤式弯沉仪(FWD)

落锤式弯沉仪(Falling Weight Deflectometer,FWD)是20世纪70年代末瑞士开发的

一种路面无损检测设备。测试时将一定质量的落锤从 40cm 高度落下,作用于弹簧和橡胶垫,通过 30cm 直径承载板,传给路面半正弦脉冲力。通过改变落锤质量或落高,可以施加不同级位的动荷载(15~125kN)。脉冲力持续时间约 0.028s。利用沿荷载轴线布置的速度传感器,可以量测到各级动荷载作用下的路表动弯沉曲线图。

(1)仪器与材料

落锤式弯沉仪存在四种形式,分别为拖车式、内置式、车载式以及手持式,如图 3-55 所示。

a)拖车式

b)内置式

c)车载式

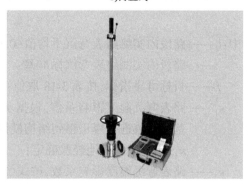

d)手持式

图 3-55 落锤式弯沉仪

落锤式弯沉仪主要由荷载发生装置、弯沉检测装置、控制系统与牵引车等组成,具体要求如下:

①荷载发生装置:根据使用目的与道路等级选择重锤的质量及落高,荷载由传感器测试。如无特殊需要,重锤的质量为(200 ± 10)kg,可产生(50 ± 2.5)kN 的冲击荷载。承载板呈十字对称分开成四部分,且底部固定有橡胶片,直径一般为 300mm,也可为 450mm。

②弯沉检测装置:由一个或多个位移传感器组成。承载板中心应设有一个位移传感器,其他位移传感器与中心处传感器呈线性布置,一般分布在距离承载板中心 2500mm 的范围内。用于反算路面结构层模量时,位移传感器总数应不少于 7 个,且应包括 0mm、

300mm、600mm、900mm处4个位置。

③控制系统:在冲击荷载作用期间,测量并记录冲击荷载及各个位移传感器所在位置的动态变形。

④牵引车:牵引FWD并安装控制装置的车辆。

(2)主要测试步骤

①将FWD牵引至测试路段起始位置,输入测试位置信息,设定好状态参数。

②将承载板中心位置对准测点,测点一般应布置在车道轮迹带处。落下承载板,放下弯沉检测装置的各传感器。

③启动荷载发生装置,落锤瞬间自由落下,冲击力作用于承载板上,又立即自动提升至原来位置固定。同时,记录荷载数据,各个位移传感器测量并记录路表变形数据,变形峰值即为弯沉值。每个测点重复测试应不少于3次。

④提起传感器及承载板,牵引车向前移动至下一个测点,重复步骤②~③完成测试路段的测试。

(3)数据处理

①舍去承载板中心位移传感器的首次测值,计算其后几次测值的平均值作为该点的弯沉值。

②对于沥青路面,落锤式弯沉仪中心点弯沉代表值按照式(3-21)计算:

$$l_0 = (\bar{l_0} + \beta \cdot s)\kappa_1 \kappa_3 \tag{3-21}$$

式中:$\bar{l_0}$——路段内实测路表弯沉平均值(0.01mm);

s——路段内实测路表弯沉标准差;

β——目标可靠指标,按表3-18取值;

κ_1——路表弯沉湿度影响系数,根据实测弯沉值通过反算得到路基模量值,再对路基模量值进行修正得到结构模量值,然后得出测试状态下弯沉湿度修正系数κ_1,或者根据当地经验确定;

κ_3——路表弯沉温度影响系数,按式(3-22)计算:

$$\kappa_3 = e^{[9\times10^{-6}(\ln E_0 - 1)h_a + 4\times10^{-3}](20-T)} \tag{3-22}$$

式中:T——弯沉测定时沥青结合料类材料层中点实测或预估温度(℃);

h_a——沥青结合料类材料层厚度(cm);

E_0——平衡湿度状态下路基顶面回弹模量(MPa)。

目标可靠度和目标可靠指标　　　表3-18

公路等级	高速公路	一级公路	二级公路	三级公路	四级公路
目标可靠度(%)	95	90	85	80	70
目标可靠指标β	1.65	1.28	1.04	0.84	0.52

③计算一个测试路段的弯沉平均值、标准差及代表值。

4)激光式高速路面弯沉测定仪

激光式高速路面弯沉测定仪的测试原理如图 3-56 所示,测试系统在高速行驶过程中通过激光多普勒效应来测试地面在荷载作用下的垂直下沉速度,通过一套惯性系统实时记录多普勒激光传感器的振动情况和运行姿态修正计算路面实际弯沉变化的速度。

激光多普勒效应的原理如图 3-57 所示,当一束频率为 f_{d1} 的光波发射到测试表面,会在荷载作用下的测试表面发生垂直移动,该光波被发生垂直移动的测试表面反射出去的频率为 f_{d2},通过激光多普勒传感器测出频率变化后,计算测试表面垂直移动速度。

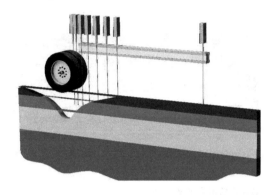
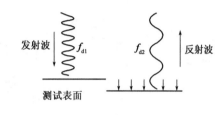

图 3-56　激光式高速路面弯沉测定仪工作原理　　图 3-57　多普勒效应原理示意图

$$v_D = \frac{(f_{d1} - f_{d2}) \times \lambda}{2} \tag{3-23}$$

式中:v_D——测试表面垂直移动速度;

f_{d1}——光波发射频率;

f_{d2}——光波反射频率;

λ——发射光波波长。

当测试表面达到最大弯沉时,表面速度应为零,通过对沿弯沉盆分布各点的速度变化的分析与计算,能够得到最大弯沉值。激光式高速路面弯沉测定仪因采用非接触测试方式工作,故能够以高达 120km/h 的速度精确测试路面弯沉。

(1)仪器与材料

激光式高速路面弯沉测定仪由承载车、检测控制系统、多普勒激光传感器、距离测量系统、温度控制系统等基本部分组成,如图 3-58 所示。可在高速行驶状态下进行自动弯沉测定,并记录结果。车辆行驶速度范围为 30~90km/h,激光传感器分辨率为 0.01mm/s,测试激光器的数量在 4 个及以上,距离标定误差≤0.1%。

(2)主要测试步骤

①通电预热,保证设备舱内达到要求的温度,并开启警示灯及导向灯等警告标志。

②放下距离测试轮,按照测试路段的现场技术要求设置所需的测试状态。

③加速承载车到正常车速,沿正常行车轨迹驶入测试路段,保持正常行驶。

④在承载车到达测试路段起点前开始测量,确保至少有200m的有效路段,并在承载车到达测试路段起点时进行标记。在测试路段中如遇桥面、路面条件差或偏离当前测试路段等特殊位置,应做相应的标记来记录桩号等信息。

⑤当承载车到达测试路段终点时,应做终点标记,在车辆驶离终点至少200m后停止数据采集,并将系统各部分恢复至准备状态。

⑥检查测试数据,文件应完整,数据结果应正常,否则需要重新测试。

⑦关闭测试系统电源,结束测试。

a)示意图　　　　　　　　　　　　　　　b)实物图

图 3-58　激光式高速路面弯沉测定仪

1-承载车;2-检测控制系统;3-多普勒激光传感器;4-距离测量系统;5-温度控制系统

(3)数据处理

通过专用的数据处理软件和计算模型对采集到的数据进行处理,参照贝克曼梁弯沉仪温度修正步骤进行温度修正、自动弯沉仪坡度修正步骤进行坡度修正,根据实际需要,得到测试路段的路面弯沉值。

参照贝克曼梁弯沉仪数据处理,计算一个测试路段的弯沉平均值、标准差及代表值。

三、路面技术状况评价

沥青路面技术状况评价指标应包括路面损坏、路面平整度、路面车辙、路面跳车、路面磨耗、路面抗滑性能和路面结构强度七项。水泥混凝土路面技术状况评价指标应包括路面损坏、路面平整度、路面跳车、路面磨耗和路面抗滑性能五项。各路面技术状况检测的具体要求见表3-19。

路面技术状况自动化检测具体要求　　　　表3-19

检测指标	相关要求
路面破损率(DR)	1. 每10m应计算1个统计值; 2. 路面破损应纵向连续检测,横向检测宽度应不小于车道宽度的70%,检测设备应能分辨约1mm的路面裂缝,检测数据宜采用机器自动识别,识别准确率应达90%以上

续上表

检测指标	相关要求
国际平整度指数(IRI)	1. 应采用断面类检测设备； 2. 每10m应计算1个统计值； 3. 超出设备有效检测速度或有效检测速度范围的数据应为无效数据
路面车辙深度(RD)	1. 应采用断面类检测设备； 2. 每10m应计算1个统计值； 3. 当横断面数据出现异常或横断面数据不完整时，该检测断面应为无效数据
路面跳车(PB)	1. 应采用断面类检测设备； 2. 每10m应计算1个统计值
路面构造深度(MPD)	1. 应采用断面类检测设备； 2. 检测位置应为车道的左轮迹带、右轮迹带和无磨损的车道中线； 3. 每10m应计算1个统计值
横向力系数(SFC)	1. 应采用横向力系数检测设备或其他具有有效相关关系的自动化检测设备，相关系数不应小于0.95； 2. 每10m应计算1个统计值
路面弯沉(l_0)	1. 应采用贝克曼梁具有有效相关关系的高效自动化弯沉检测设备，相关系数不应小于0.95； 2. 检测指标应为路面弯沉l_0； 3. 每20m应计算1个统计值

1. 路面破损状况评价

路面破损状况是公路管理部门所关注的重要指标之一，也是鉴别是否需要进行路面养护或改建的依据。因此，及时准确地掌握路面破损状况有利于路面管理部门采取不同的应对决策。

(1)评价指标

路面损坏按损坏类别分为结构性破损和功能性破损两大类。结构性破损是由于结构层承载能力相对较低而造成的，所能够反映的特征一般都是表面裂缝；功能性破损是由于公路的服役性能不断降低而引起的，主要表现为道路车辙较深和平整度较低。路面破损状况采用路面损坏状况指数(Pavement Condition Index, PCI)表征，路面损坏状况指数PCI不仅对复杂多样的路面损坏特征进行了相应分类，而且还会在分类基础上依据公路实际破损程度制定相应扣分值，依据制定的扣分标准针对路面损坏特点进行相应的测量、分类、评价，最后得出路面损坏状况指数PCI值。

路面损坏状况指数PCI值可由路面破损率DR计算得出，PCI与DR关系见式(3-24)和式(3-25)，具体对应关系见表3-20。

$$DR = 100 \times \frac{\sum_{i=1}^{i_0} w_i A_i}{A} \tag{3-24}$$

$$PCI = 100 - a_0 DR^{a_1} \tag{3-25}$$

式中：DR——路面破损率(%)；

a_0——沥青路面采用15.00，水泥混凝土路面采用10.66；

a_1——沥青路面采用0.412，水泥混凝土路面采用0.461；

A_i——第 i 类路面损坏的累计面积(m^2)；

A——路面检测或调查面积(m^2)；

w_i——第 i 类路面损坏的权重或换算系数，见表3-21、表3-22；

i——路面损坏类型，包括损坏程度(轻、中、重)；

i_0——损坏类型总数，沥青路面取21，水泥混凝土路面取20。

PCI 与 DR 对应关系 表3-20

PCI	90	80	70	60
DR(沥青路面)	0.4	2.0	5.5	11.0
DR(水泥混凝土路面)	0.8	4.0	9.5	18.0

沥青路面损坏类型、权重及换算系数 表3-21

类型 i	损坏名称	损坏程度	计量单位(m^2)	权重(w_i)(人工调查)	换算系数(w_i)(自动检测)
1	龟裂	轻	面积	0.6	1.0
2		中		0.8	
3		重		1.0	
4	块状裂缝	轻	面积	0.6	0.8
5		重		0.8	
6	纵向裂缝	轻	长度×0.2m	0.6	2.0
7		重		1.0	
8	横向裂缝	轻	长度×0.2m	0.6	2.0
9		重		1.0	
10	沉陷	轻	面积	0.6	1.0
11		重		1.0	
12	车辙	轻	长度×0.4m	0.6	—
13		重		1.0	
14	波浪拥包	轻	面积	0.6	1.0
15		重		1.0	

续上表

类型 i	损坏名称	损坏程度	计量单位（m²）	权重(w_i)（人工调查）	换算系数(w_i)（自动检测）
16	坑槽	轻	面积	0.8	1.0
17		重		1.0	
18	松散	轻	面积	0.6	1.0
19		重		1.0	
20	泛油		面积	0.2	0.2
21	修补		面积或长度×0.2m	0.1	0.1(0.2)

注：1. 人工调查时，应将条状修补的调查长度(m)乘以影响宽度(0.2m)换算成面积。
2. 自动化检测时，块状修补的换算系数 w_i 为0.1，条状修补的换算系数 w_i 为0.2。

水泥混凝土路面损坏类型、权重及换算系数　　　　表3-22

类型 i	损坏名称	损坏程度	计量单位（m²）	权重(w_i)（人工调查）	换算系数(w_i)（自动检测）
1	破碎板	轻	面积	0.8	1.0
2		重		1.0	
3	裂缝	轻	长度×1.0m	0.6	10
4		中		0.8	
5		重		1.0	
6	板角断裂	轻	面积	0.6	1.0
7		中		0.8	
8		重		1.0	
9	错台	轻	长度×1.0m	0.6	10
10		重		1.0	
11	拱起	—	面积	1.0	1.0
12	边角剥落	轻	长度×1.0m	0.6	10
13		中		0.8	
14		重		1.0	
15	接缝料损坏	轻	长度×1.0m	0.4	6
16		重		0.6	
17	坑洞		面积	1.0	1.0
18	唧泥		长度×1.0m	1.0	10
19	露骨		面积	0.3	0.3
20	修补		面积或长度×0.2m	0.1	0.1/(0.2)

注：1. 人工调查时，应将条状修补的调查长度(m)乘以影响宽度(0.2m)换算成面积。
2. 自动化检测时，块状修补的换算系数 w_i 为0.1，条状修补的换算系数 w_i 为0.2。

自动化检验时，A_i应按式(3-26)计算：
$$A_i = 0.01 \times GN_i \tag{3-26}$$
式中：GN_i——含有第i类路面损坏的网格数；
0.01——面积换算系数，一个网格的标准尺寸为$0.1m \times 0.1m$。

(2) 评价标准

路面损坏状况指数 PCI 指标范围为 0~100，其值越大越好。路面破损状况评价等级分为"优""良""中""次""差"5 个等级，具体划分标准见表 3-23。

路面破损状况等级划分标准 表3-23

评定指标	优	良	中	次	差
路面破坏状况指数 PCI	≥90	≥80，<90	≥70，<80	≥60，<70	<60

注：高速公路路面破损状况指数 PCI 等级划分标准应为"优"大于或等于 92，"良"在 80~92 之间，其他保持不变。

(3) 评价案例

某高速公路半刚性基层沥青路面，路面半幅宽 10.5m，为准确地评价路面破损状况，路面管理部门对起始桩号为 K42+000、终点桩号为 K56+000 的右半幅路段进行了病害调查，调查结果见表 3-24。

① 计算路面损坏面积

调查结果显示，龟裂、块状裂缝、沉陷、波浪拥包、坑槽、松散、泛油、修补等损坏的调查检测结果为路面损坏面积。横向裂缝、纵向裂缝、车辙等损坏的调查检测结果为损坏长度 L_i，因此需要计算各损坏类型的损坏面积 A_i，A_i 计算公式如下：
$$A_i = L_i \times d_i \tag{3-27}$$
式中：d_i——第i类损坏类型的影响宽度 d_i，参考表 3-21 取值。

以 K42+0~K43+0 的轻度纵向裂缝为例，则 $A_i = L_i \times d_i = 12.4 \times 0.2 = 2.48(m^2)$，通过以上公式计算得出各损坏类型的损坏面积，见表 3-25。

② 计算换算损坏面积

路面表面各种类型的损坏通过其对路面技术状况的影响程度加权累积计算换算损坏面积 $\bar{A}_i$，计算公式如下：
$$\bar{A}_i = w_i \times A_i \tag{3-28}$$
式中：w_i——第i类路面损坏的权重或换算系数，参考表 3-21 取值。

③ 计算路面破损率和路面损坏状况指数 PCI

根据式(3-24)和式(3-25)，分别计算沥青路面破损率 DR 和路面损坏状况指数 PCI。

以调查路段 K42+0~K56+0 为例：
$$A = (1500 \times 10.5)m^2 = 15750m^2$$
$$DR = 100 \times \frac{\sum_{i=1}^{21} w_i A_i}{A} = 14.90$$
$$PCI = 100 - a_0 DR^{a_1} = 100 - 15 \times 14.90^{0.412} = 54.35$$

表 3-24 路面损害调查结果

单元桩号	龟裂 (m²)			块状裂缝 (m²)		纵向裂缝 (m)		横向裂缝 (m)		沉陷 (m²)		车辙 (m)		波浪拥包 (m²)		坑槽 (m²)		松散 (m²)		泛油 (m²)	修补 (m²)
	轻	中	重	轻	重	轻	重	轻	重	轻	重	轻	重	轻	重	轻	重	轻	重		
K42+0	9.51	90.50	15.81	11.11	21.11	12.40	34.22	9.20	52.60	0.00	0.00	9.50	0.30	0.00	0.00	0.00	0.00	0.00	0.00	5.50	10.50
K43+0	21.70	11.20	8.10	38.14	34.00	1.30	10.44	0.36	44.10	23.00	0.00	23.60	0.00	3.20	0.00	0.00	0.00	0.00	0.00	0.00	14.20
K44+0	11.52	0.00	75.05	7.30	53.55	17.60	64.90	1.94	65.50	0.00	0.00	21.40	0.00	1.00	0.00	0.00	0.00	0.00	0.00	0.00	22.50
K45+0	0.00	99.61	67.81	27.53	24.74	17.02	62.24	1.00	121.80	11.20	0.00	34.90	0.00	0.00	0.00	0.90	0.00	0.00	0.00	0.00	29.40
K46+0	1.71	12.50	11.70	0.02	48.58	13.10	27.72	1.35	87.10	20.10	0.00	52.20	0.00	0.00	0.00	1.90	0.00	0.00	0.00	0.00	60.00
K47+0	0.00	15.84	53.70	0.01	83.24	6.02	75.12	0.52	96.60	16.50	0.00	32.70	0.00	3.20	0.00	0.00	0.00	0.00	0.00	1.40	28.30
K48+0	0.00	99.62	44.30	36.40	69.64	2.52	67.04	0.20	77.50	11.00	0.00	45.10	0.00	1.00	0.00	2.40	0.00	0.00	0.00	0.00	82.40
K49+0	74.01	20.80	20.60	0.00	38.85	0.00	24.56	0.00	69.10	21.00	0.00	27.00	0.00	0.90	0.00	0.00	0.00	0.00	0.00	0.00	1.20
K50+0	30.81	24.01	62.10	0.00	59.74	5.01	33.00	0.00	71.50	21.00	0.00	24.50	0.00	2.20	0.00	1.90	0.00	0.00	0.00	0.00	1.90
K51+0	19.42	6.80	24.71	36.40	37.92	11.30	17.62	0.00	20.10	0.00	0.00	33.00	0.00	0.00	0.00	0.00	0.00	0.00	0.00	0.00	14.20
K52+0	5.43	0.00	52.30	30.50	53.50	3.54	25.70	0.30	89.00	9.02	0.00	17.60	0.00	2.20	0.00	0.00	5.80	0.00	0.00	0.00	6.40
K53+0	5.61	0.00	67.12	14.80	27.31	1.12	37.02	0.00	95.52	0.00	0.00	25.70	0.00	3.10	0.00	0.00	2.80	0.00	0.00	0.00	21.80
K54+0	0.00	0.00	50.01	183.90	97.20	0.40	34.00	0.00	56.10	0.00	0.00	33.00	0.00	0.00	0.00	0.10	0.00	0.00	0.00	0.00	13.00
K55+0	0.02	0.00	43.32	23.70	42.80	0.50	41.10	0.00	101.00	0.00	0.00	34.00	0.00	0.00	0.00	0.00	0.00	0.00	0.00	0.00	0.00
K56+0	15.01	6.25	32.00	13.00	32.60	0.00	25.90	0.00	50.90	18.60	0.00	21.10	0.00	0.00	0.00	0.00	0.00	0.00	0.00	0.00	4.00

路面破损结果计算

表 3-25

单元桩号	PCI	龟裂 (m^2)			块状裂缝 (m^2)		纵向裂缝 (m)		横向裂缝 (m)		沉陷 (m^2)		车辙 (m)		波浪拥包 (m^2)		坑槽 (m^2)		松散 (m^2)		泛油 (m^2)	修补 (m^2)
		轻	中	重	轻	重	轻	重	轻	重	轻	重	轻	重	轻	重	轻	重	轻	重		
K42+0	56.16	9.51	90.50	15.81	11.11	21.11	12.40	34.22	9.20	52.60	0.00	0.00	9.50	0.00	0.00	0.00	0.00	0.00	0.00	0.00	5.50	10.50
K43+0	60.20	21.70	11.20	8.10	38.14	34.00	1.30	10.44	0.36	44.10	23.00	0.00	23.60	0.00	0.00	0.00	0.00	0.00	0.00	0.00	0.00	14.20
K44+0	53.12	11.52	0.00	75.05	7.30	53.55	17.60	64.90	1.94	65.50	0.00	0.00	21.40	0.00	3.20	0.00	0.00	0.00	0.00	0.00	0.00	22.50
K45+0	45.47	0.00	99.61	67.81	27.53	24.74	17.02	17.02	1.00	121.80	121.80	0.00	34.90	0.00	0.00	0.00	0.00	0.00	0.00	0.00	0.00	29.40
K46+0	59.43	1.71	12.50	11.70	0.02	48.58	13.10	27.72	1.35	87.10	20.10	0.00	52.20	0.00	1.00	0.00	0.00	0.00	0.00	0.00	0.00	60.00
K47+0	50.66	0.00	15.84	53.70	0.01	38.85	6.02	75.12	0.52	96.60	16.50	0.00	32.70	0.00	1.00	0.00	0.90	2.40	0.00	0.00	1.40	28.30
K48+0	45.76	74.01	99.61	44.30	59.64	83.24	2.52	67.04	0.20	77.50	11.00	0.00	45.10	0.00	0.90	0.00	1.90	0.00	0.00	0.00	0.00	82.40
K49+0	53.87	30.81	20.80	20.60	36.40	59.74	0.00	24.56	0.00	69.10	0.00	0.00	27.00	0.00	2.20	0.00	1.90	0.00	0.00	0.00	0.00	1.20
K50+0	50.62	19.42	24.01	62.10	0.00	59.64	5.01	33.00	0.00	71.50	21.00	0.00	24.50	0.00	0.00	0.00	0.00	0.00	0.00	0.00	0.00	1.90
K51+0	63.37	5.43	6.80	24.71	0.00	37.92	11.30	17.62	0.00	20.10	0.00	0.00	33.00	0.00	3.10	0.00	0.00	0.10	0.00	0.00	0.00	14.20
K52+0	54.64	5.61	0.00	52.30	30.50	53.50	3.54	25.70	0.30	89.00	9.02	0.00	17.60	0.00	0.00	0.00	0.00	0.00	5.80	0.00	0.00	6.40
K53+0	56.74	0.00	67.12	50.01	14.80	27.31	1.12	37.02	0.00	95.52	0.00	0.00	25.70	0.00	0.00	0.00	0.00	0.00	2.80	0.00	0.00	21.80
K54+0	53.95	0.02	0.00	43.32	23.70	42.80	0.40	34.00	0.00	56.12	0.00	0.00	33.00	0.00	1.00	0.00	0.00	0.00	0.00	0.00	0.00	13.00
K55+0	57.91	0.00	0.00	32.00	13.00	0.00	0.50	41.10	0.00	101.00	0.00	0.00	34.00	0.00	3.10	0.00	0.00	0.00	0.00	0.00	0.00	0.00
K56+0	60.24	15.01	6.25	32.00	0.00	32.60	0.00	25.90	0.00	50.90	18.60	0.00	21.10	0.00	0.00	1.00	0.00	0.10	0.60	0.00	0.20	4.00
权重 w_i		0.60	0.80	1.00	0.60	0.80	0.60	1.00	0.60	1.00	0.60	1.00	0.60	1.00	0.60	1.00	0.860	1.00	0.60	1.00		
各类破损加权面积 (m^2)		116.85	309.70	628.63	132.85	579.82	11.01	116.10	1.78	219.10	78.25	0.00	104.47	0.00	6.24	1.00	2.24	2.50	5.16	0.00	1.38	30.98

104

此外,各单元桩号 PCI 计算结果及相应等级如图 3-59 所示。

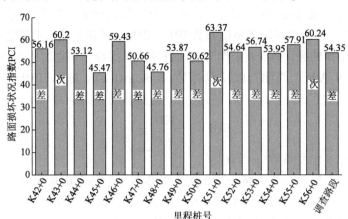

图 3-59 路面损坏状况指数 PCI 分布

由图 3-59 分析可知,调查路段内没有路面状况达到优、良和中,次级路段共有 1.5km,占总里程的 20%,差级比例为 80%。整体来看,调查路段的路面破损率 DR 为 14.90%,PCI 为 54.35,沥青路面损坏状况等级为"差级",可见,该路段沥青路面破损较为严重。

④各种路面损坏类型分布

计算出各种类型的破损面积及占总破损面积的比例,见表 3-26。由表可以看出,此段沥青路面主要损坏类型为龟裂,占总破损面积的 44.96%;其次为块状裂缝,占总破损面积的 30.36%。

破坏类型分布　　　　　　　　　表 3-26

破坏类型	龟裂	块状裂缝	纵向裂缝	横向裂缝	沉陷	车辙	波浪拥包	坑槽	松散	泛油	修补
破损面积（m²）	1055.18	712.67	127.11	220.88	78.25	104.47	6.24	4.74	5.16	1.38	30.98
占总破损面积比例（%）	44.96	30.36	5.42	9.41	3.33	4.45	0.27	0.2	0.22	0.06	1.32

2. 路面行驶质量评价

路面的基本功能是为车辆提供快速、安全、舒适和经济的行驶表面,采用路面行驶质量评价路面满足这一功能的能力。评价路面行驶质量的好坏要综合考虑人、车、路三方面的因素,即路面表面平整度特性、车辆悬挂系统的振动特性,以及乘客对车辆颠簸的反应或接受能力。

(1) 评价指标

平整度对路面行驶质量影响最大,因此可近似将路面行驶质量看作是路面平整度的单变量函数,平整度一般以国际平整度指数 IRI 为指标。采用连续式平整度仪或三米直尺连续测得路面不平整的统计标准差来作为路面行驶质量指数。平整度标准差以 S 表征,行驶质量指数以 RQI 表征。路面行驶质量指数(Riding Quality Index,RQI)应按式(3-29)计算:

$$RQI = \frac{100}{1 + a_0 e^{a_1 IRI}} \quad (3-29)$$

式中:IRI——国际平整度指数(m/km);

a_0——高速公路和一级公路采用 0.026,其他等级公路采用 0.0185;

a_1——高速公路和一级公路采用 0.65,其他等级公路采用 0.58。

在路面的行驶质量评价中,RQI 与 IRI 的对应关系见表 3-27。

RQI 与 IRI 对应关系 表 3-27

RQI	90	80	70	60
IRI(高速公路、一级公路)	2.3	3.5	4.3	5.0
IRI(其他等级公路)	3.0	4.5	5.4	6.2

(2) 评价标准

路面行驶质量标准的制定,一方面依据乘客对路面技术状况的综合反映,另一方面在很大程度上受制于经济因素。如标准过高会使得路网内更多路段需要改建,进而加大道路养护投资额。沥青路面和水泥混凝土路面行驶质量等级划分标准见表3-28 和表 3-29。

沥青路面行驶质量等级划分标准 表 3-28

评定指标	优	良	中	次	差
路面行驶质量指数 RQI	≥90	≥80,<90	≥70,<80	≥60,<70	<60

水泥混凝土路面行驶质量等级划分标准 表 3-29

评定指标	优	良	中	次	差
路面行驶质量指数 RQI	≥88	≥80,<88	≥70,<80	≥60,<70	<60

3. 路面车辙状况评价

随着交通量的迅速增长,渠化交通、重载以及超载现象日益凸显,造成严重的路面车辙。车辙现已成为我国高速公路及一级公路路面损坏的主要形式之一,同时也是道路路面进一步损坏的诱因。车辙的存在严重缩短了路面的使用寿命,降低了高速公路的服务水平,造成交通运输的安全隐患。因此,路面车辙是路面技术状况评价的重要指标之一。

(1) 评价指标

车辙是车辆在路面上行驶后留下的永久性车轮压痕,路面车辙深度直接反映了车辆行驶的舒适度及路面的安全性和使用期限。路面车辙状况评价采用路面车辙深度指数（Rutting Depth Index，RDI），按式（3-30）进行计算：

$$RDI = \begin{cases} 100 - a_0 RD & (RD \leq RD_a) \\ 90 - a_1(RD - RD_a) & (RD_a < RD \leq RD_b) \\ 0 & (RD > RD_b) \end{cases} \quad (3-30)$$

式中：RD——车辙深度（mm）；
  RD_a——车辙深度参数，采用10.0；
  RD_b——车辙深度参数，采用40.0；
  a_0——模型参数，采用1.0；
  a_1——模型参数，采用3.0。

(2) 评价标准

路面车辙深度指数 RDI 指标范围为 0~100，其值越大越好。根据路面状况，路面车辙状况评价等级分为"优""良""中""次""差"5个等级，评价标准见表3-30。

路面车辙状况等级划分标准 表3-30

评定指标	优	良	中	次	差
路面车辙深度指数 RDI	≥90	≥80，<90	≥70，<80	≥60，<70	<60

4. 路面跳车状况评价

路面跳车是由路面异常突起或沉陷等损坏引起的车辆突然颠簸，其影响因素包括水泥混凝土路面的错台，沥青路面的坑槽、拥包、沉陷、波浪，井盖凸起或者沉陷，路面与桥隧构造物异常连接。这些病害使得局部路面过早损坏，缩短了公路的使用寿命，严重影响公路的通行能力和行驶舒适度。

(1) 评价指标

路面跳车产生的因素具有多样性，但主要原因是刚性桥涵等结构物与柔性路堤之间存在刚度差异，致使桥路过渡段在行车荷载的反复作用下产生不均匀沉降，较大的沉降差形成台阶，从而引发路面跳车病害。路面跳车检测基于激光测距原理，数据采集通过一种非接触式断面类距离测试设备。路面跳车状况评价采用路面跳车指数（Pavement Bumping Index，PBI），按式（3-31）计算：

$$PBI = 100 - \sum_{i=1}^{i_0} a_i PB_i \quad (3-31)$$

式中：a_i——第 i 类程度的路面跳车单位扣分，按表3-31的规定取值；
  i——路面跳车类型；
  i_0——路面跳车类型总数，取3；
  PB_i——第 i 类程度的路面跳车数，采用10m路面纵断面高程作为路面跳车计算依据，10m路面纵断面高程需要通过数据预处理并剔除桥梁伸缩缝等处可能存在的异常高程值、消除路面纵坡对路面纵断面高差计算的影响；路面纵断面高程差（Δh）小于2cm时，该10m路面纵断面应记为无路面跳车。

路面跳车扣分标准　　表3-31

类别 i	跳车程度	计量单位	单位扣分
1	轻度	处	0
2	中度		25
3	重度		50

(2)评价标准

路面跳车指数 PBI 指标范围为 0~100,其值越大越好。路面跳车状况评价等级分为"优""良""中""次""差"5个等级,具体划分标准见表3-32。

路面跳车状况等级划分标准　　表3-32

评定指标	优	良	中	次	差
路面跳车指数 PBI	≥90	≥80,<90	≥70,<80	≥60,<70	<60

5.路面磨耗状况评价

路面经过长期的使用后会出现不同程度的磨耗,对公路行车安全构成威胁。《公路技术状况评定标准》(JTG 5210—2018)中规定,一级公路路面技术状况(PQI)评定指标新增路面磨耗指数(Pavement Wearing Index,PWI),并在评定标准注释中指出"路面抗滑性能指数(Skidding Resistance Index,SRI)和路面磨耗指数(PWI)应二者取一"。

(1)评价指标

路面磨耗指数是行车道三线位置(左轮迹带、右轮迹带及车道中线)路面构造深度最大差值的函数,用于描述路面表面磨耗状况。路面构造深度的基准值为无磨损的车道中线路面构造深度检测数据,车道中线路面表面有明显磨损时,可采用同一断面同质路肩的路面构造深度检测数据为基准值。交工验收时的路面构造深度检测数据也可以作为路面构造深度的基准值。路面磨耗指数(PWI)应按式(3-32)和式(3-33)计算:

$$PWI = 100 - a_0 WR^{a_1} \tag{3-32}$$

$$WR = 100 \times \frac{MPD_C - \min\{MPD_L, MPD_R\}}{MPD_C} \tag{3-33}$$

以上式中:WR——路面磨耗率(%);

a_0——模型参数,采用1.696;

a_1——模型参数,采用0.785;

MPD_C——路面构造深度基准值,采用无磨损的车道中线路面构造深度(mm);

MPD_L——左轮迹带的路面构造深度(mm);

MPD_R——右轮迹带的路面构造深度(mm)。

(2)评价标准

路面磨耗指数 PWI 指标范围为 0~100,其值越大越好。路面磨耗状况评价等级分为"优""良""中""次""差"5个等级,具体划分标准见表3-33。

路面磨耗状况等级划分标准　　　表3-33

评定指标	优	良	中	次	差
路面磨耗指数 PWI	≥90	≥80，<90	≥70，<80	≥60，<70	<60

6. 路面抗滑状况评价

路面抗滑性能是路面检测和评价的一项重要内容，它直接影响公路行车的安全性。路面在通车使用一段时间后，路表面的构造深度将会逐渐衰减，使路表的抗滑能力迅速降低，这将直接影响到行车安全性。因此，路面抗滑性能是路面技术状况评价的重要方面。

（1）评价指标

路面抗滑性能是影响行车安全的重要路表特征之一，如果路面抗滑性能不足，车辆受到制动时会沿着表面滑移，虽然路面会提供一定程度的摩阻力，但还会产生打滑、漂移（在路面潮湿状态下）等现象，导致车辆失控，严重时引发交通事故。因此，路面抗滑状况与车辆的安全行驶具有直接关系。路面抗滑状况采用路面抗滑性能指数（Skidding Resistance Index，SRI）表征。

路面抗滑性能指数 SRI 按式（3-34）计算：

$$SRI = \frac{100 - SRI_{min}}{1 + a_0 e^{a_1 SFC}} + SRI_{min} \tag{3-34}$$

式中：SFC——横向力系数；

　　SRI_{min}——标定系数，采用35.0；

　　a_0——模型参数，采用28.6；

　　a_1——模型参数，采用 -0.105。

（2）评价标准

路面抗滑性能指数 SRI 指标范围为 0~100，其值越大越好。路面抗滑状况评价等级分为"优""良""中""次""差"5个等级，具体划分标准见表3-34。

路面抗滑状况等级划分标准　　　表3-34

评定指标	优	良	中	次	差
路面抗滑性能指数 SRI	≥90	≥80，<90	≥70，<80	≥60，<70	<60

7. 路面结构强度状况评价

路面结构承载力是路面技术状况的重要组成部分，在公路使用过程中，随着路面损坏的不断发展，路面的承载能力逐渐降低，造成路面损坏的进一步发展。承载能力低的路面结构，其路面损坏的发展速度快；承载能力接近临近状态时，路面将会达到严重损坏的状态，此时必须采取措施提高其承载能力。

（1）评价指标

路面的承载能力是指路面在基本上能够达到特定的损坏状况之前，所能承受的行车荷载作用的相关次数，或者是所能使用的年限。我国长期采用路面结构强度系数（Structure

Strength Index,SSI)作为路面结构承载能力评价指标,一般通过路段代表弯沉与设计弯沉的关系变化来确定。《公路技术状况评定标准》(JTG 5210—2018)将路面结构强度系数SSI 调整为 SSR(Pavement Structure Strength Ratio),意义不变。本书路面结构强度状况评价采用路面结构强度指数(Pavement Structure Strength Index,PSSI)。路面结构强度检测多以抽样检测为主,抽样测试比例应不低于其列养里程的20%。路面结构强度指数 PSSI 不参与 PQI 计算,其权重为0.00。路面结构强度指数 PSSI 应按式(3-35)和式(3-36)计算:

$$PSSI = \frac{100}{1 + a_0 \sigma^{a_1 SSR}} \tag{3-35}$$

$$SSR = \frac{l_0}{l} \tag{3-36}$$

式中:SSR——路面结构强度系数,为路面弯沉标准值与路面实测代表弯沉之比;

l_0——路面弯沉标准值(0.01mm);

l——路面实测代表弯沉(0.01mm);

a_0——模型参数,采用15.71;

a_1——模型参数,采用 -5.19。

(2)评价标准

路面结构强度指数 PSSI 指标范围为 0~100,其值越大越好。路面结构强度状况评价等级分为"优""良""中""次""差"5 个等级,具体划分标准见表3-35。

路面结构强度状况等级划分标准　　　　　表3-35

评定指标	优	良	中	次	差
路面结构强度指数 PSSI	≥90	≥80,<90	≥70,<80	≥60,<70	<60

8. 路面技术状况综合评价

(1)评价指标与标准

基于上述评价指标,对路面技术状况进行综合评定,以确定路面的技术状况水平。路面技术状况应采用路面技术状况指数 PQI 评定,路面技术状况综合评价标准见表3-36。PQI 应按式(3-37)计算:

$$PQI = w_{PCI}PCI + w_{RQI}RQI + w_{RDI}RDI + w_{PBI}PBI + w_{PWI}PWI + w_{SRI}SRI + w_{PSSI}PSSI \tag{3-37}$$

式中:w_{PCI}——PCI 在 PQI 中的权重,取值见表3-37;

w_{RQI}——RQI 在 PQI 中的权重,取值见表3-37;

w_{RDI}——RDI 在 PQI 中的权重,取值见表3-37;

w_{PBI}——PBI 在 PQI 中的权重,取值见表3-37;

w_{PWI}——PWI 在 PQI 中的权重,取值见表3-37;

w_{SRI}——SRI 在 PQI 中的权重,取值见表3-37;

w_{PSSI}——PSSI 在 PQI 中的权重,取值见表3-37。

路面技术状况综合评价标准　　表 3-36

评定指标	优	良	中	次	差
路面技术状况指数 PQI	≥90	≥80,<90	≥70,<80	≥60,<70	<60

注:1."优"表示路面平整,路面没有或少有裂缝,除了灌缝外通常不需要修复,根据路面技术状况可做磨耗层恢复等预防性养护。
2."良"表示路面基本平整,有一定数量的裂缝和少量变形类损坏,除了灌缝和坑槽修补外还可根据交通状况等进行必要的功能性修复。
3."中"表示路面平整度不良,路面上有较多的裂缝和变形类损坏,有结构性和功能性修复需求。
4."次、差"表示路面上同时存在结构性损坏和功能性损坏,路面上有大面积的裂缝类、变形类及其他类损坏,路面需要进行结构性修复。

PQI 各分项指标权重　　表 3-37

路面类型	权重	高速公路、一级公路	二、三、四级公路
沥青路面	w_{PCI}	0.35	0.60
	w_{RQI}	0.30	0.40
	w_{RDI}	0.15	—
	w_{PBI}	0.10	—
	$w_{SRI(PWI)}$	0.10	—
	w_{PSSI}	—	—
水泥混凝土路面	w_{PCI}	0.50	0.60
	w_{RQI}	0.30	0.40
	w_{PBI}	0.10	—
	$w_{SRI(PWI)}$	0.10	—

注:计算 PQI 时,路面抗滑性能指数 SRI 和路面磨耗指数 PWI 应二者取一。

(2)评价案例

某一级公路,调查长度为 1km,有效宽度 30m,沥青路面损坏调查结果见表 3-38;经检测,该路段国际平整度指数平均值 IRI = 3.4;经路面抗滑性能检测,横向力系数 SFC = 0.036;车辙深度为 10mm;经路面跳车检测,该路段轻度跳车 5 处,无中度、重度跳车。根据公路技术状况评价标准评价该路段路面的使用性能。

沥青路面损坏调查结果　　表 3-38

路线名称:		调查方向:		调查时间:			调查人员:						
调查内容	程度	权重 (w_i)	单位 (m²)	起点桩号:K1+000 终点桩号:K2+000 路段长度:1km 路段宽度:30m									累积损坏
				1	2	3	4	5	6	7	8	9	10	
龟裂	轻	0.6	面积											3.5
	中	0.8												1.0
	重	1.0												0

续上表

调查内容	程度	权重 (w_i)	单位 (m²)	起点桩号:K1+000 路段长度:1km				终点桩号:K2+000 路段宽度:30m						累积损坏
				1	2	3	4	5	6	7	8	9	10	
块状裂缝	轻	0.6	面积											3
	重	0.8												0
纵向裂缝	轻	0.6	长度× 0.2m											39
	重	1.0												0
横向裂缝	轻	0.6	长度× 0.2m											58
	重	1.0												0
沉陷	轻	0.6	面积											0
	重	1.0												0
车辙	轻	0.6	长度× 0.4m											15
	重	1.0												0
波浪拥包	轻	0.6	面积											2
	重	1.0												0
坑槽	轻	0.8	面积											3
	重	1.0												0
松散	轻	0.6	面积											0
	重	1.0												0
泛油	—	0.2	面积											2
修补	—	0.1	面积											40

①路面损坏状况指数 PCI。

$$3.5 \times 0.6 + 1.0 \times 0.8 + 3 \times 0.6 + 39 \times 0.2 \times 0.6 + 58 \times 0.2 \times 0.6 + 15 \times 0.4 \times 0.6 +$$
$$2 \times 0.6 + 3 \times 0.8 + 2 \times 0.2 + 40 \times 0.1 = 46.84$$

$$DR = 100 \times \frac{46.84}{1000 \times 30} = 0.1561$$

$$PCI = 100 - 15 \times 0.1561^{0.412} = 93.02$$

②路面行驶质量指数 RQI。

$$RQI = \frac{100}{1 + 0.026 e^{0.65 \times 3.4}} = 80.84$$

③路面车辙深度指数 RDI。

车辙深度为 10mm,≤RD_a(10mm),故

$$RDI = 100 - 1 \times 10 = 90$$

④路面跳车指数 PBI。
$$PBI = 100 - 0 \times 5 = 100$$
⑤路面抗滑性能指数 SRI。
$$SRI = \frac{100-35}{1+28.6e^{-0.105 \times 0.036}} + 35 = 37.20$$
⑥路面使用性能指数 PQI。
$$PQI = 0.35 \times 93.02 + 0.3 \times 80.84 + 0.15 \times 90 + 0.1 \times 100 + 0.1 \times 37.2 = 84.029$$
经计算,该路段的 PQI 为 84.029,依据表3-36,该路段路面使用性能评定等级为"良"。

第三节 桥梁技术状况调查检测与评价

一、桥梁病害

桥梁结构分为桥梁上部结构、桥梁下部结构和桥面系。

1. 上部结构病害

（1）混凝土破坏

梁式桥上部结构的病害主要包括结构混凝土和混凝土保护层的破坏（图3-60），如蜂窝、麻面、剥落、掉角、空洞、孔洞等，混凝土碳化、混凝土强度衰减等。蜂窝病害的主要表现是混凝土局部出现类似蜂窝的孔洞。麻面是在混凝土的表层出现浆液渗漏导致混凝土结构表面有凹陷的小坑,不光滑,但未有钢筋外露的情况。主要表现为结构表面粗糙。空洞是构件局部混凝土缺失的现象。其病害产生原因为：配筋保守、混凝土振捣不均匀、混凝土漏浆等。

图3-60 桥梁混凝土破坏

混凝土长期暴露在空气中,会与空气中的碳发生反应,生成碳酸钙,导致混凝土质量下降,无法充分保护内部的钢筋结构,甚至对钢筋结构还会产生腐蚀。作为主要支撑结构的钢筋受到侵蚀后,对桥体造成的危害将不可估量。

(2)钢筋锈蚀

钢筋锈蚀(图3-61)主要是发生了电化学反应。钢筋锈蚀后会引起其体积扩大膨胀,从而对周围混凝土形成挤压,造成混凝土开裂、剥落,使截面有效尺寸减小,导致结构承载力下降。

图3-61 钢筋锈蚀

(3)支座的破坏

支座的破坏:如橡胶支座老化变质与开裂,钢支座磨损与裂缝等,局部脱空及整体脱空、剪切变形超限、橡胶开裂、橡胶不均匀鼓凸变形和四氟滑板支座破坏等(图3-62)。

图3-62 桥梁支座与接缝处破坏

(4)桥梁变位

桥梁变位:桥梁因车辆荷载和桥梁物理特性引起的上部结构位移,因设计不合理,施工质量问题等,伸纵缝处出现损害(图3-63)。

图 3-63 桥梁变位

2. 下部结构病害

(1) 墩台变位

桥梁墩台主要作用是将上部结构产生的竖向荷载传递至地基,起到上下连接与支撑的作用。墩台的稳定性和刚度决定了桥梁的承载能力,墩台出现变动时会对桥梁造成不可逆的破坏。桥梁墩台的主要病害为倾斜变位。造成这种现象的主要原因是施工设计不合理、水流冲刷以及船只撞击的偶然作用。综合分析墩台变形的原因有:基础埋深不达标且作用于不良地质上;桥梁跨径设计较小,导致过水断面较小,水流速度增大,同时增大了对墩台的冲刷,偶然作用力作用时间短,释放能量巨大,导致墩台发生偏移。

(2) 基础变位

流水冲刷是基础发生偏位或倾斜的关键原因。冲刷过大导致基础脱空,桩基会发生倾斜。造成基础偏位的人为因素是人们开采矿料和砂石,造成桥台前的土压力减小,在台背回填土压力的作用下,使结构发生倾斜破坏。设计、施工方面的因素主要是由于对地基承载力、桩基稳定性和地基沉降分析错误导致地基产生不均匀沉降,同时基础发生倾斜或位移。

3. 桥面系病害

(1) 桥面变形

桥面变形破坏包括车辙、波浪和跳车等(图3-64)。车辙是沥青桥面常见病害,包括压密型车辙、失稳型车辙、磨耗型车辙。压密型车辙主要是由于桥梁结构缺陷或者压应力超过了桥面的抗压强度造成的。失稳型车辙与外部环境变化有关,可能是环境变化导致沥青黏度下降,加上车辆行车荷载从而导致桥面车辙。磨耗型车辙主要与车辆轮胎和桥面摩擦有关。

波浪是沥青混凝土铺装层在铺装层厚度不均匀、铺装层与桥面板结合能力欠佳等作用下出现的一种常见病害,对行车舒适性和平稳性有较大影响。

图 3-64　桥面变形

造成铺装层跳车的原因较多,主要包括伸缩缝功能性损伤、台背填土压实度较低、桥台与台背填土连接性能较弱、台后填土排水不畅等。铺装层出现坑槽,往往是由于桥面整体质量欠佳,开裂进一步扩展和恶化,车辆荷载反复作用以及雨水等腐蚀性介质的渗透等因素共同作用引起的。成桥后铺装层表面由于本身存在凹凸不平,在超重车辆的反复冲击下将形成明显的坑槽甚至铺装层开裂脱落,从而会进一步增大车辆对桥梁结构的冲击作用,降低行车的舒适性以及桥梁的使用寿命。

(2) 桥面裂缝

桥面上出现裂缝是极为常见的现象,按照桥面病害诱因进行分类,可将桥面裂缝分为三类:横向裂缝、纵向裂缝及网状裂缝(图 3-65)。总的来说,桥面产生裂缝的原因主要有以下几个方面。第一,环境问题。当前我国桥梁所采用的结构受环境温度的影响较大,加之很多地区有些季节的昼夜温差非常大,在这种情况下,桥梁半刚性结构破损,桥面老化出现裂缝的概率就大幅提升。第二,车辆碾压。当前我国城市化进程不断加快,桥梁的承载压力也大幅度提升。另外,在车辆行驶过程中,如果遇到超载或紧急制动的问题,会使轮胎与桥面之间的摩擦大大增加,从而导致对桥面的磨损,进而出现裂缝问题。第三,施工问题。施工单位在施工过程中可能存在偷工减料或者施工方法错误的问题。如果出现施工误差、物料不合格或者混凝土配合比不当等问题,都会对桥梁的质量安全产生影响,从而导致路面裂缝的出现。

(3) 伸缩缝病害

梳齿板式伸缩装置的病害包括梳齿板错位与脱落、伸缩缝阻塞、锚固混凝土开裂等,大多为伸缩装置自身质量以及施工质量的问题(图 3-66)。弹性伸缩装置常见的病害包括伸缩装置的老化脱落、伸缩装置与混凝土的接触面上发生开裂、填料隆起或凹陷等。板式橡胶伸缩装置的主要病害为橡胶老化、开裂以及不同程度的破损。模数式伸缩装置的病害有伸缩缝阻塞、伸缩装置的止水带部分或全部破损以及缺失、锚固区混凝土发生开裂、型钢部分或全部开裂与断裂等。不同形式的伸缩装置在实际工程中会发生不同类型的病害，主要诱因是伸缩装置与实际工程的匹配度导致的质量问题，以及施工质量把控不严格导致的伸缩装置与桥面系黏结位置的病害。

图 3-65　桥面裂缝

图 3-66　桥梁伸缩缝破坏

(4) 桥梁附属设施病害

人行道常见的病害主要有路缘石局部开裂或破损、人行道部分或全部缺失两个方面，前者主要诱因为施工质量及预制件质量问题，后者是在人为破坏、车辆撞击、混凝土施工质量等因素共同作用下的结果(图3-67)。栏杆常见的病害包括栏杆扶手的损坏、基座损坏、锈蚀、混凝土破损、混凝土剥落露筋等，主要诱因包括车辆撞击、人为破坏、施工时混凝土浇筑与振捣不当、预制质量差、保护层厚度不够等。公路工程桥面系排水系统常见的病害有泄水管的锈蚀与堵塞、排水管部分或全部缺失、泄水冲蚀梁体等，病害诱因包括垃圾或泥土堵塞、雨水侵蚀、人为破坏、自然损坏等。在实际工程的管养与维护中，应针对不同的病害诱因采取对应的处治措施。

图 3-67　桥梁附属设施破坏

二、桥梁技术状况调查与检测方法

1. 桥梁外观检测方法

1）人工目检

人工目检是最简单的无损评估方法,快速而经济,无须昂贵的设备(图 3-68);可用镜子、透镜、显微镜等光学辅助一起弥补人眼视力的不足,用锤子、照相机、游标卡尺等工具辅助测量。目检一般用于检查桥面铺装、伸缩缝、桥面排水设施、栏杆、扶手及人行道外观,桥梁上部构件、桥墩、桥台及基础结构尺寸复核,混凝土外观,表面裂缝调查,支座外观及位置。

 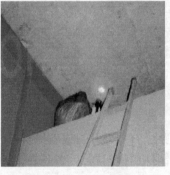 

图 3-68　人工目检

2）裂缝测深仪

裂缝测深仪是裂缝深度检测工具,是混凝土等非金属材料表面裂缝深度检测的专用智能化检测仪。振动能量在混凝土内传播,穿过裂缝时,在裂缝端点产生衍射,衍射角与裂缝深度具有几何关系。裂缝测深仪主要用于桥梁、隧道、墙体、混凝土路面、金属表面等裂缝深度的检测,是专业检测混凝土结构中裂缝深度和表面微观缺陷的仪器。

(1)仪器与材料

整套测试仪器(图3-69)由以下部分构成:裂缝深度测试仪主机、平面换能器、平面换能器信号线、充电器及其他配件。

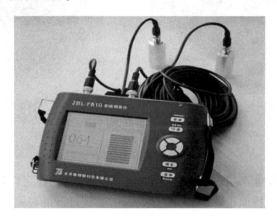

图3-69 裂缝测深仪

(2)主要测试步骤

依据《公路桥梁承载能力检测评定规程》(JTG/T J21—2011)中对结构或构件裂缝的相关规定及设计文件的要求,首先目测,对结构或构件上发现的裂缝进行标记,同时对发现的裂缝最宽处进行标记,用裂缝测深仪测量其深度并详细记录裂缝产生的位置。然后在检测位置附近处跨裂缝粘贴应变片,对该结构或构件进行加载,在加载过程中观测该裂缝是否发展,看粘贴的应变片是否断裂,测量加载后标记位置的裂缝深度,与加载前的裂缝深度值进行比较,结合该裂缝产生的位置等综合判定该裂缝是否为受力裂缝并且判定裂缝深度是否符合设计及规范的要求。

(3)数据处理

裂缝测深仪采集的数据可以上传到相应的处理系统,该系统操作界面操作简单方便,能够读取裂缝测深仪所采集的数据,具有数据显示、分析计算、数据打印、报表导出等功能,可以显示当前裂缝各测点原始检测数据及计算结果。

3)桥梁检测作业车

桥梁检测作业车是一种可以为桥梁检测人员在检测过程中提供作业平台的专用汽车。作业平台装备在汽车底盘上,可以随时移动位置,能安全、快速、高效地让作业人员进入作业位置。主要用于对大桥下部各结构进行全面的检查、修理与维护,包括对桥梁主梁梁底裂纹检测和全桥支座检测。

(1)仪器与材料

吊篮式桥梁检测作业车也称折叠臂式桥梁检测车(图3-70),其结构小巧,受桥梁结构制约少,工作灵活,既可检测桥下也可升起检测桥梁上部结构,可有线/无线操作,灵活方便,有时候还可以作为高空作业车使用,价格相对桁架式桥检车低。其基本结构充分体现了折叠臂式随车起重运输车、高空作业车的特点。

图 3-70　吊篮式桥梁检测作业车

桁架式桥梁检测作业车(图 3-71)采用通道式工作平台,稳定性好,承载能力大,使用时检测人员能方便地从桥面进入平台或返回桥面,如配置升降机则可大大增加下桥深度。

图 3-71　桁架式桥梁检测作业车

(2)测试方法

吊篮式桥梁检测作业车工作时在桥下为点阵式检测,作业平台是装在臂架顶端的一个吊斗,作业面积较小只可容纳 2～3 名人员作业,载质量一般只有 200～300kg;另外,在工作过程中,检测和维修人员不能自由地上下桥。只有将吊篮收回到车上后才能实现,检测过程中作业幅度小,还需要经常移动和旋转吊篮,作业效率相对较低。

桁架式桥梁检测作业车所采用的是通道式工作平台,采用了二级伸缩、二级回转、二级变幅机构,形成了三维空间,六个自由度的空间运动体系。可以在桥下形成独立工作平台,方便工作人员行走。在底盘上加装了稳定器机构、自行走式支撑脚轮、固定式配重,最大限度地保证了操作人员的安全。其具有实施检测作业方便、不中断交通、工作机动灵活、作业效率高、操作方便和安全可靠性高等突出优点。

(3)数据处理

桥梁检测数据采集后,传到数据中心,需要对数据的可信度进行评估,进行数据的筛选工作,将异常的数据处理掉。这是数据处理和分析的核心环节,统计具有连续性和时序性的桥梁检测数据,通过数据特征,例如均值、方差、最大值和最小值等,分析具有使用价值的数据。

4)钢筋探测仪

钢筋探测仪采用电磁感应法检测混凝土结构或构件中钢筋位置、保护层厚度及钢筋直径或探测钢筋数量、走向及分布;还可以对非磁性和非导电介质中的磁性体及导电体进行探测。

(1)仪器与材料

钢筋探测仪由扫描仪和同步显示器两部分组成,同时配有电源适配器及其他辅件,如图3-72所示。

图3-72 钢筋探测仪

(2)主要测试步骤

①自动测量。传感器平行于钢筋走向,均匀扫过钢筋正上方,仪器发出一声鸣叫,提示传感器越过一条钢筋,此时保护层显示自动更新为该处的保护层厚度值。

②手动测量。钢筋间距小于要求,需手动测量,进行保护层厚度的判定。令传感器平行于钢筋走向,均匀扫过钢筋正上方,依据当前距离显示值的变化情况来判定保护层厚度值。

③较小保护层厚度测量。该功能主要应用于下列场合:检查混凝土保护层厚度是否满足较小设计值,并对异常点报警;模板拆除后检查钢筋是否撑出。

(3)数据处理

同步显示器检测界面与主机检测界面信息显示一致。当进入所选检测模式的测量状态后,主机测量数据如实反映到同步显示器中。可将收集的数据上传至计算机处理软件,用于钢筋检测数据处理的多功能分析软件,可对钢筋检测仪检测数据执行后期分析处理、生成报告及打印数据等操作。

2. 专项无损检测

根据桥梁外观检查结果,选择专项无损检测项目深化对桥梁的检测,从而更深入了解结构构件的病害情况及程度,为病害的成因分析提供技术支持。

1)混凝土裂缝状况检测

以人工目力检查为主,辅以钢尺测量确定裂缝位置坐标(相对参考坐标)和长度,采用裂缝测深仪测量典型裂缝的深度。所查出的裂缝用记号笔在结构表面沿裂缝侧标注出裂缝走向,并在裂缝两端划上细横线标注出裂缝区段,注明检查日期。若一区域裂缝较为密集时,可选取部分典型裂缝(主裂缝)进行裂缝区段的标注。裂缝检查记录采用裂缝展开分布示意图和照片记录,裂缝展开分布示意图反映了裂缝发生的部位、走向、测定位置处的宽度或深度、分布状况和长度等,对裂缝的表面特征和性质以及成因判断用详尽的文字描述。

2)混凝土强度检测

回弹法是使用回弹仪来检测混凝土抗压强度的方法。回弹仪是一种机械式的无损检验仪器,由于混凝土的抗压强度与其表面硬度之间存在一定的关系,而回弹仪的弹击锤被一定的弹力打击在混凝土表面,其回弹高度(通过回弹仪读得回弹值)与混凝土表面硬度也成一定的比例关系。用回弹法检测混凝土抗压强度的设备简单、操作方便、测试迅速,故在现场直接测定中使用较多。混凝土回弹仪是用一弹簧驱动弹击锤并通过弹击杆弹击混凝土表面所产生的瞬时弹性变形的恢复力,使弹击锤带动指针弹回并指示出弹回的距离。以回弹值(弹回的距离与冲击前弹击锤与弹击杆的距离之比,按百分比计算)作为混凝土抗压强度相关的指标之一,来推定混凝土的抗压强度。

(1)仪器与材料

混凝土回弹仪(图3-73)由数字回弹仪主机、回弹仪单机传感器和适配电源盒组成。

 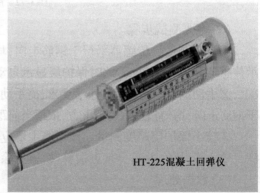

HT-225混凝土回弹仪

图3-73 混凝土回弹仪

(2)主要测试步骤

在回弹值测试过程中,回弹仪的轴线应始终垂直于混凝土表面,具体操作应符合下列要求:

①将回弹仪的弹击杆顶住混凝土表面,轻压仪器,使按钮松开,弹击杆徐徐伸出,并使挂钩挂上弹击锤;

②手持回弹仪对混凝土表面缓慢均匀施压,待弹击锤脱钩,冲击弹击杆后,弹击锤即带动指针向后移动到达一定位置,指针刻度线在刻度尺上的示值即为该点的回弹值,测点不应在气孔或外露石子上,同一测点只弹击一次;

③使用上述方法在混凝土表面依次读数并记录回弹值,如条件不利于读数,可按下按钮,锁住机芯,将回弹仪移至他处读数,准确至1个单位;

④使用完毕后应将弹击杆压入仪器内,经弹击后按下按钮,锁住机芯,待下一次使用。

应当注意的是,回弹仪使用前应在钢上进行率定,在每天测试完毕后率定一次,测试过程中对回弹值有怀疑时也应进行率定。回弹仪率定试验,宜在温度为5~35℃的条件下进行。率定时钢砧表面应干燥、清洁,钢砧应稳固地平放在刚度大的地面上,回弹仪向下弹击时,弹击杆应分4次旋转,每次旋转约90°,弹击3~5次,取其中最后连续3次且读数稳定的回弹值进行平均作为率定值。

在操作回弹仪的全过程中,应注意持握回弹仪姿势,一手握住回弹仪中间部位,起扶正的作用;另一手握压仪器的尾部,对仪器施加压力,同时也起辅助扶正作用。回弹仪的操作要领是:保证回弹仪轴线与混凝土测试面始终垂直,用力均匀缓慢,扶正对准测试面。慢推进,快读数。

每个混凝土板的测区数不宜少于10个,相邻两测区的间距不宜大于2m;测区宜在混凝土板表面上均匀分布,并避开板边板角。测区表面应清洁、干燥、平整,不应有疏松层、饰面层、粉刷层、浮浆、油垢以及蜂窝、麻面等,必要时可用砂轮清除表面的杂物和不平整处,磨光的表面不应有残留粉尘或碎屑。一个测区的面积不宜大于200mm×200mm,每一测区测试16个测点,相邻两测点的间距宜不小于30mm,测点距路面边缘或接缝的距离应不小于200mm。

(3)数据处理

根据回弹仪轴线与水平方向的角度将测得的数据按表3-39进行修正,计算非水平方向测试的回弹修正值。当测试水泥混凝土路面为向下垂直方向时,测试角度为-90°,回弹修正值ΔN如式(3-38)所示。

$$\overline{N} = \overline{N}_s + \Delta N \tag{3-38}$$

式中:$\overline{N}$——经非水平方向测试修正的测区平均回弹值;

$\overline{N}_s$——测区平均回弹值,准确至0.1;

ΔN——非水平方向测试的回弹修正值,由表3-39或内插法求得,精确至0.1。

非水平方向测试的回弹修正值　　　　表3-39

$\overline{N}_s$	α							
	+90°	+60°	+45°	+30°	-30°	-45°	-60°	-90°
20	-6.0	-5.0	-4.0	-3.0	+2.5	+3.0	+3.5	+4.0
30	-5.0	-4.0	-3.5	-2.5	+2.0	+2.5	+3.0	+3.5

续上表

$\overline{N}_s$	α							
	+90°	+60°	+45°	+30°	-30°	-45°	-60°	-90°
40	-4.0	-3.5	-3.0	-2.0	+1.5	+2.0	+2.5	+3.0
50	-3.5	-3.0	-2.5	-1.5	+1.5	+1.5	+1.5	+2.5

注：α 为回弹仪轴线与水平方向的角度，表中未列入的 $\overline{N}_s$，可用内插法求得。

将回弹值换算为混凝土强度时，宜采用下列方法：

有试验条件时，宜通过试验建立专用测强曲线，但测强曲线仅适用于材料质量、成型、养护和龄期等条件基本相同的混凝土。混凝土标准试块为 150mm × 150mm × 150mm，采用 1.5、1.75、2.0、2.25、2.50 五个灰水比，以便得到不少于 30 对数据，试件与被测对象有相同的养护条件；到达龄期后，将试块用压力机加压至 30 ~ 50kN 稳住，用回弹仪在两侧面分别测试 8 个测点，计算平均回弹值；然后进行抗压强度试验，用最小二乘法建立二者相关性关系的推定式，推定式可为直线式或其他适当的形式，但相关系数 R 不得小于 0.95；最后根据测区平均回弹值利用测强曲线推定混凝土抗压强度。

3）混凝土碳化深度检测

（1）仪器与材料

仪器包括碳化深度测量仪主机、单节 7 号碱性电池、酚酞粉末包、橡皮吹和碳化试剂瓶等，如图 3-74 所示。

图 3-74 混凝土碳化深度测量仪

（2）主要测试步骤

①采用合适的工具在测区表面形成直径约 15mm 的孔洞。

②用洗耳球或小皮老虎吹净孔洞中的粉末和碎屑，且不得用水擦洗。

③在凿开的混凝土表面滴或者喷 1% ~ 2% 的酚酞酒精溶液。

④用游标卡尺或碳化深度测量仪测定没有变色的混凝土的深度。

(3)数据处理

应根据测区混凝土碳化深度平均值与实测保护层厚度平均值的比值K_c,按表3-40的规定确定混凝土碳化评定标度。

混凝土碳化评定标准　　　　表3-40

K_c	评定标度	K_c	评定标度
<0.5	1	[1.5,2.0)	4
[0.5,1.0)	2	≥2.0	5
[1.0,1.5)	3		

4)钢筋锈蚀检测

钢筋锈蚀检测仪工作原理是测量混凝土表面相对于钢筋的电位或测量表面的电位梯度,根据钢筋锈蚀产生的电位大小或形成的电位梯度大小判断钢筋是否锈蚀或锈蚀程度。

(1)仪器与材料

仪器包括主机、延长线、金属电极、电位电极、连接杆等,如图3-75所示。

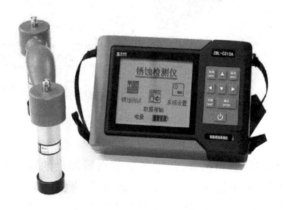

图3-75　钢筋锈蚀检测仪

(2)主要测试步骤

先找到钢筋并用粉笔标出位置与走向,钢筋的交叉点即为测点,为了加强润湿剂的渗透效果,缩短润湿结构所需要的时间,采用少量家用液体清洁剂加纯净水的混合液润湿被测结构。

(3)数据处理

结果输出采用了图标的方式,图标的颜色越深,锈蚀的概率越高。在测试的过程中,可直接观测到锈蚀的区域。将测试数据快速地传入计算机中进行进一步分析,以图形图像的方式表示测试结果。

3.荷载试验

根据试验荷载的作用性质,荷载试验通常分为静载试验和动载试验,前者反映桥梁在静载作用下的结构工作性能,后者反映桥梁结构的动力性能。静力荷载试验是将静止的荷载作用于桥梁上的指定位置,以便能够测试出结构的静应变、静位移以及裂缝等,从而推断桥梁结构在荷载作用下的工作状态和使用能力的试验。一般进行的分析评定工作主要包括对结构工作状况的评定、结构的强度及稳定性、地基与基础、结构的刚度要求、裂缝等。桥梁动力荷载试验是指采用动力荷载如行驶的汽车荷载或其他动力荷载作用于桥梁结构上,以测出结构的动力特性,从而判断出桥梁结构在动力荷载下受冲击和振动影响的试验(图3-76)。通常采用车辆加载方式,测定梁的应变、挠度和裂缝,根据试验结果与理论计算值的对比分析,来判断桥梁的实际承载能力。桥梁动力荷载试验的目的:①测定桥梁结构的固有振型、阻尼特性及自振频率等;②测定动荷载引起桥梁结构产生振动的作用力的数值、方向频率和作用规律等。

图3-76　动力荷载试验

(1)主要测试步骤

首先在桥梁跨中均匀设置拾振器,依据各个测点所提供的脉冲时程曲线中的谱求算出桥梁跨中的垂直基频率与阻尼比。再选一辆动力荷载试验车,将行驶速度控制在10km/h 和30km/h,并分别通过无障碍和有障碍桥梁平面,对试验车通过时桥跨中产生的振幅时程信号进行记录检测,同时检测出荷载条件下的桥梁结构振动频率与振幅最大值。

(2)数据处理

根据计算得出桥梁跨中的垂直基频率与阻尼比,同时得出荷载条件下的桥梁结构振动频率与振幅最大值,分析其是否满足相应规范要求,用以评定桥梁的状态。

三、桥梁技术状况评价

桥梁技术状况评价的目的是通过全面描述桥梁各部件的缺陷,评价桥梁技术状况,记录桥梁基本特征,建立健全桥梁技术档案,提供进行桥梁养护、维修和加固的决策支持,使桥梁长期处于良好的工作状态,最终体现于对营运的桥梁进行有效管理和状况监控。

1.评价指标

公路桥梁技术状况评价包括桥梁构件、部件、桥面系、上部结构、下部结构和全桥评价。公路桥梁技术状况评价应采用分层综合评价与5类桥梁单项控制指标相结合的方法,先对桥梁各构件进行评价,然后对桥梁各部件进行评价,再对桥面系、上部结构和下部结构分别进行评价,最后进行桥梁总体技术状况的评价,见《公路桥梁技术状况评定标准》(JTG/T H21—2011)。

(1)桥梁构件的技术状况评分,按式(3-39)计算。

$$\text{PMCI}_l(\text{BMCI}_l \text{ 或 DMCI}_l) = 100 - \sum_{x=1}^{k} U_x \quad (3\text{-}39)$$

当 $x = 1$ 时

$$U_1 = \text{DP}_{i1}$$

当 $x \geqslant 2$ 时

$$U_x = \frac{\text{DP}_{ij}}{100 \times \sqrt{x}} \times \left(100 - \sum_{y=1}^{x-1} U_y\right) \quad (\text{其中 } j = x)$$

当 $\text{DP}_{ij} = 100$ 时

$$\text{PMCL}_l(\text{BMCI}_l \text{ 或 DMCI}_l) = 0$$

式中:PMCI_l——上部结构第 i 类部件 l 构件的得分,值域为 0~100 分;

BMCI_l——下部结构第 i 类部件 l 构件的得分,值域为 0~100 分;

DMCI_l——桥面系第 i 类部件 l 构件的得分,值域为 0~100 分;

k——第 i 类部件 l 构件出现扣分的指标的种类数;

U、x、y——引入的变量;

i——部件类别,例如 i 表示上部承重构件、支座、桥墩等;

j——第 i 类部件 l 构件的第 j 类检测指标;

DP_{ij}——第 i 类部件 l 构件的第 j 类检测指标的扣分值;根据构件各种检测指标扣分值进行计算,扣分值按表3-41规定取值。

构件各检测指标扣分值表　　表3-41

检测指标所能达到的最高等级类别	指标类别				
	1类	2类	3类	4类	5类
3类	0	20	35	—	—
4类	0	25	40	50	—
5类	0	35	45	60	100

(2)桥梁部件的技术状况评分,按式(3-40)计算。

$$\text{PCCI}_i = \overline{\text{PMCI}} - (100 - \text{PMCI}_{\min})/t \quad (3\text{-}40)$$

或

$$\text{BCCI}_i = \overline{\text{BMCI}} - (100 - \text{BMCI}_{\min})/t$$

或

$$\text{DCCI}_i = \overline{\text{DMCI}} - (100 - \text{DMCI}_{\min})/t$$

式中：$PCCI_i$——上部结构第 i 类部件的得分，值域为 0～100 分；当上部结构中的主要部件某一构件评分值 $PMCI_l$ 在 $[0,60)$ 区间时，其相应的部件评分值 $PCCI_i = PMCI_l$；

$\overline{PMCI}$——上部结构第 i 类部件各构件的得分平均值，值域为 0～100 分；

$BCCI_i$——下部结构第 i 类部件的得分，值域为 0～100 分；当下部结构中的主要部件某一构件评分值 $BMCI_l$ 在 $[0,60)$ 区间时，其相应的部件评分值 $BCCI_i = BMCI_l$；

$\overline{BMCI}$——下部结构第 i 类部件各构件的得分平均值，值域为 0～100 分；

$DCCI_i$——桥面系第 i 类部件的得分，值域为 0～100 分；

$\overline{DMCI}$——桥面系第 i 类部件各构件的得分平均值，值域为 0～100 分；

$PMCI_{min}$——上部结构第 i 类部件中分值最低的构件得分值；

$BMCI_{min}$——下部结构第 i 类部件中分值最低的构件得分值；

$DMCI_{min}$——桥面系第 i 类部件分值最低的构件得分值；

t——随构件的数量而变的系数，见表 3-42。

t 值　　　　　　　表 3-42

n（构件数）	t	n（构件数）	t
1	∞	20	6.6
2	10	21	6.48
3	9.7	22	6.36
4	9.5	23	6.24
5	9.2	24	6.12
6	8.9	25	6.00
7	8.7	26	5.88
8	8.5	27	5.76
9	8.3	28	5.64
10	8.1	29	5.52
11	7.9	30	5.4
12	7.7	40	4.9
13	7.5	50	4.4
14	7.3	60	4.0
15	7.2	70	3.6
16	7.08	80	3.2
17	6.69	90	2.8
18	6.84	100	2.5
19	6.72	≥200	2.3

注：1. n 为第 i 类部件的构件总数。

2. 表中未列出的 t 值采用内插法计算。

(3)桥梁上部结构、下部结构、桥面系的技术状况评分,按式(3-41)计算。

$$\text{SPCI}(\text{SBCI 或 BDCI}) = \sum_{i=1}^{m} \text{PCCI}_i(\text{BCCI}_i \text{或} \text{DCCI}_i) \times W_i \qquad (3\text{-}41)$$

式中:SPCI——桥梁上部结构技术状况评分,值域为 0~100 分;

　　　SBCI——桥梁下部结构技术状况评分,值域为 0~100 分;

　　　BDCI——桥面系技术状况评分,值域为 0~100 分;

　　　m——上部结构(下部结构或桥面系)的部件种类数;

　　　W_i——第 i 类部件的权重,按表 3-43 ~ 表 3-48 规定取值;对于桥梁中未设置的部件,应根据此部件的隶属关系,将其权重值分配给各既有部件,分配原则按照各既有部件权重在全部既有部件权重中所占比例进行分配。

梁式桥各部件权重值 表 3-43

部位	类别 i	评价部件	权重
上部结构	1	上部承重构件(主梁、挂梁)	0.78
	2	上部一般构件(湿接缝、横隔板等)	0.18
	3	支座	0.12
下部结构	4	翼墙、耳墙	0.02
	5	锥坡、护坡	0.01
	6	桥墩	0.30
	7	桥台	0.30
	8	墩台基础	0.28
	9	河床	0.07
	10	调治构造物	0.02
桥面系	11	桥面铺装	0.40
	12	伸缩缝装置	0.25
	13	人行道	0.10
	14	栏杆、护栏	0.10
	15	排水系统	0.10
	16	照明、标志	0.05

板拱桥、肋拱桥、箱形拱桥、双曲拱桥各部件权重值 表 3-44

部位	类别 i	评价部件	权重
上部结构	1	主拱圈	0.70
	2	拱上结构	0.20
	3	桥面板	0.10

续上表

部位	类别 i	评价部件	权重
下部结构	4	翼墙、耳墙	0.02
	5	锥坡、护坡	0.01
	6	桥墩	0.30
	7	桥台	0.30
	8	墩台基础	0.28
	9	河床	0.07
	10	调治构造物	0.02
桥面系	11	桥面铺装	0.40
	12	伸缩缝装置	0.25
	13	人行道	0.10
	14	栏杆、护栏	0.10
	15	排水系统	0.10
	16	照明、标志	0.05

刚架拱桥、桁架拱桥各部件权重值　　表3-45

部位	类别 i	评价部件	权重
上部结构	1	刚架拱片(桁架拱片)	0.50
	2	横向联结系	0.25
	3	桥面板	0.25
下部结构	4	翼墙、耳墙	0.02
	5	锥坡、护坡	0.01
	6	桥墩	0.30
	7	桥台	0.30
	8	墩台基础	0.28
	9	河床	0.07
	10	调治构造物	0.02
桥面系	11	桥面铺装	0.40
	12	伸缩缝装置	0.25
	13	人行道	0.10
	14	栏杆、护栏	0.10
	15	排水系统	0.10
	16	照明、标志	0.05

钢—混凝土组合拱桥各部件权重值　　　　　　　　　表3-46

部位	类别 i	评价部件	权重
上部结构	1	拱肋	0.28
	2	横向联结系	0.05
	3	立柱	0.13
	4	吊杆	0.13
	5	系杆(含锚具)	0.28
	6	桥面板(梁)	0.08
	7	支座	0.05
下部结构	8	翼墙、耳墙	0.02
	9	锥坡、护坡	0.01
	10	桥墩	0.30
	11	桥台	0.30
	12	墩台基础	0.28
	13	河床	0.07
	14	调治构造物	0.02
桥面系	15	桥面铺装	0.40
	16	伸缩缝装置	0.25
	17	人行道	0.10
	18	栏杆、护栏	0.10
	19	排水系统	0.10
	20	照明、标志	0.05

悬索桥各部件权重值　　　　　　　　　表3-47

部位	类别 i	评价部件	权重
上部结构	1	加劲梁	0.15
	2	索塔	0.20
	3	支座	0.05
	4	主鞍	0.04
	5	主缆	0.25
	6	索夹	0.04
	7	吊索及钢护筒	0.17
	8	锚杆	0.10

续上表

部位	类别 i	评价部件	权重
下部结构	9	锚碇	0.40
	10	索塔基础	0.30
	11	散索鞍	0.15
	12	河床	0.10
	13	调治构造物	0.05
桥面系	14	桥面铺装	0.40
	15	伸缩缝装置	0.25
	16	人行道	0.10
	17	栏杆、护栏	0.10
	18	排水系统	0.10
	19	照明、标志	0.05

斜拉桥各部件权重值 表3-48

部位	类别 i	评价部件	权重
上部结构	1	斜拉索系统（斜拉索、锚具、拉索护套、减震装置等）	0.40
	2	主梁	0.25
	3	索塔	0.25
	4	支座	0.10
下部结构	5	翼墙、耳墙	0.02
	6	锥坡、护坡	0.01
	7	桥墩	0.30
	8	桥台	0.30
	9	墩台基础	0.28
	10	河床	0.07
	11	调治构造物	0.02
桥面系	12	桥面铺装	0.40
	13	伸缩缝装置	0.25
	14	人行道	0.10
	15	栏杆、护栏	0.10
	16	排水系统	0.10
	17	照明、标志	0.05

(4)桥梁总体的技术状况评分,按式(3-42)计算。

$$D_r = \text{BDCI} \times W_D + \text{SPCI} \times W_{SP} + \text{SBCI} \times W_{SB} \quad (3\text{-}42)$$

式中:D_r——桥梁总体技术状况评分,值域为 0~100 分;

W_D——桥面系在全桥中的权重,按表 3-49 规定取值;

W_{SP}——上部结构在全桥中的权重,按表 3-49 规定取值;

W_{SB}——下部结构在全桥中的权重,按表 3-49 规定取值。

桥梁结构组成权重值表　　　表 3-49

桥梁部位	权重	桥梁部位	权重
上部结构	0.4	桥面系	0.2
下部结构	0.4		

2. 评价标准

(1)桥梁总体技术状况评定等级分为 1 类、2 类、3 类、4 类、5 类,见表 3-50。桥梁主要部件技术状况评定标度分为 1 类、2 类、3 类、4 类、5 类,见表 3-51。桥梁次要部件技术状况评定标度分为 1 类、2 类、3 类、4 类,见表 3-52。

桥梁总体技术状况评定等级　　　表 3-50

技术状况评定等级	桥梁技术状况描述
1 类	全新状态,功能完好
2 类	有轻微缺损,对桥梁使用功能无影响
3 类	有中等缺损,尚能维持正常使用功能
4 类	主要构件有大的缺损,严重影响桥梁使用功能;或影响承载能力,不能保证正常使用
5 类	主要构件存在严重缺损,不能正常使用,危及桥梁安全,桥梁处于危险状态

桥梁主要部件技术状况评定标度　　　表 3-51

技术状况评定标度	桥梁技术状况描述
1 类	全新状态,功能完好
2 类	功能良好,材料有局部轻度缺损或污染
3 类	材料有中等缺损;或出现轻度功能性病害,但发展缓慢,尚能维持正常使用功能
4 类	材料有严重缺损,或出现中等功能性病害,且发展较快;结构变形小于或等于规范值,功能明显降低
5 类	材料严重缺损,出现严重的功能性病害,且有继续扩展现象;关键部位的部分材料强度达到极限,变形大于规范值,结构的强度、刚度、稳定性不能达到安全通行的要求

桥梁次要部件技术状况评定标度　　　表 3-52

技术状况评定标度	桥梁技术状况描述
1 类	全新状态,功能完好;或功能良好,材料有轻度缺损、污染等

续上表

技术状况评定标度	桥梁技术状况描述
2类	有中等缺损或污染
3类	材料有严重缺损,出现功能降低,进一步恶化将不利于主要部件,影响正常交通
4类	材料有严重缺损,失去应有功能,严重影响正常交通;或原无设置,而调查需要补设

(2)桥梁技术状况评分 D_r 指标范围为 0~100,其值越大越好。桥梁技术状况评定分为1类、2类、3类、4类、5类,具体划分标准见表3-53。

桥梁技术状况分类界限表　　　表3-53

技术状况评分	技术状况等级 D_j				
	1类	2类	3类	4类	5类
D_r(SPCI、SBCI、BDCI)	[95,100]	[80,95)	[60,80)	[40,60)	[0,40)

鉴于4类、5类桥梁的严重性,桥梁总体技术状况评定除了按照评定模型进行计算后按照表3-53进行技术状况分类以外,还对4类、5类桥梁的技术状况附加了以下要求:

①单项控制指标,即使全桥技术状况评分没有达到5类桥梁评分范围,桥梁也应评定为5类。

②当上部结构和下部结构技术状况等级为3类、桥面系技术状况等级为4类,且桥梁总体技术状况评分为 $40 \leq D_r < 60$ 时,桥梁总体技术状况等级应评定为3类。

③全桥总体技术状况等级评定时,当主要部件评分达到4类或5类且影响桥梁安全时,可按照桥梁主要部件最差的缺损状况评定。

(3)在桥梁技术状况评价中,有下列情况之一时,整座桥应评为5类桥:

①上部结构有落梁;或有梁、板断裂现象。

②梁式桥上部承重构件控制截面出现全截面开裂;或组合结构上部承重构件结合面开裂贯通,造成截面组合作用严重降低。

③梁式桥上部承重构件有严重的异常位移,存在失稳现象。

④结构出现明显的永久变形,变形大于规范值。

⑤关键部位混凝土出现压碎或杆件失稳倾向;或桥面板出现严重塌陷。

⑥拱式桥拱脚严重错台、位移,造成拱顶挠度大于限值;或拱圈严重变形。

⑦圬工拱桥拱圈大范围砌体断裂,脱落现象严重。

⑧腹拱、侧墙、立墙或立柱产生破坏造成桥面板严重塌落。

⑨系杆或吊杆出现严重锈蚀或断裂现象。

⑩悬索桥主缆或多根吊索出现严重锈蚀、断丝。

⑪斜拉桥拉索钢丝出现严重锈蚀、断丝,主梁出现严重变形。

⑫扩大基础冲刷深度大于设计值,冲空面积达20%以上。

⑬桥墩(桥台或基础)不稳定,出现严重滑动、下沉、位移、倾斜等现象。

⑭悬索桥、斜拉桥索塔基础出现严重沉降或位移;或悬索桥锚锭有水平位移或沉降。

3. 评价案例

某高速公路桥梁类型为整体现浇板桥梁,上部结构为 1-8m 整体现浇板,无上部一般构件,2 个翼墙、2 道伸缩缝,构件数量如表 3-54 所示。该桥主要病害:①板底距外侧 8m 处纵缝 $L/W=7\text{m}/0.22\text{mm}$;②0 号桥台竖缝 1 条 $L/W/T=3.2\text{m}/0.4\text{mm}/15\text{m}$;③1 号桥台竖缝 2 条 $L/W/T=3.5\text{m}/0.32\text{mm}/11.5\text{m}$、$3.2\text{m}/0.24\text{mm}/9\text{m}$。

整体现浇板桥梁构件数量　　　　　表 3-54

部件	构件名称	构件数量	构件权重	修正权重	t 值
上部结构	上部承重构件	1	0.7	0.85	∞
	上部一般构件	0	0.18	0.00	∞
	支座	32	0.12	0.03	10.00
下部结构	翼墙、耳墙	2	0.02	0.03	10.00
	锥坡、护坡	0	0.01	0.00	∞
	桥墩	0	0.3	0.00	∞
	桥台	2	0.3	0.50	10.00
	墩台基础	2	0.28	0.47	10.00
	河床	0	0.07	0.00	∞
	调治构造物	0	0.02	0.00	∞
桥面系	桥面铺装	1	0.4	0.50	∞
	伸缩缝装置	2	0.25	0.31	10.00
	人行道	0	0.1	0.00	∞
	栏杆、护栏	2	0.1	0.13	10.00
	排水系统	0	0.1	0.00	∞
	照明标志	1	0.05	0.06	∞

(1)构件评分

现浇板由于裂缝扣分 $DP=35$,构件得分 $PMCI=65$;0、5 号桥台由于裂缝扣分 $DP=35$,构件得分均为 $BMCI=65$;其他构件不扣分。

(2)部件评分

现浇板构件数 $n=1$,查表得 $t=\infty$,$PCCI$ 上部承重构件 $=65$;桥台构件数 $n=2$,查表得 $t=10$,$BCCI_{桥墩}=130/2-(100-65)/10=61.5$;其余部件评分均为 100。

(3)结构评分

上部结构:$SPCI=65\times0.85+100\times0.15=70.2$

下部结构:$SBCI=100\times0.03+61.5\times0.5+100\times0.47=80.8$

桥面系:$BDCI=100$

(4)全桥评分

$D_r = 70.2 \times 0.4 + 80.8 \times 0.4 + 100 \times 0.2 = 80.4$

评分在[80,95)区间内,该桥评定为二类桥。

第四节 隧道技术状况调查检测与评价

一、隧道病害

对于隧道技术状况的调查与检测,因机电设施和其他工程设施的特殊性,本书只考虑土建结构部分。隧道土建结构定期检查的项目包括洞口、洞门、衬砌、路面、检修道、排水系统、吊顶及预埋件等,主要采用现场目测、现场标记、照片记录的方法,配以如数码相机、钢尺、地质锤等简单的检查工具,具体检查内容见表3-55。然后根据定期检查的结果有针对性地进行专项检查,隧道土建结构专项检查的项目包括结构变形检查、裂缝检查、衬砌强度检查、漏水检查、衬砌及围岩状况检查、荷载状况检查。

隧道土建结构定期检查内容表　　　　表3-55

项目名称	检查内容
洞口	山体滑坡、岩石崩塌的征兆及其发展趋势;边坡、碎落台、护坡道的缺口、冲沟、潜流、涌水、沉陷、塌落等及其发展趋势
	护坡、挡土墙的裂缝、断缝、倾斜、鼓肚、滑动、下沉的位置、范围及其程度,有无表面风化、泄水孔堵塞、墙后积水、地基错台、空隙等现象及其程度
洞门	墙身裂缝的位置、宽度、长度、范围或程度
	结构倾斜、沉陷、断裂范围、变位量、发展趋势
	洞门与洞身连接处环向裂缝开展情况、外倾趋势
	混凝土起层、剥落的范围和深度、钢筋有无外露、受到锈蚀
	墙背填料流失范围和程度
衬砌	衬砌裂缝的位置、宽度、长度、范围或程度,墙身施工缝开裂宽度、错位量
	衬砌表层起层,剥落的范围和深度
	衬砌渗漏水的位置、水量、浑浊、冻结状况
路面	路面起拱、沉陷、错台、开裂、溜滑的范围和程度;路面积水、结冰等范围和程度
检修道	检修道损坏、盖板缺损的位置和状况;栏杆变形、锈蚀、缺损等的位置和状况
排水系统	结构破损程度、中央窨井盖、边沟盖板等完好程度,沟管开裂漏水状况;排水沟(管)、积水井等淤积堵塞、沉沙、滞水、结冰等状况
吊顶及各种预埋件	吊顶板变形、缺损的位置和程度;吊杆等预埋件是否完好,有无锈蚀、脱落等危及安全的现象及其程度;漏水(挂冰)范围及程度

续上表

项目名称	检查内容
内装饰	表面脏污、缺损的范围和程度;装饰板变形、缺损的范围和程度等
标志、标线、轮廓线	外观缺损、表面脏污状况,连接件牢固状况,光度是否满足要求等

二、隧道技术状况调查与检查方法

1. 结构变形检查

隧道结构变形检测内容主要为高程检测、隧道横断面检测、净空变化检测。根据检测结果判断隧道整体沉降及隧道断面形状的变化情况,为隧道处治决策和处治设计提供依据。激光扫描技术是一种先进的全自动高精度立体扫描技术,又被称为"实景复制技术"。三维激光扫描技术采用激光反射定位技术进行测量,扫描时三维激光扫描仪发射器先发出一个激光脉冲信号,经扫描物体表面漫反射后,沿几乎相同的路径反向传回到接收器,从而可以得到横向和纵向扫描角度,并依据反射信号到达时间数据计算扫描对象与扫描仪间距离,最终自动计算扫描电位相对于扫描仪的相对坐标。

1)仪器与材料

隧道激光断面仪:主要由三大部分组成:检测主机、掌上电脑和数据处理软件。其主要技术参数如下:

①检测半径:1~45m。

②检测点数:自动检测,一般为35个点/断面。

③测距精度:优于±1mm。

④测角精度:优于0.01°。

⑤方位角范围:30°~330°(仪器测头垂直向下为0°),连续测量60°~300°。

⑥手动测头转动方位角范围:0°~350°。

⑦定位测量方式:具有垂直向下激光定心标志、测距功能。

2)主要测试步骤

采用隧道激光断面仪对隧道断面检测前,先采用全站仪按一定间距(一般开挖断面检测不应大于20m,初期支护断面检测不应大于10m,二次衬砌断面检测不应大于20m)放出隧道中线点,并用水准仪测量该点的地面高程 H_1,同时在隧道边墙上放出对应的横断面点。

①将隧道激光断面仪设置在所需检测断面的隧道中线点上,安装并调整好仪器,使仪器对中。

②在仪器安装好并对中归零后,测量仪器高度 Z_1 并记录(仪器高为相对地面的高度)。

③在掌上电脑的软件主界面中选择"测量断面"。

④再选择"新测",输入所检测断面的桩号,并设置好所检测断面的起始和终止测量

角度及所需检测的点数等参数。

⑤最后选择"新测",隧道激光断面仪测头自动完成断面的检测,并将角度及斜距等参数保存在文件中,在现场可以看到所检测断面的轮廓线。

⑥提示栏中显示检测完成的信息后即可退出,数据自动保存在掌上电脑中,然后进行下一个断面检测。检测断面数据可带回室内进行处理,以减少对施工的影响。

3) 数据处理

现场检测完成后,将掌上电脑的检测数据传输到计算机上,采用专用数据处理软件处理检测数据。

首先在计算机上编辑隧道设计轮廓线(标准断面曲线),并将检测断面曲线导入到计算机中。其次编辑导入的检测断面曲线,检测时仪器架设在隧道中线点上,所以 X 坐标值为零,Z 值为相对于该检测断面桩号的路线设计高程的仪器高度,其值应按下式计算:

$$Z = Z_1 - (H_2 - H_1) \tag{3-43}$$

式中:Z_1——现场所测量到的仪器高(m);

H_2——隧道该检测断面桩号的路线设计高程(m);

H_1——隧道现场检测时的地面高程(m)。

最后根据图表中的标准断面曲线和检测断面曲线,判断隧道开挖断面是否存在超欠挖,超欠挖的部位以及超欠挖最大值和面积;可以判断隧道断面是否侵入支护(衬砌)限界,在哪些部位存在侵界,同时给出检测断面侵界最大值、侵界面积等信息。

2. 裂缝检查

运营隧道衬砌裂缝是最常见的病害类型,裂缝检测也是隧道结构检测的重要内容。隧道衬砌裂缝包括受力裂缝、沉降裂缝、混凝土收缩裂缝等。裂缝发展可能导致衬砌局部失稳、坍塌、掉块,威胁隧道运营安全。裂缝状况调查采用人工目检与裂缝探测仪检测相结合的方法,如图3-77所示。

1) 人工目检

人工目检是最简单的无损评估方法,快速而经济,无需昂贵的设备;可用镜子、透镜、显微镜等光学辅助一起弥补人眼视力的不足,用锤子、照相机、游标卡尺等工具辅助测量。

2) 裂缝探测仪检测

当混凝土内部存在缺陷时,超声波传播到缺陷介质时,会在缺陷界面发生绕射、透射、折

图3-77 数字式裂缝探测仪进行裂缝检测

射等一系列改变,从而造成传播路径变化,进而改变其声学参数。通过判断不同声学参数的变化规律,可以判定混凝土结构内部情况。混凝土内部结构有裂缝缺陷时,会造成超声波声速的降低,声时相应随之增大。波幅的大小,也是反映混凝土结构内部情况的一个重

要参数,当超声波遇到缺陷时,波幅会明显变小。波形在遇到混凝土内部缺陷时,波的叠加会使波形出现畸变,从而可以从波形上反映混凝土内部缺陷情况。

(1)仪器与材料

混凝土裂缝综合测试仪由混凝土裂缝综合测试仪主机、平面换能器、显微摄像探头构成,如图3-78所示。

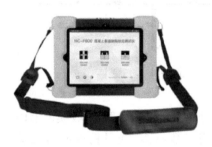
a)主机

b)平面换能器

c)显微摄像探头

图3-78 混凝土裂缝综合测试仪

(2)主要测试步骤

①裂缝宽度检测

测量裂缝宽度时,将摄像头放在待测裂缝上(图3-79),摄像头将裂缝图片实时传输到仪器并显示在液晶屏上,待图像清晰后,可自动识别裂缝轮廓,进行自动实时判读,从而得到裂缝自动判读的宽度,停止捕获后仪器获得当前图片,然后可对当前图片进行手动判读处理,从而得到裂缝手动判读的宽度。

②裂缝深度检测

对结构混凝土裂缝深度检测时,要求被测的裂缝内无耦合介质(如水、泥浆等),以免造成超声波信号经过这些耦合介质"短路"。其具体操作步骤为:

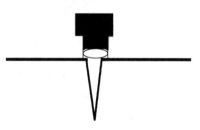

图3-79 裂缝宽度检测示意图

a.不跨缝测试,得到构件的平均声速。

在构件的完好处(平整平面内,无裂缝)测量一组特定测距的数据,并记录每个测距下的声时,通过该组测距及对应的声时,回归计算出超声波在该构件中的传播速度。

如图3-80所示,在构件的完好处布置好测线,并在测线上每隔一定距离(一般为50m)布置一个测点,然后将发射换能器用黄油耦合在第一个测点,分别将接收换能器耦合在第二个测点、第三个测点……,分别测量测距为L_0、L_1、L_2以及L_3……时的声时,计算出被测构件混凝土的声速,以获得准确的声速和修正值。

b.跨缝测试,得到一组测距与相应的声参量。

如图3-81所示,垂直于待测裂缝画一条测线,并在裂缝两侧对称布置测点,测点间距一般为25mm。将发射、接收换能器分别耦合在裂缝两侧的对称测点上,测量测距分别为

L_0、L_1、L_2……时超声波在混凝土中的传播声时,为第三步的计算准备数据。计算裂缝宽度,完成设备现场调试。

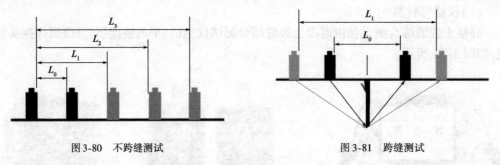

图 3-80　不跨缝测试　　　　　　　图 3-81　跨缝测试

c. 深度检测。

图 3-82 所示为裂缝深度自动检测原理。自动检测时的测距是指发射、接收换能器内侧的净间距。跨缝与不跨缝测试的测点数至少为 3,测点数越多,测量精度有可能会越高。

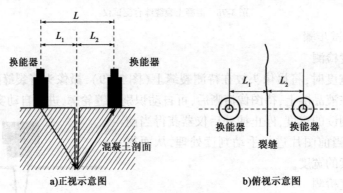

a)正视示意图　　　　　　　　b)俯视示意图

图 3-82　裂缝深度检测

(3)数据处理

完成隧道病害现场检测之后,可将保存在仪器内部的检测数据通过 U 盘拷贝到计算机中,使用配套的裂缝综合测试分析软件对所有检测数据进行分析处理,完成对隧道衬砌裂缝的评定。

3. 衬砌强度检测

参照常规混凝土强度检测方法,根据具体情况选用。常规混凝土强度检测方法包括回弹法、超声回弹法和钻芯法。

1)回弹法

混凝土回弹仪是用一弹簧驱动弹击锤并通过弹击杆弹击混凝土表面所产生的瞬时弹性变形的恢复力,使弹击锤带动指针弹回并指示出弹回的距离。以回弹值(弹回的距离与冲击前弹击锤与弹击杆的距离之比,按百分比计算)作为混凝土抗压强度相关的指标之一,来推定混凝土的抗压强度。

（1）仪器与材料

混凝土回弹仪由数字回弹仪主机、回弹仪单机传感器和适配电源盒组成。

（2）主要测试步骤

在操作回弹仪的全过程中，都应注意持握回弹仪姿势，一手握住回弹仪中间部位，起扶正的作用；另一手握压仪器的尾部，对仪器施加压力，同时也起辅助扶正作用。回弹仪的操作要领是：保证回弹仪轴线与混凝土测试面始终垂直，用力均匀缓慢，扶正对准测试面；慢推进，快读数。

①检测时，回弹仪的轴线应始终垂直于结构或构件的检测面，缓慢施压，准确读数，快速复位。

②所选测区相对平整和清洁，不存在蜂窝和麻面，也没有任何破损，如裂缝和裂纹、剥落和层裂现象等。

③测点宜在测区内均匀分布，相邻两点的净距离不宜小于2m；测点距外露钢筋、预埋件的距离不宜小于3m。测点不应分布在气孔或外露石子上，同一点只能弹一次。每一测区记录16个回弹值，每一测点的回弹值精确到1。

（3）数据处理

①从每一个测区所得的16个回弹值中，剔除3个最大值和3个最小值后，将余下的10个回弹值按式（3-44）计算平均值：

$$R_m = \frac{\sum_{i=1}^{10} R_i}{10} \tag{3-44}$$

式中：R_m——测区平均回弹值，精确至0.1；

R_i——第i个测点的回弹值。

对于回弹仪非水平方向检测混凝土浇筑侧面时，回弹值按式（3-45）进行修正。

$$R_m = R_{m\alpha} + R_{a\alpha} \tag{3-45}$$

式中：$R_{m\alpha}$——非水平方向检测时测区的平均回弹值，精确至0.1；

$R_{a\alpha}$——非水平方向检测时测区平均回弹值的修正值，按表3-56取值。

回弹仪非水平方向检测修正值 表3-56

测试面	向上				向下			
	90°	60°	45°	30°	-30°	-45°	-60°	-90°
20	-6	-5	-4.0	-3.0	2.5	3.0	3.5	4.0
30	-5	-4	-3.5	-2.5	2.0	2.5	3.0	3.5
40	-4	3.5	-3.0	-2.0	1.5	2.0	2.5	3.0
50	-3.5	-3	-2.5	-1.5	1.0	1.5	2.0	2.5

②将回弹仪水平方向检测混凝土浇筑表面时得到的回弹值，或相当于水平方向检测混凝土浇筑面时的回弹值，按式（3-46）进行修正。

$$R_m = R_m^t + R_a^t, R_m = R_m^b + R_a^b \tag{3-46}$$

式中：R_m^t、R_m^b——水平方向（或相当于水平方向）检测混凝土浇筑表面、底面时，测区的平均回弹值，精确至0.1；

R_a^t、R_a^b——混凝土浇筑表面、底面时，测区回弹值的修正值，按表3-57取值。

回弹仪水平方向检测修正值　　　　表3-57

测试面	顶面	底面	测试面	顶面	底面
20	2.5	-3.0	40	0.5	-1.0
25	2.0	-2.5	45	0	-0.5
30	1.5	-2.0	50	0	0
35	1.0	-1.5			

③混凝土强度无损检测属于多次测量的试验，可能会遇到个别误差不合理的可疑数据，应予以剔除。根据统计理论，绝对值越大的误差，出现的概率越小，当划定了超越概率或保证率时，其数据合理范围也相应确定。因此可以选择一个"判定值"去与测量数据比较，超出判定值者则认为包含误差而应剔除。

④按批量检测，其混凝土强度推定值按式(3-47)计算：

$$R_m = \bar{R}_m - 1.645S \tag{3-47}$$

式中：S——R_m 的方差。

2）超声回弹法

超声回弹法是建立在超声传播速度和回弹值与混凝土抗压强度之间相互关系的基础上的，以声速和回弹值综合反映混凝土抗压强度的一种非破损检测方法。在结构混凝土同一测区分别测量声时值和回弹值，然后用已建立起来的测强度公式推算该测区混凝土强度。适用温度范围：-4~60℃；适用龄期范围：28~730d，否则应采用钻芯法修正。

(1) 仪器与材料

主要测试仪器为超声波检测仪和混凝土数显回弹仪。其中超声波检测仪应满足以下要求：①具有波形清晰、显示稳定的示波装置；②声时最小分度值为0.1/s；③具有最小分度值为1dB的信号幅度调整系统；④接收放大器频响范围10~500Hz，总增益不小于80dB，接收灵敏度（信噪比3∶1时）不大于50V；⑤电源电压波动范围在标称值±10%情况下能正常工作；⑥连续正常工作时间不少于4h。

(2) 主要测试步骤

①应选取被测构件侧面平整、清洁、干燥、没有施工缝、接缝、饰面层、浮浆、残渣、油垢、麻面、蜂窝的区域，必要时用砂轮片清除杂物和打磨不平整处，并擦净残留粉尘，均匀布置测区。

②在将要进行声速测试的两个面上进行回弹，每个面上分别回弹8个点，将得到的16个回弹值进行筛选，去掉3个最大值和3个最小值。对剩下的10个回弹值取平均数。

③换能器布置，常用的有对测法、斜测法和平布式(平测法)。应尽可能将换能器布置在脱模混凝土表面，并采用对称布置方式。

④超声测试及声速值计算。

超声测点布置应在回弹测试的同一测区内,每个测区布置3个测点。测试时换能器辐射面应通过耦合剂与混凝土测试面良好耦合。量测每对测点之间的直线距离,即声程,采集记录对应声时。目前,仪器一般可以自动计算出砂浆的声速(km/s)。声时测量应精确到 $0.1\mu s$;超声测距测量应精确到 $1.0 mm$,且测量误差不应超过 $\pm 1\%$。应用超声波检测仪进行强度检测可达到较高的精度,误差一般在1~2个强度等级之内,完全可以满足隧道状况评价的要求。根据隧道不同区段衬砌强度的差异,可布置多个测站,以便更客观地反映隧道的病害状况。同时为保证强度检测结果的可靠性,在同一测站中应布置不同的测点(比如3~5个),测区声速取其平均值,这样使检测结果更加准确。

测区声速由式(3-48)计算:

$$\begin{cases} v = \dfrac{l}{t_m} \\ t_m = \dfrac{t_1 + t_2 + t_3}{3} \end{cases} \quad (3\text{-}48)$$

式中:v——测区声速(km/s),精确至0.01;

l——测距(mm);

t_m——平均声时(μs);

t_1、t_2、t_3——同一测区不同测点声时(μs)。

(3)数据处理

《超声回弹综合法检测混凝土强度技术规程》(CECS 02:2005)给出的混凝土强度推定方法,适用于龄期7~2000d、自然养护、抗压强度10~70Pa的普通混凝土。

①测区强度计算

通过将检测到的混凝土回弹值和超声波波速代入测强度计算公式(3-49)、式(3-50),即可求出被测构件的混凝土抗压强度。

粗集料为卵石时:

$$f_{cu,i}^c = 0.0056 v_{ai}^{1.439} R_{ai}^{1.769} \quad (3\text{-}49)$$

粗集料为碎石时:

$$f_{cu,i}^c = 0.0162 v_{ai}^{1.656} R_{ai}^{1.410} \quad (3\text{-}50)$$

式中:$f_{cu,i}^c$——第 i 个测区混凝土强度换算值(MPa),精确至0.1MPa;

v_{ai}——第 i 个测区修正后的超声声速值(km/s),精确至0.01m/s;

R_{ai}——第 i 个测区修正后的回弹值,精确至0.1。

②强度推定

结构或构件混凝土抗压强度推定值 $f_{cu,e}$,应按下列规定确定:

当结构或构件的测区抗压强度换算值中出现小于10.0Pa的值时,该构件的混凝土抗压强度推定值 $f_{cu,e}$ 取小于10Pa。

当结构或构件中测区数少于10个时,$f_{cu,e} = f_{cu,min}^c$,其中 $f_{cu,min}^c$ 为结构或构件最小的测区混凝土抗压强度换算值(MPa),精确至0.1MPa。

当结构或构件中测区数不少于10个或按批量检测时,$f_{cu,e} = m_{f_{cu}^c} - 1.645 s_{f_{cu}^c}$,其中 $m_{f_{cu}^c}$ 为结构或构件测区混凝土抗压强度换算值的平均值(MPa),精确至0.1MPa,$s_{f_{cu}^c}$ 为结构或构件测区混凝土抗压强度换算值的标准差(MPa),精确至0.01MPa,分别按式(3-51)、式(3-52)计算。

$$m_{f_{cu}^c} = \frac{1}{n}\sum_{i=1}^{n} f_{cu,i}^c \tag{3-51}$$

$$s_{f_{cu}^c} = \sqrt{\frac{1}{n-1}\left[\sum_{i=1}^{n}(f_{cu,i}^c)^2 - n(mf_{cu,i}^c)^2\right]} \tag{3-52}$$

式中:$f_{cu,i}^c$——第 i 个测区混凝土强度换算值(MPa),精确至0.1MPa;

n——测区数,对于单个检测的构件,取一个构件的测区数。对于批量检测的构件,取被抽检构件测区数的总和。

但是,当采用《超声回弹综合法检测混凝土强度技术规程》(CECS 02:2005)测强度时,按批抽样检测推定强度,标准差已接近4.50Pa(或5.50Pa、6.50Pa),如果乘以大于1.0的修正系数后,就超过上述规程规定的限值,那么该批混凝土构件不能按批推定混凝土强度,应按单个构件检测推定强度。即对按批量检测的构件,当一批构件的测区混凝土抗压强度标准差出现下列情况之一时,该批构件应全部重新按单个构件进行检测。

一批构件的混凝土抗压强度平均值 $m_{f_{cu}^c} < 25.0$Pa,标准差 $s_{f_{cu}^c} > 4.50$Pa;

一批构件的混凝土抗压强度平均值 $m_{f_{cu}^c} = 25.0 \sim 50.0$Pa,标准差 $s_{f_{cu}^c} > 5.50$Pa;

一批构件的混凝土抗压强度平均值 $m_{f_{cu}^c} > 50.0$Pa,标准差 $s_{f_{cu}^c} > 6.50$Pa。

3) 钻芯法

钻芯法是利用钻机和人造金刚石空心薄壁钻头,从结构混凝土中钻去芯样以检测混凝土强度和检测混凝土内部缺陷的方法,是一种直观、可靠和准确的方法,但对结构有一定损伤。

(1) 仪器与材料

混凝土钻孔取芯机主要由底座、立柱、减速箱、输出轴、进给箱、进给手柄、电动机(汽油机)和冷却系统等组成。工作时将人造金刚石空心薄壁钻头安装在钻机输出轴上。配套设备一般有:冲击钻、钢筋定位仪和芯样端部处理设备等。用于探测钢筋位置的定位仪的最大探测深度不小于60mm,探测位置偏差不大于±5mm。

(2) 主要测试步骤

①钻芯机就位并安放平稳后,应将钻芯机固定;安装钻头之前,先通电检查主轴旋转方向。

②钻芯时用于冷却钻头和排除混凝土碎屑的冷却水的流量,宜为3~5L/min。

③芯样应进行标记。当所取芯样高度和质量不能满足要求时,则应重新钻取芯样。

④钻芯后留下的孔洞应及时进行修补。

⑤钻取芯样时应控制进钻的速度。

⑥芯样应采取保护措施,避免在运输和储存中损坏。

⑦在钻芯工作完毕后,应对钻芯机和芯样加工设备进行维修保养。

从钻孔中取出的芯样试件尺寸一般不满足尺寸要求,必须进行切割加工和端面修补后,才能够进行抗压强度试验。抗压芯样试件的高度(H)与直径(d)的比值应为1.00。直径和高度均为100mm的圆柱体为标准试件。

芯样内不宜含有钢筋,当不能满足此项要求时,抗压试件应符合以下要求:标准芯样试件,每个试件内最多允许有2根直径小于10mm的钢筋;公称直径小于100mm的芯样试件,每个试件内最多只允许有1根直径小于10mm的钢筋;芯样内的钢筋应与试件的轴线基本垂直,并离开端面10mm以上。

(3)数据处理

芯样试件抗压强度试验分潮湿状态和干燥状态两种。压力机精度不低于±2%。试件的破坏荷载为压力机全量程的20%~80%。加载速率一般控制在0.3~0.8Pa/s。

标准芯样试件抗压强度为试件破坏时的最大压力除以截面积,按式(3-53)计算:

$$f_{cu,cor} = \frac{F_c'}{A} \tag{3-53}$$

式中:$f_{cu,cor}$——芯样试件的混凝土抗压强度(MPa);

F_c——芯样试件的混凝土抗压强度试验测得的最大压力(N);

A——芯样试件的抗压截面面积(mm^2)。

高径比不同的芯样试件的混凝土换算强度$f_{cor,i}^c$按式(3-54)计算:

$$f_{cor,i}^c = \alpha \frac{4F}{\pi d^2} \tag{3-54}$$

式中:$f_{cor,i}^c$——芯样试件的混凝土换算强度(MPa);

α——芯样试件混凝土换算强度的修正系数;

F——芯样试件抗压试验最大压力(N);

d——芯样试件的平均直径(mm)。

修正系数按$\alpha = \frac{x}{ax+b}, x = \frac{H}{d}, a = 0.61749, b = 0.37967$计算。

单个构件取标准芯样试验抗压强度换算值的最小值为芯样抗压强度推定值。检验批混凝土抗压强度的推定:强度推定应给出抗压强度推定区间,并一般应以推定区间上限作为推定值。推定区间的上、下限$f_{cu,e1}$、$f_{cu,e2}$分别按式(3-55)、式(3-56)计算:

$$f_{cu,e1} = f_{cor,m} - K_1 S \tag{3-55}$$

$$f_{cu,e2} = f_{cor,m} - K_2 S \tag{3-56}$$

式中:$f_{cor,m}$——芯样试件强度换算算术平均值(MPa),精确至0.1MPa;

S——芯样试件强度换算值的标准差(MPa),精确至0.1MPa;

K_1、K_2——检验混凝土强度上、下限推定系数(按《钻芯法检测混凝土强度技术规程》(CECS03:2007)附录B取值);

$f_{cu,e1}$、$f_{cu,e2}$——所构成的推定区间的置信度为 0.85,上、下限值之差不宜大于 5.0MPa 和 $0.1f_{cor,m}$ 中的较大值。这时,宜以上限值 $f_{cu,e1}$ 作为批混凝土强度的推定值。

4. 混凝土碳化深度检测

混凝土的碳化是混凝土所受到的一种化学腐蚀。空气中 CO_2 渗透到混凝土内,与其碱性物质起化学反应后生成碳酸盐和水,使混凝土碱度降低的过程称为混凝土碳化,又称作中性化。运营时间十年以上的隧道应定期对混凝土主体结构进行混凝土碳化检测,检测点应分布均匀,能反映出隧道主体结构的整体碳化程度。测量混凝土碳化深度的原理就在于酸碱反应,利用酚酞遇碱变红、遇酸不变色的特性对碳化后的混凝土进行测量。当混凝土碳化后失去碱性,遇酚酞不变色,而内部未碳化的混凝土呈碱性,遇酚酞变为红色,因此测量混凝土表面至混凝土变红色的位置即是混凝土的碳化深度。

(1) 仪器与材料

混凝土碳化深度测试仪主要包含碳化深度测试仪主机、单节 7 号碱性电池、酚酞粉末包、橡皮吹和碳化试剂瓶等。

(2) 主要测试步骤

①在混凝土表面可采用适当的工具在测区表面形成直径约 15mm 的孔洞,其深度应大于混凝土的碳化深度(大于 10mm)。

②应清除孔洞中的粉末和碎屑,且不得用水擦洗。

③应采用浓度为 1%~2% 的酚酞酒精溶液滴在孔洞内壁的边缘处,当已碳化与未碳化界限清晰时,应采用碳化深度测试仪测量已碳化与未碳化混凝土交界面到混凝土表面的垂直距离,并应测量 3 次,每次读数应精确至 0.25mm;应取 3 次测量的平均值作为检测结果,并应精确至 0.5mm。

(3) 数据处理

应根据测区混凝土碳化深度平均值与实测保护层厚度平均值的比值 K_c,按表 3-58 的规定确定混凝土碳化评定标度。

混凝土碳化评定标度 表 3-58

K_c	评定标度	K_c	评定标度
<0.5	1	[1.5,2.0)	4
[0.5,1.0)	2	≥2.0	5
[1.0,1.5)	3		

5. 钢筋锈蚀检测

钢筋锈蚀状况的检测可根据测试条件和测试要求选择剔凿检测方法和半电池电位法。半电池电位法适用于定性评估隧道衬砌混凝土结构中钢筋的锈蚀性状,不适用于带涂层的钢筋以及混凝土已饱和与接近饱水的构件检测。钢筋锈蚀检测仪的工作原理是测量混凝土表面相对于钢筋的电位或测量表面的电位梯度,根据钢筋锈蚀产生的电位大小或形成的电位梯度大小判断钢筋是否锈蚀或锈蚀程度。

(1)仪器与材料

钢筋锈蚀检测仪由铜—硫酸铜半电池、电压仪和导线构成。

饱和硫酸铜溶液应采用分析纯硫酸铜试剂晶体溶解于蒸馏水中制备。应使刚性管的底部积有少量未溶解的硫酸铜结晶体,溶液应清澈且饱和。半电池的电连接垫,应预先浸湿,多孔塞和混凝土构件表面应形成电通路。电压仪应具有采集、显示和存储数据的功能,满量程不宜小于1000mV。在满量程范围内的测试允许误差为±3%。用于连接电压仪与混凝土中钢筋的导线宜为铜导线,其总长度不宜超过150m、截面积宜大于0.75mm^2,在使用长度内因电阻干扰所产生的测试回路电压降不应大于0.1mV。

(2)主要测试步骤

①测区选择应能代表不同环境条件和不同锈蚀外观表征,每种条件的测区数量不宜少于3个,并应按位置编号,测区面积不宜大于5m×5m。

②测区应采用矩阵式(行、列)布置测点,宜用200mm×200mm、300mm×300mm或200mm×100mm划分网格,网格的节点即为电位测点,测点数不宜少于20个。测区不应覆盖衬砌施工缝,测点与施工缝边缘距离宜大于100mm。

③当测区混凝土有绝缘涂层介质隔离时,应清除绝缘涂层介质。测点处混凝土表面应平整、清洁。必要时应采用砂轮或钢丝刷打磨,并应将粉尘等杂物清除,并用接触液将表面预先充分浸湿。

④在与测区同一板衬砌混凝土适当位置剔凿出钢筋作为连接钢筋(钢筋表面应除锈或清除污物),保证连接钢筋与测点处钢筋连通,导线与连接钢筋有良好的电连接。

⑤测点读数应稳定,电位读数变动不超过2mV;同一测点相同半电池重复2次读数差异不得超过10mV,同一测点不同半电池重复读数差异不得超过20mV。

当检测环境温度在(22±5)℃之外时,应对测点的电位值进行温度修正。

当温度$T \geq 27℃$时:

$$V = 0.9 \times (T - 27.0) + V_R \tag{3-57}$$

当温度$T \leq 17℃$时:

$$V = 0.9 \times (T - 17.0) + V_R \tag{3-58}$$

式中:V——温度修正后电位值(V),精确至1V;

V_R——温度修正前电位值(V),精确至1V;

T——检测环境温度(℃),精确至1℃;

0.9——系数(mV/℃)。

(3)数据处理

①半电池电位法检测结果可采用电位等值线图表示被测混凝土结构中钢筋的锈蚀状况。

②按一定的比例绘出测区平面图,标出相应测点位置的钢筋锈蚀电位,得到数据阵

列;通过数值相等各点或内插各等值点绘出等值线,等值线差值宜为100mV。

③当采用半电池电位法评价钢筋锈蚀状况时,应根据表3-59进行判断。

半电池电位值评价钢筋锈蚀状况的判据　　　　表3-59

电位水平(mV)	钢筋锈蚀状况	电位水平(mV)	钢筋锈蚀状况
> -200	不发生锈蚀的概率>90%	< -350	发生锈蚀的概率>90%
-200 ~ -350	锈蚀状况不确定		

6.衬砌及围岩状况检查

地质雷达检测隧道支护(衬砌)质量方法,适用于检测隧道支护(衬砌)厚度、背后的回填密实度和内部钢架、钢筋等的分布情况。地质雷达检测原理是根据地质雷达这一超高频短脉冲(106~109Hz)电磁波在结构介质中传播规律确定的。电磁波在介质中传播时,其路径、电磁场强度与波形将随所通过介质的电性质及几何形态而变化。因此,根据接收到波的旅行时间(亦称双程走时)、幅度与波形数据,可推断介质的结构。

(1)仪器与材料

地质雷达探测系统由地质雷达主机、天线、数据采集软件、数据分析处理软件等组成。

(2)主要测试步骤

①地质雷达天线的选择:二次衬砌厚度检测宜选择400Hz、500Hz、800Hz、900Hz等主频天线;支护(衬砌)混凝土密实性及空洞检测宜选择400Hz、500Hz等主频天线。

②地质雷达主要参数设置:检测前应对二次衬砌的介电常数或电磁波速做现场标定,且每座隧道应不少于1处,每处实测不少于3次,取平均值作为该隧道的介电常数或电磁波速。对于特长隧道或衬砌材料含水率变化较大时,应增加标定点数。标定方法包括:钻孔实测;在已知厚度部位或材料与隧道相同的其他预埋件上测量;在洞内、洞口或洞内横洞位置使用双天线直达波法测量。标定结果按式(3-59)、式(3-60)计算。

$$\varepsilon_r = \frac{c^2}{v^2} = \frac{c^2}{\left(\frac{2d}{t}\right)^2} = \frac{t^2 c^2}{4d^2} = \left(\frac{3\times 10^8 t}{2d}\right)^2 \qquad (3\text{-}59)$$

$$V = \frac{2d}{t} \qquad (3\text{-}60)$$

式中:ε_r——相对介电常数,无量纲;

v——雷达波速度(m/s);

d——标定目标物体的厚度(m);

t——雷达波传播的往返旅行时间(ns)。

③时窗长度确定:时窗长度可根据探测深度和介电常数进行估算(理论计算法);也可采用实用经验法确定,对衬砌厚度检测时窗长度一般控制在30~60ns。

④采样率或采样间隔:应根据仪器性能和要求设置,衬砌厚度检测时单道信号不宜小于512个采样点。

⑤探测扫描速率:探测扫描速率与天线移动速率是相对应的。探测扫描速率一般宜设置为 50~100scans/s(扫描线/秒),其对应的天线移动速率不宜大于 5km/h。

⑥显示增益设置和调试:最大正负波形幅度宜占调试框宽度的 50%~70%,避免反射信号微弱或饱和失真。

(3)数据处理

①数据处理主要包括滤波处理、增益调整、色彩变换、显示方式变换、复杂情况下的速度分段处理和折算处理等内容。数据处理前应检查原始数据是否完整,信号是否清晰,里程记录是否准确。数据处理过程中应选择正确的滤波方式,从而根据数据图像对隧道二次衬砌厚度做出正确的解释。雷达数据解释完后,对存在异常的部位可以现场钻孔验证。

②二次衬砌结构厚度分析。雷达数据反映的混凝土厚度界面为反射波同相轴连续的强反射界面,在确认目标界面后,可以手动或借助后处理软件的厚度追踪功能,得到间隔一定距离的对应桩号的厚度数据,并按要求绘制出厚度图。需注意,点测方式确定衬砌厚度对数据解译能力的要求较高,在数据量较小的情况下,不易确定目标位置。

③衬砌混凝土结构密实性及背后空洞分析。地质雷达法检测衬砌混凝土结构密实性及背后空洞,主要判定特征如下:

密实:反射信号弱,图像均一旦反射界面不明显;

不密实:反射信号强,信号同相轴呈绕射弧形,图像变化杂乱;

空洞:反射信号强,反射界面明显,下部有多次反射信号,两组信号时程差较大。

7. 渗漏水检查

隧道渗漏水检查主要是为了掌握设施渗漏水的现状,以便及时整治严重的漏泥、漏水病害,确保隧道设施设备正常运行。

(1)仪器与材料

数码相机、卷尺、pH 试纸、量桶或量杯、秒表、水样收集容器、温度计、导电计等。

(2)主要测试步骤

①渗漏水点检测:对无装饰板覆盖的管片检查:目测检查管片横、纵向接缝、螺栓孔和注浆孔是否有渗漏水现象。检查人员分辨湿渍或渗水现象可用干手触摸的方法,如无水分浸润的感觉则为湿渍,若手上会沾有水分则为渗水。对有装饰板覆盖的管片检查:目测检查装饰板外表是否有湿渍、渗水、水珠和滴漏现象。

②渗漏水量检测:隧道上半部渗漏水,检查人员可直接用有刻度的容器收集渗漏水量测,也可通过目测计取每分钟或数分钟内单位滴落数目,计算出该点渗漏量。一般来说,每分钟滴落速度 3~4 滴的漏水点,24h 的渗水量为 1L。

③渗漏水质检测。

当渗漏水可能具有腐蚀作用时,应对水质进行检测,主要包括:

a. 温度检测:通过测量水温,可掌握各处水温的季节性变化规律,便于判定漏水与地下水、地表水的关系。

b. pH 值及水质检测:必要时应利用容器收集水样,利用 pH 测定器精确测定渗漏水

pH值,或送专业水质检测机构进行详细的水质分析,注意水样收集前应保持容器的干燥,水样收集完毕应保持容器封闭,避免水样污染。

c.水样检测:必要时,将收集到的水样交给专业机构,利用导电计等仪器对渗漏水溶解物质及数量进行检验,并就渗漏水对衬砌结构的腐蚀性进行评价和推定。

④防排水设施检查。

通过目测检查防排水设施结构缺损程度、中央窨井盖、边沟盖板等完好程度,沟管开裂漏水情况;排水沟(管)、积水井等淤积堵塞、沉沙、滞水、结冰等状况。

三、隧道技术状况评价

根据《公路隧道养护技术规范》(JTG H12—2015),公路隧道的技术状况评价应包括隧道土建结构、机电设施、其他工程设施技术状况评价,但因机电设施和其他工程设施的特殊性,本书只考虑土建结构部分。公路隧道技术状况评价采用综合评价与隧道单项控制指标相结合的方法,先对隧道各检测项目进行评价,然后再对隧道土建结构进行评价,最后进行隧道总体技术状况评价。通过对隧道的定期检查,能够系统掌握隧道土建结构技术状况和功能状况,并及时开展土建结构技术状况评价,为制定隧道的养护工作计划提供依据。

1. 评价指标

应先逐洞、逐段对隧道土建结构各分项技术状况进行状况值评价,在此基础上确定各分项技术状况,再进行土建结构技术状况评价。土建结构各分项分别为:隧道洞口、洞门、衬砌、路面、检修道、排水设施、吊顶及预埋件、内装饰、交通标志标线。

(1)土建结构各分项技术状况值 $JGCI_i$ 应按式(3-61)计算:

$$JGCI_i = \max(JGCI_{ij}) \tag{3-61}$$

式中:$JGCI_{ij}$——各分项检查段落状况值;

j——检查段落号,按实际分段数量取值。

(2)土建结构技术状况评分 JGCI 应按式(3-62)计算:

$$JGCI = 100 \times \left[1 - \frac{1}{4}\sum_{i=1}^{n}\left(JGCI_i \times \frac{w_i}{\sum_{i=1}^{n}w_i}\right)\right] \tag{3-62}$$

式中:w_i——分项权重,见表3-60;

$JGCI_i$——分项技术状况值,值域0~4。

土建结构各分项权重表　　　　表3-60

分项		分项权重 w_i
洞口		15
洞门		5
衬砌	结构损坏	40
	渗漏水	

续上表

分项	分项权重 w_i
路面	15
检修道	2
排水设施	6
吊顶及预埋件	10
内装饰	2
交通标志、标线	5

2. 评价标准

（1）隧道洞口、洞门、衬砌、路面、检修道、排水设施、吊顶及预埋件、内装饰、交通标志标线等各分项技术状况评价标准按表3-61~表3-70执行。

隧道洞口技术状况评价标准　　表3-61

状况值	技术状况描述
0	完好，无破坏现象
1	山体及岩体、挡土墙、护坡等有轻微裂缝产生，排水设施存在轻微破坏
2	山体及岩体裂缝发育，存在滑坡、崩塌的初步迹象，坡面树木或电线杆轻微倾斜，挡土墙、护坡等产生开裂、变形，土石零星掉落，排水设施存在一定裂损、阻塞
3	山体及岩体严重开裂，坡面树木或电线杆明显倾斜，挡土墙、护坡等产生严重开裂、明显的永久变形，墙角或坡面有土石堆积，排水设施完全堵塞、破坏，排水功能失效
4	山体及岩体有明显的滑动、崩塌现象，挡土墙、护坡断裂、外倾失稳、部分倒塌，坡面树木或电线杆倾倒等

隧道洞门技术状况评价标准　　表3-62

状况值	技术状况描述
0	完好，无破坏现象
1	墙身存在轻微的开裂、起层、剥落
2	墙身结构局部开裂，墙身轻微倾斜、沉陷或错台，壁面轻微渗水，尚未妨害交通
3	墙身结构严重开裂、错台；边墙出现起层、剥落、混凝土块可能掉落或已有掉落，钢筋外露、受到锈蚀，墙身有明显倾斜、沉降或错台趋势，壁面严重渗水（挂冰），将会妨害交通
4	洞门结构大范围开裂、砌体断裂、混凝土块可能掉落或已有掉落；墙身出现部分倾倒、垮塌，存在喷水或大面积挂冰等，已妨碍交通

衬砌破损技术状况评价标准　　表3-63

状况值	技术状况描述	
	外荷载作用所致	材料劣化所致
0	结构无裂损、变形和背后空洞	材料无劣化

续上表

状况值	技术状况描述	
	外荷载作用所致	材料劣化所致
1	出现变形、位移、沉降和裂缝,但无发展或已停止发展	存在材料劣化,钢筋表面局部腐蚀,衬砌无起层、剥落,对断面强度几乎无影响
2	出现变形、位移、沉降和裂缝,发展缓慢,边墙衬砌背后存在空隙,有扩大的可能	材料劣化明显,钢筋表面全部生锈、腐蚀,断面强度有所下降,结构物功能可能受到损害
3	出现变形、位移、沉降、裂缝密集,出现剪切性裂缝,发展速度较快;边墙处衬砌压裂,导致起层、剥落,边墙混凝土有可能掉下;拱部背面存在大的空洞,上部落石可能掉至拱背;衬砌结构侵入内轮廓界限	材料劣化严重,钢筋断面因腐蚀而明显减小,断面强度有相当程度的下降,结构物功能受到损害;边墙混凝土起层、剥落,混凝土块可能掉落或已有掉落
4	衬砌结构发生明显的永久变形,裂缝密集,出现剪切性裂缝,裂缝深度贯穿衬砌混凝土,并且发展快速;由于拱顶裂缝密集,衬砌开裂,导致起层、剥落,混凝土块可能掉下;衬砌拱部背面存在大的空洞,且衬砌有效厚度很薄,空腔上部可能掉落至拱背;衬砌结构入侵建筑界限	材料劣化非常严重,断面强度明显下降。结构物功能损害明显;由于拱部材料劣化,导致混凝土起层、剥落,混凝土块可能掉落或已有掉落

衬砌渗漏水技术状况评价标准　　　　　　　　　　　　　表3-64

状况值	技术状况描述
0	无渗漏水
1	衬砌表面存在渗漏,对行车无影响
2	衬砌拱部有滴漏,侧墙有小股涌流,路面有渗水但无积水,拱部、边墙因少量挂冰、边墙脚积冰,不久可能会影响行车安全
3	拱部有涌流,侧墙有喷射水流,路面积水,沙土流出,拱部衬砌因渗水形成较大挂冰、胀裂,或涌水积冰至路面边缘,影响行车安全
4	拱部有喷射水流,侧墙存在严重影响行车安全的涌水,地下水从检查井涌出,路面积水严重。伴有严重的沙土流出和衬砌挂冰,严重影响行车安全

隧道路面技术状况评价标准　　　　　　　　　　　　　　表3-65

状况值	技术状况描述
0	路面完好
1	路面有浸湿、轻微裂缝、落物等,引起使用者轻微不舒适感
2	路面有局部的沉陷、隆起、坑洞、表面剥落、露骨、破损、裂缝,轻微积水,引起使用者明显的不舒适感,可能会影响行车安全

续上表

状况值	技术状况描述
3	路面出现较大面积的沉陷、隆起、坑洞、表面剥落、露骨、裂缝、积水严重等,影响行车安全;抗滑系数过低引起车辆打滑
4	路面出现大面积的明显沉陷、隆起、坑洞,路面板严重错台、断裂、表面剥落、露骨、破损、裂缝,出现漫水、结冰或堆冰,严重影响交通安全,可能导致交通意外事故

检修道技术状况评价标准　　　　　　　　　　　　　　　　表3-66

状况值	技术状况描述	
	定性描述	定量描述
0	护栏、路缘石及检修道面板均完好	—
1	护栏变形、路缘石或检修道面板少量缺角、缺损。金属有局部锈蚀,尚未影响其使用功能	护栏、面板、路缘石损坏长度≤10%,缺失长度≤3%
2	护栏变形损坏、螺栓松动、扭曲,金属表面锈蚀,部分路缘石或检修道面板缺损、开裂,部分功能丧失,可能会影响行人和交通安全	护栏、面板、路缘石损坏长度>10%且≤20%,缺失长度>3%且≤10%
3	护栏倒伏、严重损坏,侵入限界,路缘石或检修道面板缺损开裂或缺失严重,原有功能丧失,影响行人和交通安全	护栏、面板、路缘石缺失率>20%,缺失长度>10%

洞内排水设施技术状况评价标准　　　　　　　　　　　　　表3-67

状况值	技术状况描述
0	设施完好,排水功能正常
1	结构有轻微破损,但排水功能正常
2	轻微淤积,结构有破损,暴雨季节出现溢水,可能会影响交通安全
3	严重淤积,结构较严重破损,溢水造成路面局部积水、结冰,影响行车安全
4	完全阻塞,结构严重破损,溢水造成路面积水漫流、大面积结冰,严重影响行车安全

吊顶及预埋件技术状况评价标准　　　　　　　　　　　　　表3-68

状况值	技术状况描述
0	吊顶完好
1	存在轻微变形、破损、浸水,尚未妨碍交通
2	吊顶破损、开裂、滴水,吊杆等预埋件锈蚀,尚未影响交通安全
3	吊顶存在较严重的变形、破损,出现涌流、挂冰,吊顶预埋件严重锈蚀,可能影响交通安全
4	吊顶严重破损、开裂甚至掉落,出现涌水、严重挂冰,各种预埋件和悬吊件严重锈蚀或断裂,各种桥架和挂件出现严重变形或脱落,严重影响行车安全

内装饰技术状况评价标准 表 3-69

状况值	技术状况描述	
	定性描述	定量描述
0	内饰完好	—
1	个别内装饰板或瓷砖变形、破损,不影响交通	损坏率≤10%
2	部分内装饰板或瓷砖变形、破损、脱落,对交通安全有影响	损坏率>10%且≤20%
3	大面积内装饰板或瓷砖变形、破损、脱落,严重影响交通安全	损坏率>20%

交通标志标线技术状况评价标准 表 3-70

状况值	技术状况描述	
	定性描述	定量描述
0	完好	—
1	存在脏污、不完整,尚未妨碍交通	损坏率≤10%
2	存在脏污、部分脱落、缺失,可能会影响交通安全	损坏率>10%且≤20%
3	大部分存在脏污、脱落、缺失,影响行车安全	损坏率>20%

(2)隧道土建结构技术状况评分 JGCI 指标范围为 0~100,其值越大越好。土建结构技术状况评定分为 1 类、2 类、3 类、4 类、5 类,具体划分标准见表 3-71。

土建结构技术状况评定分类界限值 表 3-71

评定指标	土建结构技术状况评定分类				
	1 类	2 类	3 类	4 类	5 类
JGCI	≥85	≥70,<85	≥55,<70	≥40,<55	<40

注:土建结构技术状况评定时,当洞口、洞门、衬砌、路面和吊顶及预埋件项目的评定状况值达到 3 或 4 时,对应土建结构技术状况应直接评为 4 类或 5 类。

(3)在公路隧道技术状况评定中,有下列情况之一时,隧道土建结构技术状况评定应评为 5 类隧道:

①隧道洞口边仰坡不稳定,出现严重的边坡滑动、落石等现象。

②隧道洞门结构大范围开裂、砌体断裂、脱落现象严重,可能危及行车道内的通行安全。

③隧道拱部衬砌出现大范围开裂、结构性裂缝深度贯穿衬砌混凝土。

④隧道衬砌结构发生明显的永久变形,且有危及结构安全和行车安全的趋势。

⑤地下水大规模涌流、喷射,路面出现涌泥沙或大面积严重积水等威胁交通安全的现象。

⑥隧道路面发生严重隆起,路面板严重错台、断裂,严重影响行车安全。

⑦隧道洞顶各种预埋件和悬吊件严重锈蚀或断裂,各种桥架和挂件出现严重变形或脱落。

3. 评价案例

某隧道采用分离式断面。明洞采用钢筋混凝土结构,洞身段衬砌均按新奥法原理设计,采用柔性支护体系结构的复合式衬砌。洞门形式主要采用削竹式,洞门墙材料采用整体式混凝土结构。明洞段采用双层土工布夹防水板及黏土隔水层防水,洞内复合式衬砌采用土工布加防水板防水。为了保证高速公路隧道正常运营,保证高速公路隧道的可靠性和耐久性,延长隧道的使用寿命,路面管理部门对起始桩号为 K2+769,终点桩号为 K7+513.5 的隧道(下行)土建结构进行了检测和评定,各分项的技术状况值见表 3-72。

××隧道(下行)土建结构分项技术状况评定表　　表 3-72

隧道情况	隧道名称	××隧道(下行线)	路线名称	晋济高速	隧道长度	4744m	建成时间	—
评定情况	管养单位	××高速公路有限公司	上次评定等级	—	上次评定日期	—	本次评定日期	2016.12

洞门、洞口技术状况评定	分项名称	位置	状况值	权重 w_i	检测项目	位置	状况值	权重 w_l
	洞口	进口	0	7.5	洞门	进口	0	2.5
		出口	0	7.5		出口	0	2.5

编号	里程	状况值							
		衬砌破损	渗漏水	路面	检修道	排水设施	吊顶	内装饰	标志标线
1	K4+684～K4+700	0	0	0	0	0	0	0	0
2	K4+700～K4+800	0	0	0	0	0	0	0	0
3	K4+800～K4+900	1	0	0	0	0	0	0	0
4	K4+900～K5+000	1	0	0	0	0	0	0	0
5	K5+000～K5+100	1	0	0	0	0	0	0	0
6	K5+100～K5+200	1	0	0	0	0	0	0	0
7	K5+200～K5+300	1	0	0	0	0	0	0	0
8	K5+300～K5+394	0	1	0	0	0	0	0	0
	max($JGCI_{ij}$)	1	1	0	0	0	0	0	0
	权重 w_i	20	20	15	2	6	10	2	5

(1) 确定各分项技术状况值

通过调查结果以及式(3-61),确定检查段落内隧道洞口、洞门、衬砌、路面、检修道、排水设施、吊顶及预埋件、内装饰、交通标志标线各自的检查段落状况值($JGCI_i$)分别为 0、0、1、0、0、0、0、0、0。

(2) 确定土建结构技术状况评分

根据式(3-62),计算隧道的土建结构技术状况评分 JGCI。

$$JGCI = 100 \times \left[1 - \frac{1}{4} \left(0 + 0 + 1 \times \frac{40}{100} + 0 + 0 + 0 + 0 + 0 \right) \right] = 90$$

(3)隧道土建结构技术状况分类

根据表 3-71,隧道的土建结构技术状况评分(JGCI)为 90 分,评定为 1 类,说明该隧道土建结构整体技术状况较好,无异常情况,对交通安全无影响,继续保持正常养护即可。

第五节 沿线设施技术状况调查检测与评价

一、沿线设施损坏类型与分级

根据《公路技术状况评定标准》(JTG 5210—2018)的规定,公路沿线设施主要包括交通安全设施、交通管理设施、附属设施和绿化等。沿线设施损坏主要包括 5 类,防护设施缺损、隔离栅损坏、标志缺损、标线缺损和绿化管理不善。

1. 防护设施缺损

防护设施缺损(图 3-83)应为防护设施(防撞护栏、防落网、声屏障、中央分隔带活动护栏和防眩板等)缺失、损坏或损坏修复后部件尺寸和安装质量达不到规范的技术要求。防护设施缺损分为轻、重两个等级,长度小于或者等于 4m 为轻度损坏,长度大于 4m 为重度损坏,按处进行计量。

2. 隔离栅损坏

隔离栅损坏(图 3-84)应为隔离栅破损或修复后质量达不到规范的技术要求。隔离栅损坏按处进行计量。

图 3-83 防护设施缺损

图 3-84 隔离栅损坏

3. 标志缺损

标志缺损(图 3-85)应为各种交通标志(指示标志、警告标志、禁令标志、里程牌、轮廓标、百米标等)残缺、位置不当或尺寸不规范、颜色不鲜明、污染,可变信息板故障等。损坏按处计算,其中轮廓标和百米标应每 3 个损坏算 1 处,累计损坏不足 3 个按 1 处计算。

4. 标线缺损

标线缺损(图 3-86)应为标线(含突起路标)缺失和损坏。损坏应按长度(m)计算,累计长度不足 10m 应按 10m 计算,评定时不考虑车道数量的影响。

图 3-85　标志缺损

图 3-86　标线缺损

5. 绿化管理不善

绿化管护不善(图 3-87)应为树木和花草等枯萎或缺失,绿化带未及时修剪或有杂物,路段应绿化未绿化。损坏按长度(m)计算,累计长度不足 10m 按 10m 计算。

图 3-87　绿化管理不善

二、沿线设施技术状况调查与检测方法

沿线设施技术状况可采用人工调查(目测或用卷尺测量)或自动化检测方式(道路检测车)。

对于公路沿线设施,暂时没有约定俗成的一个定义,检测主要依据《公路养护技术规范》(JTG H10—2009)及《公路技术状况评定标准》(JTG 5210—2018)。检测时按照表3-73填写沿线设施损坏情况。

沿线设施损坏调查　　　　　　　　　　　　　　表3-73

调查时间：　　　　　　　　　　　　　　　　调查人员：

路线编码名称：　　调查方向：　　起点桩号：　　单元长度：　　路面宽度：

调查内容	程度	单位扣分	权重 w_i	计量单位	百米损坏										累计损坏
					1	2	3	4	5	6	7	8	9	10	
防护设施缺损	轻	10	0.25	处											
	重	30													
隔离栅损坏	—	20	0.10	处											
标志缺损	—	20	0.25	处											
标线缺损	—	0.1	0.20	m											
绿化管护不善	—	0.1	0.20	m											

沿线设施调查方法及评价标准见表3-74。

沿线设施调查方法及评价标准　　　　　　　　　　　表3-74

对象	采集内容	程度	定义	评价标准	采集方法
防护设施	缺损情况	轻	防护设施(防撞护栏、防落网、声屏障、中央分隔带活动护栏和防眩板等)缺失、损坏或损坏修复后部件尺寸和安装质量达不到规范的技术要求	损坏按处和长度(m)计算。轻：长度小于或者等于4m，每缺损一处扣10分	目测，使用卷尺测量
		重		长度大于4m，每缺损一处扣30分	
隔离栅	缺损情况	—	损坏按处计算	每缺损一处扣20分	
标志	缺损情况	—	各种交通标志(指示标志、警示标志、禁令标志、里程牌、轮廓标、百米标等)残缺、位置不当或尺寸不规范、颜色不鲜明、污染，可变信息板故障等	损坏按处计算，其中，轮廓标和百米标每3个损坏算1处，累计损坏不足3个按1处计算，每处扣20分	
标线	缺损情况	—	标线(含突起路标)缺少或损坏	损坏按长度(m)计算。每缺10m扣1分，累计长度不足10m按10m计算，评定时不考虑车道数量的影响	
绿化管理不善	缺损情况	—	树木、花草等枯萎或缺失，绿化带未及时修剪或有杂物，路段应绿化而未绿化	损坏按长度(m)计算，每10m扣1分，累计长度不足10m按10m计算	

三、沿线设施技术状况评价

沿线设施技术状况评价内容主要包括，防护设施、隔离栅、标志、标线以及绿化管护等。沿线设施技术状况评价可采用人工调查和自动化检测的方式，目前，随着沿线设施检测技术的进步，部分沿线设施损坏类型，如防护设施缺损、标志线缺损、标志缺损等均可通过自动化设备快速检测。

1. 评价指标

根据《公路技术状况评定标准》（JTG 5210—2018），沿线设施的各类损坏应以100m为单元，按损坏程度，每100m计1个扣分，每一个调查单元计算1个合并累计扣分。沿线设施技术状况应采用沿线设施技术状况指数 TCI 评定。TCI 应按式（3-63）计算：

$$\text{TCI} = \sum_{i=1}^{i_0} w_i (100 - \text{GD}_{i\text{TCI}}) \tag{3-63}$$

式中：$\text{GD}_{i\text{TCI}}$——第 i 类设施损坏的累计扣分，最高扣分为100，见表3-75；

w_i——第 i 类设施损坏的权重，取值规定见表3-75；

i——损坏类型；

i_0——沿线设施损坏类型总数，取5。

沿线设施扣分标准　　表3-75

类型 i	损坏名称	损坏程度	计量单位	单位扣分	权重 w_i	备注
1	防护设施缺损	轻	处	10	0.25	—
		重		30		
2	隔离栅损坏	—	处	20	0.10	—
3	标志缺损	—	处	20	0.25	—
4	标线缺损	—	m	0.1	0.20	每10m扣1分，不足10m计10m
5	绿化管护不善	—	m	0.1	0.2	

2. 评价标准

沿线设施技术状况评价等级分为"优""良""中""次""差"5个等级，具体划分标准见表3-76。

沿线设施技术状况等级划分标准　　表3-76

评定指标	优	良	中	次	差
沿线设施技术状况指数 TCI	≥90	≥80，<90	≥70，<80	≥60，<70	<60

第六节 公路技术状况综合评价

一、公路技术状况综合评价指标

公路技术状况评价指标应采用公路技术状况指数(Highway Maintenance Quality Indicator, MQI)和相应分项指标——路基技术状况指数(Subgrade Condition Index, SCI)、路面技术状况指数(Pavement Maintenance Quality Index, PQI)、桥隧构造物技术状况指数(Bridge, Tunnel and Culvert Condition Index, BCI)和沿线设施技术状况指数(Traffic Facility Condition Index, TCI)。公路技术状况指数 MQI 和相应分项指标值域均为 0~100。其中,路基技术状况指数 SCI、桥隧构造物技术状况指数 BCI 和沿线设施技术状况指数 TCI 在 MQI 中的权重较小,分别为 0.08、0.12 和 0.10,而路面技术状况指数 PQI 权重较高,达 0.70。公路技术状况指标体系如图 3-88 所示。

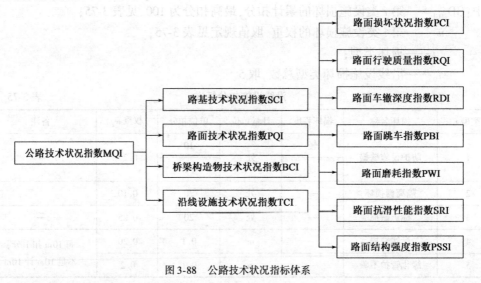

图 3-88 公路技术状况指标体系

二、公路技术状况评价方法

公路技术状况评价的前提是公路技术状况的检测与调查。公路技术状况的检测与调查应以 1000m 路段长度为基本检测(或调查)单元,在路面类型、交通量、路面宽度和养管单位等变化处,检测(或调查)单元的长度可不受此规定的限制。对于长度小于或大于 1000m 的非整千米评定单元,除 PQI 外,SCI、BCI 和 TCI 三项指标的实际扣分应换算成基本评定单元的扣分(实际扣分×基本评定单元长度(1000m)/实际评定单元长度)。

公路技术状况检测与调查分为人工调查和自动化检测两种方式,在不具备自动化检测条件的路段可采用人工调查方式,人工调查宜采用便携设备,便携设备是指具有可现场记录和现场实时无线数据传输功能的便携式装置,包括移动终端等。检测与调查应按上行(桩号递增方向)和下行(桩号递减方向)两个方向分别实施,二、三、四级公路可不分上下行检测与调查。公路技术状况检测与调查的频率具体执行规定见表3-77。

公路技术状况检测与调查频率 表3-77

检测与调查内容		沥青路面		水泥混凝土路面	
		高速公路、一级公路	二、三、四级公路	高速公路、一级公路	二、三、四级公路
路面 PQI	路面损坏	1年1次	1年1次	1年1次	1年1次
	路面平整度	1年1次	1年1次	1年1次	1年1次
	路面车辙	1年1次	—	—	—
	路面跳车	1年1次	—	1年1次	—
	路面磨耗	1年1次	—	1年1次	—
	路面抗滑性能	2年1次	—	2年1次	—
	路面结构强度	抽样检测	抽样检测	—	—
路基 SCI		1年1次			
桥隧构造物 BCI		按现行标准规范的有关规定执行			
沿线设施 TCI		1年1次			

注:路面结构强度为抽样检测指标,抽样检测的路线或路段应按路面养护管理需要确定,最低抽样比例不得低于公路网列养里程的20%。

公路技术状况评价一般采用权重模型,不同评价指标取不同的权重系数,公路技术状况评价采用公路技术状况指数 MQI,MQI 应按式(3-64)计算:

$$\mathrm{MQI} = w_{\mathrm{SCI}}\mathrm{SCI} + w_{\mathrm{PQI}}\mathrm{PQI} + w_{\mathrm{BCI}}\mathrm{BCI} + w_{\mathrm{TCI}}\mathrm{TCI} \tag{3-64}$$

式中:w_{SCI}——SCI 在 MQI 中的权重,取值为 0.08;
w_{PQI}——PQI 在 MQI 中的权重,取值为 0.70;
w_{BCI}——BCI 在 MQI 中的权重,取值为 0.12;
w_{TCI}——TCI 在 MQI 中的权重,取值为 0.10。

公路技术状况指数应分为"优""良""中""次""差"5 个等级,其等级划分标准见表3-78。

公路技术状况等级划分标准 表3-78

评定指标	优	良	中	次	差
MQI	≥90	≥80,<90	≥70,<80	≥60,<70	<60

注:1. 存在 5 类桥梁、5 类隧道、危险涵洞及影响交通安全的重度边坡坍塌的评定单元,MQI 值应取 0。
2. 路线公路技术状况评价时,应采用路线内所有评定单元 MQI 的算术平均值作为该路线 MQI。
3. 公路网公路技术状况评价时,应采用公路网内所有路线 MQI 的长度加权平均值作为该公路网的 MQI。

复习思考题

1. 图 3-89 中分别是路基的何种损坏类型？如何判断其损坏等级？

图 3-89 题 1 图

2. 路基巡查分为哪几类？在进行这些巡查时分别需要注意哪些事项？
3. 简述沥青路面的主要病害、分级标准与计量方法。
4. 简述水泥混凝土路面的主要病害、分级标准与计量方法。
5. 简述常见路面平整度的测试方法及其适用性。
6. 评价路面抗滑性能的指标有哪几个？介绍测试抗滑性能的测试方法。
7. 测试路面结构强度的目的是什么？常用的测试方法有哪些？
8. 简述桥梁的主要病害、分级标准与计量方法。
9. 简述隧道土建结构的主要病害、分级标准与计量方法。
10. 简述沿线设施的主要病害、分级标准与计量方法。
11. 用摆式摩擦仪测定沥青路面 BPN（路面温度为 25℃），其测定结果见表 3-79，试计算该处路面 BPN 的代表值。

测定结果　　　　　　　　　　　　　　　　　　　　　　　表 3-79

测点桩号	测定值(BPN)					
	1	2	3	4	5	6
K2+315	49	52	51	53	51	52
K2+320	49	48	48	50	50	51
K2+325	51	52	51	49	50	50

12. 用贝克曼梁法测定某路段路基路面的综合回弹模量，经整理各测点弯沉值如下：38、45、32、42、36、37、40、44、52、46、42、45、37、41、44(0.01mm)。其中测试车后轴重100kN(轮胎气压0.7MPa,当量圆半径为10.65cm),请计算该路段的综合回弹模量[注：$E = 0.712 \times \dfrac{2pr}{L_r}(1-\mu^2), \mu = 0.3$]。

13. 简述公路技术状况的评价指标、方法及标准。

14. 简述路面技术状况的评价指标、方法及标准。

15. 简述路基技术状况的评价指标、方法及标准。

16. 简述桥梁技术状况的评价指标、方法及标准。

17. 简述隧道技术状况的评价指标、方法及标准。

18. 简述沿线设施技术状况的评价指标、方法及标准。

19. 将路面技术状况综合评价案例中的检测数据乘以1.1倍,完成路面PQI评价。

20. 某隧道衬砌结构的检查结果为"衬砌出现变形、位移、沉降和裂缝,但无发展或已停止发展",则该隧道衬砌结构的技术状况评定值应为多少？

21. 某公路共有轻度路肩损坏3处、中度水毁冲沟1处、轻度水毁冲沟2处、轻度挡土墙损坏1处、轻度排水不畅1处,请计算路基SCI。

第四章
CHAPTER FOUR
公路技术状况预测

【学习目标】

公路当前技术状况及未来技术状况发展趋势直接影响到养护措施、养护时间、养护成本及养护后技术状况。为实现养护维修资金在时间和空间的合理配置，预估未来养护需求，制定中长期养护计划，实现养护维修效益的最大化，预测公路技术状况的衰变规律是必须完成的任务。本章介绍了公路技术状况常见的预测模型、建模方法和案例。通过本章的学习，全面了解常用公路技术状况的预测模型类型、特点与适用性，明确公路技术状况的影响因素和预测模型建立方法，掌握公路技术状况的预测方法。

第一节 公路技术状况预测方法

公路技术状况预测是探究基于公路技术状况随着时间变化的规律，应能根据当前的技术状况预测未来 5~10 年的技术状况变化趋势，它既是中长期养护规划的基础，也是公路全寿命周期费用预测的依据。预测方法根据性质可以分为定性预测和定量预测。定性预测是指预测人员通过调查研究，根据实际情况、相关理论和实践经验，对预测对象的发展前景作出判断。定量预测是指根据调查统计资料和信息，运用统计学方法和数学模型，对预测对象未来发展的测定。

公路技术状况预测模型主要包括以下五类：确定型预测模型、概率型预测模型、机器学习预测模型、灰色预测模型和组合预测模型。

一、确定型预测模型

确定型预测模型是为公路设施使用寿命或某项技术状况预测出一个数值,即满足给定条件的预测结果是唯一的。按照建模方法,确定型预测模型又可分为力学模型、力学—经验模型、经验回归模型。

1. 力学模型

力学模型是基于弹性理论与黏—弹性理论等,分析公路设施在荷载与环境等因素作用下的应力、应变、位移等力学响应,并建立力学响应与公路技术状况指标衰变的关系模型。分析时,计算参数(如模量值)可采用无破损检测或钻取试样后由室内试验确定。力学模型理论基础较为成熟,具有较好的外延性,预估精度较高;但其计算过程复杂,常用于对特定力学技术状况指标的预测。力学模型推荐用于项目级特定公路技术状况分项指标的预测。

2. 力学—经验模型

力学—经验模型结合了力学模型和经验模型。首先是力学分析,利用力学模型或有限元等方法计算在荷载与环境等条件作用下的应力、应变、位移等力学响应;然后采用回归方法,建立起力学响应参数与公路技术状况指标衰变的经验关系式。力学—经验模型预测精度较高,具有较好的外延性,需要实测数据少;但需要进行力学分析,模型结构复杂,计算工作量大。力学—经验模型推荐用于项目级特定公路技术状况的预测。

3. 经验回归模型

经验回归模型通过分析实测数据,拟合因变量(技术状况指标)与自变量(影响因素)之间的数学关系。若选用的技术状况参数是综合指标,模型则适用于网级系统;若选用单项指标则适用于项目级系统。经验回归模型必须满足所有的物理和数学边界条件以及具有广泛的数据基础,否则不能保证预测的可靠性。采用回归法建立技术状况预测模型,得到的只是技术状况变量与其影响变量之间某种程度的统计分析,回避了自变量对因变量影响的机理分析,其可靠性不仅取决于有关资料和数据的准确与充分,而且还依赖于建模人员对所选用的技术状况变量与影响因素之间关系的理解和认识程度。当有些技术状况属性的衰变机理尚不清楚时,采用经验法建模具有明显的优势。

根据因变量与自变量关系是否线性,经验回归模型可分为线性模型和非线性模型,常见的非线性模型包括 S 形曲线模型、双参数曲线模型、余弦模型等。

(1)线性模型

利用线性模型建立技术状况预测模型时,自变量可选取影响技术状况的各种因素,如交通量、路龄、路况现状等,因变量可以是单项指标也可以是综合指标,见式(4-1)。

$$PPI = \alpha_0 + \alpha_1 x_1 + \alpha_2 x_2 + \cdots \alpha_n x_n \tag{4-1}$$

式中： PPI——任意时刻的技术状况指数；

a_0、a_1、……，a_n——模型参数，由回归得到。

通过回归得到模型参数后，还需对模型进行显著性检验。对于给定的显著性水平 α，可查 F 分布表得到 $F_\alpha(p-1,n-p)$，若 $F \leq F_\alpha(p-1,n-p)$，认为线性回归关系不显著；若 $F \geq F_\alpha(p-1,n-p)$，认为线性回归关系显著。除了需要对回归模型进行显著性检验外，还需要对回归系数进行检验，以确定各个因素对因变量的影响是否显著。多元线性回归分析中，各个参数的检验需要构造 t 统计量。而对于一元线性回归，参数的显著性检验等价于经验回归模型的显著性检验，因此仅对经验回归模型进行显著性检验即可。

(2) S 形曲线模型

S 形曲线模型的特点是技术状况初期衰减缓慢，一定时间后衰减速率加快，直到接近临界状态衰减速率再度放缓，见式(4-2)和图 4-1。

$$\text{PPI} = a + \frac{b-a}{1+e^{\beta+kt}} \tag{4-2}$$

式中：PPI——任意时刻的技术状况指数；

　　　t——路龄；

　　　β、k——模型参数；

　　　a、b——PPI 最大值和最小值。

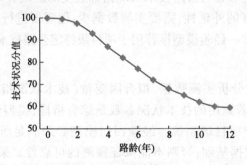

图 4-1　S 形曲线模型

模型中的 a 和 b，需要结合技术状况指标特征来确定。以路面 PCI 为例，若预估时间起点为新建公路的竣工通车年，此时路面状况为最佳，PCI 最大值一般取 95~100；若是从某一年的大修或养护之后开始预估，则取大修或养护之后 PCI 的最大值。PCI 最小值的确定需根据相关养护标准确定。模型参数 β 和 k，可由实测数据回归得到，其中 k 反映性能衰减速率的大小，β 反映技术状况前期衰减的快慢。

(3) 双参数曲线模型

孙立军等提出了双参数曲线模型，见式(4-3)。

$$\text{PPI} = \text{PPI}_0 \left\{ 1 - \exp\left[-\left(\frac{\alpha}{t}\right)^\beta \right] \right\} \tag{4-3}$$

式中：PPI——日常养护下路况指标(包括 PCI、RQI)；

　　　PPI_0——路面新建或最近一次大中修后某路况指标的数值；

t——路龄；

$\alpha \smallsetminus \beta$——模型参数。

$\alpha \smallsetminus \beta$ 值根据实测数据回归得到。分析可知，当 $t = \alpha$ 时，无论 β 取什么值，总有 $PPI = 0.632PPI_0$，即曲线总是要经过点 $(\alpha, 0.632PPI_0)$。因此参数 α 的数学含义可认为是 PPI 衰减到初始值的 63.2% 时的路龄。随着 α 值的增加，曲线形状变化并不明显。所以，参数 α 反映了使用寿命的长短，α 为路面寿命因子。参数 β 决定了曲线形状，当 β 由小变大时，曲线由"凹形"变为"凸形"或"反 S 形"，不同的 β 值决定了衰变特性，因此 β 为曲线形状因子。

(4)余弦模型

公路技术状况随路龄的衰减速率呈非线性变化，一般为先慢—再快—后慢的特征，衰减符合"余弦模型"的特征，见式(4-4)：

$$PPI = PPI_0 \cdot \frac{\cos\left(\frac{t}{\alpha}\right)^\beta + 1}{2} \qquad 0 \leq t \leq \frac{e^{0.45\beta} - 1}{\alpha} \qquad (4-4)$$

式中：PPI——任意时刻的技术状况指数；

PPI_0——初始的技术状况指数；

t——路龄；

$\alpha \smallsetminus \beta$——模型参数，均大于 1。

当 $t = \alpha$ 时，$PPI = 0.77PPI_0$。因此，当 α 一定时，无论 β 取什么值，衰变曲线始终通过点 $(\alpha, 0.77PPI_0)$，即技术状况衰减到 77% 所需要的时间是一致的。β 参数的含义与双参数曲线模型特征相似，即为曲线形状因子。

上述四种模型的共同特点是，随着使用时间或荷载作用次数的增加，技术状况呈下降趋势，即路况在不断恶化，所能提供的服务能力日益衰减，但不同模型反映的衰变过程速率不同。选择模型的形式时，应首先根据它是否能满足边界条件或反映控制技术状况变化的物理现象的本质。如果有几种形式的模型都能满足这些条件，此时才能依靠统计分析选择能最佳拟合现有数据的模型。综上，模型应满足以下条件：①预测应以调查数据为起点，建立变起点模型，这样能缩短预测时间，减少误差积累，提高预测精度；②能够正确反映技术状况衰减的全过程，随着使用年数或累计标准轴载次数的增加，技术状况指标单调减小；③方程参数具有明确的数学和物理含义，易于建立和根据反馈数据进行修正；④方程形式应具有稳定性，不能对数据过分敏感。

经验回归模型的建模过程为：①在确定评价指标数据之后，根据基础数据回归拟合模型参数；②通过相关系数 R^2 比选得到模型参数，R^2 值越高表明预测模型与实际路况的衰变情况越相符；③对比各模型预测值与实际的相对误差，选择相对误差较小的模型。

二、概率型预测模型

概率型预测模型是通过分析对象状态的变化概率来预测公路技术状况指标的变化。

它能够在一定程度上考虑预测对象变化的不确定性。影响技术状况变化的因素较多,如荷载、气候和交通量等都具有不同程度的变异性,导致技术状况衰减速率呈现不确定性。由于确定型模型不能够根据实际情况反映技术状况变化的不确定性,因此难以得到较可靠的预测,所以有必要研究概率型模型的建模方法,以建立能够表达技术状况不确定性变化的概率型模型。概率型预测模型主要包括残存曲线预测模型、马尔可夫预测模型和半马尔可夫预测模型。

1. 残存曲线预测模型

残存曲线预测模型是根据公路或设施的历史数据,在已使用若干年条件下,路网中仍不需重大养护的路段或重大维修的设施的残存比例随时间的变化关系。残存曲线预测模型需要大量历史数据,宜用于网级公路技术状况指标的预测,多用于设计养护和改建方案、申请经费、资源分配。可以根据公路部门保存的有关修建、养护和改建活动的历史记录,确定新建或改建后每年需养护或改建的比例后得到。主要建模步骤如下:根据路段或设施的历史数据,确定数据的分布类型,常用的分布模型有韦布尔(Weibull)分布模型和对数—逻蒂斯迪克(Log-logistic)分布模型等;然后确定分布模型的累计分布函数;最后根据式(4-5)计算路段或设施的残存率。

$$S(t) = 1 - F(t) \tag{4-5}$$

式中:$S(t)$——t 时刻残存率;

$F(t)$——t 时刻累计分布函数。

2. 马尔可夫预测模型

马尔可夫预测模型表示某一技术状况从一种状态转到另一种状态的概率。由于马尔可夫预测模型考虑了技术状况衰变的不确定性,因此运用较为广泛。该模型的假设为:①状态转移过程是静态的,即转移概率是一个不随时间变化的量;②模型具有无后效性,技术状况从 A 状态转移到 B 状态时,只与 A 状态有关系,与 A 之前的任一状态无关;③技术状况指标状态水平是有限的。马尔可夫过程描述了在转移之前和之后路面处于各个状态的概率,如图 4-2 所示。

马尔可夫预测模型建模的主要步骤包括:

(1)选定技术状况变量,定义路况状态。例如路面 PCI 变化在 0~100 之间,可分为 10 个状态,每个状态覆盖 10 分;

(2)根据历史数据计算初始概率矩阵 $P(t_0)$;

(3)提出转移概率矩阵,表达为由 A 状态转移到 B 状态的概率:

$$P = \begin{bmatrix} P_{11} & P_{12} & \cdots & P_{n1} \\ P_{21} & P_{22} & \cdots & P_{n2} \\ \vdots & \vdots & \vdots & \vdots \\ P_{n1} & P_{11} & \cdots & P_{nn} \end{bmatrix} \tag{4-6}$$

（4）利用转移概率矩阵预估未来的概率矩阵。对于使用 t 年处于状态 i 的路段,经过一段时间后转变成状态 j 的概率,称作第 t 年的转移概率 P_{ij}^t;则经过 t 年后,路段的概率矩阵为 $P(t_0+t)$,依马尔可夫无后效性,则有关系式(4-7);假设转移过程是静态的,即转移概率不随时间变化,则式(4-7)可简化为式(4-8):

$$P(t_0+t) = P(t_0) \times P^{t_0+1} \times P^{t_0+2} \times \cdots \times P^{t_0+t-1} = P(t_0) \times \prod_{r=1}^{t-1} P^{t_0+r} \qquad (4\text{-}7)$$

$$P(t_0+t) = P(t_0) \times P^t \qquad (4\text{-}8)$$

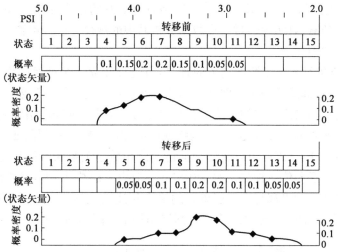

图 4-2　路面现时服务能力指数 PSI 在转移前后的分布概率

因此,转移概率矩阵是马尔可夫预测模型的核心内容。然而,不同交通水平、不同使用年龄的公路设施具有不同的技术状况衰变特性,即转移概率矩阵不是唯一的。所以,为了增加马尔可夫模型的预估能力,应将路网划分为具有某种程度共性(如相同地区、相同结构和相同路龄等)的子网,然后分别为每个子网建立转移概率矩阵。

与确定型模型相比较,马尔可夫预测模型的特点为:①能够反映荷载、环境和养护水平等因素的变异性所导致的技术状况变化的不确定性,使预估结果更吻合实际;②作为变起点模型,能够依据最近的技术状况信息,对未来技术状况的变化做出预估,精度得到提高;③模型能够随路况信息的积累而不断更新,模型结构能够与网级动态优化方法达成最大程度的协调和统一。

3. 半马尔可夫预测模型

半马尔可夫预测模型是马尔可夫模型的一种改进。其计算过程与马尔可夫预测模型一样,只是其状态转移过程大部分是动态的,只在某一时间段内是静态的。

三、机器学习预测模型

机器学习方法不同于统计学方法的地方在于,不需要对预测对象与影响变量之间的关系进行明确,仅需要放入大量数据对模型参数进行训练即可。近年来,由于计算机计算能力的大幅提升,技术状况自动化采集技术的发展,使得计算机能够在可接受时间内处理大量数据并完成模型训练,机器学习方法开始逐渐被用于公路技术状况预测。各类机器学习方法中,比较常用的是以神经网络模型(Neural Networks)为基础而衍生出的各类模型,如 BP 神经网络预测模型和支持向量机回归预测模型等。

1. BP 神经网络预测模型

BP(Back Propagation)神经网络是一种信号前向传递、误差反向传播的多层前馈神经网络,与其他传统预测模型相比,BP 神经网络具有更好的适应性。将 BP 神经网络运用于公路技术状况预测,可实现通过历史数据分析其中的规律并进行预测,且预测时不需要专家经验或专业知识。

BP 神经网络进行系统预测的基本原理是:首先要建立一个神经网络,依据一定的历史数据进行训练,对训练后的神经网络找出蕴含在样本中的非线性映射关系,并通过自学习以及自适应调整网络连接权的权值。在预测阶段,通过向神经网络输入与训练集数据(非样本)结构相似的预测变量数据,该网络就能够完成从输入的预测变量到输出的预测对象的任意非线性映射,因此可以正确地描述无法用数学关系来直接描述的预测变量与对象之间的规律。反向传播神经网络(BPNN)一般由三层构成,即:输入层、隐含层和输出层。前一层单元的输出都与后一层单元的输入相连接,层中的单元没有连接。三层结构 BP 网络具有很强的映射能力,三层 BP 网络拓扑结构图如图 4-3 所示。

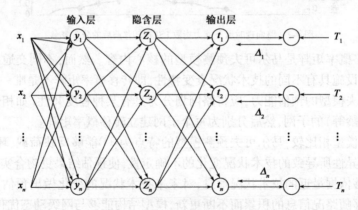

图 4-3 三层 BP 网络拓扑结构

三层 BP 神经网络的建模步骤如下:

(1)给各层的权值随机赋一个较小的非零数(区间一般设定在 -1~1 之间)作为初值。

(2)输入样本 $X = \{x_1, x_2, \cdots, x_n\}$ 和对应的期望输出 $T = \{t_1, t_2, \cdots, t_n\}$。

(3)计算各层神经元的输入和输出。

(4)计算期望输出与输出层实际输出的误差 Δ,见式(4-9)、式(4-10):

$$\Delta = \frac{1}{2}\|T - t\| \tag{4-9}$$

$$\frac{\partial \Delta}{\partial t} = T - t \tag{4-10}$$

(5)判断网络误差是否满足精度要求,满足则结束运算,否则应按照步骤修正权值。

(6)计算误差对各层间权值的偏导数,见式(4-11)、式(4-12)。

误差对隐藏神经元连接到输出层神经元的权重 W_{tz} 的偏导:

$$\frac{\partial \Delta}{\partial W_{tz}} = \frac{\partial \Delta}{\partial x_t} \cdot \frac{\partial x_t}{\partial W_{tz}} = \frac{\partial \Delta}{\partial t} \cdot \frac{\partial t}{\partial x_t} \cdot \frac{\partial x_t}{\partial w_{tz}} \tag{4-11}$$

当选用 S 形函数作为激活函数时,

$$t = \frac{1}{1 + e^{-xt}} \tag{4-12}$$

$$\frac{\partial \Delta}{\partial W_{tz}} = \frac{\partial \Delta}{\partial x_t} \cdot \frac{\partial x_t}{\partial W_{tz}} = \frac{\partial \Delta}{\partial t} \cdot \frac{\partial t}{\partial x_t} \cdot \frac{\partial x_t}{\partial W_{tz}} = (T - t)t(1 - t)Z \tag{4-13}$$

式中:t——输出层的输出;

Z——隐含层的输出;

Δ——期望输出与输出层实际输出的误差,是与所有神经单元输入、输出及神经单元间权值有关的函数;

W_{tz}——隐含层神经元连接到输出层神经元的权重;

x_t——输出层的输入,与隐含层神经元的输出 Z、W_{tz} 有关的函数。

类似地,误差对输入层与隐含层之间权值 W_{zy} 的偏导:

$$\frac{\partial \Delta}{\partial z} = \frac{\partial \Delta}{\partial t} \cdot \frac{\partial t}{\partial x_t} \cdot \frac{\partial x_t}{\partial z} = (T - t)t(1 - t)W_{tz} \tag{4-14}$$

$$\frac{\partial \Delta}{\partial W_{zy}} = \frac{\partial \Delta}{\partial x_z} \cdot \frac{\partial x_z}{\partial W_{tz}} = \frac{\partial \Delta}{\partial z} \cdot \frac{\partial z}{\partial x_z} \cdot \frac{\partial x_z}{\partial W_{zy}} = (T - t)t(1 - t)W_{tz}z(1 - z)y \tag{4-15}$$

式中:W_{zy}——输入层神经元连接到隐含层神经元的权重;

x_z——隐含层的输入,与输入层神经元的输出 y、W_{zy} 有关的函数;

y——输入层神经元的输出。

(7)计算权值的修正项,见式(4-16)、式(4-17):

W_{tz} 的修正项:

$$\Delta W_{tz} = -\mu \frac{\partial \Delta}{\partial W_{tz}} \tag{4-16}$$

W_{zy} 的修正项:

$$\Delta W_{zy} = -\mu \frac{\partial \Delta}{\partial W_{zy}} \tag{4-17}$$

式中:μ——权值的相对变化尺度,设置值不宜过小否则计算时间会很长。

与其他的统计方法相比,神经网络预测法不仅具有优越的学习能力、自适应能力、运算能力和容错性,还能用于分析不满足正态分布的样本。但是神经网络需要基于大样本数据建立的模型才能进行准确预测,并且其训练过程比较复杂,学习速度慢且容易失败。

2. 支持向量机回归预测模型

支持向量机回归(Support Vector Machine Regression,SVR)是由 VAPNIK 所提出的一种机器学习方法,可解决小样本、非线性、高维数等问题。其原理建立在统计学理论的 VC 维理论和结构风险最小化原理的基础上,通过建立最优的超平面寻求数据挖掘中的最优解决方法。通常思维习惯于把样本进行降维来简化问题,SVR 方法则恰恰相反,将样本点进行升维,通过核函数将样本点映射到高维甚至无穷维空间,并找到一个回归超平面,让一个集合的所有数据到该平面的距离最近,进而在高维空间处理线性与非线性问题,如图 4-4 所示。

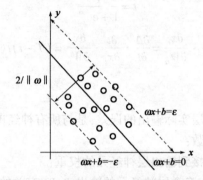

图 4-4 二维线性回归的最优回归线

SVR 的基本思路是通过有限个样本数据的训练,建立起自变量和因变量之间的函数关系式,最终形成一个预测函数。根据研究对象数据分布规律,可将预测函数分为线性回归和非线性回归问题。SVR 线性回归问题具体建模方法如下:

设样本集:$(x_1,y_1),(x_2,y_2),\cdots,(x_n,y_n),x \in R^n,y \in R^n,R$ 表示实数集。则样本集中 y 与 x 可通过如下过程获得变形后的回归函数,见式(4-18):

$$f(x) = \omega \cdot x + b \tag{4-18}$$

式中:ω、b——超平面的系数。

若原始数据与支持向量机回归拟合良好,则使得:

$$\min\left[\frac{1}{2}\|\omega^2\| + c\sum_{i=1}^{n}\theta_i + \theta_i^*\right] \tag{4-19}$$

$$\text{s.t} \begin{cases} \omega \cdot x_i + b - y_i \leq \varepsilon + \theta_i \\ y_i - \omega \cdot x_i - b \leq \varepsilon + \theta_i^* \end{cases} \quad i=1,2,\cdots,l$$

式中:c——惩罚系数,$c>0$,用于控制对错分样本数据的惩罚度;

ε——拟合精度,可取任意正数;

θ_i、θ_i^*——松弛因子。

引入拉格朗日对数可得:

$$f(x) = \omega \cdot x + b = \sum_{i=1}^{n}(a_i - a_i^*)(x_i - x) + b \tag{4-20}$$

式中：a_i、a_i^*——样本支持向量，大多数取值为零。

对于 SVR 的非线性问题，将样本 x_i 通过 $\varphi:x\to H$ 映射到一个高维空间，然后在高维特征空间进行线性回归，最后映射到原空间就完成了输入空间的线性回归。为构造出最优的超平面，在 φ 未知的情况下，利用原空间参数实现内积运算。为了解决"维数灾难问题"，当核函数满足 Mercer 条件，便可获得内积核函数：

$$K=(x_i,x_j)=\varphi(x_i)\cdot\varphi(x_j) \tag{4-21}$$

同时引入拉格朗日变化得到：

$$L(\omega,\delta,b,a,\beta)=\sum_{i=1}^{i}a_i-\frac{1}{2}\sum_{i,j=1}^{n}y_iy_ja_ia_jK(x_ix_j) \tag{4-22}$$

最后得到变形后的回归函数：

$$f(x)=\omega\cdot x+b=\sum_{i=1}^{n}(a_i-a_i^*)K(x_i-x)+b \tag{4-23}$$

这种方法可以避免传统方法过拟合的缺点。SVR 非线性回归拟合通过升维的方式对拟合过程进行控制。泛化性能强是 SVR 的一大优势，而该性能与核函数的选择息息相关。常用核函数有以下四种，通常选择精度较高的径向基函数作为核函数，见式(4-24)~式(4-27)。

(1) 线性核函数：

$$K(x,x_i)=x^{\mathrm{T}}x_i \tag{4-24}$$

(2) 多项式核函数：

$$K(x,x_i)=(\mu x^{\mathrm{T}}x_i+r)^p \quad \mu>0 \tag{4-25}$$

式中：μ、r、p——核函数参数。

(3) 径向基核函数：

$$K(x,x_i)=\exp(-\mu\|x-x_i\|^2)^p \quad \mu>0 \tag{4-26}$$

(4) 两层感知器函数：

$$K(x,x_i)=\tanh(\mu x^{\mathrm{T}}x_i+r) \quad \mu>0 \tag{4-27}$$

在使用 SVR 模型时，需要确定最优惩罚参数 c 和核函数参数 g，通常可采用 K-CV 模型交叉验证和遗传算法等方法确定。

四、灰色预测模型

灰色预测模型(GM)可忽略各影响因素对技术状况指标的影响程度，单纯将时间作为自变量，将按固定时间间隔检测得到的技术状况看作在一定时间范围内随时间变化的灰色量，在自变量与因变量组成的数据列中挖掘出有用的信息，从而建立出时间序列模型来揭示技术状况变化的潜在规律。其主要思想是首先对数据进行累加处理，使观测数据序列的随机因素影响淡化，从而提高观测数据序列的内在规律，然后再将数据序列建成一个变量，具有微分、差分、近似指数规律兼容的灰色模型，建模过程如下：

设 $\{X^{(0)}(t_i)\}$ 为原始数据序列，其中 $i=1,2,\cdots,n$ 为样本数量。对其进行一次累加生成 AGO 序列为 $\{X^{(1)}(t_i)\}$,且有：

$$\{X^{(1)}(t_i)\} = \sum_{s=1}^{i} X^{(0)}(t_s) \tag{4-28}$$

GM(1,1)预测模型相应的微分方程为：

$$\frac{\mathrm{d}X^{(1)}}{\mathrm{d}t} + aX^{(1)} = b \tag{4-29}$$

其解的形式为：

$$X^{(1)}(t) = \left(X^{(0)}(1) - \frac{b}{a}\right)e^{-at} + \frac{b}{a} \tag{4-30}$$

用最小二乘法求 a 和 b,有：

$$A = \begin{bmatrix} a \\ b \end{bmatrix} = (\boldsymbol{B}^{\mathrm{T}}\boldsymbol{B})^{-1}\boldsymbol{B}^{\mathrm{T}}\boldsymbol{Y}_n \tag{4-31}$$

式中： a、b——常数,a 称为发展灰数,b 称为内生控制灰数;
$(\boldsymbol{B}^{\mathrm{T}}\boldsymbol{B})^{-1}\boldsymbol{B}^{\mathrm{T}}$——数据矩阵 $\boldsymbol{B}$ 的广义逆矩阵。其中：

$$\boldsymbol{B} = \begin{bmatrix} -\frac{1}{2}[X^{(1)}(1) + X^{(1)}(2)] & 1 \\ -\frac{1}{2}[X^{(1)}(2) + X^{(1)}(3)] & 1 \\ \cdots & \cdots \\ -\frac{1}{2}[X^{(1)}(n-1) + X^{(1)}(n)] & 1 \end{bmatrix}, \boldsymbol{Y}_n = \begin{bmatrix} X^{(0)}(2) \\ X^{(0)}(3) \\ \cdots \\ X^{(0)}(n) \end{bmatrix} \tag{4-32}$$

式(4-31)为 GM(1,1)参数 a、b 的矩阵辨识计算式。

当实际时间间隔为 k 时,式(4-30)可表示为：

$$X^{(1)}(k+1) = \left(X^{(0)}(1) - \frac{b}{a}\right)e^{-ak} + \frac{b}{a} \tag{4-33}$$

式(4-33)求导后得到其还原解为：

$$X^{(0)}(k+1) = -a\left(X^{(0)}(1) - \frac{b}{a}\right)e^{-ak} \tag{4-34}$$

这即为 GM(1,1)预测模型的预测过程。建立模型后需要对模型精度进行检验,采用后验差对其进行检验,首先计算原始序列的标准差,见式(4-35)：

$$S_0^2 = \sqrt{\frac{S_0^2}{n-1}} \tag{4-35}$$

式中,$S_0^2 = \sum_{i=1}^{n}[X^{(0)}(i) - \bar{X}^{(0)}]^2$,$\bar{X}^{(0)} = \frac{1}{n}\sum_{i=1}^{n}X^{(0)}$。

进而,计算残差序列的标准差,见式(4-36)：

$$S_1^2 = \sqrt{\frac{S_1^2}{n-1}} \tag{4-36}$$

式中:$S_1^2 = \sum_{i=1}^{n} [\varepsilon^{(0)}(i) - \bar{\varepsilon}^{(0)}]^2$,$\varepsilon^{(0)}(i) = X^{(0)}(i) - \hat{X}^{(0)}$,$\bar{\varepsilon}^{(0)} = \frac{1}{n}\sum_{i=1}^{n}\varepsilon^{(0)}(i)$。

计算方差比和小误差概率,见式(4-37)、式(4-38):

$$c = \frac{S_1}{S_2} \tag{4-37}$$

$$p = \{|\varepsilon^{(0)}(i) - \bar{\varepsilon}^{(0)}| < 0.6745 \times S_0\} \tag{4-38}$$

检验指标和灰色预测精度检验等级标准见表4-1。

预测精度等级划分　　　　　　　　　　表4-1

小误差概率 p	方差比 c	预测精度等级
>0.95	<0.35	好
>0.80	<0.5	合格
>0.70	<0.65	勉强合格
≤0.70	≥0.65	不合格

五、组合预测模型

现有研究方法都是基于不同的假设而建立不同的预测模型,在模型验证后不断对参数进行修正,以达到更加准确的结果。在这个过程中,就拒绝了其他模型的优势。在实际应用过程中,预测模型的精度、时效性和自适应性是十分重要的,而组合预测模型接受每个单独预测模型的预测价值,将其视作含有不同价值信息片段的集成,弱化单个预测模型的不确定性并减小误差,最终达到提高预测精度的目的。

组合预测方法也称综合预测或复合预测,是通过一定方式综合几种预测模型,最大限度地利用每个预测模型的有用信息而得到更加准确的预测结果。该方法能够综合各个模型的价值信息,相比于单个预测模型更加全面、更加科学,同时减少一些单个模型噪声数据的影响。按组合预测函数类型可以分为线性组合和非线性组合;根据误差与权重的计算方式不同,可以分为最优组合和非最优组合;按加权系数是否随时间变化,可以分为变权重组合与不变权重组合;按预测结果的优劣可以分为优性组合和非劣性组合。

(1)线性组合和非线性组合

设组合预测有 m 个预测模型,那么 $f = w_1f_1 + w_2f_2 + \cdots + w_mf_m$,则称该组合预测为线性组合预测,其中 w_1, w_2, w_m 为 m 个预测模型的加权系数,且 $\sum_{i=1}^{m}w_i = 1$。若 $f = g(f_1, f_2, \cdots, f_m)$,其中 $g(x)$ 为非线性函数,则称该组合预测为非线性组合预测。

(2)最优组合和非最优组合

最优组合是根据预测值在一定时间段内误差最小求得的权重系数,通常是通过构造关于加权系数的目标函数来实现权重计算;非最优组合是根据单个预测模型的误差的方差与其对应的加权系数成反比来构造组合预测模型。

(3)变权重组合与不变权重组合

不变权重组合是将一定时间段内组合预测的误差最小作为目标函数,计算得到各单独预测模型的权重,进而构造组合预测模型。变权重组合则是随着时间变化,各单独预测模型的权重发生变化建立的组合预测模型。变权重组合的权重计算是将组合预测误差最小作为目标函数,建立关于权重的时间函数,该方法更加科学,但计算复杂且计算量较大。

(4) 优性组合和非劣性组合

将组合预测结果与单个预测模型的结果进行对比,若组合预测结果处于各单个预测模型预测结果之间,则称为非劣性组合;若组合预测结果比各单个预测模型预测结果都好,则称为优性组合。

不同组合预测模型调查评价如表 4-2 所示。

不同组合预测模型调查评价   表 4-2

组合预测模型	建模思路	模型特点
灰色—马尔可夫组合模型	使用灰色理论法建立技术状况预测方程;以灰色预测模型曲线划分公路技术状况;基于划分好的状态区间建立马尔可夫预测模型,对中、远期技术状况进行预测	马尔可夫模型的无后效性弥补了灰色模型在技术状况预测中的弊端,提高了预测准确性
遗传算法(GA)—神经网络法组合模型	建立基于 BP 神经网络的技术状况预测模型;利用遗传算法对神经网络的权值和阈值进行优化;提升神经网络的学习速度	对神经网络的建模参数和速度进行了优化
回归—灰色理论组合模型	建立多元回归模型;依据 GM(1,1) 灰色模型建立公路技术状况指数预测模型;结合公路状况特点采用加权算术平均组合回归分析模型和灰色理论模型	模型对现有公路状况做出了评价,并对未来技术状况发展趋势给出了评价依据
指数—余弦模型组合模型	建立指数模型;建立余弦模型;基于穷举法确定权重系数,检验组合模型精度,确定组合模型	组合模型精度较单一模型精度高,更符合公路实际使用情况
BP 神经网络模型—灰色预测模型组合模型	建立 BP 神经网络模型;建立灰色预测模型;确定权重系数及组合模型	提高预测模型的精度
主成分分析法—支持向量分类机组合模型	采用主成分分析法提取影响因素主成分,实现模型的降维处理;训练支持向量分类模型,确定模型参数;测试模型并比对模型精度	主成分分析法消除了各指标之间的相关性与重叠性;支持向量分类机提高了样本特征识别能力
卡尔曼滤波—时间序列法组合模型	建立基于移动平均法的公路技术状况预测模型,应用卡尔曼滤波根据新的观测数据实现预测模型的动态更新	提高预测模型的精度
遗传算法—灰色神经网络组合模型	确定网络结构;按照灰色神经网络常规方式随机产生初始权值和阈值;根据编码串个体适应度值高低,执行选择、交叉、变异算子产生下一代种群;最佳初始参数确定,预测结果确定	结合了灰色理论、BP 神经网络以及遗传算法优点,实现了对技术状况的准确预测

组合预测模型的建模思想主要是：①分别建立模型 A 和模型 B；②优化并确定两种模型的权重系数；③检验组合模型的精度；④利用两种模型的互补性，确定组合模型的最终形式，提高组合模型的精度。对于新建或历史数据较少的公路，可考虑采用灰色马尔可夫组合预测模型，实现模型的优势互补。该组合预测模型主要是通过转移概率矩阵对灰色预测模型的预测值进行适当修正，使预测结果更接近实际情况；对于历史数据充足的公路，推荐采用回归分析法与概率型模型结合的方法建模，该模型充分应用了历史数据，从大量历史数据中总结回归技术状况变化趋势，可靠性较高；对技术状况分类时，可采用主成分分析法与支持向量分类机组合模型，该模型将技术状况评价等级与评价指标之间的非线性映射关系转换为高维空间中的线性问题，避免了主观因素的影响。

六、预测模型对比评价

为明确不同模型的适用性，汇总常用预测模型特点及其优缺点，见表4-3。

技术状况预测模型汇总　　　　　　　　　　表4-3

模型	特点	优点	缺点/关键点
力学模型	分析在荷载等作用下的力学响应，计算复杂，需进行大量的实验分析确定相关参数	具有充足理论依据，能够较准确地反映技术状况变化的内部机理，具有较高的预测精度并且有很好的外推性，适用于项目级养护决策	计算量大且复杂，与常规检测采集数据不一致，难以直接应用
力学—经验模型	将理论计算与实测数据相结合，考虑多种影响因素下，采用力学分析确定各类条件下的力学响应，通过经验回归分析力学响应与技术状况衰变的关系	具有较好的外推性，但主要用于预估结构性能，且模型复杂，计算量大	主要预测结构性能的变化，无法预测功能性能的变化；仅适用于项目级养护决策
经验回归模型	适用于连续积累的历史数据充足的情况	通常以实测数据为基础，采用回归分析的方法建立预测方程，避开了复杂的结构分析，模型形式简单，容易更新和修正，但可靠性取决于数据的准确性和充分性	模型假设与实际情况不符，导致建立的模型只适用于某些特定路段；需要大量的数据，且预测精度随着时间的增加而降低
马尔可夫预测模型	适用于数据积累较少的情况，需对技术状况状态进行划分；确定状态转移矩阵是建模的关键，缺乏数据时需参考工程经验确定	考虑了各因素及技术状况发展的不确定性，用少量数据即可建立预测模型，数据积累后还能对模型进行修正	预测状态只与当前状态有关的假设与实际不符，结果不够直观

续上表

模型	特点	优点	缺点/关键点
灰色预测模型	避开了复杂的影响因素分析,对预测长期技术状况精度较低	不需要大量数据就能获得较高的预测精度,适用性强,适合短期预测	可控性差,预测误差随预测时间逐渐增大,样本数据的选择对模拟误差有较大影响
BP 神经网络预测模型	适用于历史数据较多的情况,技术状况预测的激活函数一般取 S 形函数	非线性映射能力、学习能力、自适应性能力、运算能力和容错性强,对样本要求低	推算过程较为复杂,模型自学习速度较慢
支持向量机回归预测模型	通过求解一个线性约束的二次规划问题得到全局最优解	适用于小样本、非线性、高维数和局部极小点等问题,预测能力强	核函数参数的确定尚无标准理论

第二节 公路技术状况预测常用模型

预测模型的选择需要考虑因变量和自变量的关系、预测时间长度、实测数据量、预测精度要求、计算复杂度等方面。不同公路设施(路基、路面、桥梁、隧道和沿线设施)技术状况的衰变原因、影响因素和特性等都存在差异,适用的预测模型也不一致。本节介绍不同公路设施技术状况预测的常用模型。

一、路基技术状况预测常用模型

路基技术状况预测常用模型有指数曲线回归模型、双曲线模型和 BP 神经网络模型等。

1. 指数曲线回归模型

路基技术状况预测中,指数曲线回归模型是利用实测数据和排水条件,建立路基技术状况回归模型,如式(4-39)所示。该方法可用于预测路基沉降等路基技术状况指标。

$$S_t = (S_\infty - S_d)[1 - \alpha\exp(-\beta t)] + S_d \qquad (4\text{-}39)$$

式中:S_t、S_∞、S_d——t 时刻、最终和瞬时的路基技术状况指标值;

α、β——模型参数;

t——时间。

2. 双曲线模型

双曲线模型建立路基技术状况指标与时间的双曲线回归模型,如式(4-40)所示。该方法可用于预测路基沉降等路基技术状况指标。

$$S_t = S_0 + \frac{t - t_0}{\alpha + \beta(t - t_0)} \tag{4-40}$$

式中:S_0、t_0——路基技术状况指标的拟合值及其时间;

其他符号意义同前。

3. BP 神经网络模型

路基技术状况预测中,BP 神经网络模型是依据一定的历史路基技术状况进行训练而建立起来的预测模型。该方法可用于预测路基沉降等路基技术状况指标,其主要步骤包括:

(1)建立预测模型序列

设有一段时间序列$\{X(t), t=1,2,\cdots,n\}$,预测模型如式(4-41)所示:

$$\{X(t)\} = \varphi[X(t-1),\cdots,X(t-p)] \tag{4-41}$$

式中:$\varphi[X(t-n)]$——非线性作用函数;

p——模型函数,即输入矢量的神经元个数。

(2)构造样本数据

由时间序列$\{X(t), t=1,2,\cdots,n\}$构造出$n-p$个样本,取一定观测时间内的观测数据作为模型学习样本。

(3)利用构造的网络模型进行学习训练

将所构造的$n-p$个样本输入神经网络模型中进行学习训练,学习训练结束后即可得到稳定的网络结构、连接权和阈值,这样就建立了基于神经网络的时间序列预测模型。将待预测的样本的输入向量代入网络,利用已获得的稳定网络结构、连接权和阈值可对该样本进行预测。

二、路面技术状况预测常用模型

1. 经验回归模型

经验回归模型可用于预测路面技术状况指标随路龄的变化趋势。该模型可用于预测路面损坏状况指数、路面行驶质量指数等分项指标,也可用于预测综合指标。根据路面实际状况,其经验回归模型可采用方法回归分析。回归模型及其参数需要根据实测数据确定。

(1)线性回归模型

该模型主要用于路面从初期投入使用开始,受设计、施工质量、养护情况等因素影响,对路面技术状况指标的预测。式(4-42)中模型参数取值依据路况、施工质量、养护情况等因素确定。

$$PI = PI_0 - \alpha t \tag{4-42}$$

式中:PI——预测路面技术状况指数;
　　PI$_0$——初始路面技术状况指数;
　　α——模型参数;
　　t——路龄。

(2)指数回归模型

该模型可用于未养护路段,随路龄增加路面技术状况指标衰减速度增加时的指标预测。式(4-43)中模型参数取值依据路面养护模式等确定。

$$PI = PI_0 e^{-\alpha t} \tag{4-43}$$

式中参数意义同上。

(3)S形回归模型

该模型可用于路面技术状况指数衰减到一定程度,由于采取了养护措施使路面技术状况指标改善,路面技术状况衰变速率减小时的指标预测。式(4-44)中模型参数的确定需要考虑养护历史等因素。

$$PI = PI_{min} + \frac{PI_{max} - PI_{min}}{1 + \beta e^{-\alpha t}} \tag{4-44}$$

式中:PI$_{max}$、PI$_{min}$——预测指标的最高水平和最低水平;
　　其他符号意义同前。

2. 马尔可夫模型

路面技术状况指标预测的马尔可夫模型假定,当前路段的路面技术状况指标处于状态 i,则其状态变化只能维持在 i 状态或者变为更差的 $i+1$ 状态,即:

$$P_{i,i} + P_{i,i+1} = 1 \tag{4-45}$$

公路技术状况评价通常分为优、良、中、次、差五个状态,并分别用数字 1~5 代表,则式(4-46)中的转移概率矩阵可变为:

$$\boldsymbol{P} = \begin{bmatrix} P_{11} & 1-P_{11} & 0 & 0 & 0 \\ 0 & P_{22} & 1-P_{22} & 0 & \cdots \\ 0 & 0 & P_{33} & 1-P_{33} & 0 \\ 0 & 0 & 0 & P_{44} & 1-P_{44} \\ 0 & 0 & 0 & 0 & 1 \end{bmatrix} \tag{4-46}$$

然后,根据路网中路面技术状况指标的初始状态 $\boldsymbol{P}(0)$ 和式(4-46)可得到 t 年该指标的变化概率矩阵 $\boldsymbol{P}(t)$。

3. 灰色预测模型

根据当前已经检测的路面技术状况数据为 $X_1, X_2, \cdots, X_n$,预测 t 年的路面技术状况,如式(4-48)所示。

$$X^{(0)} = \{X^{(0)}(1), X^{(0)}(2), \cdots, X^{(0)}(n)\} \tag{4-47}$$

$$X^0(t+1) = (1-e^a)\left(X^0(1) - \frac{b}{a}\right)e^{-at} \tag{4-48}$$

式中,$\alpha = \left[X(1) - \frac{b}{a}\right](1-e^a), \beta = -\alpha$。

4. BP 神经网络模型

BP 神经网络模型用于预测路面技术状况指标的主要步骤与路基技术状况预测一致。

三、桥梁技术状况预测常用模型

1. 碳化深度预测模型

对于混凝土桥梁可以通过预测混凝土碳化深度,评估桥梁技术状况。混凝土随时间的碳化深度模型公式为:

$$X_c = k\sqrt{t} \tag{4-49}$$

式中:X_c——碳化深度;
$\quad\quad t$——时间;
$\quad\quad k$——碳化系数。

2. 马尔可夫预测模型

马尔可夫预测模型用于桥梁技术状况指标预测时,其主要步骤与路面技术状况的马尔可夫预测模型一致。

3. 马尔可夫退化预测模型

(1)定义主体状态空间及状态向量。

桥梁退化过程是假设桥梁在自然外界的影响下状态在一个有限的离散集合逐渐降低的过程。根据《公路桥涵养护规范》(JTG 5120—2021),将桥梁技术状况分为五类,见表4-4。

桥梁技术状况划分　　　　　　　　　表4-4

评分	分类	状态值
$100 > D_r \geqslant 88$	一类	1
$88 > D_r \geqslant 60$	二类	2
$60 > D_r \geqslant 40$	三类	3
$40 > D_r \geqslant 30$	四类	4
$30 > D_r \geqslant 0$	五类	5

(2) 计算桥梁总体状态评分序列的各阶自相关系数 r_k：

$$r_k = \frac{\sum_{i=1}^{n-k}(x_i - \bar{x})(x_{i+k} - \bar{x})}{\sum_{i=1}^{n}(x_i - \bar{x})^2} \tag{4-50}$$

式中：r_k——第 k 阶（滞时为 k）自相关系数；

x_i——第 i 时间点的桥梁总体状态评分值；

$\bar{x}$——桥梁总体状态评分值均值；

n——序列长度。

(3) 对各阶自相关函数规范化，即：

$$\omega_k = \frac{|r_k|}{\sum_{k=1}^{5}|r_k|} \tag{4-51}$$

将它们作为各种滞时（步长）的马尔可夫链的权。

(4) 根据各时间点桥梁总体状态评分值和等级值，进行频率统计，得到不同步长马氏链的转移概率矩阵，它决定了状态等级转移过程的概率法则。这里其实隐含了一个近似，即假设各步转移概率与时间点无关。

(5) 分别以前面时间点各自的状态等级的概率作为初始分布概率，乘以相应的状态转移概率矩阵，即可预测出未来时间点的桥梁总体状态等级的状态概率 $P_i^{(k)}$，再将同一状态的各预测概率的加权和作为桥梁总体状态等级处于该状态的预测概率 P_i，即：

$$P_i = \sum_{k=1}^{5} \omega_k P_i^{(k)} \tag{4-52}$$

其中，i 表示状态空间的元素，即 $i = 1,2,3,4,5$，那么，$\max\{P_i, i = 1,2,3,4,5\}$ 所对应的 i 为将来的时间点桥梁总体状态的预测等级。

(6) 根据模糊集中理论中的级别特征值计算桥梁状况评分具体值。

首先给各状态赋以相应的权重，构成权重集 $D = \{d_1, d_2, d_3, d_4, \cdots, d_m\}$，其中 m 为研究系统的状态数。其中权重的大小取决于各状态概率的大小，即：

$$d_i = \frac{P_i^n}{\sum_{k=1}^{m} P_k^n} \tag{4-53}$$

式中：n——最大概率的作用系数，通常取 2。

级别特征值 H 可以通过式(4-54)进行计算：

$$H = \sum_{i=1}^{m} i \times d_i \tag{4-54}$$

根据上一步确定最大概率的状态 i，按式(4-55)计算系统在预测时段的预测值。

$$\begin{cases} X_{\text{预测}} = \dfrac{T_i H}{i + 0.5} & H > i \\ X_{\text{预测}} = \dfrac{B_i H}{i - 0.5} & H < i \end{cases} \tag{4-55}$$

式中：T_i、B_i——状态区间值的上限与下限。

4. 韦布尔（Weibull）分布残存曲线预测模型

韦布尔分布残存曲线预测模型可用于预测桥梁技术状况随时间的残存概率，其模型如式（4-56）所示：

$$S(t) = e^{-\left(\frac{t-\gamma}{\alpha}\right)^\beta} \tag{4-56}$$

式中：$S(t)$——t 时刻桥梁技术状况的残存概率；
   　　α——比例参数；
   　　β——形状参数；
   　　γ——位置参数。

四、隧道技术状况预测常用模型

1. 马尔可夫预测模型

马尔可夫预测模型用于隧道技术状况指标预测时，其主要步骤与路面技术状况的马尔可夫预测模型一致。

2. 韦布尔（Weibull）分布残存曲线预测模型

韦布尔分布残存曲线预测模型可用于预测隧道技术状况随时间的残存概率，其模型见式（4-56）。

五、沿线设施技术状况预测常用模型

1. 韦布尔（Weibull）分布残存曲线预测模型

韦布尔分布残存曲线预测模型可用于预测路灯等沿线设施随时间的正常工作概率，其模型见式（4-56）。

2. 对数—逻蒂斯迪克（log-logistic）分布残存曲线预测模型

对数—逻蒂斯迪克分布残存曲线预测模型可用于预测交通信号灯等沿线设施随时间的正常工作概率，其模型如下：

$$S(t) = 1 - \left[1 + \left(\frac{\beta}{t-\gamma}\right)^\alpha\right]^{-1} \tag{4-57}$$

式中符号意义同前。

第三节 公路技术状况预测技术与实例分析

公路技术状况预测模型的建立,以及如何应用预测模型预测未来的技术状况,不仅要有科学的建模方法,且对于特定模型的使用方法也不尽相同。

一、建模与预测技术

不同预测模型的建模方法和使用方法会有所不同,但一般可分为以下几步。

1. 收集基础数据

不论何种预测模型,其预测精度和可靠性都依赖于有关资料和数据的齐备和准确。采集和积累技术状况数据,是建立可靠预测模型的必要步骤。主要的所需数据如下:

(1)设计和施工数据:路段标识、道路等级、几何参数、结构组成、材料类型与技术状况参数等。

(2)养护和改建数据:曾采取过的养护和改建措施的类型、时间和费用等历史资料。

(3)技术状况监测数据:主要包括路基、路面、桥梁、隧道和沿线设施的定期监测数据。

(4)交通数据:交通(日交通量、车型组成和交通增长率等)和标准轴载数(轴型、轴重和日轴载作用次数等)。

(5)环境因素:温度、降水量、冻融周期和太阳辐射等。

上述各项数据需定期采集,这是最为重要的基础工作,也是费用最大的工作。

2. 选择试验路段

建立技术状况预测模型需要大量观测数据。尽管要求在整个路网范围内定期采集有关数据,然而由于采集工作量大,参加人员多,精度难以得到保证。因此,为了提高预测模型的精度和可靠性,还须选择一定数量的试验路段以重点收集和核实有关的各类数据。试验路段的选择要符合统计抽样调查的要求,并充分覆盖各影响变量。显然,全因子设计(所选择变量的全部可能组合)不易实行,因为这需要选择大量的试验路段。所以,采用部分因子设计比较合适。表4-5为这种设计的一个路面试验段的例子。所选择的变量是环境因素、使用年数、行驶质量和结构损坏。每一变量分为3级。此设计需要27个试验路段。

供数据采集用的试验设计示例(1/3 因子设计)　　　　表 4-5

行驶质量	结构损坏	地区(环境)								
		1			2			3		
		使用年数			使用年数			使用年数		
		3~7	8~12	13~17	3~7	8~12	13~17	3~7	8~12	13~17
H	H		×		×					×
	M	×					×		×	
	L			×		×		×		
M	H	×					×		×	
	M			×	×				×	
	L		×		×					×
L	H			×	×			×		
	M		×			×				×
	L	×					×	×		

注:H 表示"高", M 表示"中", L 表示"低"。

3. 明确模型的用途和预估目标

在建模过程中,首先要了解预测模型的用途、决策支持系统的具体要求、需要预估的技术属性、可能采用的建模方法及有关资料和数据的可获得性等方面的信息,以求明确适用的模型类型及其建模方法和所能达到的预估目标。

4. 选用技术状况指标及其影响变量

技术状况指标的选择,对于网级系统来说,较多采用综合性的指标,如 PCI、PSI 等;对于项目级的系统来说,则大都采用疲劳开裂、车辙、平整度等单项指标。影响变量的选择,可依据有关理论分析或实际经验确定。如采用回归分析方法建立确定型模型时,可先不附加过多的限制,而通过逐步回归分析技术,把同技术状况变量相关性小的影响变量剔除,筛选出最重要的一些变量。

5. 确定预测模型形式和模型结构

依据理论分析和工程经验,确定预测模型形式。对于概率型模型而言,则要根据技术状况的决策支持系统和公路部门传统的评价习惯,确定路况状态的划分和组成。

6. 建立模型及检验

按照各自模型的形式和结构,采用数学方法对模型中的参数进行估计并进行假设检验,最终识别和确认所建立的具体模型。对于确定型模型来说,是确定模型中的各项系数并通过假设检验以确认各项系数的统计意义的合理性,比如,回归分析模型中回归系数的统计意义是否合理,相关系数的合理性等;对于概率型模型而言,则是确定路况状态转移矩阵并分析其合理性。对于机器学习预测模型,则是确定训练集的样本数是否足够。

7. 预测未来技术状况

采用所建立的模型预测未来的技术状况,按照预测路段是否为建立预测模型相同路段,预测方法有所不同。当预测路段与建立预测模型路段相同时,一般只需要收集变化模型中的气候和交通参数,代入预测模型中进行预测。当预测路段与建立预测模型路段不同时,需要收集模型变量的各种数据,如结构、材料、交通数据和环境数据等。

二、实例分析

1. 沥青路面车辙预测(力学—经验法)

本实例为基于足尺 ALF 加速加载的车辙预测模型及预测,属于力学—经验法。

步骤1:基础数据收集与分析

(1)基于 ALF 加速加载车辙试验的车辙数据

采用 ALF 设备对三种足尺路面结构(图 4-5)进行加速加载试验。进行了三种工况的加速加载车辙试验,工况 1:试验温度和轴载为 45℃和 16t;工况 2:试验温度和轴载为 53℃和 16t;工况 3:试验温度和轴载为 53℃和 10t。试验的温度条件为 45℃和 53℃,以距路表面 4cm 处的温度控制,ALF 试验车辙采集断面示意如图 4-6 所示。加速加载试验时除了埋设温度控制传感器外还埋设了温度场传感器,用来记录加速加载试验的温度场变化情况,精度为 0.1℃。结构 A、C 的埋设深度为距路表面 0cm、3cm、6cm、9cm、12cm、15cm 处;结构 B 为厚沥青层,埋设深度为距路表面 0cm、5cm、10cm、15cm、20cm、25cm 处。通过 ALF 加速加载车辙试验得到的结果(以工况一为例)如图 4-7 所示。

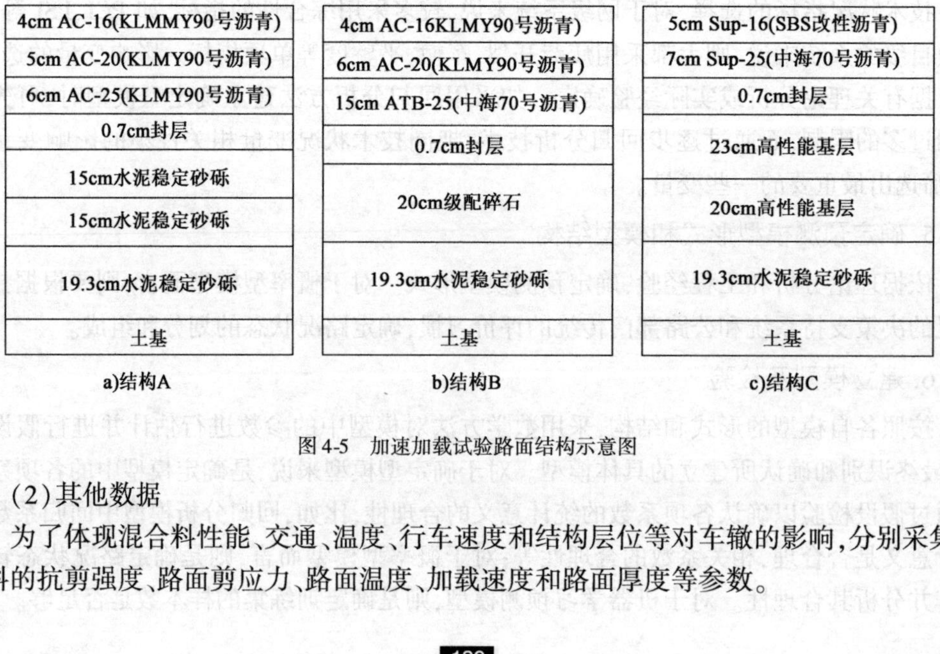

4cm AC-16(KLMMY90号沥青)	4cm AC-16KLMY90号沥青)	5cm Sup-16(SBS改性沥青)
5cm AC-20(KLMY90号沥青)	6cm AC-20(KLMY90号沥青)	7cm Sup-25(中海70号沥青)
6cm AC-25(KLMY90号沥青)	15cm ATB-25(中海70号沥青)	0.7cm封层
0.7cm封层	0.7cm封层	23cm高性能基层
15cm水泥稳定砂砾	20cm级配碎石	20cm高性能基层
15cm水泥稳定砂砾		
19.3cm水泥稳定砂砾	19.3cm水泥稳定砂砾	19.3cm水泥稳定砂砾
土基	土基	土基
a)结构A	b)结构B	c)结构C

图 4-5 加速加载试验路面结构示意图

(2)其他数据

为了体现混合料性能、交通、温度、行车速度和结构层位等对车辙的影响,分别采集混合料的抗剪强度、路面剪应力、路面温度、加载速度和路面厚度等参数。

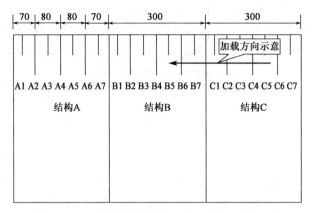

图 4-6 ALF 试验车辙采集断面示意图(尺寸单位:mm)

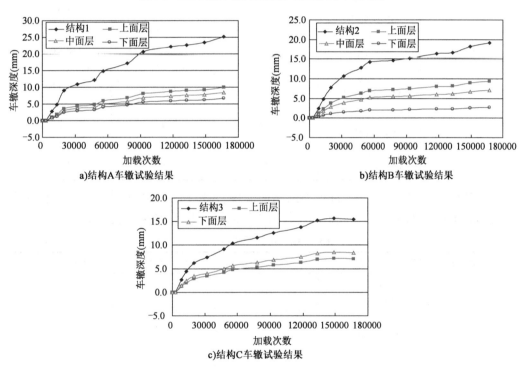

图 4-7 工况 1 车辙试验结果

通过直接剪切试验测试 ALF 加速加载结构所用路面材料在 0.7MPa 和 60℃下的抗剪强度 $[\tau]$,结果见表 4-6。

混合料抗剪强度　　　　　　　　　　表 4-6

混合料	AC-16(90号)	AC-20(90号)	AC-25(90号)	ATB-25(70号)	Sup-16(SBS)	Sup-25(70号)
抗剪强度(MPa)	1.032	1.109	1.172	1.228	1.221	1.204

采用弹性层状理论计算三种 ALF 加速加载路面结构的路面剪应力(τ),深度间隔 1cm,同一深度处沿 y 轴计算 4 个位置,取最大值作为该深度处的最大值。以各层不同深度的均值作为所在层的代表剪应力,确定各层的代表剪应力见表 4-7。

三种结构的代表剪应力(MPa)　　　　　　　　　　表 4-7

路面结构	层位	工况 1	工况 2	工况 3
A	上面层 AC-16(90 号)	0.251	0.251	0.210
A	中面层 AC-20(90 号)	0.267	0.275	0.233
A	下面层 AC-25(90 号)	0.220	0.223	0.173
B	上面层 AC-16(90 号)	0.256	0.257	0.211
B	中面层 AC-20(90 号)	0.255	0.258	0.217
B	下面层 ATB-25(70 号)	0.181	0.170	0.124
C	上面层 Sup-16(SBS)	0.253	0.254	0.213
C	下面层 Sup-25(70 号)	0.247	0.250	0.207

为获取 ALF 加速加载试验过程中的路面温度,在路面结构中埋设了温度场传感器(精度为 0.1℃)。以各层层中间的温度作为该层的试验温度,结果见表 4-8。

ALF 各结构层试验温度(℃)　　　　　　　　　　表 4-8

路面结构	层位	厚度(cm)	2.5cm 处为 46℃	2.5cm 处为 53℃
A	上面层 AC-16(90 号)	4	46.2	53.2
A	中面层 AC-20(90 号)	5	44.6	51.6
A	下面层 AC-25(90 号)	6	43.7	50.7
B	上面层 AC-16(90 号)	4	46.2	53.2
B	中面层 AC-20(90 号)	6	44.4	51.4
B	下面层 ATB-25(70 号)	15	40.8	47.8

续上表

路面结构	层位	厚度(cm)	2.5cm 处为 46℃	2.5cm 处为 53℃
C	上面层 Sup-16(SBS)	5	46	53
	下面层 Sup-25(70 号)	7	44.5	51.5

路面厚度是影响路面车辙的显著因素之一。国内外的许多研究表明车辙深度随路面厚度呈线性或非线性增长。当路面厚度超过一定值时,路面剪应力随厚度增厚而减小,说明路面车辙随路面厚度的增大而减小。

步骤2:选择预测模型形式和模型结构

为体现混合料性能、交通、温度、行车速度和结构层位等对车辙的影响,选择以下预测模型参数:①混合料抗剪强度$[\tau]$,用于表征混合料性能;②路面结构各沥青层的最大剪应力 τ,用于表征路面结构受力状况对车辙的影响;③标准轴载作用次数 N,N 是路面结构设计和材料设计的基础参数;④路面温度 T,它是影响车辙的最重要因素;⑤行车速度 v,它对车辙有重要影响,行车速度越慢荷载作用时间就越长,车辙深度就越大,反之则越小;⑥路面厚度 d,有研究表明车辙深度随路面厚度呈线性或非线性增长。

加速加载试验时,按一定的加载次数间隔测量3种结构的车辙深度,工况1、工况2和工况3的最大加载次数分别为167000次、70000次和148000次。对三种试验路面结构的车辙深度与轴次的关系进行统计分析,分析路表总体车辙深度与轴次的关系,车辙深度与轴载作用次数采用幂指数函数,结果如图4-8、图4-9所示(以工况三为例)。

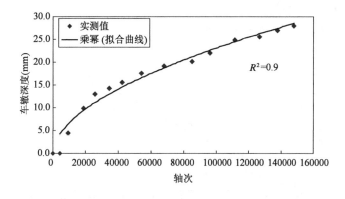

图4-8 结构A(工况3)的车辙拟合结果

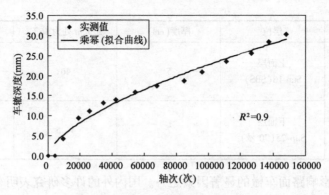

图 4-9　结构 B(工况 3)的车辙拟合结果

根据上述分析结果和国内外车辙预测模型,确定车辙预测模型形式如下:

$$RD = A(N)^n(T)^t(d)^h(\tau/[\tau])^s\left(\frac{v}{v_0}\right)^m \tag{4-58}$$

步骤 3:模型建立

以三种 ALF 加速加载结构的车辙深度、试验温度、路面剪应力、各层厚度、混合料抗剪强度、轴载作用次数作为基础参数,并进行拟合分析,得到模型参数:$A = 6.714 \times 10^{-11}$,$n = 0.6247$,$t = 5.2702$,$h = 0.5542$,$s = 1.9279$。得到 ALF 加速加载简化车辙预测模型如下:

$$\frac{R_d}{R_0} = 6.714 \times 10^{-11}(N)^{0.6247}(T)^{5.2702}(d)^{0.5542}(\tau)^{1.9279} \tag{4-59}$$

式中:R_d——车辙的预估深度(mm);

R_0——室内车辙试验 60min 的变形(mm);

N——轴载作用次数;

T——路面温度(℃);

τ——路面各沥青层的最大剪应力(MPa);

d——路面厚度(cm)。

预估与实测车辙深度如图 4-10 所示。

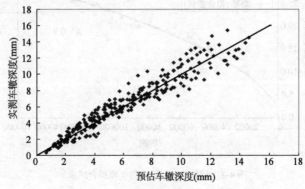

图 4-10　预估与实测车辙深度示意图

此时的车辙预测模型仅适用于行车速度为20km/h，若要将此车辙预测模型应用于不同行车速度，还需要进行速度修正。沥青混合料是黏弹性材料，根据时温转化原理，同轴重荷载作用不同长度时间导致产生的车辙不同，作用时间越长，蠕变越大、车辙深度越大，反之则越小。时间硬化蠕变模型是BISAR有限元分析软件的自带模型，主要用以分析材料的蠕变特性。该模型考虑了荷载作用时间和偏应力，可以用以分析不同速度下的车辙问题，见式(4-60)：

$$\frac{d\varepsilon}{dt} = A\sigma^n t^m \tag{4-60}$$

式中：$\frac{d\varepsilon}{dt}$——蠕变率(1/s)；

σ——偏应力(MPa)；

t——荷载作用时间(s)；

A、m、n——材料属性参数。

对式(4-60)进行厚度与时间的积分，便可得到单次作用荷载的车辙深度，如式(4-61)所示：

$$RD = \iint A\sigma^n t^m dt dh = A\sigma^n h \frac{t^{m+1}}{m+1} = \left(10^{0.0004h} \cdot \frac{l}{v}\right)^{m+1} \cdot \frac{A\sigma^n h}{m+1} \tag{4-61}$$

再根据式(4-61)，以加速加载速度作为基准速度，则任意设计速度的车辙深度与基准速度下的车辙深度比值为：

$$\frac{RD}{RD_{20}} = \left(\frac{v_d}{20}\right)^{-(m+1)} \tag{4-62}$$

式中：RD——设计速度v_d下的车辙深度(mm)；

RD_{20}——设计速度20km/h下的车辙深度(mm)；

v_d——设计车速(km/h)；

m——混合料的蠕变参数，范围为 -1.0 ~ 0，可取 -0.5；

h——沥青层计算位置至路表的厚度(mm)；

l——轮胎与路面的接触长度(m)，取0.3m；

v——车辆的行驶速度(m/s)。

将简化的ALF车辙预测模型经速度修正后得到如下的最终形式：

$$RD = 6.714 \times 10^{-11} (N)^{0.6247} (T)^{5.2702} (d)^{0.5542} \left(\frac{\tau}{[\tau]}\right)^{1.9279} \left(\frac{v_d}{20}\right)^{-(m+1)} \tag{4-63}$$

式中：N——轴载作用次数；

T——路面温度(℃)；

τ——路面各沥青层的最大剪应力(MPa)；

$[\tau]$——混合料抗剪强度(MPa)；

d——路面厚度(cm)；

v_d——设计车速(km/h)。

步骤4：车辙预测

(1) 确定基础参数

①路面结构及参数

路面结构为典型半刚性基层沥青路面，上面层为4cm、中面层为5cm、下面层为6cm；水泥稳定砂砾基层和底基层，总厚度50cm；土基模量为50MPa。路段于2005年1月建成通车，2007年4月对该路段进行了车辙调查，车辙深度在1.72～11.2mm，平均车辙深度为6.46mm。

②路面温度

通过中国气象科学数据服务网查询得到工程所在地近30年的月平均气温，如表4-9所示。路面月平均气温通过AI温度场模型计算，计算公式如式(4-64)所示。以各层的中间位置作为代表温度，经计算路面各层的代表温度，结果见表4-9。

$$MMPT = MMAT\left(1 + \frac{1}{z+4}\right) - \frac{34}{z+4} + 6 \qquad (4-64)$$

式中：$MMPT$——路面月平均气温(华氏度，$°F$)；1华氏度 = (9/5) 摄氏度 + 32；

$MMAT$——月平均气温($°F$)；

z——路表下的深度(in)，1in = 2.54cm。

月平均气温和路面温度　　　　　　　　　　表4-9

地名	一月	二月	三月	四月	五月	六月	七月	八月	九月	十月	十一月	十二月
气温(℃)	-9.95	-6	1.9	9.45	15.5	19.75	21.6	20.6	14.8	7.2	-1.3	-8.1
上面层(℃)	-8.9	-4.2	5.4	14.5	21.8	27.0	29.2	28.0	21.0	11.8	1.5	-6.7
中面层(℃)	-8.3	-3.8	5.4	14.1	21.0	25.9	28.1	26.9	20.2	11.5	1.7	-6.2
下面层(℃)	-7.9	-3.5	5.3	13.7	20.5	25.2	27.3	26.2	19.7	11.2	1.8	-5.8

③交通量

在收费站调取了2005—2007年的日交通量和车险，经轴载分析确定标准轴载作用次数如表4-10所示。

临清试验路月交通量分析　　　　　　　　　　表4-10

时间段	2005.1—2005.12	2006.1—2006.12	2007.1—2007.4
月轴载作用次数(次)	33090	33798	35027

④路面剪应力

采用Bisar软件计算得到路面结构上面层、中面层和下面层的剪应力，结果如表4-11所示。

路面结构剪应力 表4-11

层位	上面层	中面层	下面层
剪应力(MPa)	0.152	0.233	0.173

⑤混合料抗剪强度

调取设计施工资料,混合料的抗剪强度如表4-12所示。

混合料抗剪强度 表4-12

层位	上面层	中面层	下面层
抗剪强度(MPa)	0.713~1.019	0.781~1.115	0.830~1.186

(2)车辙预估

沥青路面的车辙随着轴载作用的次数逐渐累积,且车辙累积速率随温度的改变而变化。为提高预估精度,将实际加载分解为以月为单位的时间序列,温度和交通轴次均以月为计算周期,从而每月存在一个车辙增量。由于车辙发展的非线性,增量车辙的预估必须考虑加载历史。在完成初始车辙的求解后,逐月采用叠加计算法给出累积车辙。车辙的叠加参考AASHTO 2002方法,过程如下:

Steps1 : $j = 1$ 时。

计算第一个月的车辙 RD_1,月轴载次数为 N_1,月平均温度为 T_1:

$$RD_1 = AN_1^n T_1^t (d)^h \left(\frac{\tau}{[\tau]}\right)^s \left(\frac{v}{20}\right)^{-(m+1)} \tag{4-65}$$

Steps2 : $j = 2$ 时。

①第2个月初期的车辙等于第1个月末期的车辙 RD_1,首先求解 RD_1 在 T_2 温度下的等效累积轴载作用次数,采用式(4-66)计算:

$$N_{p2s} = \sqrt[n]{\frac{RD_1}{AT_2^t(d)^h \left(\frac{\tau}{[\tau]}\right)^s \left(\frac{v}{20}\right)^{-(m+1)}}} \tag{4-66}$$

②接着求解第2个月末期的历史累积轴载作用次数 N_{p2}:

$$N_{p2} = N_2 + N_{p2s} \tag{4-67}$$

③最后求解第2个月末期的累积车辙 RD_2:

$$RD_2 = AN_{p2}^n (d)^h T_2^t \left(\frac{\tau}{[\tau]}\right)^s \left(\frac{v}{20}\right)^{-(m+1)} \tag{4-68}$$

Steps3 : $j \geq 3$ 时。

①首先求取 $j-1$ 分段加载完毕时的累积永久变形 RD_{j-1}。

②接着求解 RD_{j-1} 在温度 T_j 下的等效累积轴载作用次数 N_{pjs},见式(4-69)。

$$N_{pjs} = \sqrt[n]{\frac{RD_{j-1}}{AT_j^t(d)^h \left(\frac{\tau}{[\tau]}\right)^s \left(\frac{v}{20}\right)^{-(m+1)}}} \tag{4-69}$$

③其次求解第 j 个月末期的历史累积轴载作用次数 N_{pj}：

$$N_{pj} = N_{pjs} + N_j \qquad (4\text{-}70)$$

④最后求解第 j 个月末期的累积车辙 RD_{j-1}：

$$RD_j = AN_{pj}^n(d)^h T_j^s \left(\frac{\tau}{[\tau]}\right)^s \left(\frac{v}{20}\right)^{-(m+1)} \qquad (4\text{-}71)$$

按照上述方法并采用式(4-71)的预测模型进行车辙预测,得到车辙深度在 3.26 ~ 5.23mm 之间。

2. 基于灰色马尔可夫模型的路面技术状况预测

以某高速公路长为 1km 的路段为对象,通过采集到的路况数据建立灰色马尔可夫预测模型并进行技术状况预测,属组合预测法。

步骤1:路面技术状况采集

对路段的 2011—2014 年路面破碎率(DR)、平整度(IRI)、车辙深度(RD)和侧向力系数(SFC)进行了测试,并采用路面损坏状况指数(PCI)、行驶质量指数(RQI)、车辙深度指数(RDI)和抗滑性能指数(SRI)评价,结果见表 4-13。

路面技术状况检测数据及评价指标　　　　表4-13

项目		时间/路龄(年)			
		2011/0(年)	2012/1(年)	2013/2(年)	2014/3(年)
检测数据	DR(%)	0.17	0.54	1.12	2.11
	IRI(m/km)	2.03	2.21	2.47	2.78
	RD(mm)	3.56	5.02	6.91	8.82
	SFC	55	53	50	47
评价指标	PCI	92.8	88.4	84.3	79.6
	RQI	91.1	90.1	88.5	86.3
	RDI	92.9	90.0	86.2	82.4
	SRI	94.7	93.6	91.5	88.7

步骤2:灰色预测模型建立

根据路段 PCI、RQI、RDI 及 SRI 四个单项评价指标历史数据,建立 GM(1,1)模型,原始数据序列分别为:

$$X_1^{(0)} = (92.8, 88.4, 84.3, 79.6)$$
$$X_2^{(0)} = (91.1, 90.1, 88.5, 86.3)$$
$$X_3^{(0)} = (92.9, 90.0, 86.2, 82.4)$$
$$X_4^{(0)} = (94.7, 93.6, 91.5, 88.7)$$

对原始数据序列进行一次累加,得到新的数据序列:

$$X_1^{(1)} = (92.8, 181.2, 265.5, 345.1)$$
$$X_2^{(1)} = (91.1, 181.2, 269.7, 356.0)$$

$$X_3^{(1)} = (94.7, 188.3, 279.8, 368.5)$$
$$X_4^{(1)} = (94.7, 188.3, 279.8, 368.5)$$

以 PCI 为例，其他指标的算法与之相同。

对 $X_1^{(1)}$ 作紧邻均值得：
$$Z_1^{(1)} = (137.000, 223.3500, 305.3000)$$

根据 $Y = [x^{(0)}(2), x^{(0)}(3), \cdots, x^{(0)}(n)]^T$ 得 $Y = [88.4, 84.3, 79.6]^T$

根据 $X = \begin{bmatrix} -z^{(1)}(2) & -z^{(1)}(3) & \cdots & -z^{(1)}(n) \\ 1 & 1 & \cdots & 1 \end{bmatrix}^T$ 得 $X = \begin{bmatrix} -137.000 & -223.35000 & -305.300 \\ 1 & 1 & 1 \end{bmatrix}$

根据 $Y = XL$，即 $B = (X^T X)^{-1}(X^T Y)$，计算出 $B = [0.0522 \quad 95.69]^T$，即参数 $a = 0.0522, b = 95.69225$，那么可以得出 $x^{(1)}(t+1)$，见式(4-72)：

$$x^{(1)}(t+1) = \left(92.8 - \frac{95.69225}{0.0522}\right)e^{-0.0522t} + \frac{95.69226}{0.0522} \tag{4-72}$$

计算各年的预测值，见式(4-73)：
$$x^{(0)}(t+1) = x^{(1)}(t+1) - x^{(1)} \tag{4-73}$$

计算残差，见式(4-74)：
$$e^{(0)}(t) = x^{(0)}(t) - x^{(0)}(t) \tag{4-74}$$

计算相对误差，见式(4-75)：
$$\Delta(t) = \frac{e^{(0)}(t)}{x^{(0)}(t)} \tag{4-75}$$

计算结果如表 4-14 所示。

基于 **GM**(1,1) 的路面技术状况指标预测结果　　　　　　　表 4-14

指标	年份	2011	2012	2013	2014	2015	2016
RQI	实测	91.1	90.1	88.5	86.3	—	—
	预测	91.1000	90.2011	88.2831	86.4060	84.5687	92.7705
	残差	0.0000	-0.1011	0.2169	-0.1060	—	—
	相对误差	0.0000%	-0.1122%	0.2451%	-0.1228%	—	—
RDI	实测	92.9	90.0	86.2	82.4	—	—
	预测	92.9000	90.0125	86.1312	82.4173	78.8635	75.4630
	残差	0.0000	-0.0125	0.0688	-0.0173	—	—
	相对误差	0.0000%	-0.0139%	0.0798%	-0.0210%	—	—
SRI	实测	94.7	93.6	91.5	88.7	—	—
	预测	94.7000	93.7187	91.2396	88.8261	86.4765	84.1889
	残差	0.0000	-0.1187	0.2604	-0.1201	—	—
	相对误差	0.0000%	-0.1268%	0.2846%	-0.1422%	—	—

根据表 4-14 可知，GM 预测模型对 RQI、RDI 及 SRI 的相对误差均小于 0.01，表明灰色预测模型对 RQI 的预测精度达到一级，预测结果可靠性高。

步骤 3：基于灰色马尔可夫模型的技术状况预测

以 PCI 的预测为例,当利用灰色马尔可夫组合预测模型对未来路面技术状况进行预测时,主要有以下几个步骤:

(1) 状态划分。由 GM(1,1) 的预测结果对未来路面技术状况可能的状态进行划分。2014 年的路面技术状况指标 PCI 的值为 79.6,它为最后采集到的实测数据。现在假设从 2014 年后,不再对该段公路路面采取任何的养护维修措施,PCI 的值从 80 开始,以下降每五个点来对未来的路面状况可能所处的状态进行划分,并且将 PCI 值小于 55 的情况划分为一个状态,则划分的状态范围分别为 [75,80)、[70,75)、[65,70)、[60,65)、[55,60)、[0,55),状态划分情况见表 4-15。

马尔可夫状态划分　　　　　表 4-15

状态名称	划分范围	状态矩阵
1	[75,80)	(1,0,0,0,0,0)
2	[70,75)	(0,1,0,0,0,0)
3	[65,70)	(0,0,1,0,0,0)
4	[60,65)	(0,0,0,1,0,0)
5	[55,60)	(0,0,0,0,1,0)
6	[0,55)	(0,0,0,0,0,1)

(2) 状态转移概率矩阵的计算。通过步骤(1)的状态划分结果,计算出各状态中值为 $M = (77.5, 72.5, 67.5, 62.5, 57.5, 27.5)$,再将这些状态中值代入灰色预测方程,见式(4-76):

$$x^{(1)}(t+1) = \left(x^{(0)}(1) - \frac{b}{a}\right)e^{-at} + \frac{b}{a} \quad t = 1, 2, \cdots, n-1 \quad (4-76)$$

式中,$a = 0.0522, b = 95.69255$。

将状态中值代入此预测方程后再反算出各状态中值所对应的使用年限序列 $T_0 = (3.55, 4.82, 6.19, 7.66, 9.26, 23.4)$,再把 $T = T_0 + 1$ 代入灰色预测方程,计算出 T 年时 PCI 的预测值序列为 (73.6, 68.8, 64.1, 59.3, 54.6, 26.1),以 T 年对应的 PCI 值作为正态分布的数学期望 μ,由式(4-85)计算 2014 年前的实测和预测结果计算正态分布的标准差 $\sigma = 1.9235$。

$$\sigma = \sqrt{\frac{\sum_{i=1}^{n}(\text{PCI}_{\text{预测}} - \text{PCI}_{\text{实测}})^2}{n-1}} \quad (4-77)$$

定义路面技术状况各单项指标在路面使用年限内所处的范围分布呈正态分布,将 $\mu = (73.6, 68.8, 64.1, 59.3, 54.6, 26.1), \sigma = 1.9235$ 分别作为正态分布函数的期望和方差,则该正态分布函数的表达式如式(4-78)所示:

$$X \sim f(x) = \frac{1}{\sqrt{2\pi}\sigma}e^{-\frac{(x-\mu)^2}{2\sigma^2}} \quad (4-78)$$

再根据此正态分布函数的表达式来计算路面技术状况指标 PCI 值出现各状态范围的

概率 $p_{ij}, i,j \in [1,6]$，其中 p_{ij} 表示 PCI 从状态 i 转移到状态 j 的概率。

以计算 PCI 从状态 i 转移到状态 j 的概率为例（$\mu=73.6, \sigma=1.9235$），通过 MATLAB 计算得：

$$p_{11} = \int_{75}^{80} \frac{1}{\sqrt{2\pi}\sigma} e^{-\frac{(x-\mu)^2}{2\sigma^2}} = 0.2329$$

$$p_{12} = \int_{70}^{75} \frac{1}{\sqrt{2\pi}\sigma} e^{-\frac{(x-\mu)^2}{2\sigma^2}} = 0.7360$$

$$p_{13} = \int_{65}^{70} \frac{1}{\sqrt{2\pi}\sigma} e^{-\frac{(x-\mu)^2}{2\sigma^2}} = 0.0306$$

$$p_{14} = \int_{60}^{65} \frac{1}{\sqrt{2\pi}\sigma} e^{-\frac{(x-\mu)^2}{2\sigma^2}} = 0$$

$$p_{15} = \int_{55}^{60} \frac{1}{\sqrt{2\pi}\sigma} e^{-\frac{(x-\mu)^2}{2\sigma^2}} = 0$$

$$p_{16} = \int_{0}^{55} \frac{1}{\sqrt{2\pi}\sigma} e^{-\frac{(x-\mu)^2}{2\sigma^2}} = 0$$

由此可得：$p_{1j} = (0.23, 0.74, 0.03, 0, 0, 0)$

同理可得：$p_{2j} = (0, 0.27, 0.71, 0.02, 0, 0)$

$p_{3j} = (0, 0, 0.32, 0.66, 0.02, 0)$

$p_{4j} = (0, 0, 0, 0.36, 0.63, 0.01)$

$p_{5j} = (0, 0, 0, 0, 0.42, 0.58)$

$p_{6j} = (0, 0, 0, 0, 0, 1)$

即路面技术状况状态转移概率矩阵为：

$$\boldsymbol{P}_{ij} = \begin{bmatrix} 0.23 & 0.74 & 0.03 & 0.00 & 0.00 & 0.00 \\ 0.00 & 0.27 & 0.71 & 0.02 & 0.00 & 0.00 \\ 0.00 & 0.00 & 0.32 & 0.66 & 0.02 & 0.00 \\ 0.00 & 0.00 & 0.00 & 0.36 & 0.63 & 0.01 \\ 0.00 & 0.00 & 0.00 & 0.00 & 0.42 & 0.58 \\ 0.00 & 0.00 & 0.00 & 0.00 & 0.00 & 1.00 \end{bmatrix}$$

（3）根据步骤（2）确定的状态转移概率矩阵，对未来年限的路面技术状况进行预测。

假设路面技术状况从一个状态向另一个状态转移时，转移的概率与以前经历的状态无关，只和当前所处的状态有关，状态的转移概率不随时间变化，根据上面得到的状态转移概率矩阵可计算出未来每年路面技术状况的 PCI 值。假设当前技术状况状态为 $p(t_0)$，T 年后的技术状况状态为 $p(t_0+T)$，由状态 i 转移到状态 j 的概率为 P^t，那么 $p(t_0+T)$ 的计算概率如式（4-79）所示：

$$p(t_0+T) = p(t_0) \times p^{t_0} \times p^{t_0+1} \times \cdots \times p^{t_0+t-1} = p(t_0) \times \prod_{r=0}^{t-1} p^{t_0+r} \quad (4-79)$$

根据路面技术状况状态的转移概率不随时间变化假设，即值为固定值，则式（4-79）可

简化为式(4-80):

$$p(t_0+T) = p(t_0) \times p^t \quad (4\text{-}80)$$

依据式(4-80)可由当前状态概率计算状态变化后的概率,现已知 2014 年路面技术状况中的 PCI = 79.6,状态概率矩阵 $p_0 = [1,0,0,0,0,0]$,据此计算 2015 年可能的状态概率矩阵为:

$$p_1 = [1,0,0,0,0,0] \times \sum_{i=1}^{n} X_i^2 \begin{bmatrix} 0.23 & 0.74 & 0.03 & 0.00 & 0.00 & 0.00 \\ 0.00 & 0.27 & 0.71 & 0.02 & 0.00 & 0.00 \\ 0.00 & 0.00 & 0.32 & 0.66 & 0.02 & 0.00 \\ 0.00 & 0.00 & 0.00 & 0.36 & 0.63 & 0.01 \\ 0.00 & 0.00 & 0.00 & 0.00 & 0.42 & 0.58 \\ 0.00 & 0.00 & 0.00 & 0.00 & 0.00 & 1.00 \end{bmatrix}$$

$$= [0.23, 0.74, 0.03, 0, 0, 0]$$

则 2015 年的 PCI = $0.23 \times 77.5 + 0.74 \times 72.5 + 0.03 \times 67.5 = 73.5$。同理就可以算出 2014 年以后任意年份的 PCI 值。

3. 基于 GA-BP 神经网络模型的路面技术状况预测

以某高速公路沥青路面 PCI 数据为例,如表 4-16 所示,利用传统 GM 模型、灰色神经网络模型及 GA—灰色神经网络模型三种模型分别仿真预测 2000—2009 年 PCI。其中:2000—2006 年的 PCI 值作为建模数据,2007—2009 年的 PCI 值作为检验模型预测精度。

整个运算过程借助 MATLAB 实现,BP 神经网络经过多次反复调试,最终确定隐含层节点为 6,输入层节点为 3,输出层节点为 1。隐含层神经元激活函数采用双正切 S 形函数 tansig,输出层神经元的激活函数采用线性函数 purelin,预测效果比较理想。输入样本采用 mapminmax 函数映射到[0,1],以适应激活函数的变化范围。设置网络的目标误差为 1×10^{-3},最大训练次数为 1×10^{-3},学习率为 0.1。遗传算法参数:种群规模 50,交叉概率 0.6,变异概率 0.08,进化代数 100,并且根据网络的拓扑结构确定个体编码长度为 31。

选取 2000—2006 年的 PCI 作为历史数据,建立了 GM(1,1)模型。将 GM(1,1)模型拟合值作为训练样本,分别训练灰色神经网络模型和 GA-灰色神经网络模型。拟合 2000—2006 年 PCI 并预测 2007—2009 年的 PCI。令 $t = 1 \sim 7$,可得 2000—2006 年 PCI 的拟合值,如表 4-16 所示;令 $t = 8 \sim 10$,可得 2007—2009 年 PCI 的预测值,见表 4-16。

PCI 实测值及三种方法拟合值 表 4-16

年份	PCI 实测值	传统 GM 模型		灰色神经网络模型		GA—灰色神经网络模型	
		模拟值	相对误差	模拟值	相对误差	模拟值	相对误差
2000	95	95	0	94.41	0.62	94.45	0.58
2001	91	91.77	0.85	91.81	0.89	91.70	0.77
2002	88	87.84	0.18	88.31	0.35	88.20	0.23
2003	85	84.08	1.08	84.63	0.43	84.60	0.47

续上表

年份	PCI 实测值	传统 GM 模型 模拟值	传统 GM 模型 相对误差	灰色神经网络模型 模拟值	灰色神经网络模型 相对误差	GA—灰色神经网络模型 模拟值	GA—灰色神经网络模型 相对误差
2004	81	80.48	0.64	80.85	0.18	80.88	0.15
2005	77	77.04	0.05	77.04	0.05	77.02	0.03
2006	73	73.74	1.01	73.27	0.37	73.04	0.05
2007	69	70.58	2.29	69.61	0.88	68.98	0.03
2008	65	67.56	3.94	66.10	1.69	64.89	0.17
2009	60	64.67	7.78	62.79	4.65	60.85	1.41

由表 4-16 可知,2000—2006 年,PCI 采用单一 GM(1,1)模型拟合值的平均相对误差为 0.54%,灰色神经网络模型和 GA-灰色神经网络模型的平均相对误差分别为 0.41%、0.32%,单一 GM(1,1)模型的相对误差均大于组合预测模型的相对误差。2007—2009 年,传统 GM(1,1)模型的平均相对误差为 4.67%,而灰色神经网络组合模型的平均相对误差为 2.41%,GA-灰色神经网络组合模型仅为 0.54%。因此,采用 GA-灰色神经网络组合模型具有较高的精度,能够准确地反映路面技术状况衰变情况。

4. 基于 GM-SVR 模型的路面技术状况预测

采用 GM-SVR 模型对路面技术状况进行预测时,预测对象可选择路面技术状况单项指标和综合指标,具体步骤如下:

(1)选取因变量和自变量,构造初始化技术状况矩阵。

本节以某高速为依托工程,采集了公路温度、湿度、风速、太阳辐射等气候条件数据。同时该段位于第 16 个养护路段。由于该地区气候潮湿,温度较高,极端高温可达到 41℃,且交通量大,该段高速平均车辙深度为 6.6mm。因此,以该段高速 2011—2017 年检测的 RDI、养护资金、交通量以及气象站所收集的资料,建立 GRA-SVR、PPI 及 GM(1,1)模型对车辙进行预测,对比分析各个模型的精度。各变量原始数据见表 4-17。

某高速车辙深度指数与各影响因素调查(2011—2017 年)　　表 4-17

项目	年份						
	2011	2012	2013	2014	2015	2016	2017
RDI	94	90.2	90.1	91.4	89.8	86.4	84.6
使用年限	2	3	4	5	6	7	8
年累计轴载次数(10^4)	1474.6	1651.6	1829.9	2001.2	2153.4	2455.2	2477.9
养护资金(万元)	0.99	23.29	18.15	48.6	36.82	26.83	2.99
年均降雨(mm)	1667.7	1490.5	1647.6	2224.5	1752.5	1645.6	2321
土壤湿度均值	17.4	17.8	19.5	22.1	18.6	17.5	22.4
环境湿度(%RH)	75.3	74.5	83.8	77.3	76	73.7	72.1

续上表

项目	年份						
	2011	2012	2013	2014	2015	2016	2017
年最大风速(m/s)	7.4	6.2	6.1	5.8	5.3	6.3	5.6
环境最高温(℃)	37.6	37.8	38.9	39.2	39.6	39	40.4
环境最低温(℃)	3.4	2.5	2.5	2.7	0.1	3.8	3.7
路表最高温(℃)	43.1	42.8	43.5	41.3	48.7	43.6	44.7
路表最低温(℃)	4.2	6.3	5.9	4.3	5.9	6	6.4
上面层最高温(℃)	34.5	35.6	37.8	40.5	39.5	37.5	38.5
上面层最低温(℃)	7.5	7.9	6.9	7.8	6.5	7.5	8
中面层最高温(℃)	37.9	41.6	40.5	39.9	41	40.6	41.8
中面层最低温(℃)	6.3	5.4	5.8	6.5	6.8	6.9	6
下面层最高温(℃)	37.9	38.6	37.8	36.5	35.6	38.1	37.5
下面层最低温(℃)	9.1	8.5	8.9	9.3	9.5	10.2	9.8
年累计总辐射	1014	1085	1045	1054	1240	1093	1105

(2) 对表 4-17 数据进行关联度分析,得出各影响因素的关联度见表 4-18。

各影响因素关联度　　　　　　表 4-18

因素	使用年限	年累计轴载次数	养护资金	年均降雨	土壤湿度均值	环境湿度
关联度	0.6658	1.0225	0.9391	0.8144	0.8899	0.7294
因素	年最大风速	环境最高温	环境最低温	路表最高温	路表最低温	上面层最高温
关联度	0.7625	0.6604	0.7573	0.8495	0.8255	0.8155
因素	上面层最低温	中面层最高温	中面层最低温	下面层最高温	下面层最低温	年累计总辐射
关联度	0.7842	0.9051	0.7371	0.7667	0.7630	0.8249

由表 4-18 可知,各因素对车辙深度的影响程度大小排序为:年累计总辐射、年均降雨、上面层最高温、路表最低温、路表最高温、土壤湿度均值、中面层最高温、养护资金、年累计轴载次数。关联度越大,该因素与系统发展主方向的关联性越大;车辙形成的首要因素为交通量,交通量越大,车辙深度越严重;养护资金投入越多,路面车辙修复效果越好;年累积总辐射造成沥青老化,进而形成车辙;环境最高温与路表最高温,可能因风速与降雨等因素的影响,对车辙的影响并没有中面层最高温对车辙的影响效果明显;土壤湿度与降雨量影响沥青混合料的水敏感性,使路面产生车辙;路表最低温导致路面产生其他病害,间接造成车辙的产生。因此,综合因素作用形成了车辙。

(3)归一化处理原数据,得到标准矩阵。

将 2011—2017 年 RDI 与各影响数据作为训练集,预测 2018 年 RDI 值。为提高模型的精度和训练速度,对数据进行归一化处理至区间[0,1],见表 4-19。

归一化处理标准数据　　　　　　　表 4-19

项目	年份						
	2011	2012	2013	2014	2015	2016	2017
RDI	1	0.596	0.585	0.723	0.553	0.191	0
年累计轴载次数	0	0.176	0.354	0.525	0.676	0.977	1
养护资金	0	0.468	0.361	1	0.753	0.543	0.042
中面层最高温	0.214	0	0.189	0.884	0.315	0.187	1
土壤湿度均值	0	0.080	0.420	0.940	0.240	0.020	1
路表最高温	0.243	0.203	0.297	0	1	0.311	0.459
路表最低温	0	0.955	0.773	0.045	0.773	0.818	1
上面层最高温	0	0.183	0.550	1	0.833	0.500	0.667
年均降雨	0	0.949	0.667	0.513	0.795	0.692	1
年累计总辐射	0	0.314	0.137	0.177	1	0.349	0.403

(4)选取径向基函数作为核函数建立支持向量回归模型。

采用 K-CV 模型较差验证选择最佳惩罚参数 c 和核函数参数 g。如图 4-11 所示,等高线表示 c 和 g 在 $2^{-4} \sim 2^4$ 范围内的均方误差。当均方误差最小时,相应的 c 和 g 为最佳。最终得出最佳惩罚参数 $c = 5.6569, g = 0.0625$。

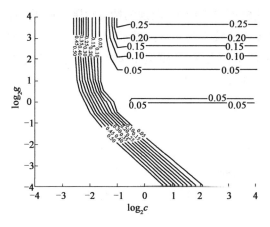

图 4-11　最佳惩罚参数终选

(5)利用最佳参数进行 SVR 拟合得到函数,最终得到预测数据。

以 2011—2017 年各因素及 RDI 作为训练集,对 2018 年的 RDI 进行预测,同时与

GM(1,1)和指数模型进行对比,不同模型预测值与实际值对比分析如图 4-12 所示,三种模型误差对比如图 4-13 所示。

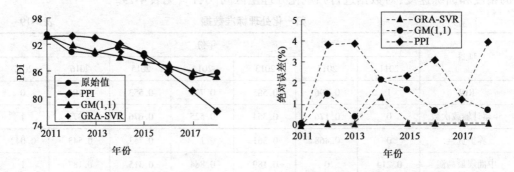

图 4-12　预测值与实际值对比分析　　　　图 4-13　三种模型误差对比

由图 4-12 及图 4-13 可知,GRA-SVR 模型精度与相关性最高,GM(1,1)模型次之,PPI 模型最差。此外,GRA-SVR 模型变化趋势呈现为非线性,更接近实际值。而另外两种模型均呈现出线性关系,与实际值差别较大。在短时间预测中,三种模型精度均良好;预测周期的增加,GRA-SVR 模型精度最高,RMS 为 0.419,相对误差 -0.0825;GM(1,1)模型次之,该模型使用前 7 年数据,但随着时间增加,如若不及时补充新数据,其精度随之降低;PPI 模型预测精度最差,造成模型精度下降的原因是该模型仅采用了第一年数据进行预测,预测周期增加,模型的可控性降低。

对于 GRA-SVR 模型建模过程,需综合考虑更多影响车辙的主要因素,如交通量、养护资金、温度等各类影响因素,而剔除使用时间因素,因此建模过程较其他两种模型复杂,但预测结果更为稳定;PPI 模型仅考虑使用年限及地区情况,并未针对影响路面技术状况主要因素进行分析,因此模型操作简单,但预测精度也随之降低;而 GM(1,1)模型仅考虑时间因素,其预测精度极大依赖于每年数据的准确性,若某一年份的数据出现偏差,整个系统变化趋势都会随之产生较大误差,模型操作难易程度介于另外两种模型之间。GRA-SVR 模型适合长周期、非线性的技术状况预测。

复习思考题

1. 确定型预测模型主要分为哪几类?各自有什么特点?
2. 线性回归模型有哪几种形式?各自有什么特点?
3. 简述线性回归模型和负指数模型的建模步骤。
4. 概率型预测模型的核心是什么?有什么特点?
5. 简述灰色预测模型的建模步骤。
6. 简述支持向量机回归预测模型的建模步骤。
7. 组合预测模型主要有几种组合方式?是按照什么分类的?相比单个预测模型的优

点是什么？

8. 在路基技术状况预测的三种模型中，主要预测的指标有哪些？

9. 对比沿线设施技术状况预测的两种模型，在哪些情况下对数—逻蒂斯迪克分布残存曲线预测模型预测值更大？哪些情况下韦布尔分布残存曲线预测模型预测值更大？

第五章 公路病害处治与养护

CHAPTER FIVE

【学习目标】

根据公路设施的技术状况与检测评定结果,选择技术合理且经济的养护措施是养护决策的目标之一,因此需要掌握各种公路基础设施的病害处治和养护技术。本章介绍了公路病害处治与养护。通过本章的学习,全面了解路基、路面、桥涵、隧道和沿线设施的病害处治与养护的技术特点、适用性和经济性等,掌握常用的预防养护和修复养护技术。

第一节 路基病害处治与养护

按照养护目的,公路路基养护分为预防防护、修复养护、专项养护和应急养护。预防养护是对存在病害隐患、暂未影响正常运营的路基及其附属结构物,以预防病害隐患过快发展、提高安全运行为目标进行的主动性养护工程。修复养护是在路基出现明显病害或部分丧失服务功能的情况下,以恢复良好的路基状况为目标进行的维修加固性养护工程。专项养护是为恢复、保持或提升路基服务功能而集中实施的路基维修、加固、专项处治、灾后恢复等养护工程。应急养护是在突发情况下路基严重损坏或损毁,并危及或已造成交通中断,以快速恢复安全通行能力为目标进行的应急性抢通、保通和抢修养护工程。

根据病害处治与养护主体位置的不同,路基病害处治与养护包括路堤与路床病害处治、边坡病害处治、既有防护及支挡结构物病害处治、排水设施养护和特殊路基病害处治与养护。

一、路堤与路床病害处治

常见的路堤与路床病害处治技术包括换填改良、注浆、复合地基、钢管抗滑桩、增加综合排水设施、设置土工合成材料和加铺罩面等。路堤与路床病害处治范围应包括填方和半填半挖路基、挖方段的路床及地基。当出现不均匀沉降、开裂滑移、冻胀翻浆等病害时,应及时采取相应的技术措施进行维修加固。应根据路堤与路床的土质条件、地下水类型及埋藏深度、降水量、加固材料来源、施工可行性等,经比选后确定合理的措施。常用处治措施可参照表5-1选用。

路堤与路床病害处治措施　　　　　表5-1

病害类型	处治措施						
	换填改良	注浆	复合地基	钢管抗滑桩	增加综合排水设施	设置土工合成材料	加铺罩面
不均匀沉降	△	√	√	×	△	△	△
开裂滑移	×	√	△	√	△	△	×
冻胀翻浆	√	×	×	×	√	×	△

注:√-推荐;△-可选;×-不推荐。

1. 换填改良

换填改良可适用于填料不良引起的强度不足、沉陷、翻浆等病害处治或地基沉降路段的局部处理。换填材料宜采用级配较好的砾类土、砂类土等粗粒土,填料最大粒径应小于100mm,填料的CBR值应符合《公路路基施工技术规范》(JTG/T 3610—2019)的相关要求。不得采用含草皮、生活垃圾、树根、腐殖质的土,以及泥炭、淤泥、冻土、强膨胀土、有机质土和易溶盐超过允许含量的土。换填改良材料的配合比应通过试验确定。

施工时,换填区与相邻路基衔接处应开挖成台阶状,换填施工应符合《公路路基施工技术规范》(JTG/T 3610—2019)的有关规定。换填施工应减少对老路基的扰动,及时做好开挖回填及防排水工作;采用透水性材料作为回填材料时,应做好与既有排水设施的衔接。

2. 注浆

注浆技术可用于路堤或路床压实度不足、局部稳定性不满足要求或桥头跳车等路段。进行注浆加固前,应补充收集路面弯沉或回弹模量等检测资料,用于评价注浆加固的效果。应根据处治目的和要求,以及材料的性能、适用范围和固结体的特性,选用水泥浆液、水泥-粉煤灰浆液或其他注浆材料,当早期强度要求较高时,可掺入适量水玻璃以达到速凝效果。

注浆施工前应进行浆液配合比设计,并进行现场试验性注浆,验证浆液配合比,确定注浆压力。应对袖阀管注浆的套壳料进行配合比试验。

注浆施工时,应控制好浆液的搅拌时间及注浆压力,连续注浆,中途不得中断。注浆应遵循逐渐加密的原则,多排孔注浆时,宜先注边排后注中间排。边排孔宜限制注浆量,中排孔注至不吃浆为止。应加强注浆过程控制,做好注浆记录,动态调整注浆压力、注浆量及注浆时间,防止对路面结构及周边土体或结构物造成破坏。

注浆完成后,应及时做好封孔处理,并进行跟踪观测,评价注浆效果。注浆效果的检验宜在注浆结束后28d进行,对检验不合格的注浆区应进行重复注浆。注浆施工应做好施工组织设计,减少行车对注浆质量的影响。注浆养护时间不宜少于3d。

3. 复合地基

复合地基可用于处治地基沉降变形大、承载力低的软弱路基,以及差异变形大的拓宽路段。常用技术类型及适用条件可参照表5-2选用。

复合地基法常用技术类型及适用条件　　　　　表5-2

适用条件	处治措施			
	碎石桩	水泥搅拌桩	CFG桩(水泥粉煤灰碎石桩)	预制管桩
地基沉降变形大的路基	△	√	√	△
承载力低的软弱路基	△	√	√	×
开裂滑移的路基	×	△	△	√

注:√-推荐;△-可选;×-不推荐。

碎石桩、加固土桩、CFG桩施工前应做成桩试验,并对复合地基承载力进行检测。检测方法可采用平板荷载试验。此外,复合地基施工应符合下列规定:成孔桩长允许偏差≤100mm,桩径允许偏差≤120mm,垂直度允许偏差≤1%;路堤部分宜采取振动小的干钻方式进行预成孔,并及时清运钻孔取土。钻孔过程中应避免多台设备在同一断面同时施工,以减少对老路基的振动扰动;碎石桩和预制管桩施工时应进行间隔跳打;对桩顶高程以上的路基内桩孔,应进行封孔回填处理;对单桩桩体质量进行检测,检测方法可参照表5-3。

被检体与检测方法对应关系　　　　　表5-3

被检体	钻芯法	标准贯入试验	圆锥动力触探	低应变法	高应变法
碎石桩	×	×	√	×	×
水泥搅拌桩	√	√	√	△	×
CFG桩	√	×	×	△	△
预制管桩	×	×	×	√	△

注:√-推荐;△-可选;×-不推荐。

4. 钢管抗滑桩

钢管抗滑桩可用于处治或预防路堤浅层滑移,也可作为削坡减载、支挡结构物的基础施工或抗滑桩施工的一种辅助性加固措施,宜采用钻孔植入法施工,路基钻孔应采取干钻方式。

对于材料选择,钢管宜采用无缝普通钢管,直径宜为180~250mm。管内灌注材料宜采用强度等级不低于C25的自密实混凝土,管外注浆材料应采用强度等级不低于M30的水泥砂浆,砂浆宜采用细砂配制。

对于布置位置,钢管抗滑桩应布置在路基边坡顶部或坡脚,间距不宜大于3m,钻孔直径宜为250~320mm,抗滑桩应穿过滑移面不少于2m,且其深度满足路基边坡稳定性验算要求,坡脚位置处宜适当增大穿过滑移面的深度。

对于连接方式,钢管抗滑桩宜在路基边坡组合设置斜向注浆锚杆,并辅以水平横梁或锚墩连接。抗滑桩顶部宜设置联系梁,联系梁的高度不宜小于300mm,宽度不宜小于抗滑桩管径,混凝土的强度等级不应低于C25,纵向钢筋的截面积不应少于联系梁截面积的0.15%;箍筋直径不小于8mm,其间距不应大于400mm。抗滑桩伸入联系梁内不应少于50mm,并与联系梁主筋焊接。

5. 增加综合排水设施

路基排水设施是指应用于路基的排水设施的总称。对于路基的不均匀沉降和开裂滑移,考虑到可能是路基排水不畅引起时,可采用增加综合排水设施的方式进行改善。针对水的不同情况,主要分为地表排水设施和地下排水设施。地表排水设施主要有边沟、截水沟、排水沟、跌水、急流槽、倒虹吸、渡槽等。地下排水设施主要有盲沟、渗沟、渗井等。路基排水设施具有拦截、汇集、排除地面和地下水,降低地下水位的功能,能使路基免受水的侵害,保证路基的强度和稳定性。排水设施的具体设计方法可参照《公路排水设计规范》(JTG/T D33—2012)。

6. 设置土工合成材料

土工合成材料加固法是通过在基床土中埋设强度较大的土工合成加筋材料,使加筋材料和土形成一种复合体,由此来提高土体的稳定性、减少土压力,增大地基承载力,抑制地基的侧向变形的技术方法。它一般置于基床面、内部或各结构层之间,具有加固补强、排水、反滤、隔离、保护和止水防渗等性能,可起到防止基床软化、下沉外挤、积水的作用。用于基床加固的土工合成材料主要有土工膜、复合土工膜、防排水板、土工格室、土工格栅、无纺土工布、聚苯乙烯泡沫塑料或聚氨酯、软式透水管等。

7. 加铺罩面

加铺罩面类功能性修复主要是指对原路面进行简单预处理后,无须对原路面进行破损铣刨,直接在原路表面加铺罩面的技术。目前加铺罩面类功能性修复主要包括零封层、微表处、碎石封层、薄层罩面和超薄层罩面,其中零封层、微表处、碎石封层属于冷态施工技术,薄层罩面和超薄层罩面属于热摊铺技术。沥青薄层罩面中的黏结防水层能使原始路面与薄层罩面严实结合在一起,最大限度减少雨水渗透对路面可能造成的损害,其表面抗滑磨耗层不仅能使路面更加平整,防滑性能大大提高,还可以提高道路路面的行车安全性、稳定性、耐磨性,增加行车舒适度。

二、边坡病害处治

常见的边坡病害处治措施包括坡面防护、沿河路基防护、挡土墙、锚固、抗滑桩、削方减载、堆载反压与棚洞等。边坡病害处治应保证坡面与坡体稳定,并应根据实际情况计算确定原支护结构的有效抗力。当出现坡面冲刷、岩体碎落崩塌、边坡局部滑塌、滑坡等病害时,应及时采取相应的技术措施进行维修加固。在选用边坡病害处治措施时,根据边坡岩土体条件、病害类型及严重程度、地下水类型及埋藏深度、降水量、施工可行性,经比选后确定合理的养护技术。边坡养护常用处治措施可参照表5-4选用。

边坡养护常用处治措施 表5-4

边坡病害类型	处治措施							
	坡面防护	沿河路基防护	挡土墙	锚固	抗滑桩	削方减载	堆载反压	棚洞
冲刷	√	√	×	×	×	×	×	×
碎落崩塌	√	×	△	×	×	×	×	√
局部坍塌	△	△	√	×	×	√	×	×
滑坡	△	×	△	√	√	△	△	×

注:√-推荐;△-可选;×-不推荐。

1. 坡面防护

坡面防护可用于处治边坡坡面冲刷、风化、碎落崩塌等病害。进行坡面防护时,边坡坡脚宜设置碎落台,其宽度可根据边坡高度和土质进行确定,不宜小于1m。坡面防护主要类型及适用条件宜符合表5-5的规定。

坡面防护主要类型及适用条件 表5-5

防护类型	亚类	适用条件
植物防护	植草或喷播植草	可用于坡率不陡于1:1的土质边坡防护。当边坡较高时,植草可与土工网、土工网垫结合防护
	铺草皮	可用于坡率不陡于1:1的土质边坡或全风化、强风化的岩石边坡防护
	种植灌木	可用于坡率不陡于1:0.75的土质、软质岩石和全风化岩石边坡防护
	喷混植生	可用于坡率不陡于1:0.75的砂土、碎石土、粗粒土、巨粒土及风化岩石边坡防护,边坡高度不宜大于10m

续上表

防护类型	亚类	适用条件
工程防护	喷护	可用于坡率不陡于1:0.5的易风化但未遭强风化的岩石边坡防护
	挂网喷护	可用于坡率不陡于1:0.5的易风化、破碎的岩石边坡防护,高速公路、一级公路和环境景观要求高的公路不宜采用
	干砌片石护坡	可用于坡率不陡于1:1.25的土质边坡或岩石边坡防护
	浆砌片石护坡	可用于坡率不陡于1:1的易风化的岩石和土质边坡防护
	护面墙	可用于坡率不陡于1:0.5的土质和易风化剥落的岩石边坡防护
综合防护	骨架植物防护	可用于坡率不陡于1:0.75的土质和全风化、强风化的岩石边坡防护

2. 沿河路基防护

沿河路基防护可用于防护水流对沿河、沿溪等路堤坡脚的冲刷与淘刷。沿河地段路基受水流冲刷时,应根据河流特性、水流性质、河道地貌、地质等因素,结合路基位置选用适宜的防护工程、导流或改河工程。沿河路基防护主要类型及适用条件宜符合表5-6的规定。

沿河路基防护主要类型及适用条件 表5-6

防护类型		适用条件
植物防护		可用于允许流速在1.2~1.8m/s,水流方向与公路路线近似平行、不受洪水主流冲刷的季节性水流冲刷地段防护。经常浸水或长期浸水的路堤边坡不宜采用
砌石或混凝土护坡		可用于允许流速为2~8m/s的路堤边坡防护
土工织物软体沉排、土工模袋		可用于允许流速为2~3m/s的沿河路基冲刷防护
石笼防护		可用于允许流速为4~5m/s的沿河路堤坡脚或河岸防护
浸水挡土墙		可用于允许流速为5~8m/s的峡谷急流和水流冲刷严重的河段
护坦防护		可用于沿河路基挡土墙或护坡的局部冲刷深度过大、深基础施工不便的路段
抛石防护		可用于经常浸水且水深较大的路基边坡或坡脚,以及挡土墙、护坡的基础防护
排桩防护		可用于局部冲刷深度过大的河湾或宽浅型河流的防护
导流	丁坝	可用于宽浅型河段,保护河岸或路基不受水流直接冲蚀而产生破坏
	顺坝	可用于河床断面较窄、基础地质条件较差的河岸或沿河路基防护,以调整流水曲度和改善流态

3. 挡土墙

挡土墙可用于支承路基填土或山坡土体,防止填土或土体变形失稳。挡土墙主要类型及适用条件宜符合表5-7的规定。

挡土墙主要类型及适用条件　　　　　　　　表 5-7

挡土墙类型	适用条件
重力式挡土墙	可用于一般地区、浸水地区和地震地区的路肩、路堤与路堑边坡坡脚等支挡工程
锚杆挡土墙	墙高较大的岩石路堑地段,可采用肋柱式或板壁式单级墙或多级墙,每级墙高不宜大于8m,多级墙的上、下级墙体之间应设置宽度不小于2m的平台
桩板式挡土墙	可用于表土及强风化层较薄的均质岩石地基,也可用于地震区的路堑、路堤支挡或滑坡等特殊地段的治理

挡土墙施工应进行施工组织设计,加强基槽开挖、回填阶段的防排水,验算基槽开挖对边坡稳定性的影响,必要时应进行临时边坡加固。开挖前,挡土墙基底应做好地面排水设施,开挖时应将基底表面风化、松软土石清除。对于不同类型的挡土墙,采用不同的施工方法:路堑挡土墙采用分段跳槽开挖法,宜采用自上而下、分层开挖步骤;锚杆挡土墙应采用逆施工法,并及时砌筑墙身。考虑到挡土墙的排水,挡土墙墙背填料宜采用渗水性强的砂土、砂砾、碎(砾)石、粉煤灰等材料,不宜采用黏土作为填料,严禁采用淤泥、腐殖土、膨胀土。在季节性冻土地区,不得采用冻胀性材料做填料。

4. 锚固

锚固分为预应力锚固和非预应力锚固,适用于岩层、稳定土层或可提供足够锚固力的构筑层的边坡加固治理。预应力锚固在土层中应用时,应进行特殊工艺处理以提供足够锚固力。预应力锚索(杆)宜采用易于调整预应力值的精轧螺纹钢筋、无黏结钢绞线等;非预应力锚杆宜采用 HRB400 钢筋,钢筋直径宜为 16～32mm。

5. 抗滑桩

抗滑桩适用于稳定边坡或滑坡、加固不稳定山体以及其他特殊路基。选择位置时,抗滑桩宜选择设置在滑坡厚度较薄、推力较小、锚固段地基强度较高的位置,且与预应力锚索(杆)联合使用。对易发生局部塌方的破碎岩体段,宜设置挡土板。对已采用抗滑桩加固的边坡进行补桩时,其设计计算应考虑原抗滑桩有效抗力;桩排距宜不小于 2 倍桩截面宽度,桩的横向间距应根据边坡的地质,以及桩的结构、承载能力等技术条件和经济因素进行比较后确定。

6. 削方减载

削方减载可用于地下水位较低的山区公路滑坡后缘减载,且不应引起次生病害的发生。进行削方减载时,应与邻近建筑物基础有一定的安全间距,不得危及邻近建筑物、管线和道路等的安全及正常使用,施工应做好工程防护及交通引导措施,减少对交通的干扰,且削方减载后应根据实际需要设置防护工程。

削方减载施工应根据现场情况,确定分段施工长度,做好临时排水措施,保证施工作业面不积水,并进行隔段施工。开挖应先上后下、先高后低、均匀减载。开挖后的坡面应及时进行防护及排水处理。开挖的土体应及时运出,不得对邻近边坡形成堆载或因临时堆载造成新的不稳定边坡。在削方减载的坡顶位置应设置截水沟,坡面应增设急流槽,坡脚宜设置护脚墙及排水沟。

7. 堆载反压

堆载反压可用于软土地区路基护坡道,以及应急抢险时的滑坡前缘反压。反压位置通过设计和计算设置在阻滑段。需要注意的是,堆载反压不能危及邻近建筑物、管线和道路等的安全及正常使用,不应对邻近的边坡带来不利影响。

堆载反压施工时,应根据拟加固边坡的整体稳定性,验算确定堆载反压量。反压位置应设置在阻滑段。堆载反压加固材料宜就地取材、便于施工,不得阻塞滑坡前缘的地下排水通道,堆载反压体应设置在滑坡体前缘,以保证能提供有效的抗力;当进行软土地基护坡道堆载反压施工时,土体应堆填密实,密实度不宜低于90%。

8. 棚洞

棚洞一般修建于落石多发的路段,以保护行车或行人的安全。棚洞随地形和地质条件的不同有多种类型,但其基本构造有内墙、外墙支撑结构和顶板支撑结构。地基条件较弱的情况下,还需设置底部支撑结构,相当于涵洞的支撑梁。内墙可做成钢筋混凝土板墙,和外部支撑共同构成桩板式支挡墙。外墙支撑结构可根据地形和地质情况的不同做成刚架式、柱式和墙式。外板可采用T形梁、I形梁或空心板梁截面预制安装构件。为防止棚洞做成后,仍可能有滑坡、坍塌、崩塌体进入棚洞内,桩板式墙体可高于顶部横向支撑结构。

三、既有防护及支挡结构物病害处治

既有防护及支挡结构物主要包括既有防护工程、既有挡土墙、既有锚固结构和既有抗滑桩。在既有维修加固前,应对病害严重程度、既有结构物的功能有效性进行评估,根据既有结构物的评估结果,合理利用原结构与材料,确定维修加固方案。

1. 既有防护工程

防护工程包括坡面防护工程、植物防护工程和冲刷防护工程等。

对于坡面防护工程,当其出现局部松动、脱落、损坏、隆起、裂缝等病害时,应按原防护形式及时修复;出现大面积脱落、严重变形时,应及时拆除重建。

对于植物防护工程出现缺损时,应及时补栽修复。

对于锚杆挂网喷浆防护工程出现破损、裂缝、掉块露筋时,应及时喷浆修补;出现局部脱落、坍塌、鼓胀时,应清理坡面,重新挂网喷浆处治。

对于主动式柔性防护网的锚钉出现锈蚀,应进行防腐处理;网内出现落石汇集时,应及时清理;网出现破损时,应及时修补;对于被动式柔性防护网,当出现紧固部位锚栓松动或立网变形时,应及时更换或增设。

冲刷防护工程受到洪水、波浪或流水冲击,坡脚发生局部破坏时,应及时采取抛压片

石防护、石笼压盖等措施进行处治;冲刷防护工程发生冲毁时,应调查冲毁的原因,对既有构造物进行评估,根据受损情况及时进行维修加固或重建。

2. 既有挡土墙

挡土墙出现表观损坏时,可结合日常养护进行处治。对于挡土墙的严重损坏,当其发生倾覆、坍塌等结构失效情况时,应查明原因,及时进行加固或拆除重建;挡土墙基础尺寸或地基承载力不满足要求时,宜采取加大截面法、注浆加固法、截排水加固法等措施;挡土墙基础嵌固段外侧岩土体的水平抗力不满足要求时,可采取增设锚杆、抗滑桩以及注浆加固等措施;挡土墙的溜水孔堵塞时,应及时疏通,无法疏通则应选择适当位置增设泄水孔,或在挡土墙背后增设排水设施。挡土墙病害处治措施可参照表5-8选用。

挡土墙病害处治措施　　　　　　表5-8

挡土墙类型	处治措施	
	局部损坏(含墙身开裂、滑移、墙身鼓肚、承载力不足等)	结构失稳(含整体失稳、倾覆、倒塌、严重开裂等)
重力式挡土墙	支撑墙、锚固、加大截面	支撑墙、抗滑桩加固、拆除重建
悬臂式、扶壁式挡土墙	加大截面、支撑墙	支撑墙、抗滑桩加固、拆除重建
锚定板、加筋土挡土墙	支撑墙、锚固	支撑墙、抗滑桩加固、拆除重建
桩板式挡土墙	锚固	抗滑桩加固
锚杆挡土墙	锚固	抗滑桩加固

采用锚固法加固挡土墙时,应合理确定新增锚杆的位置及预应力值,使挡土墙和加固构件受力合理。进行新增锚杆预应力设计时,应考虑原支护体系锚杆锚固力值;新增锚杆锁定预应力值宜与既有锚杆预应力一致,以利于新旧锚杆共同发挥锚固作用。锚杆外锚固部分与原支护结构间应设传力构件;当已有挡土墙挡板不满足加固锚杆的传力时,可设格构梁、肋或增厚挡板;格构梁应设置伸缩缝,设置间距为10~25m,缝宽2~3cm,并填塞沥青麻筋、沥青木板或其他新材料。钻孔时,应合理选择钻孔机具,维持挡土墙整体稳定,并采取措施减少钻孔对原挡土墙的扰动。在锚固条件较差的岩土层中,锚固法注浆宜采用分层多次高压注浆。

采用加大截面法加固挡土墙时,应考虑墙身加大截面后对地基基础的不利影响。为土质地基时,加大截面部分基础宜采用钢筋混凝土板式基础,加固后的支护结构应按复合结构进行整体计算。新增墙体应采用分段跳槽的实施方案,稳定性较高的部位应优先施工,必要时可采用削方减载等措施,保证施工安全。挡土墙或基础采用钢筋混凝土时,加大截面部分浇筑混凝土前,应采取凿毛、植入连接钢筋等措施,保证新、旧混凝土结合为整体;挡土墙为砌体材料时,应先剔除原结构表面疏松部分,对不饱满的灰缝进行处理,加固部位采取设水平齿槽或锚筋等措施,保证新加混凝土与挡土墙结合为整体。

采用抗滑桩加固挡土墙时,抗滑桩宜设置在挡土墙的外侧,抗滑桩加固锚杆挡土墙宜设于肋柱中间,等距布置,且新增抗滑桩与原有桩中心距不宜小于二者桩径较大者的 2 倍。抗滑桩施工时,宜紧贴挡土墙现浇,或在抗滑桩与挡土墙面之间增设传力构件,护壁设计时应考虑挡土墙传来的土压力作用。此外,当边坡稳定性较差时,抗滑桩施工应间隔开挖、及时浇筑混凝土,并应防止抗滑桩施工对原支护结构安全造成不利影响。

采用挡土墙拆除重建施工时,挡土墙应分段拆除,拆除时应采取措施保证墙后填土的稳定。应处理好新旧墙的结合,保证新墙与原挡土墙结合成为整体。注意在墙背回填时,应恢复原排水设施。

3. 既有锚固结构

锚固结构发生严重应力松弛时,宜采用预应力锚索(杆)二次补张拉或新增锚索(杆)补强法进行维修加固;发生锚固结构断裂或内锚固端失效滑移时,应在邻近位置增设新的锚固结构。

新增锚固结构应结合原支护体系中的锚索(杆)间距错开布置,且应合理布置内锚固段位置,必要时改变锚索(杆)的倾角,锚索(杆)锚固段应穿过已有滑裂面或潜在滑裂面不小于 2m 且满足边坡稳定性要求。在锚固结构发生锚头严重锈蚀、封锚混凝土破坏时,应及时进行锚头防腐处理,修复封锚混凝土。发生地梁、框架脱空、开裂时,宜采取浅层注浆法、加大截面法、新增框架结构或预应力锚索(杆)等措施进行维修加固。

4. 既有抗滑桩

抗滑桩表面出现蜂窝、麻面、露筋、裂缝等表观破损以及混凝土局部压溃造成钢筋保护层剥落等病害时,应根据具体情况采用填充修补、注浆、表面封闭等方法进行养护处治。

抗滑桩发生结构性拉裂、侧向稳定性不足时,可采用增加预应力锚索方法进行补强;出现抗滑桩倾斜、滑移时,应及时增设预应力锚索框架或补桩;发生混凝土或钢筋被剪断或折断等结构性破坏,或对原有的抗滑桩采用结构补强后不能恢复至设计要求的抗滑能力时,可采取增设钢筋混凝土抗滑桩或钢管抗滑桩、注浆、增设预应力锚索(杆)等措施进行加固处治。

四、排水设施养护

排水设施包括地表排水设施和地下排水设施。沿河路段应增设导水、拦水设施,减小客水对路基的影响。在有路面水集中冲刷边坡的路段,可增设集中排水设施。低填、浅挖路基以及排水困难地段,应采取防、排、截相结合的综合排水措施,拦截进入路基的地表水,排除路基内自由水。

1. 地表排水设施养护

对各类地表排水沟渠,应保证设计断面形状、尺寸和纵坡满足排水要求。沟内有淤积、沟壁损坏、边坡松散滑塌,造成沟渠断面形状改变时,应及时清淤和修复。

(1)对边沟、截水沟、排水沟等进行冲刷防护、防渗加固时,应符合下列规定:

对受水流冲刷造成纵坡大于3%的土质边沟,宜采用混凝土、浆砌或干砌片(块)石铺砌;冰冻较轻地区可采用稳定土加固。边沟连续长度过长时,宜分段设置横向排水沟将水流引离路基,其分段长度在一般地区不超过500m,在多雨地区不超过300m。

对滑坡、膨胀土、高液限土、湿陷性黄土地段,截水沟、边沟、排水沟等产生渗漏时,应采取铺设防渗土工布、浆砌石等防渗措施。

对盖板边沟,在雨季前应及时清理边沟、更换破损的盖板,盖板设置不得影响路面的排水功能。

对地下水丰富路段,由于路面加铺导致边沟加深时,应保证原沟底高程不变。

(2)涵洞的养护应符合《公路桥涵养护规范》(JTG 5120—2021)的有关规定。

(3)泄水槽损坏时应及时修复,防止水集中冲刷涵洞。

(4)超高路段排水设施应及时疏通,避免水下渗至路基。

(5)跌水和急流槽进出口冲刷现象严重时,进水口应进行防护加固,出水口应进行加固或设置消力池;基底不稳定时,急流槽底可设置防滑平台,或设置凸榫嵌入基底中;急流槽较长时,应分段铺砌,且每段长度不宜超过10m。连接处应用防水材料填塞密实无空隙。

(6)蒸发池的隔离栅或安全警示牌出现缺失或破损时,应及时修复。积雪融化造成的蒸发池积水应及时排出。

(7)油水分离池、检查井出入口出现淤塞时,应及时进行清掏。安全警示设施缺失时,应及时补设。

(8)应定期检查维修排水泵站,及时排除设备故障。检查维修时,应采取相应措施,保证维修作业人员的安全。

2. 地下排水设施养护

当地下排水设施(主要包括暗管、竖井、反滤层和顶部封闭层等)发生堵塞、淤积、损坏时,应及时清理维修。暗管堵塞时,宜采用刮擦法、冲洗法、真空吸附法等进行疏通;暗管排水量达不到排水要求时,应进行改建,暗管的直径应根据排水量确定。边沟排水暗管由于边坡位移等原因发生变形开裂时,应及时采取加固或更换措施。检查井和竖井式暗管门应盖严,发现损坏或丢失应及时换补。反滤层和顶部封闭层失效时,应及时翻修。

五、特殊路基病害处治与养护

特殊路基包括软土路基、膨胀土路基、湿陷性黄土路基、盐渍土路基、岩溶区路基、冻土路基、雪害地段路基、风沙及沙漠地区路基和涎流冰地段路基等。具体的路基病害处治与养护技术如下。

1. 软土路基

软土路基的不均匀沉降或开裂滑移处治措施可参照表5-9选用。

软土路基病害处治措施　　　　表5-9

病害类型	处治措施				
	换填改良	侧向限制	反压护道	注浆	复合地基
不均匀沉降	√	×	×	△	√
开裂滑移	×	△	△	×	√

注:√-推荐;△-可选;×-不推荐。

采用换填改良法时,宜采用轻质填料,基底应铺反滤层或隔水层加土工布,用黏土封层包心填筑或间隔填筑轻质填料,侧面铺筑碎石或砂砾石渗沟排水。

采用反压护道时,可根据路基隆起的情况,在路堤的一侧或两侧设置。其高度不宜超过路堤高度的1/2,其宽度应通过稳定计算确定。

2.膨胀土路基

膨胀土路基应注重防排水设施的病害处治与养护,防水保湿,消除膨胀土湿胀干缩的有害影响。路基边沟出现积水、向路基渗透现象时,应适当加宽、加深。排水沟渠衬砌发生砂浆脱落、缺损时,应及时进行养护维修。当既有防排水设施不满足使用要求时,应增设防排水设施,所有地面排水沟渠,特别是近路沟渠,均应铺砌和加固。

对于膨胀土路堑,以及公路路界内地形低于路界外的地面的零填和低填方路段,应设截水沟;对于台阶式膨胀土高边坡,应在每一级平台内侧设截水沟;对于地下水位较高的低路堤路段,若路堤底部未设置防渗隔离层和排水垫层,宜在路基两侧增设地下排水渗沟;对于土质潮湿或地下水发育的挖方路段,若边坡排水性能不良或缺乏排水设施,宜在边坡上增设支撑渗沟或仰斜式排水孔,边沟下应增设纵向排水渗沟,填挖交界处应增设横向排水渗沟;对于路堑坡顶之外3~5m范围的表层膨胀土,应采取换填非膨胀土、铺设防渗土工膜等防渗封闭处理措施。

膨胀土路基的边坡失稳、胀缩变形等具体病害处治措施应参照表5-10选用。

膨胀土路基病害处治措施　　　　表5-10

病害类型	处治措施			
	换填改良	坡面封闭	坡面防护	支挡防护
边坡失稳	×	√	△	√
胀缩变形	√	△	√	×

注:√-推荐;△-可选;×-不推荐。

用于膨胀土路堑边坡稳定的挡土墙应根据边坡滑塌部位进行合理设置,并根据路堑边坡滑塌规模,可设一级或多级挡土墙。施工时应注意膨胀土路基养护作业施工宜避开雨季作业,膨胀土路基处治路段较长时,养护作业宜分段施工,各道工序应紧密衔接,连续完成,边坡应按设计要求修整,并应及时进行防护施工。

对于各项处治措施,换填处治宜采用非膨胀性土、灰土或改良土,换土厚度应通过变形计算确定,中、弱膨胀土宜为1~1.5m,强膨胀土宜为2m;换填土应分层铺设、分层碾压,并加强防渗。采用土工合成材料封闭、隔水时,应全断面铺设;采用土工织物对膨胀土路基进行包封时,宜控制好搭接长度。边坡采用黏土包边时,包边宽度不宜小于2m;采用坡面防护处治时,高度大于10m的膨胀土边坡开挖时宜采用台阶型;应加强边坡防排水,隔绝外部自由水的渗入。采用支挡结构物处治时,基坑应采取措施防止暴晒或浸水,基础埋深应在大气风化作用影响深度以下,基底应加强防渗处理。

3. 湿陷性黄土路基

湿陷性黄土路基应加强防排水设施的病害处治与养护。加强冲沟地段上下游的衔接以及填挖交界处边沟出水口的加固;当路堑顶出现裂缝和积水洼地时,应及时填平夯实;现有排水设施出现破损、渗漏、淤塞等病害时,应及时维修处理,排水设施接缝处应坚固不渗漏。

当既有防排水设施不满足使用要求时,应增设防排水设施。农田灌溉可能造成黄土地基湿陷时,可对路堤两侧坡脚外 5~10m 做表层加固防渗处理或设侧向防渗墙;湿陷性黄土路基防排水设施不完整或缺乏时,应根据需要采取防冲刷、防渗漏等措施拦截、排除地表水;地下排水构造物与地面排水沟渠必须采取防渗措施,路侧严禁积水。

湿陷性黄土路基沉陷变形处治可选用夯实法、桩挤密法等方法。采用夯实法处理湿陷性黄土路基时,土的天然含水率宜低于塑限 1%~3%。在夯实过程中应加强夯沉量检测,强夯结束后 30d 左右,可采用静力触探或静载试验等方法测定地基承载力。采用桩挤密法处理湿陷性黄土路基时,桩挤密法可选用沉管、冲击成孔等方法。成孔应间隔分批进行,成孔后应及时夯填。进行局部处理时,应由外向里施工。若土层含水率过大,拔桩时应随拔随填。

4. 盐渍土路基

盐渍土路基应加强防排水设施的病害处治与养护。当路面横坡不满足要求或存在可能积水的坑洞及凹槽时,应及时修整;在地下水位较高、边沟积水严重或排水不畅地段,应加深两侧边沟或排水沟,以降低路基下的地下水位。

盐渍土地区的地下排水管与地面排水沟渠防渗措施失效时,应及时维修加固。当既有防排水设施不满足使用要求时,应增设防排水设施。地面排水困难、地下水位较高或公路旁有农田排、灌水渠的路段,应在路基一侧或两侧设置排(截)水沟,排(截)水沟距路基坡脚应不小于 2m,应低于地表 1m 以下;在自然排水困难的路段宜设蒸发池,蒸发池边缘与路基坡脚的距离宜大于 10m。

盐渍土路基溶蚀、盐胀、冻胀、翻浆病害处治措施可选用换填改良法、增设护坡道或排碱沟、设置隔断层等方法。采用换填改良法处治时,挖除路面结构后,可在一定深度内换填砾类土或砂。其中,高速公路、一级公路换填厚度不应小于 1.0m,二级、三级公路换填厚度不应小于 0.80m,并宜结合隔断层措施综合治理。采用增设护坡道法处治时,护坡道顶面应高出长期积水位 0.5m 以上。采用设置隔断层法处治时,土工布或薄膜宜设置在路基边缘以下 0.8~1.5m 处,并应高出边沟流水位 0.2m 以上,挖方路段应设在新铺路面垫层以下不少于 0.3m 处,并应对挖方路段边沟进行加深、加宽,隔断层底面高程应高出边沟设计水面 0.2m 以上。

5.岩溶区路基

岩溶区路基的冒水、塌陷等病害可选用充填法、注浆法、盖板跨越法、托底灌浆法等进行处治。

进行岩溶区路基冒水病害处治时,若路堑边坡出现岩溶泉和冒水洞,宜采用排水沟将水截流至路基外;若路基基底下有溶泉或壅水时,应采取排导措施保证路基不受侵害;若路基上方出现溶泉或壅水时,应增设排水涵(管);若排水涵(管)出现渗漏、堵塞等病害时,应及时维修加固。

进行岩溶区路基塌陷病害处治时,若稳定路堑边坡上发生塌陷的干溶洞,洞内宜采用干砌片石填塞;若出现路堤塌陷,当洞的体积不大、深度较浅时,宜进行回填夯实,当洞的体积较大或深度较深时,宜采用构造物跨越;若出现溶洞连通且较小的岩溶发育区时,可采用注浆或托底灌浆技术。

6.冻土路基

(1)多年冻土路基

进行多年冻土路基防排水设施的养护与维修加固时,地下水发育的多年冻土路基应保证路基边沟防渗措施有效;截水沟、挡水埝因冰冻厚度过大不能满足挡水要求时,应及时进行清理、疏通,防止冰水溢出形成路面聚冰。

进行多年冻土路基防排水设施的增设时,位于冰锥、冻胀丘下方地段的路堤,应在其上方设截水沟,以截排涌出的水流;高含冰量的冻土地段不应修建排水沟、截水沟,宜修建挡水埝,挡水埝断面尺寸应通过计算确定,并采取防渗和保温措施,必要时应采取加固措施;多年冻土沼泽地段的路基应根据沼泽水源补给来源,在路堤一侧或两侧设置挡水埝。

多年冻土路基的冻胀、冻融翻浆、融沉、冰害等病害可采取换填非冻胀性材料、设置保温层、埋设通风管、热棒降温、遮阳板护坡、保温护道等措施进行处治,并应加强排水,并采取措施保持路基及周围冻土处于冻结状态。对路基进行换填时,宜选用保温、隔水性能均较好的填料,严禁使用塑性指数大于12、液限大于32%的细粒土和富含腐殖质的土及冻土。高含冰量的土不宜用于路基填料;当靠近基底部位有饱冰冻土层且发生融化时,宜设保温护道和护脚;挖方路基的土质边坡发生融沉时应进行加固,铺砌厚度应满足设计和保温要求;饱冰冻土、含土冰层地段的路堑,可根据要求换填足够厚度且水稳性好的填料。

(2)季节性冻土路基

季节性冻土路基的冻胀、软弹、变形、裂缝及翻浆病害可采取换填非冻胀性材料、铺设保温层和防冻层等措施进行处治,并应加强排水。

进行季节性冻土路基病害处治时,填方路段路床填料宜优先选择矿渣、炉渣、粉煤灰、砂、砂砾石及碎石等抗冻性能较好的材料。路床或上路堤采用粉土、黏土填筑时,可按设计要求单独或混合使用石灰、水泥、土壤固化剂等进行稳定处理,填料的改善或处理应根据路基抗冻胀性能要求,结合填料性质经试验确定。对于挖方路段,应将路床地基土挖除,换填深度应符合设计要求。施工时应分层开挖,一般宜从外侧向内侧挖掘,最后一层应从内向外挖掘。使用粗颗粒填料换填时,填料应均匀,小于 0.075mm 的含量应不大于 5%;采用石灰、水泥对填料进行改性处理时,应掺拌均匀,改性剂的剂量应符合设计要求或经试验确定。换填应分层填筑,压实度应达到规定要求。

进行季节性冻土路基防排水设施的养护与维修加固时,处于地下水水位较高地区的路基,宜增设降低地下水水位的措施;对于水源丰富地区,应在路堑坡顶增设截水沟,填筑拦水梗,阻止外界水流入路基及路面;应及时清理、维护路基排水设施,以保持排水沟畅通,将水迅速排出路基之外。

进行季节性冻土路基防排水设施的增设时,若挖方边坡有地下水出露,对潮湿的土质边坡可设置支撑渗沟,对集中的地下水出露处设置仰斜式排水孔;若挖方路基宜采用宽浅型边沟,不宜采用带盖板的矩形边沟,采用暗埋式边沟时,暗沟或暗管应埋设于当地最大冻深以下不小于 0.25m 处。若挖方路基及全冻路堤设排水渗沟,渗沟应设于两侧边沟下或边沟外,不设在路肩范围以内;若排水管、集水井、渗沟等排水设施设置在当地最大冻深以下不小于 0.25m 处,出水口的基础应设置在冻胀线以下,渗沟等的出口应采取防冻保温措施。

7. 雪害地段路基

雪害地段路基养护应保持防雪设施的完好,增设必要的防雪设施,路基两侧各 15~20m 范围内宜清除障碍,以防止路堤积雪,减轻雪害对公路及交通的危害程度。

(1)风吹雪路基

进行风吹雪路段路基及防护工程设施病害处治时,公路两侧距边坡坡脚不小于 30m 范围内的障碍物应及时清除,并对地表进行整平,或根据条件设置防雪栅、防雪堤或挡雪墙等防雪设施。养护材料应堆放在路外的堆料台上,堆放高度不应高于路基高度,需堆放在路肩上时,应堆放在下风一侧,并使堆料顶部呈流线型。

进行风吹雪路段沿线设施处治时,防雪栅被雪掩盖或倾倒,应及时进行清理或维修加固。活动式防雪栅被埋住 2/3~3/4 高度时,应及时拔出并重新在迎风侧的雪堆顶部安放。若原路基未设置防雪栅或防雪栅发生缺失时,应及时进行增补。轮廓标发生损坏或被雪掩埋时,应及时进行清理维护。及时检修导风板,使其保持结构和功能完好。其中,下导风板应在雪季终止后进行检修,屋檐式导风板和防雪墙应在雪季前进行维修。防雪林带应指定专人养护管理,并控制林带的高度和透风度。

(2)雪崩路基

对雪崩生成区,应在雪季前和雪季后对防雪崩工程如水平台阶、稳雪栅栏等进行检查维修;对雪崩运动区,应保持防雪崩工程如土丘、楔、铅丝网等的完好;对雪崩运动区与堆积区,应保持防雪走廊、导雪槽或导雪堤等工程处治措施的功能完好。

雪崩体崩落前,可采取下列措施以减缓或阻止其发生崩落:①在雪崩生成区的积雪上撒钠盐等,以促使雪融化后形成整体,增加雪体强度,减轻雪崩的危害;②采取炮轰、人工爆破等措施降低雪檐、雪层的稳定性,使其上部失去支撑,造成小规模的"人工雪崩",以减轻雪崩的危害程度;③采取导风板、防雪栅、防雪墙(堤)、防雪林等措施阻止风雪流向雪崩生成区;④在可能危害公路的雪崩区,对其范围、类型、基本特征、雪崩面积、山坡坡度、岩石性质、植被情况、冬季主风向、降汽及风吹雪规律等进行详细的调查并逐项登记记录。此外,在雪崩发生后,及时清除路面积雪、恢复交通,同时将发生日期、时间、雪崩量、危害情况及各项防雪崩工程设施的使用效果等详细地记录在技术档案内,并将现场情况拍摄成照片、影像资料。

8. 风沙及沙漠地区路基

风沙及沙漠地区路基的沙埋和风蚀等病害可选用植草护坡、设置植被保护带、碎石护坡、设置风力堤及挡沙墙等方法进行处治。

(1)风沙路基

在受风沙危害的路段,公路两侧应划定天然植被保护带,其上风侧宽度不应少于500m,下风侧宽度不应少于200m。在此范围内应设立界桩,严禁樵采和放牧等一切有碍天然植被生长的活动,保护好原有的天然植被,并进行必要的培育,扩大植被面积。对原有防沙设施应坚持经常性检查养护,发现损坏、掩埋应及时予以修缮、清理。受风沙危害的路段,现有防沙设施不能满足要求时,应增设工程防护设施或在公路两侧培育天然植被保护带。

采用植物固沙的路段,应坚持经常性养护。在风后、雨后应及时检查,发现损坏及时修补,及时清理被沙埋没的围栏,补栽草方格和撒播草籽等。草方格沙障发生腐烂破坏时,应根据沙丘部位和麦草的腐烂程度,进行重新修补扎设。草方格沙障以 $1m \times 1m$ 和 $1m \times 2m$ 的半隐蔽式方格为宜,一般用草量为 $6000kg/hm^2$。利用各种草类、截枝条全面铺压或带状铺草、平铺杂草固沙施工时,应用草绳或枝条纵横固结,或者用沙粒压盖,防止风毁。

采用阻沙栅栏进行阻沙的路段,栅栏应与主风向垂直,阻截风沙流,防止流沙埋压固沙带。由于沙粒在栅栏前越堆越高,会成为新的沙丘,要随时注意修复被埋压的栅栏。

(2)沙漠地区路基

在半湿润和半干旱沙漠地区,应以植物治沙为主、工程防沙或化学固沙为辅。植物治沙宜采用乔、灌、草相结合。

在干旱沙漠和荒漠地区,宜采用工程防沙或化学固沙与植物治沙相结合、先工程后植物的固沙方法。固沙植物以灌木和半灌木为主。

在极干旱沙漠地区,对流动性沙丘或沙源丰富的风沙流危害严重路段,应在路基和其两侧建立完善的综合防沙体系,设置阻沙、固沙、输沙相结合的以工程为主的综合防护体系;在以固定沙丘为主或以风沙流过境为主的路段,宜以输沙措施为主,并对局部零星沙丘进行治理;其他地区应根据其风沙流强度及沙害的具体情况设置防护体系。

9. 涎流冰地段路基

涎流冰地段路基病害可采取聚冰坑(沟)、挡冰墙(堤)、冻结沟等工程措施进行处治。挡冰墙(堤)可采用浆砌片、块石砌筑,高度宜为 $1\sim2m$,设在边沟外侧,当聚冰量大时,可在挡冰墙(堤)外侧设置聚冰坑(沟)。此外,土质地段的聚冰坑(沟)可根据坡面渗水和土质状况,在边坡坡脚设置干砌片石矮墙。

进行涎流冰地段路基病害处治施工时,涎流冰地段路基排水系统、挡冰墙(堤)等出现破损,或截水沟、排水沟淤堵时,应及时修复、清理疏通;对涎流冰加重或原有处治措施失效的情况,应及时采取措施进行增强处理;秋末冬初对需要保温的部位应采取人工堆放积雪、干草等增强保温措施,并可根据需要增设临时挡冰堤;地下排水设施应设在冻结深度以下,出水口高出地面不应小于0.5m,并应做好出水口的保温措施,或采取开挖纵坡大于10%的排水沟措施。

进行涎流冰地段路基排水设施的养护、保温处理及增设时,山坡涎流冰地段的路基应设置完善的排水系统,必要时可加宽、加深边沟,或设置挡冰墙(堤)、聚冰坑(沟)等设施。聚冰坑(沟)处应设置净空较高的涵洞以排除融冰水。当山坡地下水量较大时,可设置渗沟、暗沟等排水设施。

路基边坡外设置聚冰沟时,聚冰沟的下方宜设置挡冰堤,聚冰沟横断面应根据地形、地质、水量、聚冰量确定,沟深和底宽宜为0.8~1.2m,并做好聚冰沟与排水设施的衔接处理。挡冰堤高度宜为0.8~1.2m,堤顶宽度宜为0.6~1.0m,边坡坡率不宜陡于1:1.5;采用干砌片石铺砌时,边坡可陡至1:0.5。

特殊气候应加强冬季巡查,对临时出现的涎流冰,应及时人工刨除;对有可能威胁公路运营的涎流冰,应采取临时排水、排冰措施。

第二节 沥青路面病害处治与养护

按照养护目的,沥青路面养护分为预防防护、修复养护、专项养护和应急养护。预防养护是指沥青路面整体性能良好但存在病害隐患或有轻微病害,为延缓路面性能过快衰减、延长使用寿命而预先采取的主动性养护工程。修复养护是指沥青路面出现明显病害或部分丧失服务功能,为恢复路面技术状况而进行的功能性或结构性修复养护工程。专项养护是指为恢复、保持或提升沥青路面服务功能而集中实施的路面改造、局部加宽灾后恢复等养护工程。应急养护是指突发情况下造成沥青路面损毁、中断,产生重大安全隐患等,为较快恢复路面安全通行能力而实施的应急抢通保通和抢修养护工程。

按照病害类型,沥青路面病害处治与养护又包括局部病害处治、封层、功能性罩面、结构性补强、再生利用和特殊路段路面养护。

一、局部病害处治

沥青路面在使用过程中,在行车荷载和自然因素反复作用下,将产生各种各样的病害。当路面出现病害并达到一定程度时,需要对其进行及时的维修和处治,以恢复其使用功能和强度,或防止路面病害的进一步发展。沥青路面病害处治应根据公路等级、路面技术状况、交通量大小、预期寿命等因素,合理确定沥青路面病害处治目标。在目标确定的基础上,应根据沥青路面主要损坏类型、交通量大小及组成、气候与地质条件、施工可行性、技术经济性等因素,经过养护设计与方案比选,采取相应处治措施。沥青路面实施病害处治应满足下列要求:①有效处治原路面或下承层的各类病害,并对病害处治进行动态设计;②保证与原路面或下承层、新旧界面的黏结防水及其搭接平顺;③工程实施后,路面技术状况各项指标接近或达到原路面设计标准。

局部病害处治包括针对裂缝、坑槽、车辙、沉陷、波浪拥包、松散、泛油等的处治。因路基或基层局部强度不足、松散、碎裂等原因形成的沥青路面病害,应在处治好路基或基层病害后,进行沥青面层处治。病害处治方案应根据病害类型、范围与严重程度确定,做好材料、设备和施工准备,进行病害精细处治,达到可靠、耐久、经济、美观的处治效果。病害修补面积应大于病害实际面积,修补范围的轮廓线应与路面中心线平行或垂直,并在病害修补的边缘部位采取涂覆黏层材料、贴缝胶、界面加热等措施,保证修补部分与原路面界面黏结牢固、有效防水。因修补不良造成修补区再次损坏时,应分析诊断修补不良产生再次损坏的原因并进行根治,保证再次修补的质量。对坑槽、车辙、沉陷等需将原路面沥青面层挖除或刨后进行修补作业的病害,宜随挖随补。

1. 裂缝处治

裂缝处治时机应根据裂缝类型、特点、严重程度及原因确定,并采取适宜的处治措施,及时进行裂缝封闭。可采用灌缝、贴缝、带状挖补方式,或进行组合使用。灌缝材料宜采用密封胶;贴缝材料可采用热粘式贴缝胶和自粘式贴缝胶,其工艺可分为直接贴缝和灌缝后贴缝。在高温季节全部或大部分愈合的轻微裂缝,可不加处理。

密封胶可分为高温型、普通型、低温型、寒冷型和严寒型五类,分别适用于最低气温不低于0℃、-10℃、-20℃、-30℃、-40℃的地区,其技术要求应符合《路面加热型密封胶》(JT/T 740—2015)的有关规定。贴缝胶可分为普通型、低温型、寒冷型和严寒型四类,分别适用于最低气温不低于-10℃、-20℃、-30℃、-40℃的地区,其技术要求应符合《路面裂缝贴缝胶》(JT/T 969—2015)的有关规定。裂缝处治如图5-1所示。

图5-1 裂缝处治

2. 坑槽处治

应根据坑槽病害类型、严重程度及原因,采取合理措施及时进行修补。沥青路面坑槽修补工艺大体可分为冷料冷补工艺、热料热补工艺和热料冷补工艺三种,每种方法都有各自的特点,适应的情况也不同,施工人员要根据实际情况选择相应适当的方法。

路面的冷料冷补工艺主要适用于应急性维修,首先要将坑槽内的污物、泥浆等清除干净,将调配好的冷补料倒入坑槽,铺涂均匀,要保证坑槽内的冷补料材料充足,但不要漫出坑槽。再使用路碾机压实路面,比较深的坑槽要进行封层填补冷补料和分层压实。此工艺施工方便,但是修补后的材料与原路面的黏结性不好,在雨水冲刷和行车荷载作用下,修补后的路面寿命通常2个月后要再次进行修补。这只是一种临时性的修补措施,可以及时解决影响安全的路面破坏。

热修补技术比冷修补技术更能满足质量要求。热料热补工艺的原理是应用辐射加热的方式加热沥青路面坑槽处,使沥青材料恢复熔融状态,沥青再生后填充新料,使用压路机将路面压实,能够达到比冷修补更好的修护效果。但其施工的时间要比冷修补周期长,而且成本也相对高些。

热料冷补工艺适合雨季对相应的受损路面进行抢修,沥青路面在投入使用后如果碰上雨季就会出现大量坑槽现象,如果不及时进行修补,坑槽会恶化,严重影响路面的使用。热料冷补工艺的原理是暂时使用冷补料沿公路沿线填充坑槽,用压路机压实,使路面暂时满足通车要求,等雨停后再用热修补的技术设备以辐射加热的方式在坑槽处应用热修补技术原理修补沥青路面的坑槽。这种工艺结合了两种修补技术的优点,使路面的修补不受时间和温度的限制。

坑槽修补应符合以下规定:①坑槽修补材料应具有足够的强度以及良好的高低温性能、抗水损坏和老化性能;②应按"圆洞方补、斜洞正补"的原则,确定路面坑槽破损的边界,坑槽修补轮廓线与行车方向平行或垂直,并超过坑槽破损边界10~15cm;③坑槽处治至损坏的最底部,修补后新填补部分应略高于原沥青路面;④雨季和多雨地区,应对路面坑槽修补接缝处进行封缝处理;⑤坑槽修补完成后,应清理作业区域,开放交通。坑槽处治如图5-2所示。

图5-2 坑槽处治

3. 车辙处治

应根据车辙病害类型、范围、严重程度及原因,合理确定采取局部车辙处治或大范围直接填充,就地热再生、铣刨重铺等措施。车辙处治措施可按表5-11选用。局部车辙处治可采用微表处填充,也可采用坑槽等病害综合热修补车进行现场加热、耙松、补料与压实处理,还可采取局部铣刨重铺措施。车辙直接填充材料可采用微表处,也可采用热拌或温拌沥青混合料、高模量沥青混合料、功能性罩面材料等。车辙就地热再生原材料、沥青混合料及施工技术要求应符合《公路沥青路面再生技术规范》(JTG/T 5521—2019)的有关规定。车辙铣刨重铺材料可采用热拌、温拌或冷拌沥青混合料、高模量沥青混合料、功能性罩面材料等。车辙铣刨如图5-3所示。

车辙处治措施　　　　　　　表5-11

车辙深度 RD(mm)	直接填充	就地热再生	铣刨重铺
RD≤15	√	△	△
15＜RD≤30	△	√	√
RD＞30	×	△	√

注:√-推荐;△-可选;×-不推荐。

图5-3　车辙铣刨

4. 沉陷处治

沉陷处治技术措施和结构层位应根据沉陷病害类型、发生部位、严重程度及原因合理确定。因基层局部强度不足或松散造成的路面沉陷,应铣刨或挖除沥青面层,处理好基层后,重铺沥青面层。

因路基不均匀沉降引起的路面沉陷,根据路面破损状况可采取下列处治措施:①路面略有下沉、无破损或仅有少量轻微裂缝时,可在沉陷部位喷洒黏层沥青,用沥青混合料将沉陷部分填补,并压实、整平;②路面出现较大范围的不均匀下沉时,可对沉陷路段两端衔接部位各 10m 范围内分层、分台阶铣刨沥青面层,纵向台阶搭接宽度不宜小于 30cm,横向台阶搭接宽度不宜小于 20cm,清理干净下承层,喷洒黏层沥青,在侧壁涂覆乳化沥青后,分层重铺沥青面层;③路基密实稳定、不再继续下沉后,进行沥青面层处治。

桥涵台背因回填材料选择不适、压实不足等原因引起路面不均匀沉降时,可采取下列处治措施:①台背回填材料选择不适的,宜采用强度高、透水性好且级配合理的材料进行换填处理;②台背回填压实不足的,可采用重新压实处理,台背死角处采用夯实机械进行压实;③采用台背注浆进行加固处理;④铣刨或挖除沥青面层,在沉陷部分加铺基层后,重铺沥青面层;⑤直接按沉陷病害进行处治。沉陷处治如图 5-4 所示。

图 5-4 沉陷处治

5. 波浪拥包处治

根据波浪拥包病害类型及产生原因,可采用局部铣刨、局部铣刨重铺,就地热再生、整体铣刨重铺等处治方式,重铺材料可采用热拌、冷拌或温拌沥青混合料、功能性罩面材料等。

因沥青面层引起不同程度的路面波浪拥包,可采用下列方法进行处治:①在波谷部位喷洒沥青,均匀撒布适当粒径的矿料,找平并压实;②采用机械铣刨方法铣平波浪拥包的鼓起部分,必要时采用冷拌或温拌沥青混合料进行摊铺与压实;③采用就地热再生进行处治;④铣刨或挖除沥青面层,重铺沥青面层。

因沥青面层与基层之间存在不稳定的夹层引起的波浪拥包,应铣刨或挖除沥青面层,清除不稳定的夹层后,喷洒黏层沥青,重铺沥青面层。

因基层引起的路面波浪拥包,可采用下列方法进行处治:①因基层局部强度不足、稳定性差、局部松散等原因引起的波浪拥包,铣刨或挖除沥青面层,处治或重做基层后,重铺沥青面层;②因基层局部积水使面层与基层间结合不良、水稳定性不好等原因引起的波浪拥包,铣刨或挖除沥青面层,晾晒干基层表面水分并增设排水盲沟,或清除基层,用水稳定性较好的材料更换基层后,重铺沥青面层。波浪拥包处治如图 5-5 所示。

图 5-5　波浪拥包处治

6. 松散处治

松散处治时机应根据松散病害类型、严重程度及原因合理确定,并采取可行的技术措施。

因施工不良造成的路面麻面松散,可采用下列方法进行处治:①将路面上已松动的矿料收集起来,将残留在麻面松散层上的浮料清扫干净,喷洒沥青用量为 $0.8 \sim 1.0 kg/m^2$ 的封层油,再按用量为 $5 \sim 8 m^3/1000 m^2$ 撒布 $3 \sim 5 mm$ 粒径的碎石或粗砂,用轻型压路机压实;②将路面麻面松散部分进行铣刨重铺,或采用就地热再生进行处治。

因沥青老化造成的路面麻面松散,可采取封层养护措施进行处治,也可采用就地热再生进行处治,还可采用铣刨或挖除松散部分后重铺沥青面层。

因沥青与酸性石料间的黏附性不良造成的路面麻面松散,可铣刨或挖除松散部分,重铺沥青面层,其矿料不宜使用酸性石料。在缺乏碱性石料的地区,应在沥青中掺入抗剥离剂、增黏剂或使用干燥的消石灰、水泥等表面活性物质作为填料的一部分,或采取石灰浆处理粗集料等抗剥离措施。松散处治如图 5-6 所示。

图 5-6　松散处治

7. 泛油处治

泛油处治时机应根据泛油病害类型、严重程度及原因合理确定，并采取可行的技术措施。

出现轻微泛油时，可撒布 3~5mm 粒径的碎石或粗砂，并采用压路机或行车碾压。出现重度泛油，未发生沥青的迁移现象时，可采用下列方法进行处治：①先撒布 5~10mm 粒径的碎石，后采用压路机碾压，待稳定后，再撒布 3~5mm 粒径的碎石或粗砂，采用压路机或行车碾压；②先撒布 10~15mm 粒径或更大粒径的碎石，后采用压路机强力压入路面，待稳定后，再撒布 5~10mm 或 3~5mm 粒径的碎石，采用压路机或行车碾压；③将路面表面 1~2cm 的富油沥青层铣刨后，铺筑 1~2cm 的微表处、超薄罩面或薄层罩面。

因沥青面层的沥青用量偏高、矿料级配偏细或混合料空隙率偏低引起的路面泛油，可采用碎石封层、就地热再生、铣刨泛油面层后重铺等方式。

因沥青混合料水稳定性不良、空隙率偏大引起的沥青向上迁移型泛油，而沥青中、下面层的沥青含量低，混合料处于松散状态，存在结构性破坏时，可采用铣刨沥青面层、重新铺筑处治方式。泛油处治如图 5-7 所示。

图 5-7　泛油处治

二、封层

封层是指采用专用设备将由沥青胶结料、粗细集料、其他添加材料组成的流动型混合料喷洒或摊铺在沥青路面上形成的加铺薄层，或特种沥青胶结料、碎石、纤维同步或异步洒（撒）布在沥青路面上形成的加铺薄层或应力吸收层。

封层适用于有轻微病害、存在病害隐患或尚未出现病害，路面技术状况优良以上且结构强度满足要求的沥青路面，可作为预防养护措施。封层包括雾封层、碎石封层、纤维封层、微表处、稀浆封层、复合封层等措施，各等级公路适用的封层预防养护措施可按表 5-12 选用，见《公路沥青路面养护技术规范》（JTG/T 5142-01—2021）。

各等级公路适用的封层预防养护措施　　　　　表 5-12

公路等级	雾封层	碎石封层	纤维封层	微表处	稀浆封层	复合封层
高速公路	√	×	×	√	×	√
一级公路	√	△	△	√	×	√
二级公路	√	√	√	√	√	√
三级公路	√	√	√	△	√	√
四级公路	√	√	√	△	√	√

注：√-推荐；△-可选；×-不推荐。

封层预防养护措施应根据路面技术状况及损坏类型、交通量大小及组成、气候条件、外观质量要求、工程经验等因素合理确定。针对特殊路段的沥青路面抗滑性能要求，宜选用微表处、碎石封层、纤维封层、复合封层等封层措施，并保证具有良好的抗滑性能及耐久性。封层施工应采用机械化作业方式，施工前彻底清除原路面的泥土、杂物，保持原路面干净、干燥，并按有关规定处治原路面病害。

1. 雾封层

雾封层是指采用专用高压喷洒设备将雾封材料喷洒在沥青路面上形成的封层，根据是否添加适量碳化硅、石英砂、玄武岩等细集料，雾封层可分为含砂雾封层和不含砂雾封层，雾封层如图 5-8 所示。

图 5-8　雾封层

1）适用性

(1) 可用于需改善轻度松散麻面、路面渗水、沥青老化的沥青路面；
(2) 可用于各等级公路；适用于中、轻交通荷载等级公路；
(3) 雾封层用于高速公路、一级公路时，应采用含砂雾封层；
(4) 路况水平宜符合表 5-13 的规定。

雾封层适用的各等级公路路况水平 表5-13

路况指数	高速公路	一级及二级公路	三级及四级公路
PCI、RQI、RDI	≥93	≥90	≥85
SRI	≥80	≥80	—

2）材料要求

（1）不含砂雾封层用乳化沥青性能应满足《公路沥青路面施工技术规范》（JTG F40—2014）的要求，喷洒前需稀释的，材料在喷洒过程应能保持性能稳定；

（2）含砂雾封层用乳化沥青类材料性能应满足《沥青路面雾封层材料 乳化沥青类薄浆封层》（JT/T 1330—2020）的要求；

（3）还原剂类雾封层材料性能应满足《沥青路面雾封层材料 还原剂类雾封层材料》（JT/T 1264—2019）的要求；

（4）含砂雾封层用细集料技术要求应符合表5-14的规定。

含砂雾封层用细集料技术要求 表5-14

项目		技术要求	试验方法
表观相对密度		≥2.5	T 0328 细集料表观密度试验（容量瓶法）
吸水率（%）		≤2	T 0330 细集料密度及吸水率试验
砂当量（%）		≥85	T 0334 细集料砂当量试验
通过下列筛孔（mm）的质量百分率 a（%）	2.36	100	T 0327 细集料筛分试验
	1.18	90～100	
	0.3	5～70	
	0.075	0～5	

注：本表中试验方法参见《公路工程集料试验规程》（JTG 3432—2024）。

3）施工工艺

（1）应采用雾封层专用喷洒车或专用喷涂工具，按设定的喷洒率喷洒或喷涂雾封层材料；

（2）保证施工起点和终点位置的喷洒边缘整齐，宜在起点和终点位置预铺油毛毡；

（3）如出现条纹状洒布或材料泄漏情况时，应立刻停止施工进行检查；

（4）应根据材料的品种和气候条件确定雾封层的养生时间，干燥成型后方可开放交通。

2. 碎石封层和纤维封层

碎石封层是传统且最普遍的表层养护方法，也称作表面处治或油石层，如图5-9所示。其施工方法是在路面上喷洒一层沥青材料，紧接着撒布砂、单粒径或适当级配的集料，并紧跟着进行碾压。纤维封层是指采用纤维封层核心设备同时洒（撒）布沥青胶结料和玻璃纤维，然后在上面撒布碎石经碾压后形成新的磨耗层或者应力吸收中间层的一种新型道路建设施工和养护技术。

图 5-9　碎石封层与纤维封层

1) 适用性

(1) 可用于需改善抗滑、路面渗水等使用性能的沥青路面;

(2) 可用于二级及二级以下公路,可用于各交通荷载等级公路;

(3) 路况水平宜符合表 5-15 的规定。

碎石封层和纤维封层适用的各等级公路路况水平　　表 5-15

路况指数	二级公路	三级及四级公路
PCI、RQI、RDI	≥82	≥80

2) 材料要求

(1) 碎石封层宜采用乳化沥青或改性乳化沥青作为胶结料,可采用道路石油沥青、改性沥青、橡胶沥青等作为胶结料。纤维封层应采用改性乳化沥青作为胶结料。

(2) 胶结料技术要求应符合《公路沥青路面施工技术规范》(JTG F40—2004)的有关规定。使用乳化沥青时,乳化沥青蒸发残留含量应不小于 60%,宜不小于 62%;使用改性乳化沥青时,改性乳化沥青蒸发残留物含量应不小于 62%,宜不小于 65%。

(3) 碎石封层和纤维封层应选择玄武岩、辉绿岩、石灰岩等岩石破碎而成,宜采用粒径 3~5mm、5~8mm、7~10mm、9~12mm 或 12~15mm 接近单一粒径集料。

(4) 碎石封层和纤维封层用集料技术要求应满足表 5-16 的有关规定。

碎石封层和纤维封层用集料技术要求　　表 5-16

项目	技术要求		试验方法
	二级及以上公路	三级和四级公路	
石料压碎值(%)	≤20	≤20	T 0316
洛杉矶磨耗损失(%)	≤28	≤30	T 0317
磨光值[a]	≥42	≥38	T 0321
表观相对密度	≥2.6	≥2.5	T 0304
吸水率(%)	≤2.0	≤3.0	T 0304

续上表

项目	技术要求		试验方法
	二级及以上公路	三级和四级公路	
坚固性(%)	≤12	≤12	T 0314
针片状含量(%)	≤10	≤10	T 0312
水洗法<0.075mm颗粒含量(%)	≤1	≤1	T 0310
软石含量(%)	≤2	≤2	T 0320

注：a 当碎石封层和纤维封层用作路表磨耗层时需满足磨光值要求，用于复合封层、封层罩面时可不作要求。

本表中试验方法参见《公路工程集料试验规程》(JTG 3432—2024)。

(5)碎石封层用集料可采用沥青拌和站进行沥青预裹覆或烘干除尘处理,预裹覆的沥青与碎石封层喷洒的沥青类型、标号可不同；

(6)纤维封层用纤维应符合《沥青路面用纤维》(JT/T 533—2020)的有关规定。

3)施工工艺

(1)异步碎石封层施工应满足下列要求：

首先应按设定的洒布率喷洒胶结料,然后应立即撒布碎石。胶结料使用乳化沥青时,碎石撒布应在乳化沥青破乳之前完成；胶结料喷洒应均匀；碎石撒布应厚度一致,不应露出胶结料,局部缺料或石料过多处,应人工适当找补或清除；碎石撒布完成后,应尽快碾压。胶结料喷洒、碎石撒布、碾压各工序的间隔时间应尽量缩短。

(2)同步碎石封层及纤维封层施工时,应注意观察胶结料喷洒是否存在条纹状洒布或泄漏的情况,发现问题应立即停止洒(撒)布,查找问题并解决。

(3)材料洒(撒)布完成后,应及时用轮胎压路机碾压3~4遍。碾压速度不宜超过3km/h,每次碾压轮迹重叠约300mm。

(4)碾压完成后应留出充足时间封闭交通养生。

(5)每天施工结束前,应采用适宜机具扫除路面上多余的集料。

(6)应保证施工起点和终点位置的喷洒边缘整齐,宜在起点和终点位置预铺油毛毡。

(7)双层或多层碎石封层时,每层均应按以上要求施工。使用乳化沥青时,两层施工间隔宜不小于24h。

(8)在开放交通初期的12h,宜设专人指挥交通或设置障碍物控制行车速度,车速宜不超过20km/h。

3. 微表处和稀浆封层

微表处是用具有一定级配的石屑或砂、填料(水泥、石灰、粉煤灰、石粉等)与聚合物改性乳化沥青、外掺剂和水,按一定比例拌制成流动型混合料,再均匀摊铺于路面上的封层。稀浆封层是采用机械设备将适当级配的乳化沥青、粗细集料、水、填料(水泥、石灰、粉煤灰、石粉等)和添加剂等按照设计配比拌和成稀浆混合料摊铺到原路面上形成的薄层,微表处和稀浆封层如图5-10所示。

图 5-10　微表处和稀浆封层

1）微表处适用性

（1）可用于需改善路面渗水、抗滑等使用性能的沥青路面；

（2）适用于二级及二级以上公路,可用于三级及四级公路,可用于各交通荷载等级公路；

（3）路况水平宜符合表 5-17 的规定。

微表处适用的各等级公路路况水平　　　　　表 5-17

路况指数	高速公路	一级及二级公路	三级及四级公路
PCI、RQI	≥90	≥85	≥80
RDI[a]	≥90	—	—

注：a 当 60≤RDI<90 时,应采用微表处车辙填充后再进行微表处封层。

2）稀浆封层适用性

（1）可用于需改善路面渗水等使用性能的沥青路面；

（2）可用于二级及二级以下公路,宜用于中、轻交通荷载等级公路；

（3）路况水平宜符合表 5-18 的规定。

稀浆封层适用的各等级公路路况水平　　　　　表 5-18

路况指数	二级公路	三级及四级公路
PCI、RQI、RDI	≥85	≥80

3）材料要求

（1）微表处用改性乳化沥青的技术要求应满足表 5-19 的要求。

微表处用改性乳化沥青技术要求　　　　　表 5-19

项目		技术要求		试验方法
		A 级微表处	B 级微表处	
粒子电荷		阳离子正电（+）	阳离子正电（+）	T 0653
0.6mm 筛上剩余量（%）		≤0.1	≤0.1	T 0652
黏度	恩格拉黏度 E25	3~30	3~30	T 0622
	25℃赛波特黏度（s）	20~100	20~100	T 0623

续上表

项目		技术要求		试验方法
		A级微表处	B级微表处	
贮存稳定性[a](%)	1d	≤1	≤1	T 0655
	5d	≤5	≤5	
蒸发残留物含量(%)		≥60	≥60	T 0651
蒸发残留物性质	25℃针入度(0.1mm)	40~100	40~100	T 0604
	软化点(℃)	≥57[b]	≥57[b]	T 0606
	5℃延度(cm)	≥60	≥20	T 0605
	溶解度(%)	≥97.5	≥97.5	T 0607
	黏韧性(N·m)	≥7	—	T 0624

注:a 贮存稳定性根据施工实际情况选择试验天数,通常采用5d,改性乳化沥青生产后能在第二天使用完时也可选用1d。个别情况下改性乳化沥青5d的贮存稳定性难以满足要求,如果经搅拌后能均匀一致并不影响正常使用,此时要求改性乳化沥青运至工地后应存放在附有循环或搅拌装置的贮存罐内,并进行循环或搅拌,否则不得使用。

b 南方炎热地区、重载交通公路及用于填补车辙时,改性乳化沥青蒸发残留物的软化点应不低于60℃。

本表中试验方法参见《公路工程沥青及沥青混合料试验规程》(JTG E20—2011)。

(2) 稀浆封层用乳化沥青、改性乳化沥青的技术要求应满足表5-20的要求。

稀浆封层用乳化沥青和改性乳化沥青技术要求　　　　表5-20

试验项目		技术要求			试验方法
		改性乳化沥青	BC-1	BA-1	
1.18mm筛上剩余量(%)		≤0.1	≤0.1	≤0.1	T 0652
电荷		正电(+)	正电(+)	负电(-)	T 0653
恩格拉黏度 E_{25}		3~30	2~30	2~30	T 0622
沥青标准黏度[a] $C_{25,3(s)}$		—	10~60	10~60	T 0621
蒸发残留物含量(%)		≥60	≥55	≥55	T 0651
蒸发残留物性质	25℃针入度(0.1mm)	40~100	45~150	45~150	T 0604
	软化点(℃)	≥57	—	—	T 0606
	5℃延度(cm)	≥20	—	—	T 0605
	15℃延度(cm)	—	≥40	≥40	
	溶解度(%)	≥97.5	≥97.5	≥97.5	T 0607
贮存稳定性[b](%)	1d	≤1	≤1	≤1	T 0655
	5d	≤5	≤5	≤5	

注:a 乳化沥青黏度以恩格拉黏度为准,条件不具备时也可采用沥青标准黏度。

b 贮存稳定性根据施工实际情况选择试验天数,通常采用5d,乳化沥青和改性乳化沥青生产后能在第二天使用完时也可选用1d。个别情况下改性乳化沥青5d的贮存稳定性难以满足要求,如果经搅拌后能够达到均匀一致并不影响正常使用,此时要求改性乳化沥青运至工地后应存放在附有循环或搅拌装置的贮存罐内,并进行循环或搅拌,否则不准使用。

本表中试验方法参见《公路工程沥青及沥青混合料试验规程》(JTG E20—2011)。

(3)微表处和稀浆封层用粗集料、细集料、合成矿料的技术要求应符合表 5-21 的要求。

微表处和稀浆封层用粗集料、细集料、合成矿料技术要求　　表 5-21

项目		技术要求			试验方法	备注
		A 级微表处	B 级微表处	稀浆封层[a]		
粗集料	压碎值(%)	≤26	≤26	≤28	T 0316	—
	洛杉矶磨耗损失(%)	≤25	≤25	≤30	T 0317	—
	磨光值(BPN)	≥42	≥42	—	T 0321	—
	坚固性(%)	≤12	≤12	—	T 0314	—
	针片状含量(%)	≤15	≤15	≤18	T 0312	—
细集料	坚固性(%)	≤12	≤12	—	T 0340	>0.3mm 部分
合成矿料	砂当量(%)	≥65	≥65	≥50	T 0334	合成矿料中 <4.75mm 部分
	亚甲蓝值(g/kg)	≤2.5	—	—	T 0349	合成矿料中 <2.36mm 部分

注:a 稀浆封层用于四级公路时,粗、细集料的质量要求可参照《公路沥青路面施工技术规范》(JTG F40—2014)适当放宽。

本表中试验方法参见《公路工程集料试验规程》(JTG 3432—2024)。

(4)根据工程需要,可添加能调节稀浆混合料拌和时间、破乳速度、开放交通时间等的添加剂,添加剂不得对微表处和稀浆封层路用性能产生负面影响。

(5)微表处和稀浆封层用水不得含有有害的可溶性盐类、能引起化学反应的物质和其他污染物,宜采用可饮用水。

4)施工工艺

(1)微表处和稀浆封层应按下列步骤施工:

彻底清除原路面的泥土、杂物等;施划导线,有路缘石、车道线等为参照物的也可不施划导线;如有喷洒黏层油要求的,启动喷洒车进行黏层油喷洒,并进行养生;开启摊铺车,摊铺微表处或稀浆封层混合料;手工修复局部施工缺陷;初期养生;开放交通。

(2)宜根据设计要求的整幅施工宽度,综合考虑减少纵向接缝数量,将纵向接缝宜放在车道线附近等因素,合理确定单幅摊铺宽度。

(3)摊铺车应保持匀速摊铺,摊铺速度应使摊铺槽中稀浆混合料体积保持在摊铺槽容积的 1/2 左右。

(4)当摊铺车内任何一种材料即将用完时,应立即关闭所有材料的输送控制开关,待混合料全部送入摊铺槽完成摊铺后,摊铺车应停止前进,提起摊铺槽,移至路侧清理。施工废弃物应收集装入废料车,不得随意抛掷。

(5)条件允许时,宜采用连续式摊铺车。

(6)微表处和稀浆封层摊铺后可不碾压。用于硬路肩、停车场等缺少行车碾压的场合,或为了满足特殊需要,可使用6t~10t轮胎压路机进行碾压。碾压时机应选择在微表处和稀浆封层混合料已破乳并初步成型之后。

（7）微表处和稀浆封层混合料铺筑后,在开放交通前应严禁车辆和行人通行。当微表处和稀浆封层混合料满足开放交通的要求后,应尽快开放交通。

（8）微表处用于车辙填充时,应调整摊铺厚度,使填充层横断面的中部隆起3~5mm。

4. 复合封层

复合封层是为解决碎石封层存在的缺陷而发展的一种预防养护技术。它首先在原路面上敷设一层碎石封层,待碎石封层完全凝固后(约需要一周时间),再在其上铺设一层稀浆封层或微表处。优点是缩短了初期养护时间,改善了石屑封层耐久性、抗滑性和噪声方面的缺点并可以获得更大的厚度。复合封层如图5-11所示。

图5-11 复合封层

复合封层的适用性如下：

（1）可用于需改善路面渗水、抗滑等使用性能的沥青路面；

（2）碎石封层或纤维封层加铺微表处可用于二级及二级以上公路,适用于各交通荷载等级公路;碎石封层加铺稀浆封层可用于二级及二级以下公路,适用于重及以下交通荷载等级公路；

（3）路况水平宜符合表5-22的规定。

复合封层适用的各等级公路路况水平　　　　　表5-22

路况指数	高速公路	一级及二级公路	三级及四级公路
PCI、RQI、RDI	≥85	≥80	≥75

材料等其他要求,根据复合封层的复合形式,参考前文所述各类封层相应要求即可。

三、功能性罩面

功能性罩面适用于各等级公路预防或修复病害、需要改善抗滑等使用性能且结构强度满足使用要求的沥青路面,铺筑厚度小于40mm的功能性罩面可作为预防养护措施。

功能性罩面可采用铺筑度小于25mm的超薄罩面、不小于25mm且小于40mm的薄层罩面和不小于40mm且小于60mm的罩面类型,应根据路面技术状况、主导损坏类型、交通量大小及组成、气候条件、工程经验等因素,合理确定功能性罩面措施。功能性罩面沥青胶结料可采用热沥青、高温或冷拌改性沥青,应根据路面损坏状况、改善使用功能、施工条件、工程经验等因素进行选用。沥青路面部分车道进行功能性罩面时,应做好横坡顺接,保障排水顺畅。功能性罩面应采用机械化作业方式,施工前彻底清除原路面的泥土、杂物,保证原路面干净、干燥,并应符合下列规定:①对原路面损坏程度不超过轻度裂缝、轻度松散、轻微泛油,高差不超过10mm的各类变形,可直接实施功能性罩面;②对原路面超过前文所述损坏程度的病害,应按前文所述的有关规定进行原路面病害处治后,实施功能性罩面。

功能性罩面施工应按《公路沥青路面施工技术规范》(JTG F40—2004)的有关规定执行,并应符合下列规定:①功能性罩面与原路面层间应设置具有应力吸收作用的黏结防水层,可对原路面进行拉毛处理,保证功能性罩面与原路面层间黏结良好而不脱落;②功能性罩面不应铺筑在逐年加铺的软沥青层上,也不应铺在与原路面黏结不良即将脱皮的沥青薄层上,应先将其铲除与整平,再进行功能性罩面。

1. 薄层罩面与超薄罩面

1)适用性

(1)可用于需要预防或修复部分病害、改善抗滑等使用性能的沥青路面;

(2)可用于各等级公路,可用于各交通荷载等级公路;

(3)路况水平宜符合表5-23的规定。

薄层罩面和超薄罩面适用的各等级公路路况水平　　　　　　表5-23

路况指数	高速公路		一级及二级公路		三级及四级公路	
	薄层罩面	超薄罩面	薄层罩面	超薄罩面	薄层罩面	超薄罩面
PCI、RQI	≥85	≥88	≥80	≥83	≥80	≥80
RDI	≥80	≥85	≥80[a]	≥80[a]	—	—

注:a 适用于一级公路。

2)材料要求

(1)薄层罩面可使用与铺筑厚度相匹配的 SMA-10/13、AC-10/13、OGFC 型热拌沥青混合料或温拌沥青混合料,胶结料应根据使用场合选择采用高黏度改性沥青、高分子聚合物改性沥青、橡胶改性沥青或道路石油沥青。超薄罩面可使用与铺筑厚度相匹配的空隙型超薄面 UTO-5/10/13 型及密实型超薄罩面 UTOD-5、SMA-5/10、AC-5/10 型的热拌沥青混合料或温拌沥青混合料,胶结料应根据使用场合选择采用高黏度改性沥青、高分子聚合物改性沥青、橡胶改性沥青,黏层应采用 SBS 改性乳化沥青、高黏度改性乳化沥青或不黏轮改性乳化沥青。

(2)道路石油沥青、SBS 改性沥青的技术指标应满足《公路沥青路面施工技术规范》

（JTG F40—2004）的规定。超薄罩面用 SBS 改性沥青、高黏改性沥青、橡胶改性沥青的技术指标还应分别满足表 5-24、表 5-25 的要求。

超薄罩面用 SBS 改性沥青、高黏改性沥青技术要求　　　　表 5-24

项目	技术要求 SBS 改性沥青	技术要求 高黏改性沥青	试验方法
针入度(25℃,100g,5s)(0.1mm)	50~80	40~70	T 0604
延度(5℃,5cm/min)(cm)	≥30	≥40	T 0605
软化点(℃)	≥75	≥90	T 0606
135℃运动黏度(Pa·s)	1.0~3.0	—	T 0625,T 0619
165℃运动黏度(Pa·s)	—	≤3	T 0625,T 0619
60℃动力黏度(Pa·s)	—	≥200000	T 0620
25℃黏韧性(N·m)	—	≥25	T 0624
25℃韧性(N·m)	—	≥20	T 0624
闪点(℃)	≥230		T 0611
溶解度(%)	≥99		T 0607
25℃弹性恢复(%)	≥85	≥95	T 0662
离析(48h 软化点差)(℃)a	≤2.5		T 0661
质量变化(%)	-0.5~0.5	-1.0~1.0	T 0610 或 T 0609
25℃针入度比(%)	≥75	≥70	T 0604
5℃延度(cm)	≥20	≥25	T 0605

注：a 采用干拌工艺时可不检测离析(48h 软化点差)指标。
本表中试验方法参见《公路工程沥青及沥青混合料试验规程》(JTG E20—2011)。

超薄罩面用橡胶改性沥青技术要求　　　　表 5-25

项目		技术要求	试验方法
25℃针入度(0.1mm)		30~60	T 0604
5℃延度(cm)		≥20	T 0605
软化点(℃)		≥75	T 0606
180℃运动黏度(Pa·s)		2~4	T 0625
离析(48h 软化点差)(℃)		≤5.0	T 0661
25℃弹性恢复(%)		≥75	T 0662
TFOT(或 RTFOT)后残留物	质量损失(%)	±0.5	T 0610 或 T 0609
	25℃针入度比(%)	≥65	T 0604
	5℃残留延度(cm)	≥5	T 0605

注：1. 厚度 10~15mm 的超薄罩面，60℃动力黏度宜不小于 100000Pa·s。
2. 本表中试验方法参见《公路工程沥青及沥青混合料试验规程》(JTG E20—2011)。

(3)超薄罩面黏层用 SBS 改性乳化沥青、高黏度改性乳化沥青技术指标应符合表 5-26 的规定,不黏轮改性乳化沥青应经试验验证并符合相关产品标准。

超薄罩面黏层用 SBS 改性乳化沥青、高黏度改性乳化沥青技术要求 表 5-26

项目		技术要求		试验方法
		SBS 改性乳化沥青	高黏改性乳化沥青	
破乳速度		快裂	快裂	T 0658
粒子电荷		阳离子(+)		T 0653
筛上剩余量(1.18mm)(%)		≤0.1		T 0652
黏度	恩格拉黏度 E_{25}	1~15	—	T 0622
	沥青标准黏度 $C_{25,3(s)}$	—	12~60	T 0621
蒸发残留物性能试验	含量(%)	≥62	≥65	T 0651
	针入度 (100g,25℃,5s) (0.1mm)	50~150	40~60	T 0604
	软化点(℃)	≥55	≥70	T 0606
	5℃延度(cm)	≥20		T 0605
	溶解度(三氯乙烯)(%)	≥97.5		T 0607
	25℃弹性恢复(%)	≥60	≥85	T 0662
贮存稳定性(%)	1d	≤1		T 0655
	5d	≤5		T 0655
与矿料的黏附性	裹覆面积	≥2/3		T 0654

注:本表中试验方法参见《公路工程沥青及沥青混合料试验规程》(JTG E20—2011)。

(4)粗集料、细集料和填料技术指标应符合《公路沥青路面施工技术规范》(JTG F40—2004)的有关规定,并满足下列要求:粗集料宜采用质地坚硬、表面粗糙、形状接近立方体的玄武岩或辉绿岩等硬质石料加工而成,应具有良好的耐磨耗与磨光性能;细集料宜采用石灰岩或岩浆岩中的强基性岩石经制砂机破碎得到的机制砂,应与沥青有良好的黏结能力;填料宜采用石灰岩或岩浆岩中的强基性岩石经磨细得到的矿粉,应洁净、干燥。

3)施工工艺

(1)薄层罩面和异步施工超薄罩面,施工工艺应符合《公路沥青路面施工技术规范》(JTG F40—2004)的规定。

(2)同步施工的空隙型超薄罩面,施工工艺除应符合《公路沥青路面施工技术规范》(JTG F40—2004)的规定外,还应符合下列规定:

间歇式拌和机每盘的生产周期应适当延长 5~10s,沥青混合料的贮存时间不宜超过 6h;黏层改性乳化沥青喷洒温度宜为 60~80℃;应使用 11~13t 双钢轮压路机静压 2~3 遍,不得使用轮胎压路机;碾压终了温度应不低于 90℃;纵向接缝宜位于标线附近。

2. 封层罩面

1)适用性

(1)可用于需要预防或修复部分病害、改善抗滑、路面渗水等使用性能的沥青路面。

(2)可用于各等级公路,可用于各交通荷载等级公路。

(3)路况水平宜符合表 5-27 的规定。

封层罩面适用的各等级公路路况水平　　表 5-27

路况指数	高速公路	一级及二级公路	三级及四级公路
PCI、RQI	≥83	≥80	≥80
RDI	≥80	≥80[a]	—

注:a 适用于一级公路。

(4)宜根据所在路段的公路等级、路面技术状况、交通量、使用功能等因素,设计碎石封层或纤维封层+罩面结构组合与厚度,并应符合表 5-28 的规定。

结构组合与厚度设计　　表 5-28

使用条件	碎石封层或纤维封层厚度(cm)	罩面厚度(cm)
路面破损、平整度、抗滑三项指标都在中等以下,要求恢复到优、良等级,且交通量较大、重型车较多的路段	1.2~1.5	4.0~5.5
路面破损、平整度、抗滑三项指标都在中等以下,要求恢复到优、良等级,且中等交通量的路段	0.7~1.2	4.0~5.0
路面破损、平整度、抗滑三项指标都在中等以下,要求恢复到优、良等级,且交通量小、重型车少的路段	0.5~0.8	4.0~5.0

2)材料要求

碎石封层用胶结料和集料等原材料的技术要求应符合前文所述有关规定,集料的技术要求经论证可适当放宽。封层罩面涉及的薄层罩面、超薄罩面用胶结料和集料等原材料的技术要求应符合前文所述有关规定。

3)施工工艺

(1)碎石封层和纤维封层的施工工艺应符合前文所述有关规定。涉及的薄层罩面、超薄罩面的施工工艺应符合前文所述有关规定。

(2)碎石封层施工后应做好保护,在薄层罩面或超薄罩面施工前不得开放交通,多余或松散的碎石应采取清扫、吸除等方式清除。

四、结构性补强

结构性补强适用于路面结构强度不足、旧路病害严重、需要改善使用性能的沥青路面,应根据路面结构强度状况、主要病害类型与数量、严重程度、产生原因等因素,确定采取直接加铺或铣刨加铺补强措施。结构性补强应通过结构验算确定路面结构组合与厚度,并采用铺筑总厚度不小于 6cm 的双层或双层以上路面结构。结构性补强厚度不仅会引起路面高程变化、横坡调整、与路面结构物衔接等，而且会导致出现原有护栏高度和防撞等级无法满足原设计标准的情况，对无法满足的路段，要求采取综合措施进行处置，保证护栏高度和防撞等级达到原设计标准。应做好结构性补强厚度引起的设计高程变化、横坡调整，与桥隧构造物衔接沿线交通工程等方面的相互协调，并采取相应的处理措施。结构性补强时可对不合适的路拱横坡进行调整。高速公路及一级公路硬路肩不进行结构性补强时，应做好横坡顺接，保障排水顺畅。

与桥涵的衔接处理应符合下列规定：①结构性补强路段内有桥涵等构造物时，施工前应对其铺装层进行检查，及时修复原铺装层出现的破损。新铺筑的沥青铺装层不宜增加厚度，保证路面与桥涵顶面的纵坡顺适。②结构性补强可从桥涵两侧的搭板外开始，变坡点设在搭板两侧以外，保证路线纵坡平顺。③对于无搭板情况，结构性补强变坡点距离桥涵台背端点不小于10m，保证路线纵坡与桥涵构造物在变坡点处的衔接顺适。

结构性补强层与下承层间应采取黏层、封层等处理措施，保证补强层与下承层间有效的黏结防水，与不维修路段界面应涂刷黏层乳化沥青，并在路面压实成型后采用密封胶、贴缝胶等防水材料进行密封，保证水分不从界面处下渗。结构性补强施工前后，应对排水不良路段采取加深边沟、设置盲沟或渗井、增设隔水层等措施进行处理。

1. 直接加铺补强

应根据路面结构强度状况、主要病害类型与发生层位等因素，确定采取直接加铺沥青面层或基层与沥青面层共同补强措施，并应符合下列规定：①高速公路、一级及二级公路路面采取直接加铺沥青面层，或柔性基层与沥青面层共同补强措施；②三级及四级公路路面采取直接加铺沥青面层，或半刚性基层与沥青面层共同补强措施。

沥青路面直接加铺补强前，应对原路面病害类型、层位及范围进行详细调查，并按前文所述的有关规定对病害进行彻底处治。采用柔性基层或半刚性基层与沥青面层共同补强时，基层比沥青面层宽出20~25cm或埋设路缘石，保证路面边缘坚实稳定；路肩过窄路段，先加宽路基达到标准宽度，或采用护肩石的方法，再加宽基层。采用柔性基层或半刚性基层与沥青面层共同补强时，应通过加铺调平层，或加铺柔性基层或半刚性基层的厚度调整，保证原路面纵横坡符合要求。因沥青面层裂缝引起雨雪水侵入造成基层顶面破坏而形成的翻浆，可待翻浆基层水分蒸发且稳定，采取裂缝处治或挖补后进行直接加铺沥青面层补强。

2. 铣刨加铺补强

应根据路面结构强度状况、主要病害发生层位等因素，确定采取铣刨加铺沥青面层或基层与沥青面层共同补强措施，并应符合下列规定：①对于沥青面层部分破损、基层完好，仅铣刨处治部分厚度沥青面层的，对部分沥青面层回填压实后，采取沥青面层补强措施；②对于沥青面层严重破损、基层较完好，铣刨处治全部沥青面层的，采取直接加铺沥青面层、柔性基层或半刚性基层与沥青面层共同补强措施；③对于沥青面层严重破损、基层局部病害，铣刨处治全部沥青面层的，对基层局部病害处理后，采取直接加铺沥青面层、柔性基层或半刚性基层与沥青面层共同补强措施;④对于沥青路面整体破损严重,铣刨处治沥青面层与基层的,采取柔性基层或半刚性基层与沥青面层共同补强措施;⑤二级及二级以下公路路面结构强度指数(PSSI)小于70、沥青面层厚度小于4cm且老化破损严重时,可采取水硬性结合料类全深式再生作为基层,直接加铺沥青面层、柔性基层与沥青面层或半刚性基层与沥青面层共同补强措施;也可采取沥青类全深式再生作为柔性基层,直接加铺沥青面层,或柔性基层与沥青面层共同补强措施。

病害铣刨处治与加铺结构性补强重铺前应对下承层病害与结构强度状况进行详细调查,对于铣刨处治部分沥青面层的,应在铣刨处治前详细调查与标记病害位置。铣刨处治后清理干净下承层表面,并按前文所述的有关规定对下承层病害进行彻底处治。病害铣刨处治应避免雨季施工,不得严重破坏完好的下承层,不同路面结构层的接缝位置错开不应小于30cm。铣刨的沥青面层和基层旧料应按再生利用要求进行分类收集,并减少泥土或其他杂物混入沥青面层或基层旧料,及时回收运送至拌和场或指定地点进行分类储存与再生利用。因基层水稳定性不良或水量过大造成的翻浆,应铣刨沥青面层和基层全部软弱部分,将基层材料晾晒干,并可适当增加透水性良好的碎石,按每层厚度不超过15cm进行分层填补并压实后,采取加铺沥青面层或基层与沥青面层共同补强措施。由路基引起沥青路面病害的,应按《公路路基施工技术规范》(JTG/T 3610—2019)的有关规定,彻底处治路基病害并完善防排水设施后,采取加铺半刚性基层或柔性基层与沥青面层共同补强措施。路基冻胀与翻浆处治材料应具有良好的防冰冻性能和抗水损害性能,并要求路基处理及垫层施工达到设计及规范要求。因冬季路基中的水结冰引起冻胀,春融季节化冻而引起的翻浆,应采用下列方法进行处治:①换填水稳定性好的路基及基层材料;②局部发生翻浆的路段,可采用压浆、水泥碎石桩或砂砾桩进行处治;③加深边沟,并在翻浆路段两侧路肩上交错开挖宽30~40cm、间距3~5m的横沟,其沟底纵坡不小于3%。沟深根据解冻情况,逐渐加深至路基。横沟的外口高于边沟的沟底。路面翻浆严重的除挖横沟外,顺路面边缘设置纵向小盲沟,交通量较小的路段挖成明沟,翻浆停止后将明沟填平恢复原状。因路基冻胀使路面局部或大面积隆起影响行车时,应将胀起的沥青路面刨平,待春融后按翻浆处理方法进行处治。

五、再生利用

再生利用技术可分为厂拌热再生、就地热再生、厂拌冷再生、就地冷再生和全深式就地再生。应根据公路等级、路面状况、施工环境及能力、交通与气候条件等因素,合理选用沥青路面再生利用技术,并应符合下列规定:①沥青路面养护工程的面层材料优先选用厂拌再生;②用于沥青路面上面层的材料优先选用厂拌热再生;③用于沥青路面中、下面层的材料选用厂拌热再生或厂拌冷再生;④沥青路面表面功能恢复选用就地热再生;⑤沥青路面基层材料采用就地冷再生或厂拌冷再生;⑥面层与基层复合就地利用采用全深式就地再生。

沥青面层材料与基层材料应分别回收、堆放并再生利用,其回收、处理与管理应符合下列规定:①高速公路和一、二级公路沥青路面材料应集中回收与统筹利用,三、四级公路沥青路面材料宜就地再生利用,具备条件的可集中回收与统筹利用;②回收料再生利用前,回收站点应配备筛分设备或破碎与筛分设备进行预处理,沥青面层回收料应筛分成不少于两种不同规格料,基层回收料应筛除超粒径颗粒,具备条件的可筛分成两种不同规格料;③经预处理后的回收料应按不同规格料分开堆放,沥青面层回收料应覆盖做好防雨、防二次污染,基层回收料宜覆盖做好防尘污染。

沥青路面再生利用的结合料分为沥青类和水硬性结合料类,其选用应符合下列规定:①沥青面层回收料热再生应采用基质沥青、改性沥青、再生剂等沥青类结合料;②沥青面层回收料冷再生和面层与基层全深式再生既可采用乳化沥青、泡沫沥青等沥青类结合料,并掺入少量的水泥,也可采用水泥、石灰、粉煤灰等水硬性结合料类;③基层回收料冷再生宜采用水泥、石灰与粉煤灰、水泥与粉煤灰等水硬性结合料类。

沥青路面再生利用的原材料要求、混合料设计与性能检验、设备要求、施工工艺与质量管理应按《公路沥青路面再生技术规范》(JTG/T 5521—2019)的有关规定执行。

六、特殊路段路面养护

1. 桥隧沥青铺装养护

应根据桥隧沥青铺装病害位置、主要类型与数量、严重程度、产生原因等因素,确定采取病害处治或养护工程措施。应加大对桥隧特别是特大、大桥和特长、长隧道沥青铺装的日常巡查与保养频率,及时发现各类病害及异常情况。

桥隧沥青铺装病害处治应按前文所述的有关规定执行,并保证修补部分与原沥青铺装界面的黏结牢固、有效防水,宜采用就地热修补法处治病害,采用挖补法处治病害时宜采用与原沥青铺装层相同或相近的材料进行回填压实。桥梁沥青铺装采取重铺养护时,其厚度不宜大于原沥青铺装层厚度;采取封层、功能性罩面等养护工程措施时,应通过桥梁荷载验算。隧道沥青铺装采取功能性罩面、铣刨重铺等养护工程措施时,应计算隧道净空,使其满足使用要求。桥隧沥青铺装病害处治和养护工程施工时,应做好与桥隧已有排水设施的衔接。采取铣刨重铺措施时,路拱横坡低的一侧边缘沥青铺装下层宜设置纵向排水盲沟,保证渗入层间的水通过桥梁泄水孔或隧道排水设施及时排除。桥隧沥青铺装病害处治和养护工程施工应做好交通组织疏导与材料设备堆放,并规范、快速进行养护作业,不得危及桥隧结构与行车安全。

2. 水泥混凝土桥面沥青铺装养护

水泥混凝土桥面沥青铺装主要病害包括裂缝、坑槽、开裂滑移、车辙、波浪拥包、脱层等,应分析诊断主要病害的产生原因,并及时采取病害处治或养护工程措施。

水泥混凝土桥面沥青铺装病害处治同桥隧沥青铺装养护的相关内容。采取养护工程措施应符合下列规定:①由沥青铺装层引起的严重裂缝、坑槽、车辙、波浪拥包等病害,宜采取封层功能性罩面、铣刨重铺等养护工程措施;②由黏结防水层失效引起或与沥青铺装层共同引起的开裂滑移、车辙、波浪拥包脱层等病害,宜采取铣刨重铺养护工程措施;③采用封层、功能性罩面等技术应按前文所述的有关规定执行,采用铣刨重铺应做好桥面水泥混凝土铺装层与沥青铺装层间的黏结防水。

沥青铺装铣刨重铺时,桥面水泥混凝土铺装层处理应符合下列规定:①对水泥混凝土铺装层进行喷砂或精铣刨处理,打掉表面浮浆,直至表面裸露石子,喷砂处理后的铺装层表面构造深度应达到 0.3~0.5mm;②采用 3m 直尺测量水泥混凝土铺装层平整度,最大间隙为 8~15mm 的部位应采用打磨方法磨掉铺装层突出物,并填补坑洞;③高程测定水泥混凝土铺装层大范围平整度偏差大于 15mm 时,应采用铣刨机精刨或大型抛丸机喷砂处理;④水泥混凝土铺装层发生严重破坏时,应凿除并重铺水泥混凝土铺装层,可采取钢筋水泥混凝土重铺措施。

沥青铺装铣刨重铺层间的黏结防水层可选用高黏改性乳化沥青、高黏高弹改性沥青等材料,并应符合下列规定:①用于铺筑厚度不大于 6cm 单层沥青铺装的黏结防水层,其 25℃的剪切强度不得小于 1.0MPa,拉拔强度不得小于 1.0MPa;②用于铺筑厚度大于 6cm 双层沥青铺装的黏结防水层,其 25℃的剪切强度不得小于 0.7MPa,拉拔强度不得小于 0.7MPa。

沥青铺装层间的黏结防水层可采用环氧沥青、高黏高弹改性沥青等材料,水泥混凝土桥面沥青铺装厚度可为 5~6cm,其混合料类型可采用骨架密实型的沥青玛蹄脂碎石混合料 SMA 或沥青混合料 SAC。沥青铺装养护工程所用的原材料、混合料配合比设计与性能检验、施工工艺、设备要求与质量控制应按《公路沥青路面施工技术规范》(JTG F40—2004)、《公路沥青路面再生技术规范》(JTG/T 5521—2019)等有关规定执行。

3. 钢桥面铺装养护

钢桥面沥青铺装主要病害可分为纵横向裂缝、坑槽、鼓包、开裂滑移、车辙、波浪拥包、脱层等,应分析诊断主要病害的产生原因,并及时采取病害处治或养护工程措施。

钢桥面沥青铺装病害处治应按前文所述的有关规定执行,对于环氧沥青铺装纵横向裂缝处治宜采用与铺装层胶结料相同的环氧沥青进行灌缝,坑槽处治宜采用与环氧沥青铺装相同的材料进行修补。应根据钢桥面环氧沥青铺装鼓包成因及不同发展阶段,采取不同的鼓包处治、材料灌注与回填方法。钢桥面沥青铺装采取的养护工程措施应符合下列规定:①由沥青铺装层引起的严重裂缝与坑槽、车辙、波浪拥包等病害,宜采取封层功能性罩面、铣刨重铺等养护工程措施;②由黏结防水层失效、层间黏结不良引起或与沥青铺装层共同引起的开裂滑移车辙、波浪拥包、脱层等病害,宜采取铣刨重铺养护工程措施;③采用封层、功能性罩面等技术应按前文所述的有关规定执行,采用铣刨重铺应做好钢桥面与沥青铺装层间处理。

沥青铺装铣刨重铺时,钢桥面板处理应符合下列规定:①应对钢桥面板表面进行喷砂处理,喷砂处理后的钢桥面板表面粗糙度应达到 Sa2.5 级以上;②采用 3m 直尺测量钢桥面板表面平整度,最大间隙大于 6mm(除焊缝外)的部位应采用打磨方法磨掉钢桥面板表面突出物;③钢桥面板表面处理后应在 3h 内喷涂环氧富锌漆防锈层。

沥青铺装铣刨重铺层间的黏结防水层可选用高黏高弹改性沥青、环氧沥青等材料,其25℃的剪切强度不得小于1.5MPa,拉拔强度不得小于1.5MPa。

沥青铺装养护工程中的环氧沥青黏结防水层施工应符合下列规定:①施工工艺应包括黏结防水层材料准备、环氧沥青喷洒、碎石撒布等,其环境温度不应低于10℃,且应避免环氧沥青黏结防水层施工期间出现雨、雾天气;②环氧沥青黏结防水层材料准备与喷洒前,应保证钢桥面板表面干燥、洁净,喷砂除锈和喷涂环氧富锌漆防锈层施工质量应满足设计及规范要求。

沥青铺装养护工程所用的原材料、混合料配合比设计与性能检验、施工工艺、设备要求与质量控制应按《公路沥青路面施工技术规范》(JTG F40—2004)、《公路沥青路面再生技术规范》(JTG/T 5521—2019)等的有关规定执行。

采用环氧沥青作为钢桥面沥青铺装养护工程中的黏结防水层与沥青铺装层材料,其固化时间应满足交通组织及封闭时间要求。

4. 隧道路面沥青铺装养护

隧道路面沥青铺装主要病害可分为裂缝、坑槽、开裂滑移、车辙、波浪拥包、脱层等,应分析诊断主要病害的产生原因,并及时采取病害处治或养护工程措施。

隧道路面沥青铺装病害处治应按前文所述的有关规定执行,采取的养护工程措施应符合下列规定:①由沥青铺装层引起的严重裂缝与坑槽、车辙、波浪拥包等病害,宜采取封层功能性罩面、铣刨重铺等养护工程措施;②由隧道结构变形、黏结防水层失效引起或与沥青铺装层共同引起的开裂滑移车辙、波浪拥包、脱层等病害,宜采取铣刨重铺养护工程措施;③采用封层、功能性罩面等技术应按前文所述的有关规定执行,采用铣刨重铺应做好隧道路面与沥青铺装层间的处理。

隧道路面沥青铺装采用铣刨重铺时,水泥混凝土铺装层、水泥混凝土铺装层与沥青铺装层间的黏结防水层均应按前文所述的有关规定执行。在黏结防水层施工前,应清理干净水泥混凝土铺装层,并保证干燥。隧道路面沥青铺装养护工程所用的原材料、混合料配合比设计与性能检验施工工艺、设备要求与质量控制应按《公路沥青路面施工技术规范》(JTG F40—2004)等的有关规定执行,其沥青混合料宜采取添加阻燃剂、温拌剂等技术措施。

第三节 水泥混凝土路面病害处治与养护

按照养护目的,水泥混凝土路面养护分为预防防护、修复养护、专项养护和应急养护。按照病害类型,水泥混凝土路面病害处治与养护又包括水泥混凝土路面病害处治、表面功能恢复、加铺和再生利用。

一、水泥混凝土路面病害处治

水泥混凝土路面的病害可分为:断裂类、竖向位移类、接缝类和表层类四种类型。断裂类主要指纵、横、斜向裂缝和交叉裂缝、断裂板等;竖向位移类主要指沉陷和胀起;接缝类主要指裂缝的填缝料损坏、唧泥、错台和拱起等;表层类主要指坑洞、露骨、网裂和起皮、修补损坏等。

1. 裂缝维修

(1)扩缝灌浆法:适用于裂缝宽度小于3mm的表面裂缝。

①顺着裂缝扩宽成1.5~2.0cm的沟槽,槽深可根据裂缝深度确定,最大深度不得超过2/3板厚。

②清除混凝土碎屑,吹净灰尘后,填入粒径0.3~0.6cm的清洁石屑。

③根据选用的灌缝材料,按《公路水泥混凝土路面养护技术规范》(JTJ 073.1—2001)规定进行配比,混合均匀后,灌入扩缝内。

④灌缝材料固化后,达到通车强度,即可开放交通。

(2)条带罩面补缝:适用于贯穿全厚的裂缝宽度大于3mm且小于15mm的中等裂缝。

①在裂缝两侧切缝时,应平行于缩缝,且距裂缝距离不小于15cm,见图5-12a)。

②凿除两横缝内混凝土的深度以7cm为宜。

③每间隔50cm打一对钯钉孔,钯钉孔的大小应略大于钯钉直径2~4mm。并在两钯钉孔之间打一对与钯钉孔直径相一致的钯钉槽。

④钯钉宜采用Φ16 螺纹钢筋,使用前应予以除锈。钯钉长度不小于20cm,弯钩长度为7cm。

⑤钯钉孔必须填满砂浆,方可将钯钉插入孔内安装。

⑥切割的缝内壁应凿毛,并清除松动的混凝土碎块及表面尘土、裸石。

⑦浇筑混凝土应及时振捣密实、抹平,并喷洒养护剂。

⑧修补块面板两侧,应加深缩缝,并灌注填料缝,见图5-12b)。

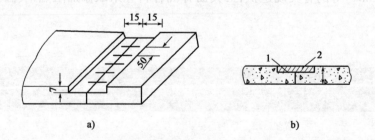

图5-12 条带补缝(尺寸单位:cm)
1-钯钉;2-新浇混凝土

(3)全深度补块:适用于裂缝宽度大于 15mm 的严重裂缝。全深度补块分为集料嵌锁法、刨挖法、设置传力杆法。

①集料嵌锁法。

a. 在修补的混凝土路面位置上,平行于缩缝划线,沿划线位置进行全深度切割。在保留板块边部,沿内侧 4cm 位置,锯 5cm 深的缝,见图 5-13。

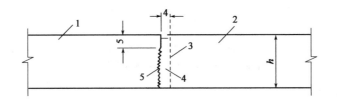

图 5-13 集料嵌锁法(尺寸单位:cm)
1-保留板;2-全深度补块;3-全深度锯缝;4-凿除混凝土;5-缩缝交错面

b. 破碎、清除旧混凝土过程中不得伤及基层、相邻面板和路肩。若破除的旧混凝土面积当天完不成混凝土浇筑时,其补块位置应作临时补块。

c. 全深锯口和半深锯口之间的 4cm 宽条混凝土垂直面应凿成毛面。

d. 处理基层时,基层强度符合规范要求,应整平基层;基层强度低于规范要求,应予以补强,并严格整平;若基层全部损坏或松软,应按原设计基层材料重新做基层,其技术要求应符合《公路路面基层施工技术细则》(JTG/T F20—2015)的规定。

e. 混凝土的配合比应根据设计弯拉强度、耐久性、耐磨性、和易性等要求,先用原材料进行配合比设计,各种材料的物理性能及化学成分应符合《公路水泥混凝土路面设计规范》(JTG D40—2011)规定。

f. 用水量应控制在混合料运到工地最佳和易性所需的最小值,最大水灰比为 0.4。如采用 JK 系列混凝土快速修补材料,水灰比以 0.30~0.40 为宜,坍落度宜控制在 2cm 内。混凝土 24h 弯拉强度应不低于 3.0MPa。

g. 混凝土摊铺应在混凝土拌和后 30~40min 内卸到补块区内,并振捣密实。

h. 浇筑的混凝土面层应与相邻路面的横断面吻合,其表面平整度应符合《公路工程质量检验评定标准 第一册 土建工程》(JTG F80-1—2017)规定,补块的表面纹理应与原路面吻合。

i. 补块养生宜采用养护剂,其用量根据养护材料性能确定。

j. 做接缝时,将板中间的各缩缝锯切到 1/4 板厚处,将接缝材料填入缩缝内。

k. 混凝土达到通车强度后,即可开放交通。

②刨挖法(亦称倒 T 形法)。

刨挖法适用于接缝间传荷很差部位。施工方法与集料嵌锁法基本相同,仅是在相邻板横边的下方暗挖 15cm×15cm 的一块面积,用于荷载传递,见图 5-14。

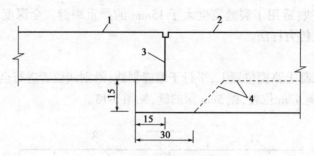

图 5-14 刨挖法(尺寸单位:cm)
1-保留板;2-补块;3-全深度锯缝;4-垫层开挖线

③设置传力杆法。

设置传力杆法适用于在寒冷气候和承受重型交通荷载的混凝土路面。施工方法与集料嵌锁法基本相同,只是在处理基层后,应修复、安设传力杆和拉杆,见图 5-15。

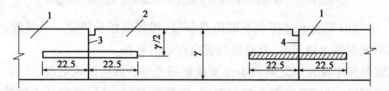

图 5-15 设置传力杆法(尺寸单位:cm)
1-保留板;2-全深度补块;3-缩缝;4-施工缝

2. 板边、板角修补

(1)板边修补

①当水泥混凝土板边轻度剥落时,应将混凝土剥落的碎块清理干净,可用灌缝材料填充密实,修补平整。

②当水泥混凝土板边严重剥落时,在剥落混凝土外侧,进行划线切割,凿除损坏混凝土,并清除混凝土碎屑,立模,浇筑混凝土,养生,待达设计强度后,即可开放交通。

③当水泥混凝土板边全深度破碎,可按全深度补块的方法进行修复。

(2)板角修补

①板角断裂应按破裂面的大小确定切割范围,见图 5-16。

②切缝后,凿除破损部分时,应凿成规则的垂直面。对原有钢筋不应切断,如果钢筋难以全部保留,至少也要保留 20~30cm 长的钢筋头,且应长短交错。

③原有滑动传力杆,如果有缺陷应予以更换并在新老混凝土之间加设传力杆,传力杆间距控制在 30cm。

④基层不良时,可采用 C15 混凝土浇筑基层。

⑤与原有路面板的接缝面,应涂刷沥青。如为胀缝,应设置接缝板。

⑥现浇混凝土与老混凝土面板之间的接缝应切出宽 3mm、深 4mm 的接缝槽,并灌入填缝材料。

⑦待混凝土达到设计强度后,方可开放交通。

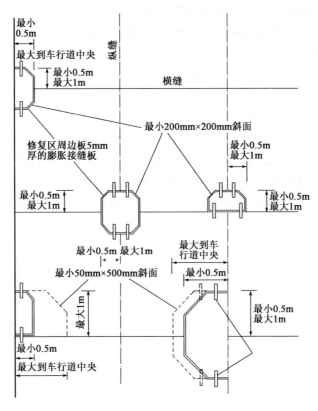

图 5-16　板角修补法

3. 板块脱空处治

水泥混凝土路面板和基层之间由于出现空隙而导致路面沉陷的,可采用沥青灌注,水泥浆、水泥粉煤灰和水泥砂浆灌浆等方法进行板下封堵。

（1）沥青灌注法

①灌浆孔的布置见图 5-17。

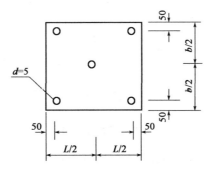

图 5-17　灌浆孔布置(尺寸单位:cm)

②灌浆孔钻好后,应采用压缩空气将孔中的混凝土碎屑、杂物清除干净,并保持干燥。

③宜采用建筑沥青,沥青加热熔化温度一般为180℃。

④沥青洒布车或专用设备的压力为200~400kPa。灌注沥青压满后约0.5min,应拔出喷嘴,用木楔堵塞。

⑤沥青温度下降后,应拔出木楔,填进水泥砂浆,即可开放交通。

(2)水泥灌浆法

①灌浆孔的布设与沥青灌注法相同。

②灌注机械可用压力灌浆机或压力泵,灌注压力为1.5~2.0MPa。

③灌浆作业应先从沉陷量大的地方的灌浆孔开始,逐步由大到小。当相邻孔或接缝中冒浆,可停止泵送水泥浆,每灌完一孔应用木楔堵孔。

④待砂浆抗压强度达到3MPa时,用水泥砂浆堵孔,即可开放交通。

4. 唧泥处理

(1)压浆处理水泥路面唧泥

水泥混凝土路面唧泥病害,应采取压浆处理,按板下封堵沥青灌注、水泥浆、水泥粉煤灰浆和水泥砂浆灌浆等方法进行。水泥混凝土面板进行压浆处理后,应对接缝及时灌浆。

(2)设置排水设施

有唧泥表明路面、基层或路基排水不良,应采取措施改进路面、基层和路基排水系统。设置排水系统的基本要求如下:

①路面和路肩应设计横坡,宜铺设硬路肩。

②路面裂缝、接缝以及路面与硬路肩接缝应密封。

③设置纵向积水管和横向出水管。

a. 在水泥路面的外侧边缘挖一条纵向沟,宽15~25cm,沟深挖至集料基层之下15cm,横沟与纵沟的交角应在45°~90°之间,横沟间的距离约30m,如图5-18所示。

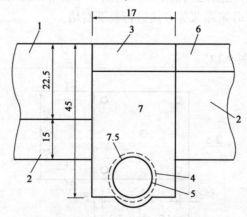

图5-18 边部排水管布置图(尺寸单位:cm)

1-水泥混凝土;2-集料基层;3-沥青混凝土;4-渗滤织物;5-多孔管;6-沥青混凝土路肩;7-细渗滤集料

b.积水管一般采用7.5cm多孔塑料管,出水管为无孔塑料管。

c.设置纵向和横向水管,并按设计的距离将积水管和出水管连接起来。

d.纵向多孔管应包一层渗透性较强的土工织物。

e.积水管和出水管放入沟槽时,其底部应平顺,横向出水管的坡度应大于或等于纵向排水坡度,出水管的管端应延伸到排水沟内,并设端墙。

f.管的外围应填放粗砂等渗滤集料,并振动压实。

g.回填沟槽时,应采用与原路肩相同的材料恢复原状。

④设置盲沟。

a.在沿水泥混凝土路面外侧挖纵向沟时,沟底应低于面板10cm,在水泥混凝土路面接缝处挖横向沟,如图5-19所示。

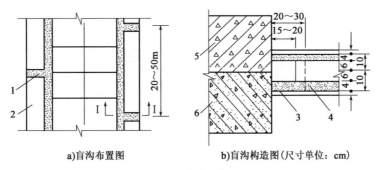

图5-19 盲沟示意图
1-盲沟;2-路肩;3-油毡隔离层;4-石屑及中粗砂;5-面层;6-基层

b.沟槽底面及外侧铺油毡隔离层,沿水泥混凝土路面交界处及盲沟顶部铺设土工布过滤层。

c.盲沟内宜填筑碎(砾)石过滤材料。

d.盲沟上应采用相同材料恢复路面(路肩)。

5.错台处治

(1)错台的处治方法有磨平法和填补法两种,可按错台的轻重程度选定。

(2)高差小于等于10mm的错台,可采用磨平机磨平,或人工凿平。

①应从错台最高点开始向四周扩展,边磨边用3m直尺找平,直至相邻两块板齐平为止,见图5-20。

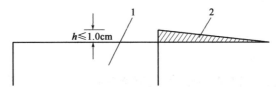

图5-20 错台磨平法示意图
1-下沉板;2-磨平

②磨平后,应将接缝内杂物清除干净,并吹净灰尘,及时将嵌缝料填入。

(3)高差大于10mm的严重错台,可采用沥青砂或水泥混凝土进行处治。

①沥青砂填补基本要求。

a. 在沥青砂填补前应清除路面杂物和灰尘,并喷洒一层热沥青或乳化沥青,沥青用量为$0.40 \sim 0.60 kg/m^2$。

b. 修补面纵坡变化应控制在$i \leq 1\%$。

c. 沥青砂填补后,宜用轮胎压路机碾压。

d. 初期应控制车辆慢速通过。

②水泥混凝土修补基本要求。

a. 应将错台下沉板凿除$2 \sim 3cm$深,修补长度按错台高度除以坡度(1%)计算,见图5-21。

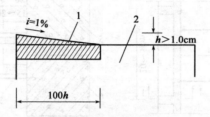

图5-21 错台填补法示意图
1-凿补修补;2-下沉板

b. 凿除面应清除杂物灰尘。

c. 浇筑聚合物细石混凝土。

d. 混凝土达到通车强度后,即可开放交通。

6. 沉陷处理

(1)板块灌砂顶升法

①面板在顶升前,应用水准仪测量下沉板的下沉量,测站距下沉处应大于50m,并绘出纵断面,求出升起值。

②在混凝土面板上钻孔,孔深应略大于板厚2cm。

③板块顶升宜采用起重设备或千斤顶。

④灌注材料可采用水泥砂浆。

⑤灌注材料压入后,每灌一孔应用木楔堵塞,压浆全部完毕,应拔出木楔,宜用高强水泥砂浆堵孔。

⑥压浆材料的抗压强度达到6MPa时,方可开放交通。

(2)路面板沉陷破碎处理

当水泥混凝土整板沉陷并产生破碎时,应整板翻修。将旧板凿除,并清除混凝土碎块,尽量保留原有拉杆。将基层损坏部分清除,并整平压实。浇筑早强混凝土,压实、养护,待混凝土达到通车强度后,开放交通。

7. 拱起处理

拱起处理应根据具体情况,采取不同的方法进行处治。

(1)板端拱起但路面完好时,应根据板块拱起高低程度,计算要切除部分板块的长度。先将拱起板块两侧附近 1~2 条横缝切宽,待应力充分释放后切除拱起端,逐渐将板块恢复原位,在缝隙和其他接缝内应清缝,并灌接缝材料,见图5-22。

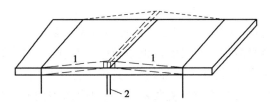

图 5-22　板体拱起修复

1-拱起板;2-切除部分

(2)拱起板端发生断裂或破损时,按裂缝处理方法处理。

(3)拱起板两端间因硬物夹入发生拱起,应将硬物清除干净,使板块恢复原位,应清理接缝内杂物和灰尘,灌填缝料。

(4)胀缝间因传力杆部分或全部在施工时设置不当,使板受热时不能自由伸长而发生拱起,应重新设置胀缝。按水泥混凝土路面有关施工规范执行,使面板恢复原状。

(5)混凝土路面板的胀起与拱起的处理方法一致。

8. 坑洞修补

坑洞修补应根据不同情况采取相应措施。

(1)对个别的坑洞,应清除洞内杂物,用水泥砂浆等材料填充,达到平整密实。

(2)对较多坑洞且连成一片的,应采取薄层修补方法进行修补。

①切割面积的图形边线,应与路中心线平行或垂直。

②切割的深度,应在 6cm 以上,并将切割面内的光滑面凿毛。

③应清除槽内的混凝土碎屑。

④混凝土拌合物填入槽内,振捣密实,并保持与原混凝土面板齐平。

⑤宜喷洒养护剂养生。

⑥待混凝土达到通车强度后,方可开放交通。

(3)低等级公路对面积较大,深度在3cm以内,成片的坑洞,可用沥青混凝土进行修补。

①用风镐凿除一个处治区,其图形边线应与路中心线平行或垂直。

②凿除深度以 2~3cm 为宜,并清除混凝土碎屑。

③铺筑沥青混凝土前,应将凿除的槽底面和槽壁洒黏层沥青,其用量为 0.4~0.6kg/m^2。

④沥青混凝土应碾压密实平整。

⑤待沥青混凝土冷却后,控制车速通车。

9. 接缝维修

（1）接缝填缝料损坏维修，应符合下列规定：

①接缝中的旧填缝料和杂物，应予清除，并将缝内灰尘吹净。

②在胀缝修理时，应先将热沥青涂刷缝壁，再将接缝板压入缝内。对接缝板接头及接缝板与传力杆之间的间隙，必须用沥青或其他填缝料填实抹平。上部用嵌缝条的应及时嵌入嵌缝条。

③用加热式填缝料修补时，必须将填缝料加热至灌入温度。宜用嵌缝机填灌，填缝料应与缝壁黏结良好和填灌饱满。在气温较低季节施工时，应先用喷灯将接缝预热。

④用常温式填缝料修补时，除无需加热外，其施工方法与加热式填缝料相同。

⑤填缝料的技术要求与施工质量验收标准，应符合水泥混凝土路面有关施工规范的规定。

（2）纵向接缝张开维修，应符合下列规定：

①当相邻车道面板横向位移，纵向接缝张开宽度在10mm以下时，宜采取聚氯乙烯胶泥、焦油类填缝料和橡胶沥青等加热施工式填缝料，其方法参照《公路水泥混凝土路面养护技术规范》（JTJ 073.1—2001）第7.91条执行。

②当相邻车道板横向位移，纵向接缝张口宽度在10mm以上时，宜采取聚氨酯类常温施工式填缝料进行维修。

a. 维修前应清除缝内杂物和灰尘。

b. 应按材料配合比配制填缝料。

c. 宜采用挤压枪注入填缝料。

d. 填缝料固化后，方可开放交通。

③当纵向接缝张口宽度在15mm以上时，采用沥青砂填缝。

（3）接缝出现碎裂时，接缝维修应符合下列规定：

①在破碎部位外缘，应切割成规则图形，其周围切割面应垂直于面板，底面宜为平面。

②应清除混凝土碎块，吹净灰尘杂物，并保持干燥状态。

③宜用高模量补强材料，进行填充维修。

④修补材料达到通车强度后，方可开放交通。

10. 表面起皮（剥落、露骨）处治

表面起皮（剥落、露骨）处治，应根据公路等级和表面破坏程度，采取不同的材料和施工方法进行，对局部板块的表面起皮进行罩面。

（1）一般公路水泥混凝土板表面起皮（剥落、露骨）宜采用稀浆层加以处治。

（2）高速公路水泥混凝土板表面起皮（剥落、露骨），宜采用改性沥青稀浆封层或沥青混凝土加以处治。

（3）对于较大面积的水泥混凝土面板表面起皮（剥落、露骨），宜采取稀浆封层及沥青混凝土罩面措施。

二、表面功能恢复

水泥混凝土路面整条路段出现较大面积的磨损、露骨时,应铺设沥青磨耗层;对于局部路段出现路面磨光,应采用机械刻槽等方法恢复水泥混凝土路面的表面平整度和摩擦系数。

1. 铣刨、刻槽、抛丸喷砂

(1)铣刨

对水泥混凝土路面的铣刨应选择合适的铣刨机具,并且严格控制铣刨厚度。对于原水泥板局部存在坑洼的地段,在铣刨时应统一整平处理,保证摊铺后的路面平整、利于雨水顺利排出。同时,铣刨时应结合交通封闭情况,一次铣刨完成,避免中间停顿,保证作业的连续性。

(2)刻槽

对于弯道、陡坡等磨光的路段,可采用刻槽的方法恢复表面功能,其工艺如下:

①水泥混凝土板刻槽宜采用自行式刻槽机。刻槽时宜由高到低逐步推进,刻槽深度应逐步推进,纵向刻槽时,应平行于纵缝;横向刻槽时,应平行于横缝。

②在水平弯道、桥面及隧道等车辆易产生侧滑路段宜采用纵向刻槽。当组合坡度小于3%时,要求减噪的路段可使用纵向槽。组合坡度大于等于3%的纵坡路段,应使用横向槽。

③一般地区宜采用矩形槽,刻槽宽度宜为3~4mm,槽深宜为3~5mm。在冰冻严重的地区可以采用上宽6mm、下宽3mm的梯形槽或上宽6mm的半圆形槽。

④等间距刻槽时,槽的净间距应为12~25mm;变间距刻槽时,槽的净间距应在15~30mm之间变化,硬刻槽间距宜取大值。在需要控制噪声的路段,宜采用随机的变间距刻槽。

(3)抛丸喷砂

抛丸喷砂处理可去掉表面水泥砂浆、浮浆、附着物而不破坏集料,得到粗糙洁净的表面,起到抗滑作用。适用于水泥混凝土路面结构强度良好,面层预防性养护前对原路面的处理。

①施工之前应进行对比试验,以确定弹丸直径、抛丸机行走速度等工艺参数。

②工作前应认真检查设备是否处于完好状态,检查抛丸机底部抛出口与工作清理面的高度是否符合要求。

③每次装填丸料均应检查丸料规格是否符合要求,丸料中不得混有异物,避免损坏抛丸机。

④抛丸机起步阶段,操作人员应先打开抛丸机的行走开关,在抛丸机处于行走状态下,再打开放丸料调节阀,防止在起步位置形成凹坑。

⑤必须关闭丸料调节阀、停止抛丸轮后方可搬运。

⑥雨天和潮湿的环境下不宜使用抛丸机。

2. 磨耗层

对于水泥混凝土路面较大范围的磨光或露骨可铺设沥青磨耗层。

(1) 对水泥混凝土板块进行修整和处理。在沥青磨耗层铺筑前,水泥混凝土路面应干燥、清洁,不得有尘土、杂物或油污。

(2) 在水泥混凝土路面表面喷洒 0.4~0.6kg/m² (沥青含量) 的黏层沥青,可采用热沥青、乳化沥青,尽可能采用快裂型乳化沥青。

(3) 采用沥青洒布车喷洒黏层沥青。在路缘石、雨水进水口、检查井等局部位置与沥青面层接触处用刷子人工涂刷。

(4) 喷洒黏层沥青应符合下列要求:

①喷洒黏层沥青应均匀洒布或涂刷,喷洒过量处应予刮除。

②当气温低于10℃或路面潮湿时,不得喷洒黏层沥青。

③喷洒黏层沥青后,除沥青混合料运输车辆外,严禁其他车辆、行人通过。

④黏层沥青洒布后,应立即铺筑沥青层,乳化沥青应待破乳、水分蒸发完成后铺筑沥青层。

⑥沥青磨耗层采用砂粒式沥青混凝土,厚度一般为 1.0~1.5cm,其矿料级配及沥青用量见表5-29。

(5) 磨耗层采用稀浆封层时,宜采用的矿料级配及沥青用量范围见表5-30。

沥青混合料级配及沥青用量范围(方孔筛) 表5-29

	通过下列筛孔(mm)的质量百分率(%)								沥青用量 (kg/m²)
砂粒式	9.5	4.75	2.36	1.18	0.6	0.3	0.15	0.075	
	100	95~100	55~75	35~55	20~40	12~28	7~18	5~10	6.0~8.0

乳化沥青稀浆封层矿料级配及沥青用量范围 表5-30

通过量	筛孔		级配类型
	方孔	圆孔	ES-3
通过筛孔的质量百分率(%)	9.5	10	100
	4.75	5	70~90
	2.36	2.5	45~70
	1.18	1.2	28~50
	0.6	0.6	19~34
	0.3	0.3	12~25
	0.15	0.15	7~18
	0.076	0.075	5~15
沥青用量(油石比)(%)			6.5~12
平均厚度(mm)			4~6
混合料用量(kg/m²)			>8

①稀浆封层的施工温度不得低于10℃,路面应清洁。

②稀浆封层机摊铺时应保持槽内有近半槽稀浆,摊铺过程中出现局部稀浆过厚,需用橡皮板刮平,稀浆过少应用铁锹取浆补齐,流出的乳液需用刮板刮平,摊铺终点接头处应平直整齐。

③稀浆封层铺筑后到成型前应封闭交通。

④开放交通初期应有专人指挥,控制车速不得超过20km/h,并不得紧急制动或调头。

(6)采用改性沥青稀浆封层时,其施工程序与普通稀浆封层基本相同,但必须使用改性稀浆封层机,采用慢裂快凝型乳化沥青。

(7)路面磨光时,可采用刻槽法进行处治。混凝土板刻槽宜采用自行式刻槽机,应在指定的线路上安置导向轨,并将导向轮扣在导向轨上,刻槽深度3~5mm,槽宽3~5mm,缝距为10~20mm。刻槽时宜由高向低逐步推进。

三、加铺

水泥混凝土路面加铺改造是在旧水泥混凝土路面的基础上加铺一层新的材料,通过新旧材料优缺点的互补,达到改善路面结构延长使用寿命的目的。旧水泥混凝土路面上进行加铺主要有两种类型:沥青加铺层和水泥混凝土加铺层。

1. 沥青加铺

加铺沥青混凝土层不仅可以延长旧水泥混凝土路面使用寿命,而且还可以提高行车舒适度、降低噪声,成本低、施工比较方便、工期短,对交通运输的影响小。因此加铺沥青混凝土的道路改造方案在国内外应用最广泛。但其也面临着许多问题,尤其是反射层裂缝对道路使用寿命的影响。

(1)沥青混凝土加铺层要求旧混凝土路面稳定、清洁,对面板损坏部分必须维修,旧水泥混凝土路面的处理应符合《公路水泥混凝土路面养护技术规范》(JTJ 073.1—2001)第8.2.1的规定。

(2)反射裂缝的防治可采用土工格栅、油毡、土工布、切缝填封橡胶沥青或做二灰碎石、水泥稳定粒料层。

①采用土工格栅施工,应符合下列规定:

a. 先在混凝土面板上洒黏层沥青,沥青用量为$0.4 \sim 0.6 kg/m^2$;

b. 用1~2cm沥青砂调平旧混凝土路面;

c. 宜采用玻璃纤维格栅压入沥青调平层;

d. 采用膨胀螺丝加垫片固定格栅端部;

e. 格栅纵、横向的搭接部分不小于20cm;

f. 格栅中部在混凝土面板纵、横缝位置及两外侧边缘用铁钉加垫片固定。

②采用聚酯改性沥青油毡施工,应符合下列规定:

a. 将油毡切割成50cm宽的长条带；
　　b. 用压缩空气清除表面杂物；
　　c. 将油毡铺放在接缝处,缝两侧各25cm；
　　d. 用汽油喷灯烘烤油毡；
　　e. 当油毡处于熔融状态后压实；
　　f. 用一层沥青砂覆盖油毡表面。
　③采用土工布施工,应符合下列规定：
　　a. 凿平板块错台部位；
　　b. 喷洒黏层沥青,沥青用量为0.4~0.6kg/m²；
　　c. 一端固定土工布,然后拉紧、铺平粘贴土工布。
　④在沥青路面上对应水泥混凝土横向接缝处切缝,灌接缝材料。
　　a. 按旧水泥混凝土路面平面图,确定水泥混凝土板的接缝位置；
　　b. 在沥青面层已定位的接缝上方,锯深1.5cm、宽0.5cm的缝；
　　c. 用压缩空气将锯缝清理干净,并保持干燥；
　　d. 灌填橡胶沥青。
　⑤做二灰碎石、水泥稳定碎石上基层。
　基层厚度不小于15cm,基层施工按《公路路面基层施工技术细则》(JTG/T F20—2015)执行。
　(3)沥青混凝土面层结构厚度应满足沥青混凝土最小结构厚度,沥青路面厚度一般不低于7cm。
　沥青混凝土路面施工,应符合《公路沥青路面施工技术规范》(JTG F40—2004)有关规定。

2. 水泥混凝土加铺

1)水泥混凝土路面加铺层结构形式选择

(1)加铺层结构形式。在旧水泥混凝土路面上,加铺的水泥混凝土路面面层有结合式、直接式和分离式三种。

①结合式加铺层。对原路面进行凿毛并清洗干净,涂以胶黏剂,随即浇筑加厚层。加厚层与旧路面黏结为一个整体,共同发挥结构的整体强度作用。可用等刚度法按结合式进行应力计算与厚度设计。结合式加铺层厚度不小于10cm。

②直接式加铺层。直接式加铺层是在清洗干净的原路面上,不涂胶黏剂,也不凿毛,直接浇筑水泥混凝土。由于新、旧路面之间的摩擦阻力作用,因而有一定的结构整体性。层间结合能力介于结合式与分离式之间。直接式加铺层厚度不小于14cm。

③分离式加铺层。在旧路与加铺层之间设置一隔离层,各层混凝土独立地发挥其强度作用。但隔离层为油毡时,其隔离层厚度很小,引起的垂直变形可以忽略不计,直接进行加厚层的应力分析与厚度设计。分离式加铺层厚度不小于18cm。

(2)加铺层结构形式选择。水泥混凝土加铺层的结构形式应根据旧水泥混凝土路面状况的分级情况、接缝布置及路拱等条件进行选择。

①结合式加铺层适用情况。当旧路面状况分级为"优",且路面的结构性损坏已经修复、路拱坡度基本符合要求、板的平面尺寸及接缝布置合格时,可采用结合式加铺层。加铺层铺筑前应对旧混凝土表面凿毛并仔细清洗,清除旧混凝土表面的油污、剥落板块及接缝中的杂物,重新封缝,并在洁净的旧混凝土路面上涂刷水泥浆、水泥砂浆或环氧树脂等。

②直接式加铺层适用情况。当旧路面的状况分级为"良""中",且路面的结构性损坏已经修复、路拱坡度基本符合要求、板的平面尺寸和接缝布置合理时,宜采用直接式加铺层。加铺层铺筑前应对旧混凝土表面仔细清洗,清除旧混凝土表面的油污、剥落碎块及接缝中的杂物,并重新封缝。

③分离式加铺层适用情况。当旧路面的状况分级为"次""差",或新、旧混凝土板的平面尺寸不同、接缝位置不完全一致,或新、旧路面的路拱坡度不一致时,均应采用分离式加铺层。加铺层铺筑前应对旧路面中严重破碎、脱空、裂缝继续发展的板击碎并清除,用混凝土补平。隔离层材料采用油毡、沥青砂、细粒式沥青混凝土等稳定性较好的材料。

2)旧水泥混凝土路面处理

(1)绘制病害平面图。对旧水泥混凝土路面板块进行调查,按1km绘制板块平面布置图,分板块逐一编号,调查路面板块损坏状况,绘制水泥混凝土路面病害平面图。

(2)按设计要求对病害板块逐一进行处理。

①对脱空板块可采用板下封堵的方法进行压浆处理。

②对破碎板块、角隅断裂、沉陷、掉边、缺角等病害,应使用液压镐或风镐挖除,清除混凝土碎屑,整平基层,将基层夯压密实;然后,铺筑与旧混凝土板块等强度的水泥混凝土,其高程控制与旧混凝土板面齐平。

3)水泥混凝土加铺层施工

(1)分离式加铺层

①水泥混凝土加铺层厚度应通过计算确定,但水泥混凝土加铺层的最小厚度不得小于18cm。

②水泥混凝土加铺层半幅施工时,边模可采用槽钢,中模采用角钢。模板高与面板厚度一致,允许误差为±2mm。

③模板安装宜采取由边模固定中模的方法,边模由钢钎固定,中模每间隔1m用膨胀螺栓将模板外侧底部预先定位固定。中、边模之间采用横跨两模板的活动卡梁辅助固定。活动卡梁的间距为2m,并随铺筑进度相应推移。

④混凝土拌合物的搅拌与运输。

⑤混凝土拌合物摊铺、振捣与整平。

⑥胀缝施工。胀缝应与路面中心线垂直,缝壁垂直于面板,缝隙宽度必须一致,缝中不得连浆。缝隙下部设置接缝板,上部灌入填缝料。相邻车道的胀缝应放在同一断面上。

胀缝传力杆的活动端,可设在缝的一边或交错布置。胀缝传力杆的支架应准确固定在基层上,固定后的传力杆必须平行于面板及路面中心线,其误差不得大于5mm。传力杆活动端套管长度为10cm,传力杆与套管间隙为1.0~1.5mm,端部空隙部分填沥青麻絮,活动端传力杆涂刷两遍沥青。

⑦缩缝。缩缝有横向缩缝和纵向缩缝两种类型。

缩缝位置应按设计要求设置(图5-23)。相邻面板的缩缝均不得错位,并垂直于面板,其垂直度误差不得大于5mm。

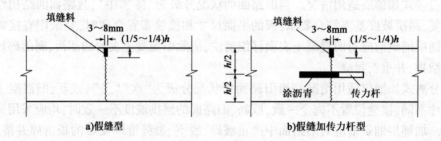

图5-23 横向缩缝示意图

设置传力杆范围内应先铺筑下层混凝土拌合物,大致找平后安放传力杆。校正位置,再铺筑上层混凝土拌合物。

锯缝时间一般以混凝土抗压强度达到5~10MPa时锯缝为宜,也可按现行规范规定的时间,或根据集料、水泥类型及气候条件等情况通过试锯确定。

⑧施工缝。施工缝有横向施工缝和纵向施工缝两种类型。

a.横向施工缝的位置与胀缝或横向缩缝位置相吻合。设在胀缝处应按胀缝形式施工。横向施工缝采用平缝加传力杆形式,传力杆长度的1/2锚固于混凝土中,另1/2应涂沥青,允许滑动,如图5-24a)所示。

b.纵向施工缝采用平缝加拉杆形式,两端锚固,其构造如图5-24b)所示。

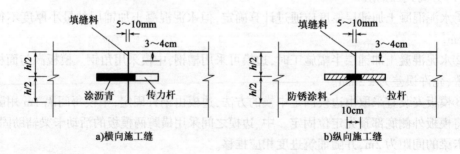

图5-24 施工缝构造

按设计要求设传力杆或拉杆,必须平行于面板并应与缝壁垂直,其偏差控制在5mm以内。

铺筑邻板时,对已铺筑混凝土面板的缝壁应涂刷沥青,并应避免涂在拉杆或锚固端的传力杆上。

⑨养护。
⑩填缝。
(2)直接式加铺层
①采用直接式加铺层,在摊铺混凝土拌合物前,应在支立好模板的旧混凝土面板上洒水湿润,以保证混凝土拌合物铺筑时的水胶比。
②混凝土拌合物的配合比、搅拌、运输、摊铺、振捣、接缝、表面修整、养护、锯缝及开放交通等工序的施工,与分离式相同。
③直接式加铺层新、旧混凝土面板必须对缝。
(3)结合式加铺层
①立模。在边模下预焊一个圆环,钢钎由圆环内打入路肩基层中,中模底部每隔1m用射钉枪喷射一钢钉,并在旧混凝土的接缝处打入钢钎加以固定。然后,在中、边模顶部每隔一定距离用活动卡梁辅助固定,活动卡梁可根据浇筑进度和实际需要随时推移装卸。
②混凝土的摊铺、振捣、整平和养护与分离式相同。为了使新、旧混凝土路面之间结合良好,振捣工序要认真、仔细。平板振动器每板位置振捣时间不少于30~40s,振捣重叠5~10cm。拉杆采用φ14带肋钢筋,最大间距为90cm,长度为60cm。

四、再生利用

对水泥混凝土板的大面积破坏,可对旧混凝土进行再生利用。混凝土再生利用主要用作水泥混凝土面层粗集料、基层集料和碎块底基层。

1. 碎石化

碎石化是通过完全破坏已有板块来消除沥青上覆层中的反射裂缝。碎石化后水泥混凝土板块颗粒的粒径不超过40cm,且75%以上的颗粒在深度方向的分布需要满足以下要求:表面颗粒最大尺寸不超过7.5cm,中间不超过22.5cm,底部不超过37.5cm。实施碎石化的主要设备有多锤头破碎机MHB(Multiple-Head Breaker)和共振式设备。

该技术的适用条件如下:
(1)路面破碎率:达到总面积的15%~20%。
(2)路面接缝缺陷:错台、翻浆和角隅破坏率大于15%。
(3)平整度:随机检测双向每千米各100m,平均值大于1.2cm。
(4)路面基层与面层总厚度超过35cm。

原水泥混凝土路面经过碎石化处理后达到基层强度要求后,其上的加铺层既可以加铺沥青混合料,也可以加铺水泥混凝土。加铺层类型可以根据不同的实际情况和要求进行选择。

2. 打裂压稳

水泥混凝土路面打裂—压稳技术是使用辊式破碎机将旧水泥混凝土路面每隔40~

60cm打裂,经压实后在上面摊铺沥青混合料面层。

根据路面病害的不同,水泥混凝土打裂—压稳技术,一般分为破裂稳固处理方式、纹裂稳固处理方式和旧板破碎处理方式三种类型。

(1)破裂稳固处理方式适用于原水泥混凝土路面板脱空及板块松动明显,出现普遍的横向、纵向或斜向裂缝、唧泥、错台等病害,有明显的不均匀沉降,原路基密度不足;或路基较为稳定,没有大量水渗入,只有一部分板块碎裂严重,并出现沉降的水泥混凝土路面。

(2)纹裂稳固处理方式适用于旧板下的支撑体较为稳固,基层回弹模量超过800MPa,旧板的断板率不大于5%的水泥混凝土路面。

(3)旧板破碎处理方式适用于破碎严重的板块,原路面已不能作为独立的支撑层,基层病害严重,已不能达到结构强度的要求。

旧水泥混凝土路面经打裂压稳技术处理达到基层强度要求后,洒布透层油,再进行沥青薄层罩面的加铺。通过打裂压稳技术可以充分对旧水泥混凝土再生利用,而且可以节约资源,具有良好的社会和经济效益,是一种良好的水泥混凝土路面养护技术。

第四节 桥涵病害处治与养护

按照养护目的,桥涵养护分为预防防护、修复养护、专项养护和应急养护。按照养护主体的位置又可分为桥面系及附属设施、上部结构、下部结构、涵洞和调治构造物养护。

一、桥面系及附属设施病害处治与养护

1. 桥面系养护与维修

(1)桥面铺装及防水层养护与维修应符合下列规定:

①桥面应经常清扫,排除积水,清除泥土、杂物、积雪和冰凌等,保持桥面平整、清洁。

②沥青混凝土桥面出现泛油、拥包、裂缝、波浪、坑槽、车辙等病害时,应及时处治。根据损坏程度,局部修补或整跨铣刨重新铺设铺装层,并应满足《公路沥青路面养护技术规范》(JTG 5142—2019)的相关技术要求。

③水泥混凝土桥面出现断缝、拱胀、错台、起皮、露骨等病害时,应及时处理。根据损坏程度,将原铺装整块或整跨凿除,重铺新的铺装层,并应满足《公路水泥混凝土路面养护技术规范》(JTJ 073.1—2001)的相关技术要求。局部修补时严禁使用普通配合比混凝土替代防水混凝土。

④桥面铺装养护维修及改造,拟改造的桥面铺装厚度大于原桥铺装层厚度时,应经过技术论证或检算。沥青混凝土微表处或罩面养护时,不得覆盖伸缩装置。

⑤桥面防水层损坏,应及时修复。

(2)排水系统应满足排水需要,保持完好和畅通,有损坏时应及时维修或更换,有堵塞时应及时疏通。

(3)人行道、栏杆、护栏养护与维修应符合下列规定:

①人行道、栏杆、护栏各构件等应牢固并保持完好状态,有损坏时应及时维修或更换。

②伸缩装置处的栏杆或护栏应满足结构的变形需要。

③钢护栏及钢筋混凝土护栏上的外露钢构件应根据环境条件定期涂装。

④桥梁两端的栏杆柱或防撞墙端面,涂有立面标记或警示标志的,应保持标记、标志鲜明。

(4)桥梁照明养护与维修应符合下列规定:

①桥上灯柱等设备应保持完好,照明设备锚固支撑应牢固可靠,有缺损时应及时维修。

②灯具或供电系统老化、损坏应及时更换或维修。

③应确保照明设施电线不外露,接线盒处于良好工作状态。

④增设照明设施宜置于桥梁内侧,不得影响桥梁养护维修及行车安全。

(5)伸缩装置养护与维修应符合下列规定:

①伸缩装置的养护,应满足下列规定:

a.伸缩装置应平整、直顺、无漏水,处于良好的工作状态。

b.应经常清除伸缩装置的缝内积土、垃圾等杂物,使其发挥正常作用。

c.伸缩装置的密封橡胶带(止水带)损坏后,应及时更换。密封橡胶带的选择,应满足其规格和性能要求。

d.钢板(梳齿型)伸缩装置的钢板开焊时,应及时补焊;螺栓松动、脱落时,应及时维修。

②伸缩装置出现下列病害时,应及时进行更换:

a.U形锌铁皮伸缩装置的锌铁皮老化、开裂、断裂。

b.钢板伸缩装置的钢板变形、翘曲、脱落。

c.橡胶条伸缩装置的橡胶条老化、脱落,固定角钢变形、松动。

d.板式橡胶伸缩装置的橡胶板老化、开裂,预埋螺栓松脱,伸缩失效。

e.伸缩装置的弹性元件或其他连接构件疲劳或失效,影响伸缩装置正常使用。

③更换伸缩装置时宜选择技术先进合理的伸缩装置,伸缩量应满足桥跨结构变形需要,安装应牢固、平整、不漏水。

④伸缩装置锚固区混凝土应完好,有开裂、松散时应及时修复。

⑤维修或更换伸缩装置时,应实施交通管制。在锚固区混凝土强度未达到设计要求时,不得开放交通。

(6)桥头搭板脱空、断裂或枕梁下沉引起桥路连接不顺,影响行车安全时,应进行维修处理。

(7)标志、标线和交通安全设施养护与维修应符合下列规定：
①桥梁交通标志、标线和安全设施应齐全、醒目、牢固，标志板应整洁、完好，有损坏时应及时维修更换。
②交通标线应经常保持完好、清晰，宜定期重涂。
③桥梁的防眩板应保持齐全、牢固，有损坏时应及时维修更换。
④桥梁的防护隔离设施应完整、牢固，有损坏时应及时维修。
(8)利用桥梁架设管线、广告牌等设施，应通过相应的技术论证，并报经交通运输主管部门同意，不得影响桥梁正常养护。

2. 桥梁附属设施养护与维修
(1)防撞、导航、警示标志等附属设施应保持醒目、完好。
(2)防雷设施的养护与维修应符合下列规定：
①桥梁避雷装置应保持完好。避雷针接地线附近严禁堆放物品和修建设施。严禁挖掘地线的覆土，并应采取防冲刷措施。
②在雷雨季节前，应对避雷针和引下线及地线进行检查。发现缺损必须及时修理。
(3)防抛网的养护与维修应符合下列规定：
①防抛网应清洁、完整、有效，有缺损应及时维修。
②应经常检查桥梁防抛网的锚固部位，及时修复锚固区缺陷。对存在安全隐患的防抛网应及时更换。
(4)声屏障的养护与维修应符合下列规定：
①声屏障应保持整洁完好、安装牢固，并不得影响桥梁结构安全。
②应经常检查声屏障的锚固位置，及时修复锚固区缺陷。
(5)检修设施的养护与维修应符合下列规定：
①检修通道的养护与维修应符合下列规定：
a. 检修道应保持牢固、完好。
b. 主梁、主缆、拱圈、桥塔、墩台等检修通道的扶手、栏杆、爬梯、平台、盖板、承重件等钢构件有锈蚀时，应及时除锈并涂刷防锈漆；锚固件有松动时，应及时紧固；撑杆等杆件有弯曲扭转时，应予以校正或更换。
②主梁检查桁车的养护与维修应符合下列规定：
a. 检查桁车应定期检查，保持清洁、完好。
b. 轨道与主梁的连接有松动时，应及时拧紧或维修。
c. 检查桁车的行走系统、驱动系统、电气系统等，应根据生产厂家提供的使用说明书进行日常养护工作。
③应保持桥塔内、箱梁内的照明系统处于正常工作状态。
④爬梯、工作电梯、观光电梯应定期保养，包括除锈、涂漆、修理损坏的构件等。工作电梯、观光电梯应按生产厂家提供的有关规定或行业规定进行保养。
⑤检查门应保持完好。

(6)桥梁监测系统及其他附属设施,应保持完好,运行正常。
(7)桥梁永久观测点应保持完好。

二、上部结构病害处治与养护

(1)钢筋混凝土梁桥上部结构养护与维修应符合下列规定：
①应保持结构完好、无缺损。
②梁(板)开裂时,应视裂缝性质和影响程度,及时采取相应处治措施。
③梁(板)存在表观缺陷时,应予维修。
④箱梁或空心板内应保持干燥、无积水。
⑤箱梁内应保持通风良好。
⑥梁体受水侵蚀时,应采取必要的截水措施。
⑦装配式组合梁(板)桥,纵、横向联系出现开裂、开焊、破损等病害时,应及时修复。
⑧主梁持续下挠或挠度超过设计规定的允许值时,应进行特殊检查评估并及时加固处治。
⑨混凝土梁发生纵、横向异常变位,支点位置发生异常角变位或过大沉降时,应及时处治。
⑩混凝土梁受到车辆或船舶等撞击后,应根据检测评估结果及时处治。

(2)预应力混凝土梁桥养护与维修除应满足钢筋混凝土梁桥上部结构养护与维修规定的要求外,尚应符合下列规定：
①预应力体系各组成部分应保持完好、有效。
②全预应力及部分预应力 A 类构件出现结构性裂缝时,应及时维修加固。
③预应力混凝土锚固区存在破损、开裂、剥落、封锚不严、锚具暴露等缺陷时,应及时维修加固。
④发现预应力钢束存在严重锈蚀等缺陷时,应及时处治。
⑤体外预应力钢束存在表面防护严重破损、锈蚀、断丝,夹片破损、失效时,应及时维修或更换；锚固块、转向块与梁体结合区域出现超限的结构裂缝时,应及时加固处治。
⑥预制节段拼装的预应力混凝土梁桥,拼接缝部位出现接触不紧密、拼接材料老化等病害时,应及时维修加固。

三、下部结构病害处治与养护

(1)桥梁墩台的养护与维修应符合下列规定：
①应保持墩台表面清洁,及时清除墩台表面的青苔、杂草、灌木和污物。
②混凝土墩台表面存在侵蚀剥落、蜂窝、麻面、露筋及钢筋锈蚀等缺陷时,应及时修复。
③墩台开裂时,应根据裂缝性质和影响程度,及时采取相应处治措施。

④圬工砌体的砌缝脱落时,应重新勾缝;圬工砌体严重风化、鼓凸或损坏时,应及时维修或加固。

⑤墩台抗震设施损坏时,应及时修复或改造。

⑥桥梁墩台发生异常变位时,应进行特殊检查评估并及时加固处治。

⑦盖梁、系梁的养护维修应根据相关内容执行。

(2)锥(护)坡及翼(耳)墙的养护与维修应符合下列规定:

①锥坡应保持完好。锥坡开裂、沉陷、受洪水冲空时,应及时维修加固。

②翼(耳)墙出现下沉、开裂等损伤时,应及时维修加固。

四、涵洞病害处治与养护

1. 涵洞日常养护

(1)应保持洞口清洁无杂物,洞内排水畅通,发现淤塞或积雪、积冰应及时疏通和清除。

(2)涵底铺砌、洞口上下游路基护坡、引水沟、汇水槽、沉沙井等发生变形或出现破损时,应及时修理或封塞填平。

(3)对在进水口设置沉沙井和出水口为跌水构造的涵洞,应适时检查其是否损坏、与洞口是否结合成整体。有损坏或发现裂隙甚至脱离时,应及时修复,使水流畅通。

(4)沉降缝或连续缝止水带应保持完好,有破损时应及时更换。

(5)洞内排水明沟每周应清扫一次,排水暗沟每季度应疏通一次。

(6)采用机械排水的涵洞,应保持排水泵、阀、排水管道及其他设备功能完好、运转正常,并做定期检修。

(7)设有照明设施的涵洞,应保持照明设备处于完好状态,照明灯具和输电线路有损坏时应及时更换、维修。

(8)通行车辆的涵洞应设置明显的限高标志并保持完好。涵洞端面应涂设立面标记,并保持颜色鲜明,定期涂刷。

(9)波纹管防护涂层剥落、波纹管锈蚀应及时维修。

2. 涵洞维修

(1)涵洞圬工砌体表面出现局部风化、开裂、灰缝剥落,局部砌块松动、脱落,或砌体渗漏水时,应及时维修。一般采用下列方法维修:

①用水泥砂浆重新勾缝,或局部拆除后重建。

②表面抹浆或喷浆,病害有发展趋势且病害面积较大时,一般采用挂网抹面。

③在砌体背后浇注水泥砂浆或化学浆液。

④加设涵内衬砌。

(2)钢筋混凝土结构涵洞,其开裂、露筋、混凝土剥落等常见病害的处治措施与桥梁一致,应按相关技术标准、规范、规程要求进行维修加固。

（3）混凝土管涵的接头或铰缝处发生填缝料脱落，引起渗水时，应及时维修。

（4）涵洞渗漏水严重时应及时处治。

（5）涵洞进、出水口处冲刷严重时应及时处治。常用的维修方法有：

①位于陡坡上的涵洞或直接受水流冲击的涵洞，其入口处采取适当的防护措施。

②用浆砌块石铺底，并加水泥砂浆勾缝。铺砌长度视土质和流速而定，铺砌的末端一般设置混凝土或浆砌块石截水墙。

③流速特别大的涵洞，在出水口加设缓流设施，如消力槛、消力池等。消力槛的末端设置混凝土或浆砌块石截水墙，或设置三级挑槛。

（6）涵洞经常发生泥沙淤积时，宜在进水口设沉沙井。

（7）管涵的管节因基础沉陷而发生严重错裂时应及时处治。

（8）局部损坏或承载能力不足的涵洞应及时维修加固，保障通行安全。局部损坏或承载能力不足的涵洞一般采用下列方法进行加固或改造：

①挖开填土，用混凝土或钢筋混凝土加大原涵洞断面。

②涵内用混凝土或钢筋混凝土衬砌进行加固。

③挖开填土，用新构件分段进行更换改建。

五、调治构造物病害处治与养护

（1）导流堤、丁坝、顺坝、格坝和透水坝等调治构造物应保持完好，出现基础掏空、塌陷或其他损毁时应及时修复。

（2）汛期应及时清除调治构造物周边的漂流物。

（3）发现调治构造物的位置不当，数量、长度不合理等，不能发挥正常作用时，应予改造。

（4）因河道变迁、流向不稳定，或因桥梁上下游河道弯曲形成斜流、涡流，危及桥梁墩台、基础、桥头引道时，应因地制宜地增设调治构造物。

第五节 隧道病害处治与养护

按照养护目的，隧道养护分为预防防护、修复养护、专项养护和应急养护。按照养护主体的位置又可分为土建结构、机电设施以及其他工程设施养护。由于机电设施以及其他工程设施具有特殊性，养护决策通常不考虑。隧道土建结构包括洞口、洞门、衬砌、路面、检修道、排水设施、吊顶及各种预埋件、内装饰、交通标志标线等。常见隧道病害处治与养护措施见表5-31。

隧道典型病害及养护措施   表 5-31

处治方法	病害原因													病害现象特征	预期效果
	外力引起的变化									其他				
	松弛压力	偏压	地层滑坡	膨胀性土压	承载力不足	静水压	冻胀力	材料劣化	渗漏水	衬砌背面空隙	衬砌厚度不足	无仰拱		
衬砌背后注浆	★	★	★	★	★	★			○	★	★		①衬砌裂纹、剥离、剥落；②支护结构有脱空	初期支护与岩体、二次衬砌与初期支护紧密结合，荷载作用均匀，衬砌和围岩稳定
防护网								★					①衬砌裂纹、剥离、剥落；②衬砌材料劣化	防止衬砌局部劣化
喷射混凝土	○	☆		☆	☆	○		☆	○		☆		①衬砌裂纹、剥离、剥落；②衬砌材料劣化	防止衬砌局部劣化
施作钢带					☆			○			☆		①衬砌裂纹、剥离、剥落；②衬砌材料劣化	防止衬砌局部劣化
锚杆加固	☆	★	☆	★	★	○	○				☆		①拱部混凝土和侧壁混凝土裂纹，侧壁混凝土挤出；②路面裂缝，路基膨胀	①岩体改善后岩体稳定性提高，防止松弛压力；②通过施加预应力，提高承受膨胀性土压和偏压的强度
排水止水	○	○	☆	○		★	★		○		★		①衬砌裂纹或施工缝漏水增加；②随衬砌内漏水流出大量沙土	①防止衬砌劣化，保持美观；②恢复排水系统功能，降低水压

续上表

处治方法	病害原因												病害现象特征	预期效果
	外力引起的变化								其他					
	松弛压力	偏压	地层滑坡	膨胀性土压	承载力不足	静水压	冻胀力	材料劣化	渗漏水	衬砌背面空隙	衬砌厚度不足	无仰拱		
凿槽嵌拱或直接增设钢拱	★	★	★	★	★	★	★	○					①衬砌裂纹、剥离、剥落;②衬砌材料劣化	增加衬砌刚度,衬砌抗剪、抗压强度得到提高
套拱	○	☆	☆	☆	○	○	☆				★		①衬砌裂纹、剥离、剥落;②衬砌材料劣化	由于衬砌厚度增加,衬砌抗剪强度得到提高
隔热保温							★						①拱部混凝土和侧壁混凝土裂缝,侧壁混凝土挤出;②随季节变化而变动	①由于解冻,防止衬砌劣化;②防止冻胀压力的产生
滑坡整治		☆	★										①衬砌裂缝,净空宽度缩小;②路面裂缝,路基膨胀	防止岩层滑坡
围岩压浆	○	○			○	○	☆		☆	☆	☆	☆	①拱部混凝土和侧壁混凝土裂缝,侧壁混凝土挤出;②路面裂缝,路基膨胀	周边岩体改善,提高了岩体的抗剪强度和黏结力
灌浆锚固	☆	★	★	★	★					○		★	①拱部混凝土和侧壁混凝土裂缝,侧壁混凝土挤出;②路面裂缝,路基膨胀	由于施加预应力,提高膨胀性岩层、偏压岩层的强度
隧底加固		★	☆	★	★	○	☆					★	①拱部混凝土和侧壁混凝土裂缝,侧壁混凝土挤出;②路面裂缝,路基膨胀	提高对膨胀围岩压力和偏压围岩压力的抵抗力
更换衬砌	☆	☆	☆	☆	○	☆		★	☆		★	★	①拱部混凝土和侧壁混凝土裂缝,侧壁混凝土挤出;②路面裂缝,路基膨胀	更换衬砌,提高耐久性

注:★-对病害处治非常有效的方法;☆-对病害处治较有效的方法;○-对病害处治有些效果的方法。

第六节 沿线设施养护

公路沿线设施是公路的组成部分。它对提高公路服务性能,保障行车安全和交通畅通具有重要意义。公路沿线设施应定期保养,经常保持完整、齐全并处于良好状态。沿线设施养护主要分为交通安全设施养护、服务设施养护和管理设施养护。

1. 交通安全设施养护

交通安全设施是指为保障行车和行人的安全,充分发挥道路的作用,在道路沿线所设置的人行地道、人行天桥、照明设备、护栏、标志标线等设施的总称。交通安全设施包括交通标志、标线、护栏、隔离栅、轮廓标、诱导标、防眩设施等。

当交通安全设施技术状况等级为中、次,局部段落出现损坏或设施局部丧失使用功能时,应实施修复养护或更换。

当交通标志出现版面不清晰、视认性不良、版面遮挡、支撑件出现歪斜变形时,应及时进行清理、修复或更换。当标线出现局部脱落或明显褪色时,应重划标线。

当波形梁钢护栏出现部件缺损、锈蚀、松动或立柱倾斜等缺陷时,应进行修复、加固或更换。当水泥混凝土护栏出现明显裂缝、破损或变形等缺陷时,应进行修复、加固或更换。当缆索护栏出现部件缺损、锈蚀、明显变形、松动或立柱倾斜等缺陷时,应进行修复、调整或加固。当因路面加铺导致护栏高度不足时,应增加护栏高度。

当轮廓标、诱导标等出现破损、缺失或反光色块剥落时,应进行修复、更换或补设。

当隔离栅和防落网出现断丝、锈蚀,或隔离栅立柱出现损坏、倾斜等缺陷时,应进行修复或加固。

当防眩板出现部件缺失、污损或松动等缺陷时,应进行修复、加固或更换。

2. 服务设施养护

服务设施养护范围包括服务区、停车区和客运汽车停靠站及其房屋建筑、停车场、公共厕所、加油站和维修站等配套设施,以及服务区域的污水、垃圾处理等附属设施。应保持各项设施及设备完好、齐全,环境整洁,服务功能、使用功能和安全满足设计要求。

3. 管理设施养护

管理设施养护范围应包括监控、通信、收费、供配电、照明、监测系统、通风、消防等机电设施,以及管理中心、管理站、养护工区或养护道班等管理养护设施。应保证各项设施及设备完好、齐全,环境整洁,服务功能、使用功能和安全满足设计要求。

复习思考题

1. 路基养护基本要求是什么?
2. 试述排水设施养护的基本要求。
3. 简述沥青路面罩面的分类及适用范围。
4. 简述沥青路面裂缝类型及维修方法。
5. 简述沥青路面坑槽的维修方法。
6. 简述沥青路面波浪拥包的处治方法。
7. 简述沥青路面车辙的维修方法。
8. 什么是就地热再生技术?施工工艺是什么?
9. 简述水泥混凝土裂缝维修技术分类以及各自适用范围。
10. 错台病害应如何处理?
11. 水泥混凝土纵向接缝如何处理?
12. 简述水泥混凝土路面的加铺方式以及基本要求。
13. 根据桥梁技术状况评定结果,桥梁对应的两大养护对策是什么?
14. 桥梁支座的主要养护工作有哪些?
15. 针对隧道洞身的病害有哪些处治方法?
16. 简述交通安全设施的养护内容。

第六章 公路养护工程经济分析

【学习目标】

在确定项目养护措施、安排路网资金、制定中长期养护计划时,都需要进行经济分析来估算公路养护的费用、效益和公路资产价值等经济参数。本章介绍公路养护的费用、效益、资产估值和全寿命周期经济分析方法。通过本章的学习,掌握公路养护费用与效益组成及计算方法,掌握公路资产估值和全寿命周期经济分析方法。

第一节 公路养护费用分析

公路设施从设计开始到寿命期或分析期末,可能包含的寿命周期费用有设计费、初期修建费、养护费、改建费等管养部门费用,和车辆运营费、行程时间费、交通事故费等道路使用者费用。

一、管养部门费用

从公路资产全寿命周期的角度出发,管养部门费用包括公路资产的初期建设费用、运营期间发生的各类养护费用和寿命期末的残值。

公路资产的初期建设费用一般要经过投资估算、初步设计概算、施工图预算、工程结算和竣工决算几个阶段,竣工决算值是公路资产的实际建设费用。

对公路资产进行经济性分析时,通常是在其尚未实施具体养护方案的情况下进行,故需对各养护方案的费用进行估计。目前,我国交通运输部发布的《公路养护预算编制导则》(JTG 5610—2020)(以下简称《导则》)对公路运营期间发生的各类养护费用估算方法做了具体规定。图 6-1 所示为《导则》中公路资产运营期间养护预算总费用的构成。

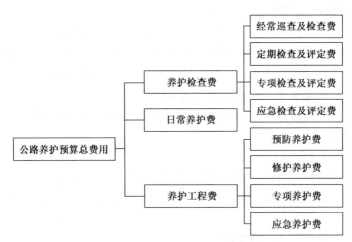

图 6-1　公路养护预算总费用的构成

1. 养护检查费

公路在承受交通荷载和外界环境的作用下，工作状态会慢慢发生变化。为了及时发现影响行车舒适性或安全性的病害，管养部门需对公路资产及其附属设施的使用状况、病害或缺损的严重程度进行经常性、周期性的检查；必要时，尚需对其承载能力、通行能力、运行安全、抗灾能力和构造物性能等进行专项检查；在自然灾害、交通事故等应急突发事件发生后，对其所遭受的影响或可能遭受的次生灾害影响进行应急检查。

根据检查频率和检查内容，养护检查费包括经常巡查及检查费、定期检查及评定费、专项检查及评定费、应急检查及评定费，检查对象包括道路工程(路基工程、路面工程、交通工程及沿线设施、绿化工程)、桥涵工程(桥梁工程、涵洞工程)、隧道工程(隧道土建结构和其他工程设施，不含隧道机电设施)和机电工程(路段机电设施、桥梁机电设施及隧道机电设施)。

(1)经常巡查及检查费

经常巡查及检查费是指对公路及其附属设施的使用状况、病害或缺损的严重程度进行的周期性日常巡查、经常检查和一般性判定所需的费用。经常巡查及检查费根据检查工程量乘以相应的养护检查费用指标进行计算。

经常巡查及检查工程量计算规则如下：

①高速公路、一级公路道路工程工程量为双向路基长度之和；二级公路、三级公路、四级公路道路工程工程量为路基长度。连接线、匝道长度可根据各地制定折算系数取值。

②高速公路、一级公路桥梁工程工程量为桥梁双幅长度之和;二级公路、三级公路、四级公路桥梁工程工程量为桥梁长度;涵洞工程工程量单位为道。

③隧道工程工程量为隧道单洞长度。

④隧道机电设施工程量为隧道单洞长度。

⑤高速公路、一级公路其他机电设施工程量为双向路线长度(扣减隧道长度);二级公路、三级公路、四级公路其他机电设施工程量为路线长度(扣减隧道长度)。

经常巡查及检查工程量的大小与检查的频率、具体检查内容紧密相关,应按现行各单项资产的养护技术规范或资产所在地的规定来执行。

经常巡查及检查费指标可依据资产所在地省(自治区、直辖市)交通运输主管部门颁布的造价依据取值。

(2) 定期检查及评定费

定期检查及评定费是指对公路及其附属设施的技术状况进行的定期检查、技术状况评定所需的费用。定期检查及评定费根据检查工程量乘以相应的养护检查费用指标进行计算。

定期检查及评定工程量计算规则如下:

①道路工程工程量为列入预算年定期检查及评定计划的各条车道长度之和。

②高速公路、一级公路桥梁工程工程量为列入预算年定期检查及评定计划的桥梁双幅长度之和;二级公路、三级公路、四级公路桥梁工程工程量为列入预算年定期检查及评定计划的桥梁长度;涵洞工程工程量单位为道。

③隧道工程工程量为列入预算年定期检查及评定计划的隧道单洞长度。

④隧道机电设施工程量为列入预算年定期检查及评定计划的隧道单洞长度。

⑤高速公路、一级公路其他机电设施工程量为列入预算年机电设施定期检查及评定计划的双向路线长度(扣减隧道长度);二级公路、三级公路、四级公路其他机电设施工程量为列入预算年机电设施定期检查及评定计划的路线长度(扣减隧道长度)。

定期检查及评定费指标可依据资产所在地省(自治区、直辖市)交通运输主管部门颁布的造价依据取值。

(3) 专项检查及评定费

专项检查及评定费是指对公路及其附属设施的详细技术状况,包括承载能力、通行能力、运行安全、抗灾能力和构造物性能等进行的专项检测、专项调查、专项评定所需的费用。其费用根据专项检查及评定实际情况或合同编制。

(4) 应急检查及评定费

应急检查及评定费是指在自然灾害、交通事故等应急突发事件发生后,对公路及其附属设施所遭受的影响或可能遭受的次生灾害影响进行的详细调查、检测、评定所需的费用。其费用按预算编制年前三个年度实际发生额的平均值预留。

2. 日常养护费

日常养护费是指为保证公路及其附属设施的服务质量和水平而开展清洁、维护等日常保养,以及对轻微损坏或缺陷等局部一般病害的日常修复作业所需要的费用。

日常养护费包括对道路工程、桥涵工程、隧道工程、机电工程、房建工程(公路沿线各类房屋工程及场区工程)进行日常养护的费用,根据日常养护工程量乘以日常养护费用指标进行计算。日常养护工程量计算规则同经常巡查及检查工程量计算规则;房屋工程工程量为公路沿线各类房屋的建筑面积。日常养护费用指标以资产所在地省(自治区、直辖市)交通运输主管部门颁布的造价依据取值。

3. 养护工程费

养护工程是指在一段时间内集中实施并按照项目进行管理的公路养护作业;养护工程费是指实施这些公路养护作业所需要的费用,其费用依据养护工程设计文件、《导则》规定的养护工程预算总金额和资产所在地省(自治区、直辖市)交通运输主管部门颁布的造价依据来确定。图 6-2 所示为公路养护工程预算总金额的组成。

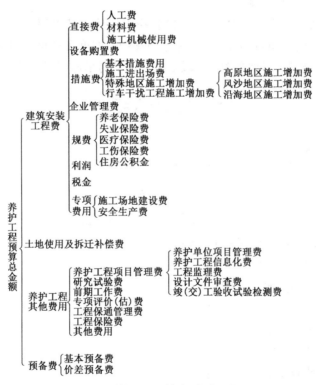

图 6-2　养护工程预算总金额的组成

二、道路使用者费用

道路使用者费用(用户费用)包括三大部分,分别是车辆运营费用、行程时间费用和交通事故费用。最新的研究把汽车排气和交通噪声也列入道路使用者费用研究。汽车排气(污染)被认为是汽车性能、油耗和气候因素的函数。交通噪声与汽车类型、交通组成、道路几何因素、路面类型和状况有关。有些研究将行驶不舒适性也列为使用者费用组成，由于这部分费用很难计算或测定，因此实际效益分析时一般都被省略。

1. 车辆运营费用

车辆运营费用是道路使用者费用中的最大组成部分，有时可占 90% 以上，它是指车辆在道路上行驶过程中各项资源消耗所支出的费用，一般包括如下项目：①油耗费用；②轮胎费用；③配件费用；④维修费用；⑤车组人员费用；⑥润滑油费用；⑦车辆折旧费用；⑧管理费用等。车辆运营费用大小受距离、时间两个参数的影响而发生变化，也受道路技术状况和交通条件的直接影响。

1）车速预测

车速是油耗等用户费用估算必需的数据。车速预测分两步进行，先预测自由流稳态速度，然后预测拥挤条件下的车速。

(1) 自由流稳态速度预测

在路面管理系统经济分析中，所有车速和费用的估算都采用"集合"方式，即平均的概念。根据这个假设，车辆在公路上行驶时，平整度、坡度和曲度等都采用双向平均值。速度预测考虑 5 种车型，每种车型在路段上的往返平均车速用下式计算：

$$\text{VSS}_j = \left(\frac{\text{LP}}{\text{VSS}_u} + \frac{1-\text{LP}}{\text{VSS}_d} \right)^{-1} \tag{6-1}$$

$$\text{VSS}_u = \frac{E_0}{(v_{\text{drive},u}^{-\frac{1}{\beta}} + v_{\text{brake}}^{-\frac{1}{\beta}} + v_{\text{curve}}^{-\frac{1}{\beta}} + v_{\text{rough}}^{-\frac{1}{\beta}} + v_{\text{desir}}^{-\frac{1}{\beta}})^\beta} \tag{6-2}$$

$$\text{VSS}_d = \frac{E_0}{(v_{\text{drive},d}^{-\frac{1}{\beta}} + v_{\text{brake}}^{-\frac{1}{\beta}} + v_{\text{curve}}^{-\frac{1}{\beta}} + v_{\text{rough}}^{-\frac{1}{\beta}} + v_{\text{desir}}^{-\frac{1}{\beta}})^\beta} \tag{6-3}$$

式中：VSS_j——车型 j 的稳态速度(km/h)；

VSS_d——下坡稳态速度(km/h)；

VSS_u——上坡稳态速度(km/h)；

LP——上坡路段比例，取 0.5；

$v_{\text{drive},u}$——上坡驱动限速(m/s)；

$v_{\text{drive},d}$——下坡驱动限速(m/s)；

v_{brake}——下坡制动限速(m/s)；

v_{curve}——路面曲度限速(m/s)；

v_{rough}——路面平整度限速(m/s)；

v_{desir}——期望速度(m/s)；

E_0——偏差校正系数；

β——威布尔线形参数；

j——车辆类型。

$$v_{\text{drive,u}} = (d_1 + B)^{\frac{1}{3}} - (d_1 - B)^{\frac{1}{3}} \qquad (6\text{-}4)$$

$$A = 0.5\text{RHO} \times \text{CD} \times \text{AR} \qquad (6\text{-}5)$$

$$B = \frac{\text{HP}_{\text{drive}}}{2A} \qquad (6\text{-}6)$$

$$C_1 = \frac{\text{GVW} \times g \times (\text{CR} + \text{PG})}{3A} \qquad (6\text{-}7)$$

$$D_1 = B^2 + C_1^2 \qquad (6\text{-}8)$$

$$d_1 = \sqrt{D_1} \qquad (6\text{-}9)$$

$$\text{CR} = 0.0218 + 0.0000467 \times 13\text{IRI} \quad (\text{小汽车}) \qquad (6\text{-}10)$$

$$\text{CR} = 0.149 + 0.00325 \times 13\text{IRI} + \frac{0.0000686 u^2}{g} \qquad (6\text{-}11)$$

$$\text{CR} = 0.0139 + 0.0000198 \times 13\text{IRI} \quad (\text{货车}) \qquad (6\text{-}12)$$

$$\text{RHO} = 0.0567 + 0.1225 \left(1 - \frac{0.26\text{ALT}}{1000}\right)^{4.225} - 0.00377 T_{\text{AIP}} \qquad (6\text{-}13)$$

$$\text{GVW} = \text{TARE} + \text{LOAD} \quad (\text{kg}) \qquad (6\text{-}14)$$

$$v_{\text{drive,d}} = \max(v_1, v_2, v_3) \quad (\text{如果 } D_2 \leq 0) \qquad (6\text{-}15)$$

$$v_{\text{drive,d}} = (d_2 + B)^{\frac{1}{3}} - (d_2 - B)^{\frac{1}{3}} \quad (\text{如果 } D_2 > 0) \qquad (6\text{-}16)$$

$$v_1 = r\cos z \qquad (6\text{-}17)$$

$$v_2 = r\cos\left(z + \frac{2\pi}{3}\right) \qquad (6\text{-}18)$$

$$z = \frac{1}{3}\arccos\frac{-2B}{C_2 r} \qquad (6\text{-}19)$$

$$C_2 = \text{GVW} \times g \frac{\text{CR} - \text{NG}}{3A} \qquad (6\text{-}20)$$

$$D_2 = B_2 + C_2^3 \qquad (6\text{-}21)$$

$$d_2 = \sqrt{D_2} \qquad (6\text{-}22)$$

$$v_{\text{brake}} = \infty \quad (\text{如果 } \text{CR} \geq \text{NG}) \qquad (6\text{-}23)$$

$$v_{\text{brake}} = \frac{-\text{HP}_{\text{nrake}}}{\text{GVW} \times g \times (\text{CR} - \text{NG})} \quad (\text{如果 } \text{CR} < \text{NG}) \qquad (6\text{-}24)$$

$$v_{\text{cure}} = \sqrt{F_R + S_P \times g \times R_C} \tag{6-25}$$

$$R_C = \frac{180000}{\pi \times \max\left(\frac{18}{\pi}, C\right)} \tag{6-26}$$

$$v_{\text{rough}} = \frac{\text{ARV}_{\max}}{0.0882 \times \text{QI}} \tag{6-27}$$

$$\text{QI} = 13 \times \text{IRI} \tag{6-28}$$

式中： CD——空气动力系数；
AR——挡风面积(m^2)；
RHO——空气密度(kg/m^3)；
HP_{drive}——使用驱动功率(kW)；
PG——坡度阻力；
CR——滚动阻力系数；
GVW——车辆施加于路面的荷载重量(kg)；
g——重力加速度(m/s^2)；
ALT——道路海拔高度(m)；
T_{AIR}——空气温度(℃)；
TARE——车辆轴重(kg)；
LOAD——车辆载重(kg)；
NG——坡度阻力；
HP_{brake}——制动功率(kW)；
F_R——侧向摩阻系数；
S_P——曲线超高率；
R_C——曲线半径(m)；
C——曲度[(°)/km]；
$\text{ARV}_{\max}$——最大平均矫正速率(mm/s)；
QI——路面平整度，四分之一车平整度指数；
$A、B、B_2、D_1、D_2、z、r$——计算参数。

(2)非自由流车速预测

非自由流车速由式(6-29)~式(6-35)计算。

$$v_j = \text{VSS}_j - \alpha_1 Q \tag{6-29}$$

$$v_u = \text{VSS}_u - \alpha_1 Q \tag{6-30}$$

$$v_d = \text{VSS}_d - \alpha_1 Q \tag{6-31}$$

$$Q = \frac{\sum_{j=1}^{n} \text{PCSE} \times Q_j}{12} \tag{6-32}$$

$$a_j = \text{SLOP}_j = \frac{\text{VSS}_j - u_c}{Q_c} \qquad (6\text{-}33)$$

$$Q_c = \frac{Q_{cL} \times \text{VSS}_1}{\text{VSS}_{1L}} \qquad (6\text{-}34)$$

$$u_c = \frac{\text{VSS}_1}{2} \qquad (6\text{-}35)$$

式中：v_j——车型 j 往返路段平均速度(km/h)；

v_u——对应车型上坡速度(km/h)；

v_d——对应车型下坡速度(km/h)；

α_1——发动机转速为"0"时的比油耗；

Q——换算交通量(辆/h)；

PCSE——车型换算系数；

Q_j——j 型车交通量(辆/d)；

a_j——实际交通状况修正系数，小车取1.15，载货汽车取1.16；

u_c——指定地形条件和道路等级的平均速度(km/h)；

Q_c——通行能力(辆/h)；

Q_{cL}——平均路段通行能力(辆/h)；

VSS_1——小汽车的稳态速度(km/h)；

VSS_{1L}——平均路段小汽车自由流速度(km/h)。

2）燃油消耗费

车辆在单位时间内的燃油消耗量 F_{uc}(mL/s)，同发动机的输出功率 H_p 和转速 R_{PM} 有关。而 H_p 和 R_{PM} 则随车辆特性、道路特性和运行速度而变化。

(1)集成—相关法(肯尼亚模型)

TRRL 在具有不同特性的试验路段上测量了各种车辆在不同行驶速度时的油耗量，采用多元线性回归得到了燃油消耗量的经验关系式。

往返行程的燃油消耗量 F_L(L/1000km)定义为：

$$F_L = \frac{F_u + F_d}{2} \qquad (6\text{-}36)$$

式中，F_u 和 F_d 相应为上坡和下坡的燃油消耗量(L/1000km)，可按下述关系式确定。

$$F_{u,d} = \alpha_2 [\, a_1 + a_2 V_{u,d}^{-1} + a_3 V_{u,d}^2 + a_4 R_F + a_5 \text{BI} -$$

$$a_6 \min(P_{WR}; 40) + \max(-a_7 P_{WR} + 69.2 \sqrt{W_g}; 0)\,] \qquad (6\text{-}37)$$

式中，V 为车辆行驶速度；α_2 为考虑实际运行情况同野外试验条件的差别而加的调整系数；$a_1 \sim a_7$ 为回归系数，列于表6-1；其余符号与运行速度关系式相同。

肯尼亚油耗模型的系数值　　表6-1

路面	车辆类型	α_2	a_1	a_2	a_3	a_4		a_5	a_6	a_7
						F_u	F_d			
无	小客车	1.16	47.7	614	0.0079	1.723	−1.066	0.0011	—	—
	轻便车	1.16	74.6	844	0.0137	2.828	−1.306	0.0011	—	—
	轻货车	1.15	124.0	796	0.0150	4.176	2.216	0.0014	2.58	—
	中火车和公共汽车	1.15	−30.04	796	0.0150	−4.176	−2.216	0.0015	—	2.58
有	小客车	1.16	50.1	499	0.0058	1.594	−0	0.0011	—	—
	轻便车	1.16	71.4	1151	0.0131	2.906	−1.277	0.0011	—	—
	轻货车	1.15	101.2	903	0.0143	4.362	−1.834	0.0014	2.37	—
	中火车和公共汽车	1.15	−52.8	903	0.0143	4.362	−1.834	0.0014	—	2.37

肯尼亚模型的适用范围,见表6-2。

肯尼亚模型适用范围　　表6-2

变量		范围	
		无路面	有路面
速度(km/h)	小客车	20~110	20~140
	轻便车	10~100	10~110
	轻货车	5~90	5~100
	中火车和公共汽车	5~90	5~100
P_{WR}		11~35	
W_g		5~13	

(2)集成—力学法

车辆在任何特定道路特性的路段上行驶时,往返行程的燃油消耗量 F_L(L/1000km)定义为:

$$F_L = 500\alpha_1\alpha_2\left(\frac{F_{uc,u}}{V_u} + \frac{F_{uc,d}}{V_d}\right) \tag{6-38}$$

式中:$F_{uc,u}$、$F_{uc,d}$——上坡和下坡时的单位油耗(mL/s);

V_u、V_d——上坡和下坡的行驶速度(m/s);

α_1——相对能效系数,考虑发动机技术改进和燃油类型变化引起的油耗量变化;

α_2——与式(6-37)中的相同。

单位油耗同输出功率 H_p 和发动机转速 R_{PM} 的关系,可采用下述一般形式的二次多项式表示:

$$F_{uc,u} = a_0 + a_1 R_{PM} + a_2 R_{PM}^1 + a_3 H_{pu} + a_4 H_{pu} R_{PM} + a_5 H_{pu}^2 \tag{6-39}$$

$$F_{uc,d} = \begin{cases} a_0 + a_1 R_{PM} + a_2 R_{PM}^2 + a_3 H_{pd} + a_4 H_{pd} R_{PM} + a_5 H_{pd}^2 & H_{pd} \geq 0 \\ a_0 + a_1 R_{PM} + a_2 R_{PM}^2 + a_6 H_{pd} + a_7 H_{pd}^2 & NH_0 \leq H_{pd} < 0 \\ a_0 + a_1 R_{PM} + a_2 R_{PM}^2 + a_6 NH_0 + a_7 NH_0^2 & H_{pd} \leq NH_0 \end{cases} \quad (6\text{-}40)$$

式中：H_{pu}、H_{pd}——上坡和下坡时的功率；

R_{PM}——校正转速，约为最大额定转速的 0.75(rad/min)；

NH_0——下坡路段上发动机做负功的低限；

$a_1 \sim a_7$——试验回归系数。

世界银行在巴西进行了大规模的油耗试验(共约 6 万次测定)，用 10 种试验车辆标定了上述关系式的回归系数。田赛男和李兴华等以世界银行模型为基础，在广东和浙江进行了油耗试验，并利用发动机特性数据分析，对式(6-38)中的系数进行了标定，其结果列于表 6-3。

单位油耗模型系数   表 6-3

车型	α_1	α_2	a_0	$a_1(10^{-4})$	a_2	$a_3(10^{-2})$	$a_4(10^{-4})$	$a_5(10^{-5})$
小客车(汽油)	1.000	1.16	0.15091	3.31	—	—	—	374.29
中客车(汽油)	0.859	1.16	0.06014	3.76	—	3.846	13.98	—
大客车(汽油)	1.000	1.15	0.71574	5.50	—	4.562	—	—
轻货车(汽油)	0.585	1.15	−0.48381	12.71	—	5.867	—	43.70
轻货车(柴油)	0.580	1.15	−0.41803	7.16	—	5.129	—	—
中货车(汽油)	1.00	1.15	1.29857	6.27	—	—	—	63.66
重货车(柴油)	0.77	1.15	−0.41555	10.36	—	3.858	—	16.02
铰接车(柴油)	0.98	1.15	−0.30559	15.61	—	4.002	—	4.41

综合公路特性对运行速度的关系、公路特性和运行速度对功率的影响以及功率对单位油耗的关系，便可得到各类车辆在不同道路特性条件下的燃油消耗量。

对于行车道宽度为 7~8m 的平整路段，可按上述方法直接建立形式简单的油耗—平整度关系式：

$$F_c = a + b\text{IRI} \quad (6\text{-}41)$$

式中：F_c——燃油消耗量(L/100km)；

IRI——国际平整度指数(m/km)；

a、b——回归系数，见表 6-4。

油耗—平整度关系式参数值   表 6-4

车型	a	b
小客车	9.78	0.1820
中客车	14.87	0.2344
大客车	23.80	0.2937

续上表

车型	a	b
轻货车(汽油)	17.42	0.5685
轻货车(柴油)	8.03	0.2422
中货车	23.00	0.4341
重货车	19.00	0.2985
铰接车	35.39	0.8926

道路纵坡对油耗有较大影响,而平曲线曲率的影响较小,可略去不计。

3) 轮胎磨损费

(1) 集成—相关法(肯尼亚模型)

通过用户调查,TRRL 提出了轮胎消耗的经验关系式:

小客车和轻便车

$$T_c = \begin{cases} (-83 + 0.058BI) \times 10^{-3} & BI \geq 2000 \text{mm/km} \\ 0.03 & BI < 2000 \text{mm/km} \end{cases} \quad (6-42)$$

轻和中货车及公共汽车

$$T_c = \begin{cases} W_g(83 + 0.0112BI) \times 10^{-4} & BI \geq 1500 \text{mm/km} \\ 0.01 W_g & BI < 1500 \text{mm/km} \end{cases} \quad (6-43)$$

式中:T_c——每 1000 车公里消耗的当量新轮胎数。

(2) 集成—力学法

轮胎损耗主要为胎面磨损和胎体损坏,其损耗率同轮胎的性质和构造有关,也同车辆行驶时作用在轮胎上的力有关。

胎面磨损的理论关系式,可依据轮胎在路表面滑移和磨损的机理推演而得:

$$T_W = a_0 + a_1 \frac{C_F^2}{N_F} \quad (6-44)$$

式中:T_W——胎面磨损率($dm^3/1000$ 胎·公里);

C_F——作用于轮胎周边上的切向力(N),可依据车辆行驶时的力平衡方程导出:

$$C_F = \frac{1}{N_T}[(C_R \pm G_R)mg + 0.5 D_A C_D A_F V_S^2] \quad (6-45)$$

式中:N_F——作用于轮胎上垂直于路表面的荷重(N),$N_F = \frac{1}{N_T}mg$;

N_T——每辆车的轮胎数;

V_S——车辆行驶速度；

A_F——后轴侧向力柔顺转向系数；

C_D——空气阻力系数；

D_A——空气阻力；

a_0——常数；

a_1——同轮胎性质有关的系数。

世界银行利用巴西的调查数据标定了式(6-44)中的系数a_0和a_1。王忠仁在世界银行模型的基础上，调查了上海、北京等地运输车队的数据，重新标定了系数a_0和a_1，即

$$T_W = \begin{cases} 0.0684 + 0.0053 \dfrac{C_F^2}{N_F} & (9.00-20\text{ 或 }9.00\text{R}20\text{ 轮胎}) \\ 0.1335 + 0.0104 \dfrac{C_F^2}{N_F} & (11.00-20\text{ 轮胎}) \end{cases} \quad (6-46)$$

轮胎在报废前其胎面的平均翻新次数N_R同路况(平曲线曲率C_u和路面平整度IRI)有关。其关系式可表述为：

$$N_R = N_{R0}\exp[-0.03224\text{IRI} - 0.00118\min(300, C_u)] - 1 \quad (6-47)$$

式中：N_{R0}——基本翻新次数。

上海和北京等地的调查资料表明，对于中型货车9.00-20轮胎，N_{R0}平均为2.63；重型货车11.00-20轮胎的平均值为2.56。因而，货车轮胎的平均N_{R0}可取为2.60。

每条轮胎在报废前的可行驶里程D_T(km)，同胎面磨损率T_W、胎面翻新次数N_R和胎面可磨损体积V_L的关系可表述为：

$$D_T = \frac{(1 + kN_R)V_L}{T_W} \quad (6-48)$$

式中：V_L——新轮胎胎面的可磨损体积(dm^3)；

k——翻新胎面同新胎面可磨损体积之比。

V_L和k值列于表6-5。

轮胎胎体可磨损体积   表6-5

轮胎类型	V_L(dm^3)	k
9.00-20(斜线)	5.88	0.77
11.00-20(斜线)	7.69	0.77
9.00R20(子午线)	5.43	0.75

若以每1000车公里消耗的当量新轮胎数T_C表示轮胎消耗量，则上式可改写为：

$$T_C = N_T\left[\frac{(1 + R_R N_R)T_W}{(1 + kN_R)V_L} + 0.0020\right] \quad (6-49)$$

式中：R_R——轮胎翻新一次的费用占新轮胎费用的比例，为0.16~0.21；

0.0020——系数，为考虑预估偏差(同实际调查结果相比)的修正值。

上述分析,适用于货车和公共汽车。对于中、小客车,调查数据较少,仅建立了经验关系式:

$$T_C = N_T(0.01165 + 0.001781\text{IRI}) \tag{6-50}$$

利用式(6-49)和式(6-50),可以分析道路特性对轮胎消耗的影响。对于平直路段,可按各类车辆的特性,直接建立轮胎消耗—平整度关系。

$$T_C = a_0 + a_1\text{IRI} \tag{6-51}$$

式中:a_0、a_1——回归系数,列于表6-6。

轮耗—平整度关系式的系数　　　　表6-6

车型	$a_0(\times 10^{-2})$	$a_1(\times 10^{-3})$
中、小汽车	4.66	7.1
轻货车	6.99	10.7
大客车	7.39	1.6
中货车	6.53	1.2
重货车	15.56	3.4
铰接车	21.55	5.3

4) 车辆维修费

车辆维修材料的消耗量,同路面平整度和车辆的使用年数(车龄)有关。其关系难以采用理论模型加以描述,只能通过对用户的调查,采用回归分析建立经验关系式。

保修材料消耗 P_C,以1000车公里消耗的保修材料费占新车费用的比例计。

TRRL 在肯尼亚调查后建立了下述关系式:

小客车和轻便汽车:

$$P_C = \min(C_{km}, 200000)[-2.03 + 0.0018\max(\text{BI},1500)] \times 10^{-8} \tag{6-52}$$

公共汽车:

$$P_C = \min(C_{km}^{0.5}, 1183)[-67 + 0.06\max(\text{BI},1500)] \times 10^{-8} \tag{6-53}$$

轻中型货车:

$$P_C = \min(C_{km}, 500000)[0.48 + 0.00037\text{BI}] \times 10^{-8} \tag{6-54}$$

式中:C_{km}——车辆平均累计行驶里程(km)。

世界银行利用在巴西调查的资料建立了非线性的经验关系式:

$$P_C = C_0\exp(C_q\text{IRI})C_{km}^{k_p} \qquad \text{IRI} \leq \text{IRI}_0 \tag{6-55}$$

式中:C_0、C_q——系数;
　　　k_p——车龄指数。

IRI_0 为平整度阈值,超过此值时 P_C 同 IRI 的关系为线性。这时,

$$P_C = [C_0\exp(C_q\text{IRI})(1 - C_q\text{IRI}_0) + C_0 C_q\exp(1 - C_q\text{IRI}_0)\text{IRI}]C_{km}^{k_p} \tag{6-56}$$

对于货车,$IRI_0 = 0$。故上式简化为:

$$P_C = C_0(1 + C_q IRI) C_{km}^{k_p} \quad (6-57)$$

巴西模型的参数,列于表6-7。王忠仁在巴西模型的基础上利用上海和北京等地的调查资料进行了标定,其结果也列于表6-7。

标定对比　　　　　　　　　　　　　　　　　　　表6-7

车型	巴西模型				标定模型			
	C_0 (×10^{-6})	C_q (×10^{-3})	k_p	IRI_0 (m/km)	C'_{km} (km)	C_0 (×10^{-6})	C_q (×10^{-3})	k_p
小客车和轻便车	32.49	13.70	0.308	9.2	300000	1.87	17.81	0.371
公共汽车	1.77	3.50	0.483	14.6	1000000	1.87	4.63	0.371
轻和中货车	1.49	251.79	0.371	0	600000	1.87	327.33	0.371
重货车	8.61	35.31	0.371	0	600000	5.52	45.90	0.371
铰接车	13.94	15.65	0.371	0	600000	5.52	20.35	0.371

注:C'_{km}-车辆平均累计行驶里程C_{km}的上限值(km)。

在基本运输成本的基础上,尚需结合项目的实际情况,考虑地形和道路状况以及不同交通条件对运输成本的修正系数,从而计算得到各年的运营费用。各分项成本的计算方法如下:

①燃料费用=燃油价格×基本油耗量×平整度修正系数×坡度修正系数×车速修正系数×拥挤度修正系数。

②润滑油费用=润滑油价格×基本消耗量×平整度修正系数×车速修正系数。

③轮胎费用=轮胎基本费用×平整度修正系数×车速修正系数×拥挤度修正系数。

④维修费用=维修基本费用×平整度修正系数×车速修正系数。

⑤实际折旧费=年折旧费用×平整度修正系数×车速修正系数。

人工工资调整与行驶时间、行驶里程有关,与道路状况无关。

管理费用按车辆运营费用的比例取值,随各年运营费用的变化而变化。

上述公式中需要用到的修正系数见表6-8。

道路条件及交通条件对汽车运输成本的影响　　　　　　表6-8

车型	成本	道路条件		交通条件	
		平整度 (IRI)	平均纵坡 (G%)	速度 (km/h)	拥挤度 (v/c)
小客、小货	燃料费	$0.979 + 0.0104 \times IRI$	$0.9586 \times \exp(0.027 \times G)$	$0.291 + 24.26/s + 0.000087s^2$	$1 + 0.14 \times (v/c)$
	润滑油费	$0.804 + 0.0798 \times IRI$		$0.997 + 0.0471/s + 0.0000003s^2$	
	轮胎磨损费	$0.751 + 0.1247 \times IRI$		$0.8699 \times s^{0.03564}$	
	修理人工费	$0.811 \times \exp(0.11 \times IRI) - 0.01$		$0.6215 + 18.92/s$	$1 + 0.51 \times (v/c)$
	修理材料费	$0.702 \times \exp(0.1779 \times IRI) - 0.002$		$0.6215 + 18.92/s$	
	车辆折旧费	$0.702 \times \exp(0.1779 \times IRI) - 0.002$		$0.6215 + 18.92/s$	

续上表

车型	成本	道路条件		交通条件	
		平整度 (IRI)	平均纵坡 (G%)	速度 (km/h)	拥挤度 (v/c)
中货	燃料费	$0.990 + 0.0048 \times IRI$	$0.861 \times \exp(0.129 \times G) - 0.045$	$0.209 + 31.04/s + 0.000068 s^2$	$1 + 0.14 \times (v/c)$
	润滑油费	$0.903 + 0.0487 \times IRI$		$0.973 + 0.271/s + 0.000088 s^2$	
	轮胎磨损费	$0.943 + 0.0286 \times IRI$		$0.6867 \times s^{0.0918}$	
	修理人工费	$0.909 \times \exp(0.0916 \times IRI) - 0.091$		$0.178 + 41.11/s$	
	修理材料费	$0.85 \times \exp(0.1789 \times IRI) - 0.215$		$0.178 + 41.11/s$	
	车辆折旧费	$0.85 \times \exp(0.1789 \times IRI) - 0.215$		$0.178 + 41.11/s$	
大客	燃料费	$0.989 + 0.0058 \times IRI$	$0.861 \times \exp(0.129 \times G) - 0.045$	$0.341 + 24.64/s + 0.000068 s^2$	$1 + 0.14 \times (v/c)$
	润滑油费	$0.912 + 0.0438 \times IRI$		$0.998 + 0.103/s^{0.774} \times s^{0.0627} + 0.01$	
	轮胎磨损费	$0.941 + 0.0295 \times IRI$			
	修理人工费	$0.819 \times \exp(0.0962 \times IRI) - 0.091$		$0.342 + 32.9/s$	
	修理材料费	$0.915 \times \exp(0.046 \times IRI) - 0.215$		$0.342 + 32.9/s$	
	车辆折旧费	$0.915 \times \exp(0.046 \times IRI) - 0.215$		$0.342 + 32.9/s$	
大货、拖挂	燃料费	$0.978 + 0.0109 \times IRI$	$0.9586 \times \exp(0.027 \times G)$	$0.291 + 24.26/s + 0.000087 s^{21}$	$1 + 0.14 \times (v/c)$
	润滑油费	$0.908 + 0.0458 \times IRI$		$0.8266 \times s^{0.051} - 0.009$	
	轮胎磨损费	$0.942 + 0.0288 \times IRI$			
	修理人工费	$0.961 \times \exp(0.0704 \times IRI) - 0.106$		$0.429 + 26.78/s + 0.00014 \times s^2$	$1 + 0.14 \times (v/c)$
	修理材料费	$0.847 \times \exp(0.1367 \times IRI) - 0.113$		$0.429 + 26.78/s + 0.00014 \times s^2$	
	车辆折旧费	$0.847 \times \exp(0.1367 \times IRI) - 0.113$		$0.429 + 26.78/s + 0.00014 \times s^2$	

注:s-速度(km/h);v-标准车小时交通量(pcu/h);c-标准车小时通行能力(pcu//h);G-平均纵坡坡度(%)。

综上,车辆运营费用 C_1 计算公式如下:

$$C_1 = (1 + 5\%)(C_{01} + C_{02} + C_{03} + C_{04} + C_{05}) + \sum_{i=1}^{5}(1 + 15\%)(C_{i1} + C_{i2} + C_{i3} + C_{i4} + C_{i5}) +$$
人工工资及福利 × 人工工作总时长 (6-58)

式中: C_1——车辆运营费用(元);

$C_{01} + C_{02} + C_{03} + C_{04} + C_{05}$——小汽车燃料、润滑油、轮胎、维修、折旧费(元);

$C_{i1} + C_{i2} + C_{i3} + C_{i4} + C_{i5}$——$i$ 型车(除小汽车)燃料、润滑油、轮胎、维修、折旧费(元);

5%、15%——小汽车与其他车型的管理费率取值。

2. 行程时间费用

行程时间费用是指旅客和货物在行程上的时间所值的费用,是车辆的行程时间同旅客和货物单位时间平均价值的乘积。在经济学领域里,一切社会活动都被抽象为生产和消费,作为社会活动主体的人在生产和消费活动中,始终伴随着时间的消耗;在一项活动中所花费时间是衡量该活动效率的指标,从这个意义上看,时间就是金钱,具有价值。

1) 旅客行程时间费用

旅客的时间价值源于旅客所做事情花费的时间用于生产活动能创造的价值。旅客行程时间费用是指旅客在旅行过程中时间花费的机会成本。交通运输部道路规划设计院提

出根据相关地区社会劳动者平均国民生产净值来测算单位时间价值(V_W)的方法,即:

$$V_W = \frac{NNP}{50 \times 40} \tag{6-59}$$

式中:V_W——旅客单位时间价值(元/h);

NNP——计算年度影响区按社会劳动者平均的国民生产净值[扣除该年固定资产折旧费(元)];

式(6-59)中分母表示每年按50周、每周按40小时计算。

2)货物时间价值

货物时间价值是基于货物运送速度的提高引起资金周转速度加快,从而缩短了货物占用资金周转时间,将货物在途时间转化为资金占用时间。货物单位时间价值计算公式如下:

$$V_g = \frac{P_g \times i}{16 \times 365} \tag{6-60}$$

式中:V_g——货物单位时间价值(元/t·h);

P_g——在途货物平均价格(元/t);

i——贴现率;

式(6-60)中分母为一天运输时间16小时,一年365天。

综上,行程时间费用C_2计算公式如下:

$$C_2 = V_W t_W Q_W \varphi_W + V_g t_g Q_g \varphi_g \tag{6-61}$$

式中:C_2——行程时间费用(元);

V_W——旅客单位时间价值(元/h);

t_W——客车在路段上的行程时间(h);

Q_W——客车交通量(辆);

φ_W——平均载客量(人/辆);

V_g——货物单位时间价值(元/t·h);

t_g——货车在路段上的行程时间(h);

Q_g——货车交通量(t);

φ_g——平均载货量(t/辆)。

3)车辆行程时间

旅行时间成本是指在旅行中花费的时间价值,包括企业员工、车辆和货物的时间成本,以及消费者在旅行中花费的个人未付时间成本,包括停车和步行往返车辆的时间。行程时间主要包括两个主要部分:车内行程时间(IVTT)和车外行程时间(OVTT),反映了进出交通设施的时间。例如,从家步行到车辆的时间和等待交通工具的时间是OVTT。IVTT更多地取决于交通状况,路段拥堵肯定会导致更长的IVTT。OVTT与停车场或公路网设计以及交通计划有关。

出行时间成本是评价交通系统机动性的重要因素。估计为行程时间与单位行程时间值的乘积。事实上，时间不是一种可以用金钱交易或估价的商品。然而，执行任何类型的活动(包括价值创造)都是有限的资源。因此，需要旅行时间的价值来定量衡量该资源的重要性。此外，节省出行时间是提供交通流动性的最终目标。

(1)使用瞬时速度-密度-流量静态模型估算行程时间

直观地说，IVTT 可以间接计算为行驶距离除以相应的行驶速度，即

$$行驶时间 = \frac{行驶距离}{平均速度} \tag{6-62}$$

因此，行程时间延长的本质决定了行程速度。历史上，针对不同等级的公路开发了各种瞬时速度—密度—流量关系，包括：

①双车道双向道路的 Greenshields 模型(Greenshields,1935 年)：

$$V = V_f \left(1 - \frac{D}{D_f}\right) \tag{6-63}$$

式中：V——交通流的空间平均速度(mph)，1mph = 1.609km/h；

V_f——自由流空间平均速度(mph)；

D——交通密度，每车道每英里乘用车(pcpmpl)；

D_f——拥挤交通密度(pcpmpl)。

②四车道道路的 Boardman 和 Lave 模型(Boardman 和 Lave,1977 年)：

$$q = 2490 - 0.523 \times (V - 35.24)^2 \tag{6-64}$$

③英曼模型处理交通拥堵(英曼,1978 年)：

$$q^{-2.95} = 3.351 \times 10^9 - 231.4 \times (V - 7.2)^{-4.06} \tag{6-65}$$

式中：q——交通流流率(pcphpl)；

V——交通流的空间平均速度(mph)。

(2)使用空间平均静态模型进行行程测试

①城市街道 Smeed 模型(Smeed,1968 年)：

$$\frac{q}{W} = 68 - 0.13 \times V^2 \tag{6-66}$$

式中：q——交通流流率(pcphpl)；

W——车道宽度(m)；

V——交通流的空间平均速度(mph)。

②高速公路的 Keeler 和 Small 模型(Keeler 和 Small,1977 年)：

$$\frac{q}{c} = 0.8603 - 0.001923 \times (V - 45.68)^2 \tag{6-67}$$

式中：q——交通流流率(pcphpl)；

c——车道宽度(m)；

V——交通流的空间平均速度(mph)。

③城市中心区的 Ardekani 和 Herman 模型(Ardekani 和 Herman,1987 年):

$$V = 18.38 \cdot [1 - (0.01D)^{1.239}]^{2.58} \tag{6-68}$$

式中:V——交通流的空间平均速度(mph);

D——交通密度(pcpmpl)。

④公路通行能力手册(HCM)方法。

2010 年 HCM(TRB,2010 年;CGarber 和 Hoel,2014 年)提供了速度—流量曲线,并根据公路功能分类提供了基本公路路段的速度—流量曲线。一些速度计算公式如下所示:

对于高速公路基本路段:

$$V_f = V_f^{base} - f_{LW} - f_{LC} - f_N - f_{ID} \tag{6-69}$$

对于多车道路段:

$$V_f = V_f^{base} - f_M - f_{LW} - f_{LC} - f_A \tag{6-70}$$

式中:V_f——估计自由流速度(mph);

V_f^{base}——基本自由流速度(mph);

f_{LW}——车道宽度的速度调整(英尺);

f_{LC}——右肩横向净空的速度调整;

f_N——每个方向车道数的速度调整;

f_{ID}——互通式立交密度的速度调整;

f_M——中位数型的速度调整;

f_A——接入点的速度调整。

(3)使用时间平均静态模型估算行程时间

空间平均流量流关系无法处理卷超过容量的情况。在这种情况下,速度不仅取决于同期流量,还取决于过去的流量。在这方面,在直接估计行程时间的情况下,寻求时间平均关系。

①公共道路局(BPR)职能:

1964 年,管理局(HWA)提出了另一个想法,说明各路段的阻力和交通量之间的关系。该方法基于 Frank-Wolfe 算法开发,用于处理交通平衡问题。公式如下所示:

$$T_l(v_l) = T_{f,l} \cdot \left[1 + a \cdot \left(\frac{v_l}{c \cdot c_l}\right)^b\right] \tag{6-71}$$

式中:$T_l(v_l)$——一段道路上的平均行程时间(h);

$T_{f,l}$——自由流速度下一段道路的行程时间(h);

v_l——一段道路的容量;

c_l——一段道路的通行能力;

a、b、c——模型系数,最常用的值是 $a = 0.15$、$b = 4.0$ 和 $c = 1$。

②Small 的一致到达分段线性持续时间相关模型:BPR 函数的缺点之一是它不考虑对于需求超过容量的持续时间。Small 的持续时间相关模型可以通过假设统一的流入到

达率来缓解这一限制(Small,1982年;Small 和 Verhoef,2007年)。该模型的公式如下：

$$T_1(v_1) = \begin{cases} T_{f,1} & \text{若 } v_1 \leq c_1 \\ T_{f,1} + 0.5p(v_1/c_1 - 1) & \text{若 } v_1 > c_1 \end{cases} \quad (6\text{-}72)$$

式中：$T_1(v_1)$——一段道路上的平均行程时间(h)；

$T_{f,1}$——自由流速度下一段道路的行程时间(h)；

p——固定期限的高峰期。

③Akcelik 的随机到达模型：Akcelik(1991年)通过将延迟参数与流入率的随机到达结合起来，开发了一个平滑旅行时间函数，如下所示：

$$T_1(v_1) = T_{f,1} + \left[(v_1/c_1 - 1) + \sqrt{(v_1/c_1 - 1)^2 + 8 \cdot J \cdot (v_1/c_1)/(c_1 \cdot p)} \right] \quad (6\text{-}73)$$

式中：$T_1(v_1)$——一段道路上的平均行程时间(h)；

$T_{f,1}$——自由流速度下一段道路的行程时间(h)；

J——延迟参数，当 $J = 0.26$ 时，Small 的模型是一个特例；

p——固定期限的高峰期。

(4)使用动态模型的行程时间估计

与上述静态模型相比，动态模型在处理极端时变交通拥挤方面具有优势。以下简要介绍四种动态模型：①排队模型；②冲击波模型；③跟驰模型。

①排队模型。瓶颈排队的动态建模可以处理极端的交通拥挤(Newell,1971年)。下面介绍排队模型。

以下关系适用于进入和离开瓶颈的车辆：

$$v_b(t) = \begin{cases} v_a(t) & \text{若 } v_a(t) \leq c_k \text{ 且 } N(t) = 0 \\ c_k & \text{其他情况} \end{cases} \quad (6\text{-}74)$$

$$N'(t) = v_a(t) - v_b(t) \quad (6\text{-}75)$$

$$T_D(t) = N(t)/c_k = \int_{t_q}^{\tau} [v_a(\tau)/c_k - 1] \cdot d\tau \quad t_q \leq \tau \leq t_{q'} \quad (6\text{-}76)$$

在上面，$[t_q, t_{q'}]$ 表示为排队开始和结束时间。

考虑到在 $(t_p, t_{p'})$ 的时间间隔内到达瓶颈内的固定峰值时段 $V_a(t)$ 容量的特殊情况，$t \in (t_p, t_{p'})$ 的排队延迟可使用式(6-77)计算：

$$T_D(t) = \begin{cases} 0 & \text{若 } v_a(t) \leq c_k \\ [v_a(t)/c_a - 1](t - t_p) & \text{其他情况} \end{cases} \quad (6\text{-}77)$$

其他情况平均出行延误可计算为：

$$\overline{T_D}(t) = \left[\int_{t_p}^{t_{p'}} T_D(t) \cdot dt \right] / (t_{p'} - t_p)$$

$$= \begin{cases} 0 & \text{若 } v_a(t) \leq c_k \\ 0.5(t_{p'} - t_p)[v_a(t)/c_k - 1] & \text{其他情况} \end{cases} \quad (6\text{-}78)$$

式中：c_k——瓶颈位置 k 的容量；
$v_a(t)$——在时间 t 到达瓶颈的交通量；
$v_b(t)$——在时间 t 离开瓶颈的交通量；
$N(t)$——队列中存储的车辆数量，假设队列是垂直的而不是水平的；
$N'(t)$——$N(t)$ 的时间导数；
t_p——$v_a(t)$ 首次等于容量 c_k 时的时间；
$t_{p'}$——队列完全消散的时间；
$T_D(t)$——形成时间延迟；
$\overline{T_D}(t)$——平均行程时间延迟。

②冲击波模型。Lighthill 和 Whitham（1955 年）、Richards（1956 年）开发的冲击波模型通常称为 LWR 模型（Daganzo,1997 年）。该模型认为空间平均速度 V、密度 D 和交通流的流量 q 是位置 x 和时间 t 的连续函数，满足以下条件：a.存在不拥挤和拥挤交通的空间平均速度—密度关系；b.流量始终是空间平均速度和密度的乘积。

交通干扰的存在会产生一个冲击波，作为移动边界，将交通流分为上游稳定状态 V_U、D_U 和 q_U，以及下游稳定状态 V_D、D_D 和 q_D。波速 V_W 通过以下公式计算：

$$V_W = (q_U - q_D)/(D_U - D_D) = (V_U \cdot D_U - V_D \cdot D_D)/(D_U - D_D) \tag{6-79}$$

如果波速方向与交通流方向相反，则显示向后移动的冲击波。否则，将形成向前移动的冲击波。此外，向前移动的冲击波的传播速度永远不会超过穿过原点的凹面流密度函数所承载的交通流速度。

③跟驰模型。与 LWR 模型类似，车辆跟驰模型是另一种动态模型，它考虑了连续的空间和时间交通动态（1990 年 5 月），车辆被视为离散实体，可根据领先和落后车辆之间的间距和速度差，结合加速和减速方面的特定行为，通用汽车公司提出的通用车辆跟驰模型的公式如下：

$$\ddot{x}_{n+1}(t+\delta) = \frac{\alpha \cdot [\dot{x}_{n+1}(t+\delta)]^m}{[x_n(t) - x_{n+1}(t)^l]} \cdot [\dot{x}_n(t) - \dot{x}_{n+1}(t)] \tag{6-80}$$

式中：$x_n(t)$——时间 t 时第 n 辆车的位置；
$x_{n+1}(t)$——时间 t 时第 $(n+1)$ 辆车的位置；
$\dot{x}_n(t)$——时间 t 时第 n 辆车的速度；
$\dot{x}_{n+1}(t)$——时间 t 时第 $(n+1)$ 辆车的速度；
$\ddot{x}_{n+1}(t+\delta)$——时间 $(t+\delta)$ 时第 $(n+1)$ 辆车的加速度；
δ——第 $(n+1)$ 辆车的反应速度；
α、l、m——非负模型参数。

当 $m=0$ 和 $l=0$ 时，上述表达式简化为线性跟驰模型，如式（6-81）所示：

$$\ddot{x}_{n+1}(t+\delta) = \alpha \cdot [\dot{x}_n(t) - \dot{x}_{n+1}(t)] \tag{6-81}$$

当 $m=0$ 且 $l \geq 1$ 时，上述表达式简化为逆空间跟车模型，如图 6-3 所示。

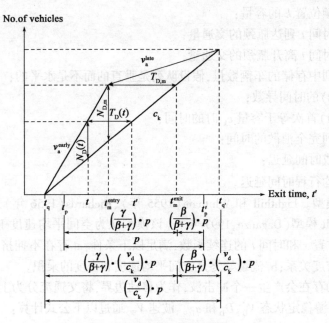

图 6-3 动态排队过程示意图

将 t_m^{emtry} 和 t_m^{entry} 定义为出行延误时间最长的旅客的排队进出时间 $T_{D,m}$，队伍中排队人数达到最大的时间为 t_m^{exit}，表示为 $N_{D,m}$。直观地讲，最后一个在自己希望的时间 t_d 内到达的乘客与排队进入率 v_a^{early} 将会遇到最长的出行延迟 $T_{D,m}$。确切地说，对于时间段 $[t_{q'}, t_m^{\text{entry}}]$，较早到达的人将会服从排队进入率 v_a^{early}，其中最后一个到达者的时间为 t_m^{entry}，经历了最长的延迟时间 $T_{D,m}$ 且离开时间为 $t_m^{\text{early}} = t_m^{\text{entry}} + T_{D,m}$，对于时间段 $[t_m^{\text{exit}}, t_{q'}]$，较晚的到达者将会服从排队进入率 v_a^{early}，其中第一个到达者的时间为 t_m^{exit}，且最后一个人的离开时间为 $t_{q'}$。

在 t_m^{exit} 之前离开队伍的人数比例 σ 计算为：

$$\sigma = (t_m^{\text{exit}} - t_p)/p = [(v_a^{\text{early}}/c_k) \cdot (t_m^{\text{entry}} - t_q)]/p \tag{6-82}$$

以 v_a^{late} 的排队进入速率，在 t_m^{entry} 之后进入队伍的人数比例 $1-\sigma$ 计算为：

$$1 - \sigma = (t_{p'} - t_m^{\text{exit}})/p = [(v_a^{\text{early}}/c_k) \cdot (t_{q'} - t_m^{\text{eatry}})]/p \tag{6-83}$$

求 σ，就产生了

$$\sigma = \gamma/(\beta + \gamma) \tag{6-84}$$

$$t_q = t_p - [\gamma/(\beta + \gamma)] \cdot [(v_d/c_k) - 1] \cdot p \tag{6-85}$$

$$t_{q'} = t_{q'} - [\beta/(\beta + \gamma)] \cdot [(v_d/v_k) - 1] \cdot p \tag{6-86}$$

$$t_m^{\text{entry}} = t_p + [\gamma/(\beta + \gamma)] \cdot p - T_{D,m} \tag{6-87}$$

$$t_m^{\text{exit}} = t_p + [\gamma/(\beta + \gamma)] \cdot p \tag{6-88}$$

$$T_{D,m} = [(\beta \cdot \gamma/\alpha)/(\beta + \gamma)] \cdot (v_d/c_k) \cdot p \tag{6-89}$$

在这一点上,可以推导出行程延迟 $T_D(t')$、安排不同的协调时间 $T_S(t')$ 以及加权总行程时间 $T'(t')$,作为队列扩展时间 t' 的函数可以用公式获得:

$$T_D(t') = \begin{cases} (\beta/\alpha) \cdot (t' - t_q) & t_q \leq t' \leq t_m^{exit} \\ (\gamma/\alpha) \cdot \left[\dfrac{\beta}{\beta+\gamma} \cdot \left(\dfrac{v_d}{c_k} \right) \cdot p - (t' - t_m^{exit}) \right] & t_m^{exit} \leq t' \leq t_{q'} \end{cases} \quad (6\text{-}90)$$

$$T_S(t') = \begin{cases} (\beta/\alpha) \cdot \left[\dfrac{\gamma}{\beta+\gamma} \cdot \left(\dfrac{v_d}{c_k} - 1 \right) \cdot p - \left(1 - \dfrac{c_k}{v_d} \right) \cdot (t' - t_q) \right] & t_q \leq t' \leq t_m^{exit} \\ (\gamma/\alpha) \cdot \left[\left(1 - \dfrac{c_k}{v_d} \right) \cdot (t' - t_m^{exit}) \right] & t_m^{exit} \leq t' \leq t_{q'} \end{cases} \quad (6\text{-}91)$$

$$T'(t') = \begin{cases} (\beta/\alpha) \cdot \left[\dfrac{\gamma}{\beta+\gamma} \cdot \left(\dfrac{v_d}{c_k} - 1 \right) \cdot p + \left(\dfrac{c_k}{v_d} \right) \cdot (t' - t_q) \right] & t_q \leq t' \leq t_m^{exit} \\ (\gamma/\alpha) \cdot \left[\dfrac{\beta}{\beta+\gamma} \cdot \left(\dfrac{v_d}{c_k} \right) \cdot p - (t' - t_m^{exit}) \right] & t_m^{exit} \leq t' \leq t_{q'} \end{cases} \quad (6\text{-}92)$$

图 6-4 说明了行程延迟 $T_D(t')$、行程变化的转换时间 $T_S(t')$ 和加权总行程时间 $T'(t')$ 相对于队伍退出时间 t' 的变化。

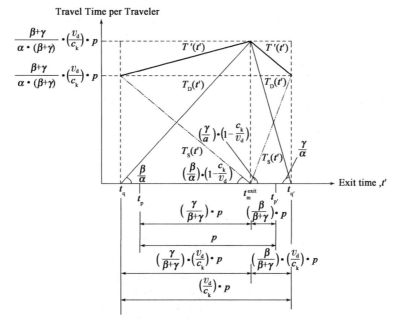

图 6-4　队列进入时间平衡行程延迟、行程计划变化权衡时间和加权总行程时间

对于时间 $t' \in (t_q, t_m^{exit})$，每人的行程延误 $T_D(t')$ 从 0 线形增加到 $T_{D,m} = [(\beta \cdot \gamma/\alpha)/(\beta+\gamma)] \cdot (v_d/c_k) \cdot p$，对于时间 $t' \in (t_m^{exit}, t'_q)$ 从 $T_{D,m} = [(\beta \cdot \gamma/\alpha)/(\beta+\gamma)] \cdot (v_d/c_k) \cdot p$ 线性减少到 0。同时，对于 $t' \in (t_q, t_m^{exit})$，行程变化的权衡时间从 0 线形增加到最大值 $T_{D,m} = [(\beta \cdot \gamma/\alpha)/(\beta+\gamma)] \cdot (v_d/c_k) \cdot p$ 且对于时间 $t' \in (t_m^{exit}, t'_q)$ 行程变化的权衡时间从 $T_{D,m} = [(\beta \cdot \gamma/\alpha)/(\beta+\gamma)] \cdot (v_d/c_k) \cdot p$ 线性减少到 0。

在排队进入时间平衡时，加权总出行时间在 $[t_q, t_{q'}]$ 期间不保持不变，这是由于个别旅行者在选择期望到达时间 t_d 时存在差异。平均行程延误、行程变化权衡时间和加权总行程时间用下式计算：

$$T_{D,m} = [(\beta \cdot \gamma/\alpha)/(\beta+\gamma)] \cdot (v_d/c_k) \cdot p \tag{6-93}$$

$$\overline{T_S} = 0.5[(\beta \cdot \gamma/\alpha)/(\beta+\gamma)] \cdot (v_d/c_k - 1) \cdot p \tag{6-94}$$

$$\overline{T_S} = \begin{cases} 0 & v_d < c_k \\ \overline{T_D} + \overline{T_S} = 0.5 \cdot \{[(\beta+\gamma)/\alpha]/(\beta+\gamma)\} \cdot (v_d/c_k - 1) \cdot p \end{cases} \tag{6-95}$$

第一最佳旅行时间：当峰值持续时间间隔 $p = t_{p'} - t_p$ 接近零时，间隔开始时间 t_p 和结束时间 $t_{p'}$ 将分别与第一个进入队列 t_q 的人和最后一个离开队列 $t_{q'}$ 的人时间相同。在预期到达时间 t_d 之前和之后旅行的旅客的队列进入速率 v_a^{early} 和 v_a^{late} 将确保平均加权总旅行时间 $\overline{T}',^0$ 在所有队列进入时间内保持不变。

如图 6-5 所示，平均行程延误 $\overline{T_D^0}$ 和平均行程变化权衡时间 $\overline{T_S^0}$ 等于平均加权总行程时间 $\overline{T}'$ 的一半。

$$\overline{T_D^0} = \overline{T_S^0} = 0.5 \cdot [(\beta \cdot \gamma/\alpha)/(\beta+\gamma)] \cdot (v_d/c_k) \cdot p \tag{6-96}$$

$$\overline{T}',^0 = [(\beta \cdot \gamma/\alpha)/(\beta+\gamma)] \cdot (v_d/c_k) \cdot p \tag{6-97}$$

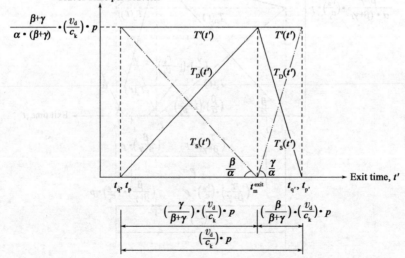

图 6-5 无定价平衡出行时间延迟、计划变化权衡时间和加权总出行时间

无定价平衡出行时间延迟和边际旅行时间等于:

$$\overline{T}_{\text{total}}^{',0} = [(\beta \cdot \gamma/\alpha)/(\beta + \gamma)] \cdot [(v_d/p)^2/c_k] \qquad (6\text{-}98)$$

$$\overline{T}_{\text{marginal}}^{',0} = 2 \cdot [(\beta \cdot \gamma/\alpha)/(\beta + \gamma)] \cdot (v_d/c_k) \cdot p = 2 \cdot \overline{T}^{',0} \qquad (6\text{-}99)$$

(5) 交叉口延误导致的额外行程时间

考虑到由路段和交叉口组成的行驶路径,由于交通控制,交叉口处可能会出现车辆延误。2010 年的 HCM 方法可用于交叉口延误估计(TRB,2010 年),其公式如下:

$$D_{\text{ini},i} = D_{1,i} + D_{2,i} + D_{3,i} \qquad (6\text{-}100)$$

式中: $D_{\text{ini},i}$ ——交叉口 i 处的车辆总延误(s/辆);

$D_{1,i}$ ——交叉口 i 处的均匀延误(s/辆);

$D_{2,i}$ ——交叉口 i 处的增量延误(s/辆);

$D_{3,i}$ ——交叉口 i 处的初始队列延误(s/辆)。

均匀延误是在随机均匀到达、稳定流和无初始队列条件下的延迟估计,可以计算:

$$D_{1,i} = \frac{0.5c(1-g/c)^2}{1 - \min\{1, v_i/c_i\} \cdot (g/c)} \qquad (6\text{-}101)$$

式中: c ——交通信号的周期长度(s);

g ——有效绿灯时间(s);

v_i ——进入交叉口 i 的交通量(辆/h);

c_i ——交叉口 i 的横向通行能力(辆/h)。

增量延误旨在估计由于非均匀到达和临时周期延迟(随机延迟,如持续的过饱和期)而产生的额外延迟。它可以计算为

$$D_{2,i} = 900 \cdot T \cdot [(v_i/c_i - 1) + \sqrt{(v_i/c_i - 1)^2 + (8 \cdot K \cdot I \cdot v_i)/(T \cdot c_i^2)}] \qquad (6\text{-}102)$$

式中: T ——分析期间的持续时间(s);

K ——增量延迟因子,对于预定时信号,建议增量延迟因子的值为 0.5;

I ——计量调整系数,建议上游过滤/计量调整系数为 1.0,用于分析隔离交叉口。

初始队列延误是指现有初始队列引起的额外延迟,该延迟是前一时期未满足需求的结果,可估计为:

$$D_{3,i} = \frac{t \cdot (Q_{b,i} + Q_{e,i} - Q_{eo,i})}{2} + \frac{Q_{e,i}^2 - Q_{eo,i}^2}{2 \cdot c_i} - \frac{Q_{b,i}^2}{2 \cdot c_i} \qquad (6\text{-}103)$$

$$Q_{b,i}(k) = Q_{b,i}(k-1) + T \cdot [v_i(k) - c_i] \qquad (6\text{-}104)$$

$$Q_{e,i} = Q_{b,i} + t \cdot (v_i - c_i) \qquad (6\text{-}105)$$

$$Q_{eo,i} = \begin{cases} T \cdot (v_i - c_i) \text{ 以及 } t = T & \text{若 } v_i > c_i \\ 0 \text{ 且 } t = Q_{b,i}/(c_i - v_i) \end{cases} \qquad (6\text{-}106)$$

式中: $Q_{b,i}$ ——分析期开始的初始队列;

$Q_{e,i}$ ——分析期结束时的队列;

$Q_{eo,i}$——当交通量超过通行能力且没有初始队列时,在分析期结束时的队列;

k——计算期;

t——该方法处理队列耗费的时间段。

(6)停车位置寻找导致的额外行程时间

在许多城市地区,对停车设施的过度需求使司机浪费大量时间寻找可用的停车位,这种活动被称为巡航。停车与拥堵有关,因为进入、离开或寻找停车位的车辆会减慢其他车辆的速度。相反,当停车供应充足时,由于停车位置寻找而产生的额外行程时间可以忽略不计。在总行程时间估计过程中,需要包括因过度停车需求而导致的停车搜索增加的行程时间。

(7)短期出行时间成本

通过行程时间预测模型和行程时间值,可以建立行程时间成本函数。用于成本计算的交通流可以是静态流量、时间平均流量或期望到达率。

均质路段上的稳态流:稳态流定义为交通流在时间和空间上保持恒定,且流量等于出行开始和终止的速率的情况。这种情况是一种理想的情况,因为交通状况总是随时间和空间快速变化,这不太实际。尽管如此,行程时间成本函数的构建如下:

$$c_{TT}(v_1) = \alpha \cdot T_1(v_1) = \alpha \cdot L/V(v_1) \tag{6-107}$$

式中:$c_{TT}(v_1)$——路段 1 的平均旅行时间成本(美元);

v_1——路段 1 上的交通量(pcphpl);

α——旅行时间价值(美元/h);

$T_1(v_1)$——路段 1 上的平均行程时间(h);

L——路段长度(m);

$V(v_1)$——路段 1 上的空间平均速度(mph)。

考虑路段上的时间平均静态流量:时间平均函数建立了平均行程时间和交通流量之间的关系。使用时间平均模型的成本模型可以适应在短时间内超过通行能力的情况。时间平均模型通过平均某一时期内的变化,以缓解问题。根据阿克里克的随机到达模型,旅行时间成本函数可以指定为:

$$c_{TT}(v_1) = \alpha \cdot \left[T_{f,1} + (v_1/c_1 - 1) + \sqrt{(v_1/c_1)^2 + 8J_1(v_1/c_1)/(c_1 p)} \right] \tag{6-108}$$

式中:$c_{TT}(v_1)$——路段 1 的平均出行时间成本(美元);

α——出行时间价值(美元/h);

$T_{f,1}$——自由流速度下横穿连杆 1 的行程时间(h);

J_1——延迟参数,当 $J_1 = 0.26$,斯莫尔模型是一个特例;

p——固定持续时间的高峰小时段(h);

v_1——路段 1 上的交通量,假定遵循同一到达率(pcphpl);

c_1——路段 1 的容量(pcphpl)。

动态调度—可变权衡流:利用具有内生调度的动态模型,可以创建行程时间成本函

数,如下所示:

$$c_{\mathrm{TT}}(v_1) = \alpha \cdot T(t) + \begin{cases} \beta \cdot [(t_\mathrm{d} - t) - T(t)] & T(t) \leq t_\mathrm{d} - t \\ \gamma \cdot [T(t) - (t_\mathrm{d} - t)] & T(t) \geq t_\mathrm{d} - t \end{cases} \quad (6\text{-}109)$$

式中:$c_{\mathrm{TT}}(v_1)$——路段1的平均旅行时间成本(美元);

α——旅行时间成本(美元/h);

β——提前到达成本(美元/min);

γ——迟到成本(美元/min);

t——出发时间;

$T(t)$——在t离开时发生的旅行时间;

t_d——期望到达时间。

(8)长期旅行时间成本

短期旅行时间成本函数可能取决于每天24小时的持续时间。计算出的旅行时间成本可外推至年度旅行时间成本。考虑到年车辆量增长率,可计算与公路设施使用寿命周期相关的总行程时间成本。

4)货物价值延误时间

假设从相同的始发地出发到达同一个目的地,货主共有i种运输方式可供选择。各运输方式的综合物流成本是实际运输耗费与货物时间成本的总和,计算公式如下:

$$C_i = S_i + T_i \quad (6\text{-}110)$$

式中:C_i——第i种运输方式的综合物流成本;

S_i——第i种运输方式的实际运输耗费;

T_i——第i种运输方式的货物时间成本。

货物运输是一个复杂的过程,通过各运输方式进行货物运输时不是单纯的运输工具移动过程,还包括了货物的装卸搬运以及仓储。故各运输方式的实际运输耗费是货物运输过程中所产生的所有费用的总和,包括运费、装卸搬运费以及仓储费等。货物时间成本是货物运输时间的延长所产生的货币损耗,其计算公式如下:

$$T_i = f(\Delta t_i) \cdot \alpha \quad (6\text{-}111)$$

式中:a——货物单位时间价值;

$f(\Delta t)$——货物时间成本函数。

在实际运输过程中,货物时间成本随时间损耗的变化不存在持续增加的趋势,而是在一定时间范围内呈增加趋势,故用下面的货物时间成本函数来描述货物时间成本随时间损耗的变化。

$$f(\Delta t) = \left(\frac{\Delta t}{\varphi}\right)^\beta \quad (6\text{-}112)$$

式中:Δt——实际运输时间与最短运输时间的差值;

φ、β——参数,可根据实际调研数据求得。

3. 交通事故费用

路面平整度是描述道路行车质量的指标,当车辆在不平整的道路上行驶时,不仅会影响驾驶员及乘客的舒适性,也会影响车辆的行驶费用及行车的安全性。根据苏联国家汽车检察机关的资料,有13%~18%的事故是由路面不平整引起的;叶莲娜根据具体路段的实际数据回归得到国际平整度指数 IRI 与事故率的关系,如图6-6所示,由图可以看出,事故率和国际平整度指数大致呈二次抛物线的关系。当 IRI 较小时,路面行驶状况较好,事故发生率低;IRI 逐渐增大路况优良程度下降,事故率升高;当 IRI 超过某一个值之后,事故率反而降低,可能因为驾驶员在路况不好时提高了警惕,降低了车速。

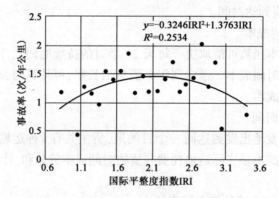

图6-6 事故率与国际平整度 IRI 关系图

交通事故费用计算公式如下:

$$C_3 = P_{SH} \cdot J_W \cdot M \tag{6-113}$$

式中:C_3——交通事故费用(万元);

P_{SH}——交通事故平均损失费(元/次);

J_W——事故率(次/万车公里);

M——各车型车辆行驶量之和(万车公里)。

参考《Study of prioritization of Highway Investments and Improving Feasibility Study Methodologies》研究结果,各等级公路事故平均损失费见表6-9。

公路事故平均损失费　　　　表6-9

公路等级	高速公路	一级公路	二级公路	三级公路	四级公路
事故平均损失费(元)	14000	10000	6500	5000	3500

4. 道路养护期间的延误费用

道路交通事故造成的社会延误过程,一般认为由以下几个时段构成:

时段1,即从交通事故发生到事故处理人员到达现场的时间。时段1的时间计量:事故发生时刻到通知事故处理部门的时间段(T_1)和事故处理人员获得信息至到达事故现场的时间段(T_2)。

时段2,即事故处理人员在现场调查取证和处理的时间。时段2的时间计量是指事故现场调查取证和处理时间、事故现场清理时间(T_3)。

时段3,即事故现场交通疏散至恢复通车状况的时间段(T_4)。

道路交通事故的发生对道路交通产生影响至事故处理部门进行事故现场处理,消除事故影响所需要的总时间为$T_z = T_1 + T_2 + T_3 + T_4$,将这个时间称为交通事故社会影响时间。

道路交通事故的社会延误经济损失,即在道路上发生交通事故以后,与事故直接相关以外的社会物质生产、旅行、环境等产生不良影响而造成的经济损失。具体表现为:因道路发生不同程度的堵塞所导致的额外增加的运输成本,事故的间接经济损失是道路因事故而造成车辆通行不畅或受阻。增加了运输任务完成所需时间,增加了运输成本,尤其是时间延误导致一定经济损失。道路交通事故社会延误的间接损失(Z)由事故导致的货运间接经济损失(Z_{31})和客运间接经济损失(Z_{32})所构成,即$Z = Z_{31} + Z_{32}$。

由于交通事故到指定运输过程中的货物不能及时到达目标完成运输任务,货物本身的等价资金相当于增加了积压的时间,因而其利息为:

$$Z_{31} = P_h + Q_h + \frac{T_D \times I}{16 \times 365} \tag{6-114}$$

式中:P_h——货物平均价格(元/t);

Q_h——受影响的货运量(t);

I——贷款年利率(%);

T_D——平均延误时间(h)。

因交通事故造成道路运输客运车辆的社会损失,主要体现在旅客在途时间的增加,使能创造的国民收入价值相应减少,这部分因交通事故延误时间使国民收入减少的数额就是每年的客运间接经济损失:

$$Z_{32} = \frac{N_J \times Q_K \times I \times T_D}{8 \times 250} \tag{6-115}$$

式中:N_J——人均国民收入(元/人);

Q_K——延误的客运量(人);

T_D——平均延误时间(h)。

公路资产实施养护期间,由于养护作业区的存在,极易形成交通延误甚至交通拥堵,此时驾驶人可选择继续使用养护道路或绕行道路。当继续使用养护道路时,养护道路作业区上的延误包括减速延误、加速延误、排队延误和限速延误。

道路养护控制作业区应按警告区、上游过渡区、纵向缓冲区、工作区、下游过渡区和终止区的顺序依次布置,养护作业控制区示例如图 6-7 所示。

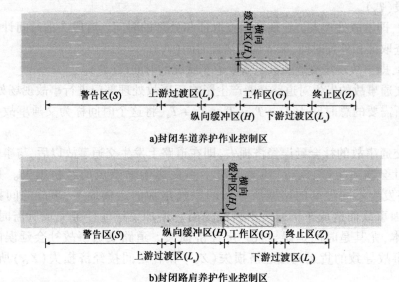

图 6-7　养护作业控制区示例图

(1) 减速延误

养护作业区减速延误是指车辆从作业区上游到作业区这段距离,车辆以自由流状态到限速状态通过时比无作业区车辆以自由流状态通过时多用的时间。减速延误时间计算公式如下:

$$2aS_d = V_f^2 - V_x^2 \tag{6-116}$$

$$V_x = V_f - aT_d \tag{6-117}$$

$$T_d = S_d \left(\frac{2}{V_f + V_x} + \frac{1}{V_f} \right) Q_d \tag{6-118}$$

式中:T_d——减速延误(h);

a——减速度(km/h²);

S_d——减速距离,即警告区长度(km);

V_f——作业区上游车辆处于自由流状态的速度(km/h);

V_x——作业区内车辆的限制速度(km/h);

Q_d——减速距离段的交通量。

(2) 加速延误

加速延误是指在作业区下游,车辆排队消散开始由作业区的限制速度恢复到原来的自由流速度过程中产生的延误。加速延误的计算公式如下:

$$T_a = S_a \left(\frac{2}{V_f + V_x} + \frac{1}{V_f} \right) Q_d \tag{6-119}$$

式中：T_a——加速延误(h)；

S_a——加速距离(km)；

Q_a——加速距离段的交通量(辆)；

其余符号意义同前。

(3)排队延误

排队延误是指车辆在排队过程中等待通过作业区所产生的时间差值。当施工区内的交通量大于养护路段的通行能力时便会产生排队现象，进而出现排队延误。排队延误的计算公式如下：

$$T_q = \frac{q_1 + q_2}{2} T \tag{6-120}$$

式中：T_q——排队延误(h)；

q_1——车辆驶入排队长度开始时作业区上游的车辆排队数；

q_2——车辆离开作业区上游的车辆排队数；

T——车辆从驶入排队队伍开始到离开作业区排队队伍的时间与正常无延误情况下通过该路段时间的差值(h)。

(4)限速延误

在作业区内，车辆的行驶速度因小于正常通行情况下的速度而产生的延误称为限速延误，限速延误的计算公式如下：

$$T_v = (t_W - t_0) T \cdot \min(Q_S, C_W) \tag{6-121}$$

式中：T_v——限速延误(h)；

t_W——车辆在作业区路段的平均运行时间(h)；

t_0——车辆在不设作业区情况下正常通过该路段的运行时间(h)；

T——车辆从驶入排队队伍开始到离开作业区排队队伍的时间与正常无延误情况下通过该路段时间的差值(h)；

Q_S——施工区上游的交通量；

C_W——作业区通行能力。

总延误时间 T_{total}：

$$T_{total} = T_d + T_a + T_q + T_v \tag{6-122}$$

综上，延误费用 C_4 计算公式如下：

$$C_4 = T_{total} \cdot V_W + T_{total} \cdot V_g \cdot Q'_g \tag{6-123}$$

式中：C_4——延误费用(元)；
　　Q'_g——经过养护作业区的货运量(t)；
其余符号意义同前。

5. 道路养护期间的绕行费用

当养护作业区的通行能力小于交通量时，有的驾驶员会选择绕行道路，这种做法避免了养护作业区的延误，但势必也会因为绕行距离的延长增加出行时间。车辆绕行费用指车辆在进入作业区之前选择绕行道路产生的费用。计算公式如下：

$$C_5 = c \cdot (L_S - L) \cdot Q \tag{6-124}$$

式中：C_5——车辆绕行费用(元)；
　　c——每辆车选择绕行道路的行驶费用与选择养护道路的行驶费用差值(元/km)；
　　L_S——车辆选择绕行道路的长度(km)；
　　L——车辆选择养护作业区道路的长度(km)；
　　Q——选择绕行道路避开养护作业区的车辆数。

三、其他费用

其他费用涉及道路养护期间的活动对环境、水域、噪声等的影响所产生的不能以货币形式计量的外部成本。

环境成本是指道路交通车辆产生的废气和污染物对环境破坏带来的强加给社会的所有损坏。随着工业化的不断深入发展，以二氧化碳为主的温室气体的排放所导致的温室效应已然成为社会各界关注的热点话题，温室效应引发的全球气候变化是人类迄今面临的最重大也是最为严重的全球环境问题，随着时代发展也必将对社会发展及人类生存产生愈发严重的影响。在生产、生活中，排放的二氧化碳气体增多，大气中温室气体的浓度不断增加，严重影响人类的生存环境。国际能源署(IEA)数据显示，交通运输行业作为全球第二大碳排放部门，其碳排量占比达25%。

道路对水质的不利影响主要包括：道路除冰撒盐，由于轮胎磨损和危险液体泄漏污染物蓄积在道路表面，路侧除草剂的使用等，这些有害物质在雨水的冲刷下，进入道路周边的水循环系统，将会带来严重的水污染。

道路交通是最广泛的环境噪声源，也是在户内能够听到的最普通的户外噪声来源。德国的一项研究发现：65%的人口受到道路交通噪声的影响，其中25%受到严重影响，这个数字是受工业噪声影响人数的3倍。车辆的速度与加减速、交通量水平、车辆荷载重量和邻近区域的土地利用特性都会产生噪声。

交通运输部发布了《绿色交通标准体系(2016年)》，指出要高度重视绿色交通领域的标准化工作，另外在《交通运输部关于全面深入推进绿色交通发展的意见》中也指出要推进绿色基础设施创建。而道路行业作为交通运输行业的重要组成部分，必须坚持推动低碳建设，保障整个交通运输行业的健康可持续发展。建设畅通、高效、安全、绿色的现代交通运输体系,采用道路生态恢复、节能减排、材料循环利用等方法,促进交通运输向节能、环保和更加安全的方向发展。

第二节 公路养护效益分析

公路养护效益评价,是公路养护费用效益分析的基础,有助于不同养护措施的实施效果对比分析,选择最佳的养护措施或养护实施方案,其在公路养护决策中占有重要地位。如何选择科学合理的、可定量化的养护效益评价指标,对于准确判断养护效益、节约养护费用至关重要。

一、基于用户视角的公路养护效益分析

公路养护的目的是为汽车提供安全快速、舒适低耗的运输条件,其养护的效果必定要影响到汽车运输成本。公路状况的改善直接表现为汽车行驶速度的提高、燃料消耗和机件磨损的减少、降低交通事故等,从而间接体现在降低运输成本、缩短旅客和货物在途时间、提高流动性等方面,故可通过有无对比法,分析有无养护方案情况下运输成本、行程时间、事故率的减少产生的效益。

1. 道路使用者运营费用节约效益

公路养护项目的实施改善了道路条件和交通条件,比如平整度的降低、车速的提高、流动性增强等,这些变化的出现影响了道路状况以及不同交通条件对运输成本的修正系数,因而降低了单位车辆运营费用。诸如重铺路面而改善路面表面的工程,会导致路面平整度降低而减少车辆的单位运营费用,继而产生运输费用的节约效益。该费用的节约由以下公式进行计算:

$$B_1 = \sum_{i=1}^{6}(C_{i0} - C_{iy}) \cdot Q_i \cdot L \tag{6-125}$$

式中:B_1——运营费用节约效益(元/年);

C_{i0}——i 型车无养护项目时的单位运营费用(元/km);

C_{iy}——i 型车有养护项目时的单位运营费用(元/km);

Q_i——i 型车交通量;

L——养护道路长度(km)。

2. 旅客和货物在途时间节约效益

(1)旅客在途时间节约效益

对于经过养护提高出行质量而缩短出行时间的旅客,在旅行过程中时间花费的机会成本转化为了机会收益,即旅客在途时间节约效益。计算公式如下:

$$B_{21} = V_w \cdot (t_w - t'_w) \cdot Q_w \cdot \varphi_w \tag{6-126}$$

式中：B_{21}——旅客在途时间节约效益(元)；
　　　V_w——旅客单位时间价值(元/h)；
　　　φ_w——平均载客量(人/辆)；
　　　t_w、t'_w——无、有养护项目时路段行程时间(h)；
　　　其余符号意义同前。

(2)货物在途时间节约效益

$$B_{22} = V_g \cdot (t_g - t'_g) \cdot Q_g \cdot \varphi_g \tag{6-127}$$

式中：B_{22}——货物在途时间节约效益(元)；
　　　V_g——货物单位时间价值(元/t·h)；
　　　φ_g——平均载货量(t/辆)；
　　　t_g、t'_g——无、有养护项目时货物的在途时间(h)；
　　　其余符号意义同前。

3. 减少交通事故的效益

路面经过养护之后使用性能得到提升，国际平整度指数的降低使交通事故发生率也降低，与养护前事故率的差值带来的交通事故费用差即为提高交通安全的效益。提高交通安全的效益计算公式如下：

$$B_3 = P_{SH} \cdot (J_W - J_y) \cdot M \tag{6-128}$$

式中：B_3——提高交通安全的效益(元)；
　　　P_{SH}——交通事故平均损失费(元/次)；
　　　J_W——无养护项目时的事故率(次/万车公里)；
　　　J_y——有养护项目时的事故率(次/万车公里)；
　　　M——各类型车辆行驶量之和(万车公里)。

二、公路养护效益之性能指标

前文所述的养护效益是从道路使用者角度衡量的效益；对于管养部门来说，道路资产通过实施养护使其技术性能获得提升，各单项资产的寿命期延长，使道路资产得到保值或增值，这些也体现了道路养护的效益，该效益是通过时间型指标与技术性能指标来反映的。

1. 时间型指标

时间型指标有养护措施寿命、路面使用寿命延长量 ESL(Extended Service Life)两种，都是长期养护效益评价指标，适用于对大中修等养护进行养护效益评价。

(1)养护措施寿命(养护措施有效服役时间)

养护措施寿命与道路使用寿命延长量密切相关，一般来说养护措施寿命越长，道路使用寿命也越长。养护措施寿命主要采用三种研究方法：①选定合适的路面性能指标(如车辙深度 RD、国际平整度指数 IRI、横向力系数 SFC),建立多种养护措施处理后路面性能指标模型,原路面经养护后性能指标达到养护前水平的时间为养护措施寿命。②确定资产性能指标阈值,建立养护措施处理后路面性能指标模型,养护处理后资产恢复到某个预定义条件阈值所花费的时间为养护措施寿命。③以养护措施的设计寿命作为养护措施寿命。

(2)路面使用寿命延长量 ESL

路面 ESL 确定方法有以下两种:①将养护措施使用寿命作为路面使用寿命延长量 ESL。②设置资产性能指标阈值,分别建立实施养护的路面性能指标模型和无养护路面性能指标模型,两个模型到达阈值的时间差值为路面 ESL。

选用不同性能指标计算出的养护措施寿命和路面 ESL 不同,王友忠、李峰根据路网实际病害特点,选用 RD 的 ESL 作为路面延长使用寿命。江红等把路面累计标准轴载作用次数达到设计轴载次数的年限作为路面使用寿命,建议计算养护措施寿命和路面 ESL 时将累计轴载作用次数作为阈值,可克服不同性能指标计算出的养护措施寿命或路面 ESL 不同这一缺点。

2. 技术性能指标

(1)道路技术状况指数

技术性能指标是针对资产性能状况提出的判断指标,利于直观评价养护效果。我国《道路技术状况评定标准》(JTG 5210—2018)规定了项目级道路资产及各单项资产的技术状况评价指标,如图 6-8 所示。当需要定性评价道路资产养护效益时,可采用该规范所述的评价标准与方法对是否实施养护方案的效益进行评价。

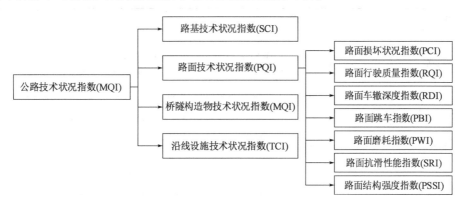

图 6-8 道路技术状况指标体系

(2)延时资产性能提升(Delayed Measurement of the Jump,DMJ)

延时资产性能提升(DMJ)指养护措施实施一段时间后的资产性能变化量。如图 6-9 所示,计算延时资产性能提升的方法有三种:①养护前 1 年(A)和刚养护后(F)的资产损坏差异值,如图中 ΔC_1 所示。②养护前(D)和养护后 1 年(E)的资产损坏差异值,如图中 ΔC_2 所示。③养护前 1 年(A)和养护后 1 年(E)的资产损坏差异值,如图中 ΔC_3 所示。

DMJ 的每一种方法都有低估养护效益的倾向。如果使用方法①评估养护效益,则会忽略养护的资产条件,不能捕获从 D 点到 Z 点恢复资产性能时的维护效率;方法②没有考虑从 Z 点到 F 点恢复资产状况的养护效果;方法③则会低估养护后达到最佳状况的程度,使用这种方法评估养护效益易得出养护处理无效等错误结论。DMJ 的概念在国内较为少见,李燕通过比较养护前后横向力系数 SFC 和抗滑性能指数 SRI 作为评判道路隧道混凝土路面预防性养护的效果,陈爽建议采用 Samuel 和 Kumares 提出的道路损坏率降低值作为道路快速养护效果的评价指标实际上是采用的 DMJ 方法。相关的 DMJ 的计算公式见表 6-10。

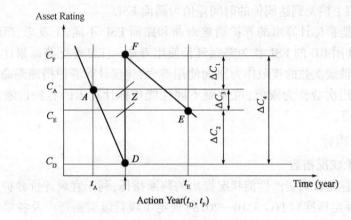

图 6-9 延时资产性能提升方法

DMJ 计算公式　　　　　　　　　　　表 6-10

作者	公式	符号说明
Sinha 等	$\mathrm{RRN} = \dfrac{\mathrm{RN}_{1985} - \mathrm{RN}_{1984}}{\mathrm{RN}_{1984}}$	RN:粗糙度指数; RRN:粗糙度指数变化率
Samuel 和 Kumares	$\mathrm{DRR} = \dfrac{1}{q^{*}}(C_{\mathrm{E}} - C_{\mathrm{D}}) - \dfrac{1}{p^{*}}(C_{\mathrm{B}} - C_{\mathrm{A}})$	C_i:i 对应的道路状况指标; p^{*}、q^{*} 分别为实际评价中选取的养护前、后时间段 DRR:道路损坏率降低值

(3)瞬间资产性能提升

瞬间资产性能提升指养护措施实施后即刻测得的资产性能变化量。表 6-11 总结了瞬间资产性能提升计算公式,陈爽建议采用道路损坏降低值(DR)衡量快速养护效果,戴征等采用摩擦系数、构造深度和渗水系数三项道面状况指标作为评价雾封层技术使用效果都可以归为瞬时资产性能提升,但都没有建立相应的预测模型。国外通常采用性能跃升(Performance Jump,PJ)指标表示瞬间资产性能提升,PJ 与 DMJ 相比是一种更好的养护效益评价指标。但是由于养护机构通常不进行养护措施前后性能检测,很难获得 PJ 数据。Saeed 提出将养护前后性能曲线从两个方向外推到养护点,估算由于养护处理产生的资产 PJ 值,以养护前后路面 IRI 为研究变量,开发了一般路面、冰冻区域路面、桥面板 PJ 模型。Labi 和 Sinha 研究薄 HMA 覆盖效果时得出结论:养护处理前路面条件越低,养护处理后路面性能跃值(PJ)越高,Saeed 的研究结果与其一致。PJ 不仅用于评价短期养护效益,计算养护效益面积时也十分重要。

PJ 计算公式　　　　表6-11

作者	公式	养护类型
Mouaket	$PJ = 0.41 \times (PSI - 1.6)$	刚性路面封层
Saeed	$PJ_{Deck} = 8.312 - 4.164 \times \ln(处治前状况值)$ $PJ_{Deck} = 8.147 - 4.186 \times \ln(处治前状况值) - 0.74 \times 桥面板面积$	桥面板
Saeed	柔性路面洲际道路 HMA 罩面: $PJ = -256.25 + 70.332 \times 处治前状况值$ 微表处: $PJ = -284.55 + 72.38 \times 处治前状况值$ HMA 结构补强: $PJ = -244.08 + 66.10 \times 处治前状况值$	路面
Saeed	冰冻区域 Thin Overlay、Slurry Seal、Crack Seal、Chip Seal 等养护措施: $PJ = \beta_0 + \beta_1 \times [\ln(处治前状况值)]$($\beta_0$、$\beta_1$ 为经验系数)	柔性路面 (SPS-3、SPS-5)
Samuel 和 Kumares	$DR = 处治后状况值 - 处治前状况值$	快速养护路面

(4)资产平均性能增加值

资产平均性能增加指标一般用现场采集的资产技术状况变化值表示;如不具备现场采集条件,也可根据接受相同养护措施的类似资产技术状况值建立模型。资产平均性能增加计算模型如下所示:

$$\varphi = 100 \times \frac{\frac{1}{t_T}(PI_0 + PI_1 + \cdots + PI_T) - PI_{INI}}{PI_{INI}} \tag{6-129}$$

式中:φ——相对于养护前状况的资产平均状况百分比;

PI_0、PI_T——刚经历养护处理时的资产状况和达到阈值时的养护状况;

PI_i——养护周期内 i 时资产状况($i = 1,2,\cdots,T-1$);

t_T——养护间隔时间或养护周期;

PI_{INI}——养护处治前资产状况。

(5)零养护比较

零养护比较方法是选择两组道路,一组作为参照组不进行养护,另一组作为实验组接受所需养护措施,比较两组道路的资产性能。表 6-12 显示了进行零养护比较方法,1991年 Al-Mansour 提出了一种定量的日常养护效果指标(称为养护有效性指标),即接受养护和零养护的路面段的路面状况的比值,用于量化比较日常养护的效果。Mouaket 研究刚性路面和复合型路面不同日常养护措施相互影响时,将养护措施分为仅病害处治,病害处治和裂缝密封,裂缝密封和维修路肩,修补、裂缝密封和封层,裂缝密封、封层和维修路肩等十四组,将零养护和其他影响因素一起作为自变量,路面性能指数作为因变量数进行统计回归,分析每一个组养护措施对路面平整度、路面使用性能、路面抗滑性能的影响。

零养护比较是养护道路资产对另一相似道路资产的比较,DMJ、PJ、资产平均性能增加值则是与自身相比的资产性能变化值。零养护比较能直观发现不接受养护的恶化速率,接受养护带来的交通量增长、资产性能状况、通行时间节约等效益,但是零养护比较需严格限制参照组选择条件。

零养护资产性能状况比较 表 6-12

作者	公式	养护类型
Al-Mansour	养护效益指数 = $\dfrac{\text{养护路面性能状况}}{\text{零养护路面性能状况}}$	柔性路面
Mouaket	$RN, PSR, SN = f$(养护前或后,接受养护或零养护,区域,厚度,路龄,荷载,路面类型,气候区域)	刚性路面、复合型路面

(6)养护效益面积

长期效益评价指标中最重要的指标是养护效益面积指标。1989 年美国的奥布赖恩(O'Brien)认为,在选择预养护对策时,预防性养护效益可用路面性能曲线围成的面积表征。这项理论引入到国内后不断发展更新,大多数学者采用的方法是根据分析周期内道路养护实施前各项性能若干指标随着路龄的衰变曲线和最低可接受水平线(即下基线)或最高可接受水平线(即上基线)围成的面积与养护实施后的面积之差为该指标的效益面积,如图 6-10 所示,S 为养护效益面积。

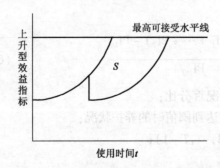
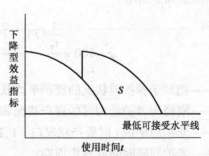

图 6-10　效益面积计算示意图

姚琳怡、徐亚林采用等效面积法,拟定标准服务时间来计算寿命或观测时间不同的养护项目的效益。任奕等在绘制效益面积图时,同时采用了上基线和下基线。田泽宇、

Monika 等采用公式,除了养护前后的路面状况,还引入了现值系数、平均日交通量、路段长度。苏炳远考虑到模型数学表达式积分计算复杂不易求解,且不同养护对策对同一路段的主要影响曲线瞬间提升效果,对曲线衰变形状影响很小,将曲线积分简化为三角形面积。但是这些方法共同的缺点是,不同指标对应不同的寿命期限,不同养护措施的养护效益很难有可比性,多数采用的方法是为各指标设定权重系数,通过计算各指标之和表示养护效益。李锋等则根据预防性养护病害特点,以车辙深度指标判断的寿命期限为标准,横向力系数和国际平整度都在车辙深度判断的寿命期限内分析,出现正增效益和负增效益,它们的和为增效面积(绝对效益)。马磊提出了一种适用于分析路面检测数据及性能数据不完整、养护后连续检测时间较短的情况的效益面积计算方法,首先绘制出性能指标与养护实施时间关系的折线图,根据点位和折线绘制计算步进线,并计算出步进线和最低可接受水平线(或最高可接受水平线)包围的每个小矩形的面积之和,绘制出与由多个小矩形组成的面积相等的大多边形,根据确定标准服务时间t_s,计算出 $0\sim t_s$ 之间包围的大多边形面积,他将该方法命名为"步进等效面积法"。

养护效益面积计算主要是 PJ 值的确定和养护前后资产性能变化曲线的预估,国内引入 PJ 值这一概念更有利于进行养护效益评估。

理论上,对道路资产及时实施特定的养护方案,确实能够给用户和管养部门带来上述效益,但道路资产养护方案进行经济性比选时,通常不单独计算道路资产养护效益的货币化值,而是将道路使用者费用当作现金流出,直接比较各备选方案的费用,这样更便于理解,计算量也更小些。

第三节 公路资产估值

进行公路养护工程全寿命周期费用分析时,还需要确定当技术状况下降到最低可接受水平时公路本身还具有的剩余价值。计算剩余价值,也就是公路资产评估,是指按照国家法律法规和资产评估准则,运用科学的评估方法,对特定资产的价值进行评定和估算的行为。常见的公路资产估值方法有**资产折旧法**、**重置成本法**、**收益现值法**、**现行市价法**、**清算价格法和剩余寿命法等**。

一、资产折旧法

对公路资产进行计价时必须提及的会计术语是折旧与摊销。折旧指实物资产随着时间流逝和使用消耗在价值上的减少。摊销指在无形资产使用年限内,按照确定的方法对应摊销金额进行系统分摊,与固定资产折旧类似。折旧与摊销的计算方法有平均年限法、工作量法、双倍余额递减法和年限总和法四种,对于公路资产的折旧与摊销计提方法常用的是前两种。

1. 平均年限法

平均年限法又称直线法,是将固定资产的应计折旧额均衡地分摊到固定资产预计使用寿命内的一种方法。这种方法适用于各个时期使用程度大致相同的固定资产项目。

公路固定资产中的房屋及构筑物、一般机械设备、非生产用车车辆等,宜采用平均年限法计提折旧,可采用下式进行计算:

$$年折旧率 = \frac{1 - 预计净残值率}{折旧年限} \times 100\% \tag{6-130}$$

$$月折旧率 = 年折旧率 \div 12 \tag{6-131}$$

$$月折旧额 = 固定资产原值 \times 月折旧率 \tag{6-132}$$

2. 工作量法

工作量法是指按照固定资产完成的工作量或时间计算折旧的方法,公路固定资产中的公路及其附属设施、养护施工机械、货运汽车等宜采用工作量法计提折旧。

公路及其附属设施宜按其通行量(车流量)计提折旧,可采用下式进行计算:

$$单位车辆流量折旧额 = \frac{公路及其附属设施原值}{收费期内预计总标准收费车流量} \tag{6-133}$$

$$月折旧额 = 当月实际车流量 \times 单位车流量折旧额 \tag{6-134}$$

养护施工机械等专用设备宜按其实际工作小时计提折旧,可采用下式进行计算:

$$每工作小时折旧额 = \frac{原值 + 预计清理费用 - 预计残余价值}{预计工作小时} \tag{6-135}$$

$$月折旧额 = 当月实际工作小时 \times 每工作小时折旧额 \tag{6-136}$$

货运汽车宜按其行驶里程计提折旧,可采用下式进行计算:

$$单位里程(车公里)折旧额 = \frac{原值 + 预计清理费用 - 预计残余价值}{预计行驶总里程} \tag{6-137}$$

$$月折旧额 = 当月实际行程里程 \times 单位里程折旧额 \tag{6-138}$$

3. 双倍余额递减法

双倍余额递减法是在不考虑预计固定资产净残值的前提下,以直线计算折旧率的双倍作为定率计算折旧,用此折旧率乘以每期固定资产的期初账面余额(固定资产原始成本 - 累计折旧额),求出该期应计提的折旧额。

公路固定资产中的通信、监控、收费、供(配)电等设施宜采用双倍余额递减法,可采用下式进行计算:

$$年折旧率 = \frac{2}{预计使用年限} \times 100\% \quad (6-139)$$

$$年折旧额 = 固定资产年初账面净值 \times 年折旧率 \quad (6-140)$$

$$月折旧额 = 年折旧额 \div 12 \quad (6-141)$$

4. 年限总和法

年限总和法是用固定资产的原值减去残值后的净额乘以一个逐年递减的分数,这个分数的分子代表固定资产尚可使用的年数,分母代表使用年数的逐年数字总和。

公路固定资产中的通信、监控、收费、供(配)电等设施宜采用年限总和法,可采用下式进行计算:

$$年折旧率 = \frac{预计折旧年限 - 已使用年限}{预计折旧年限 \times (预计折旧年限 + 1) \div 2} \times 100\% \quad (6-142)$$

$$年折旧额 = (原值 - 预计净残值) \times 年折旧率 \quad (6-143)$$

5. 基于设施技术状况的折旧方法

目前国内尚未建立成熟的基于设施技术状况的折旧方法,通过对英国、澳大利亚、新西兰、美国等多个国家的公路基础设施资产管理系统进行调研,可知目前国外主要采用两种折旧方法:性能价值法和使用年限法。对于路面资产采用基于路况性能的价值折减评估方法,除去路面以外的资产(如结构物、通信设施、人行道等)均采用使用年限法进行折旧。

(1)性能价值法

性能价值评估方法是基于修复费用法原理,根据年度路况性能检测,测算恢复路面资产的全新使用功能所需要支出的修复费用,来估算资产实体性贬值的一种方法,即实体性贬值等于修复费用。路面修复费用测算与路面养护决策中的养护需求测算极为相似,关键计算参数包括:路面技术状况;干预水平(大中修养护标准);养护决策模型(养护措施及对应单价)。

公路管理部门根据养护目标、政策要求及预算水平等,提出路面养护的干预水平(养护标准)。干预水平上限是预防性养护措施与路面周期性养护(重铺面层)的分界值;干预水平下限是路面周期性养护与路面重建(重铺面层与基层)的临界值。由此可知,干预水平上下限可将路网中路段分为三类(图6-11):高于干预水平上限的路段,其修复费用为C_r;干预水平上限和下限之间的路段,其修复费用为C_p;处于干预水平下限之下的路段,其修复费用为C_b。因此,路面实体性贬值可采用式(6-144)计算:

$$路面实体性贬值 = C_r + C_p + C_b \quad (6-144)$$

式中:C_r——处于正常服务状态的路面所需的修复费用;

C_p——处于最佳养护时机的路面所需的修复费用;

C_b——处于结构性修复状态的路面所需的修复费用。

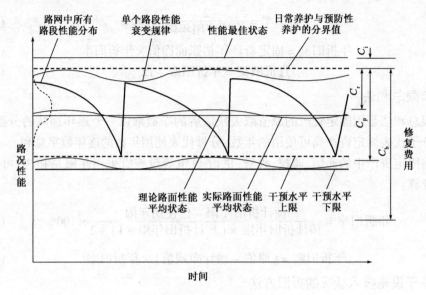

图 6-11 路况性能变化图

(2) 使用年限法

使用年限法(图 6-12)依据资产实际已使用年限与其设计使用年限的比率确定实体性贬值率。采用使用年限法时,实体性贬值率可按式(6-145)计算:

$$实体性贬值率 = \frac{实际已使用年限}{设计使用年限} \times 100\% \quad (6-145)$$

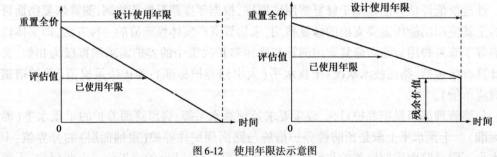

图 6-12 使用年限法示意图

二、重置成本法

重置成本法又称成本法,是指估测被评估资产的重置成本和被评估资产已经存在的各种贬值因素,并将其从重置成本中予以扣除,从而得到被评估资产价值的方法。成本法的基本思路是站在买者的角度重建或重置与被评估资产相同或相似的全新资产所花费的各种费用之和,再扣除资产所发生的各种损耗,余值就是该项资产的价值。可用下式表示为:

$$被评估资产的价值 = 重置成本 - 功能性损耗 - 实体性损耗 - 经济性损耗 \quad (6-146)$$

重置成本可分为以下两种:①复原重置成本,简称复原成本,是指使用与原始资产相同的制造标准、材料、设计和技术等,以现行价格收回与原资产相关联的新资产的购买和建设;②更新重置成本,又称更新成本,是指在使用新材料及技术,以当前价格建造或制造相同功能的新资产所需要的成本。

三、收益现值法

收益现值法是指通过估测被评估资产未来预期收益并折算成现值来判断被评估资产价值的方法;其理论基础是效用价值论,即资产的效用越大,获利能力越强,其价值越大。

收益现值法适用于经营性资产,且能够继续使用,能用货币衡量其未来预期收益额。运用收益法评估资产价值时,需要确定以下三个参数:①收益额;②折现率;③收益期限。转让收费公路权益进行收费权价值评估时,采用的是收益现值法。

使用收益现值法对收费公路进行资产评估时,可按式(6-147)进行计算:

$$评估资产限值 = \sum_{i=1}^{n} \frac{未来第 i 年的预期收益}{(1+折现率)^i} \qquad (6\text{-}147)$$

其中 i 为年序号, n 为收益年期,年度预期收益可按式(6-148)进行计算:

$$年度预期收益 = 当年收费总收入 - 当年营运成本 - 当年税费 \qquad (6\text{-}148)$$

折现率可按式(6-149)进行计算:

$$折现率 = 无风险报酬率 + 风险报酬率 + 通货膨胀率 \qquad (6\text{-}149)$$

在对公路进行资产评估时,一般用国债利率作为无风险报酬率,风险报酬率即反映风险报酬额除以原投资额所得的商值这个比率,通货膨胀率可以看出目前社会的货币是否贬值及情况还有经济发展的通胀状态。

四、现行市价法

现行市价法是根据市场上与被评估资产相同或类似的已经成交的资产的近期交易价格,经过直接比较或类比分析来估测被评估资产价值。其基本思路是采用比较和类比的思路与方法来判断资产价值。

运用现行市价法进行资产评估需满足的前提条件是:①要有一个充分的公开市场;②公开市场上有可比的资产,易于寻找参照物;③具有资产可比性的指标、技术参数等资料是可收集的。类比时需考虑时间、功能、质量、市场、地域等因素的影响,采用价格指数法、功能价值类比法等进行调整。

五、清算价格法

清算价格法是依据《企业抵押法》《破产法》的相关规定,再根据企业在清算的时候其非现金的资产等换成现金的价值,从而评估出资产价值的方法;一般通过市场售价的比较方法来计算清算价格。

按照国际惯例,资产评估方法主要有前述三种方法,即:重置成本法、收益现值法和现行市价法,清算价格法不能称为一种独立的评估方法。在我国,由于《国有资产评估管理办法》中规定了清算价格法也是一种独立的评估方法,故在此列入。

六、剩余寿命法

分析期末残值为计算期末的价值,它可能为正,也可能为负。正值代表材料仍可利用,而负值代表处理残余材料的费用比材料本身的价值还要高。期末残值可以用计算期末残留的路面材料价值来估算,或者可用初始费用的百分比来估算,它是根据路面残余寿命的百分比或以往经验及历史资料推算的。如果可以假设每个比选方案具有相同的期末残值(并同时发生),那么这个费用因素可以忽略,不需估算。当方案的实际寿命超过计算期时,其期末残值具有较大的价值。此种方案比计算期末遭受严重破坏(几乎没有残余寿命)的方案有着更高的期末残值。

分析期末,道路资产的使用性能可能还没有下降到最低可接受水平,亦即资产还有剩余寿命可以在分析期后继续使用。或者,在资源有限性和国家鼓励资源回收或再生利用的背景下,如分析对象涉及可重复使用材料,可对其通过再生或再加工方式实现新应用的实际价值进行合理估计,一般用该材料原始成本的百分比表示,其值大小与数量、所处位置、损害程度、龄期、耐久性、预期使用率等有关。残值在经济性分析中是一种收益。

以路面残值计算为例,《公路沥青路面养护设计规范》(JTG 5421—2018)规定路面残值应综合考虑分析期末路面结构剩余使用年限、剩余可承受轴载作用次数等因素,并按式(6-150)进行计算:

$$SV = \left(1 - \frac{L_A}{L_E}\right) C_r \tag{6-150}$$

式中:SV——路面残值费用;

L_A——最后一次养护年份至分析期末的年数或已承受的交通轴载作用次数;

L_E——该养护措施的预期使用寿命或可承受的累计交通轴载作用次数;

C_r——该养护措施的修建费用。

第四节 公路养护经济分析方法

无论是网级还是项目级的路面管理系统,都需要应用工程经济原理,分析每个项目或每一项对策方案所需的各项费用,并和其他项目或对策方案所需的费用做比较。对于网级系统来说,通过分析和比较所有可能的项目,确定各个项目的经济可行性,以便做出有关项目选择和计划安排方面的管理决策;而对于项目级管理系统来说,则是针对已论证确定经济可行的项目,分析比较能满足项目总要求的各个对策方案,以便得到经济效果最佳的方案。因此,经济分析的目的是选择费用—效益最佳的方案,使决策能以可靠的经济分析作为基础,使各项资源得到最有效的利用。

一、经济分析基础

对公路资产养护进行经济性分析是基于工程经济分析的理论进行的,涉及:①资金时间价值计算时用到的复利公式,如表6-13所示;②经济评价指标,可能用到净现值、净年值、费用现值、费用年值;③互斥方案比选的指标与方法,如增量净现值、增量净年值等。

资金时间价值复利计算公式　　表6-13

公式	系数符号	最终公式
$F = P(1+i)^n$	$(1+i)^n = (F/P, i, n)$	$F = P(F/P, i, n)$
$P = F(1+i)^{-n}$	$(1+i)^{-n} = (P/F, i, n)$	$P = F(P/F, i, n)$
$F = A\dfrac{(1+i)^n - 1}{i}$	$\dfrac{(1+i)^n - 1}{i} = (F/A, i, n)$	$F = A(F/A, i, n)$
$A = F\dfrac{i}{(1+i)^n - 1}$	$\dfrac{i}{1-(1+i)^{-n}} = (A/F, i, n)$	$P = A(F/A, i, n)$
$P = A\dfrac{1-(1+i)^{-n}}{i}$	$\dfrac{1-(1+i)^{-n}}{i} = (P/A, i, n)$	$P = A(P/A, i, n)$
$A = P\dfrac{i}{1-(1+i)^{-n}}$	$\dfrac{i}{1-(1+i)^{-n}} = (A/P, i, n)$	$A = (A/P, i, n)$
$P = G\left\{\dfrac{1}{i}\left[\dfrac{(1+i)^n - 1}{i\cdot(1+i)^n} - \dfrac{n}{(1+i)^n}\right]\right\}$	$\dfrac{1}{i}\left[\dfrac{(1+i)^n - 1}{i\cdot(1+i)^n} - \dfrac{n}{(1+i)^n}\right] = (P/G, i, n)$	$P = G\cdot(P/G, i, n)$
$P = A\dfrac{1-\left(\dfrac{1+g}{1+i}\right)^n}{i-g}$	—	—

注:表中F为终值,P为现值,A为年值,i为贴现率,G为公差值,g为公比值,n为分析期。

二、经济分析参数的确定

影响寿命周期内经济效益分析的因素有:分析期、贴现率、材料价格、不同养护和改建策略、交通量的预测、使用性能控制标准、经济优化标准。

1. 分析期

分析期是经济分析中对分析对象所考虑的时间长短。分析期是一个比较敏感的因素,会对养护方案的最终确定产生一定的影响:分析期太短时很难找出真正效益大的方案,因为不同的方案在前几年性能变化很小,某些因素的影响尚未显现,前期效益好的方案易被采纳;分析期过长往往会包含许多不确定因素,如交通量预估、使用性能衰变程度等;分析期如超过50年,评价指标的费用现值或未来效益也会不显著;但道路资产中的桥梁结构其设计寿命期的确比较长,经济性分析中通常将其按寿命期无限对待,即计算评价指标时,取 n 趋于 ∞ 来计算。

一般来说,对于分析期的确定,可以将相关规范对于养护方案使用年限的规定作为分析期。如《公路沥青路面养护设计规范》(JTG 5421—2018)规定:稀浆封层、微表处、碎石封层和纤维封层四种预防性养护措施的使用年限是 $2\sim3$ 年,复合封层和超磨耗层的使用年限是 $3\sim4$ 年,薄层罩面的使用年限是 $3\sim5$ 年,含砂雾封层的使用年限是 2 年,这一规定既表明了使用年限,也提供了预防性养护备选方案。对于沥青路面的结构性修复或功能性修复方案,如加铺层、新铺面层,则按照新建路面结构设计使用年限作为分析期。

2. 贴现率

贴现率是企业或行业或投资者以动态的观点所确定的投资方案最低标准收益水平,它表明投资决策者对项目资金时间价值的估价,是投资资金应当获得的最低盈利率水平,是评价和判断投资方案在经济上是否可行的依据,是一个重要的经济参数。贴现率的确定一般以行业的平均收益率为基础,同时综合考虑投资成本、投资风险、通货膨胀及资金限制等影响因素。对于国家投资项目,进行经济评价时使用的基准收益率是由国家组织测定并发布的行业基准收益率;对于非国家投资项目,由投资者自行确定,但应考虑资金成本、机会成本、投资风险、通货膨胀和资金有限性等因素的影响。

贴现率的大小,对于经济分析结果有着重大的影响。贴现率高,初期投资低的项目方案往往具有较高的经济效益;反之,贴现率低时,初期收益大的项目方案就会显得优越。因此,在经济分析时,应慎重考虑贴现率的取用。由于未来的通货膨胀率很难预计,通常都倾向于对费用和效益采用不变价格,而以资金的实际成本作为贴现率,从而避开了对通货膨胀率的臆测。

道路资产养护方案经济性分析时,应根据养护工程投资特点及区域经济发展水平合理选择贴现率;在缺乏经验数据的情况下,可参考道路工程建设项目可行性研究中所采用的贴现率指标,即社会折现率。

3. 材料价格

寿命周期费用分析的目的是选择最经济的设计方案,其衡量指标是最低总造价(初期修建费、改建费、养护费、用户费、残值等)。不同结构层材料价格的改变,必然会影响最后的结构厚度优化结果,尤其是沥青混合料的价格,目前正在迅速增长,我们在选择厚沥青层结构时不得不对其经济性进行考虑。另外,在项目的经济分析评价中,人工、材料、机械设备等的价格也关系到费用的高低。

4. 不同养护和改建策略

分析期内路面可能要经过多次的维修、预防性养护、罩面或改建措施,这些养护和改建措施的不同组合对路面性能会产生不同影响,进而影响寿命周期费用,所以,要结合实际的路面状况确定养护和改建措施。另一方面,也可以通过对不同组合措施的设计考虑以及寿命周期费用分析,来确定最佳罩面厚度和时机,为养护规划提供依据。

5. 交通量的预测

交通量的预测一直是一个难以攻克的难题。由于其影响因素的复杂性,设计范围的宏观性,与国民经济的发展和人民生活水平的提高都有直接的关系,很难对其进行准确预估。并非所有道路建成后,交通量都是逐年增长的,而且,每年的增长率可能有很大不同。究竟采用多大的增长率才合适,怎样考虑重载车辆的比例大小以及越来越多的超载车辆,这些问题很难确定。且交通量的大小和交通组成对养护费用和用户费用的计算结果也有影响。

6. 使用性能控制标准

寿命周期内的经济效益分析采用的是使用期末的 PCI 值作为使用性能控制标准。根据对不同道路等级的要求,可以采用高($PCI = 70$)、中($PCI = 65$)、低($PCI = 60$)三级典型标准,也可采用任意标准。对同样的设计条件来说,若标准定得高,则性能期短,在分析期固定的情况下,维修次数多,但由于使用性能较好,使得养护费用和用户费用较少,从而导致寿命周期内的总费用较少;若标准定得低,则性能期长,在分析期固定的情况下,维修次数少,但由于使用性能相对较差,使得养护费用和用户费用较多,从而导致寿命周期内的总费用较多,尤其是交通量很大时。

7. 经济优化标准

不同的评价主体所站的立场不同,对经济的优化标准也就不同。公路管理部门关心的往往是公路的修建、养护、改建和残值费用,所以,选取最佳方案时以最低总造价作为评价指标较为合适;而国家建设部门则从社会的整体利益出发,除了上述费用外,还应当考虑用户费用,即选取最佳方案时以最低总费用作为评价指标较为合适。

三、经济分析指标

经济评价方法是运用费用—效益分析方法对项目进行经济分析,把项目的费用和效益数量化后,通过经济指标的计算、分析和判断,从而对项目做出较为全面的估价和决策。工程经济分析方法多种多样,我国交通运输部在《公路建设项目经济评价办法》中采用了3 种方法;田中(1987 年)和姚(1993 年)在分析道路经济方法时列举了5 种方法;菊川(1986 年)对道路寿命周期费用进行了详细的分析。总结和回顾已有的文献,适用于经济养护的经济分析方法可以采用以下 4 类指标:①年度等额费用法(AC);②净现值法(NPV);③效益费用比法(BCR);④费用效果法(CE)。

1. 年度等额费用法(AC)

把分析期限内不同时间支付和发生的所有费用累加起来,换算成等额的年度费用,以此作为工程项目经济性分析的标准,这种方法为年度等额费用法。年值法是将所有费用折算成年度等额成本,这种方法的关键不仅在于确定所有的费用,还在于选取计算期和折现率。现值法要求计算期相同,当比较方案的寿命期不等时,需采用最小公倍数法或估算计算期末残值,将寿命期不等方案转换成寿命期相同方案,再进行经济性比较分析;而年值法则是一种非常适合于寿命期不等方案经济比选的方法,其实质是采用最小公倍数法计算现值后的变形。

年度等额费用由式(6-151)计算,有:

$$AC_{in} = ICC_i \times (A/P, \gamma, n) + AMC_i + AUC_i - SV_{in} \times (A/F, \gamma, n) \quad (6-151)$$

式中:AC_{in}——n 分析年限内,i 方案的年度等额费用;

γ——贴现率;

ICC_i——i 方案的初期建设费用;

AMC_i——i 方案对应的平均年度养护费用;

SV_{in}——n 分析年限末,i 方案对应的残值。

2. 净现值法(NPV)

采用净现值分析法,即把分析期内投入和发生在不同时间的各种费用或效益,按某一预定的折现率转换为现在的价值(第 0 年的价值),以便在共同的基础上比较直观地反映分析期内建设、养护、维修和用户的各项费用,对备选方案用现在价值尺度进行比较。采用净现值法分析时,需要在相同的寿命周期内进行比较,把分析期内不同时期发生的费用和效益按一定的折现率折算为现值,记作 NPV(Net Present Value)。公路养护备选方案的净现值表现为效益现值与费用现值之差,如式(6-152)~式(6-154)所示,按指标值越大越优的原则选择最佳方案。

$$NPV_{x_i,n} = PVB_{x_i,n} - PVC_{x_i,n} \quad (6-152)$$

$$PVB_{x_i,n} = \sum_{t=0}^{n}(UC_{x_0,t} - UC_{x_i,t})(P/F, \gamma, t) \quad (6-153)$$

$$PVC_{x_i,n} = IC_{x_i} + \sum_{t=0}^{n}(MC_{x_i,t} + UC_{x_i,t})(P/F, \gamma, t) - SV_{x_i,n}(P/F, \gamma, n) \quad (6-154)$$

式中:$NPV_{x_i,n}$——备选方案 x_i 的净现值;

$PVB_{x_i,n}$——备选方案 x_i 的效益现值,其量化过程见本章第二节;

$PVC_{x_i,n}$——备选方案 x_i 的费用现值;

$UC_{x_0,t}$、$UC_{x_i,t}$——零养护方案 x_0、备选方案 x_i 第 t 年公路使用者费用;

IC_{x_i}——备选方案 x_i 的初期修建费用;

$MC_{x_i,t}$——备选方案 x_i 第 t 年养护费用;

$SV_{x_i,n}$——备选方案 x_i 在分析期末的残值;

其余符号意义同前。

3. 效益费用比法(BCR)

效益费用比 BCR(Benefit Cost Ratio)是项目在计算期内效益流量的现值与费用流量的现值的比率,是经济费用效益分析的辅助评价指标。反映了效益与费用的关系比例越高,项目的效益越好,其优先顺序越高。这个指标在道路经济分析中被广泛使用。

$$BCR = \frac{PVB_{x_i,n}}{PVC_{x_i,n}} \tag{6-155}$$

符号意义同前。

效益费用比反映了单位费用的效益,与净现值(效益费用差)相比,它能更好地反映投资的"效率",有较强的对比性。然而,效益费用比法的最大困难是,有时无法明确地划分效益和费用的界限。有些人可能把某些费用放在费用总额中(作为分母的一部分),而另一些人则把它看成负效益,放在分子部分,从效益总额中扣除。不同的处理,将会得到不同的 BCR 值,而这种情况在净现值法中则不会发生。

4. 费用效果法(CE)

上述 3 种经济分析方法的经济效益都是以货币为单位计算的,费用效果法则采用不易货币化的性能指标来衡量项目的实施效果,如本章第二节的公路养护效益之性能指标。

费用效率(CE)是指工程系统效率(SE)与工程寿命周期成本(LCC)的比值,其计算公式如下:

$$CE = \frac{SE}{LCC} = \frac{SE}{TC + SC} \tag{6-156}$$

式中:CE——费用效率;
  SE——工程系统效率;
  LCC——工程寿命周期成本;
  TC——初期建设费;
  SC——维持费用(养护费用)。

采用费用效果法的核心是量化公路养护备选方案的实施效果,因其实施效果通常采用多项性能指标衡量,各性能指标的计量单位和性质(有的指标越大越好,有的指标越小越好)不同,可采用效用系数法进行量化,以消除各性能指标计量单位的不可比性;再通过定性或定量的方法为各性能指标设置权重,以反映各指标之间的相对重要程度;最后采用加权平均效用系数值的方法获得 SE 的量化值。

四、经济分析方法的选择

经济分析的目的,一是评价判断项目或方案在经济上是否可接受(是否有收益),二是在投资受到约束时按效益高低对项目进行优先排序。上面介绍的各种分析方法虽然都能实现这些目的,但由于特点不同,有时会给出不同的回答,特别是项目的优先排序。因此,在经济分析时可选用多种分析方法,比较各种方法的分析结果。因为每一种方法有各自的特点,并不是对任何一种方案的经济评估分析都适用,在应用过程中还必须综合考虑一些因素,如业主对初始投资费用和未来的连续支出的重要性的考虑,哪种方法更能让业主理解或满足他的要求以及在分析过程中对效益的估量等,由此选出最具综合经济效益的道路投资方案。

1. 各种经济分析方法的特点

通过实际的应用,可以将各种方法的特点总结分析如下:

(1)年度等值成本法是几种方法中最易理解的,且它可对寿命周期不同的方案进行比较。

(2)相对于年度等值成本法,现值法在道路建设方案比选时应用更为普遍,主要是因为一个道路建设项目的效益和费用是相关的,可表示为一个单一值,而且经济寿命不同的道路项目随着时间的推移其价值会变化,但用此法仍可进行直接比较,因为每个方案所有的费用和效益都可折算成现值,最后结果为项目方案的货币计算总额。

(3)效益费用比法主要用于一些大型项目,如水坝和大堤。与其他方法相比,它的缺点主要是不能反映效益现值总额与成本现值总额之间的绝对差额,从而不能保证获得最大的内部收益,但应用时,可通常先将一组提议方案与标准或基本比选方案做比较,选出比值大于1的方案,再对选出的方案在递增的基础上进行比较,即对成本连续高涨的比选方案,其效益也须是递增的基础上进行比较,从而计算效益成本比。按这种成对比较的方法,最后选出具有最大经济期望值的比选方案。

(4)费用效果法在公路领域中应用较为广泛,较具代表性。它与以上几种方法明显的差别就是计量单位不同,即根据性能曲线来计算。该方法对具有不同性能曲线的方案比较相当方便,不仅可以选出最具成本效益的方案,还可比较出不同的投资在各年度的路况性能和平均性能。

2. 经济分析方法选择时注意事项

由于分析者对不同的分析方法有着各自的偏好,目前尚无可接受的统一标准来选择分析方法,在方法选择时一般应考虑下面几点:

(1)初期修建费与随后预期要支出的费用相比的重要程度

许多公路部门往往最关心的是初期投资。有时,尽管经济分析表明初期投资低的方案会造成今后出现过量的支出,决策人仍可能考虑选用初期修建费较低的方案,特别是当他们难以预计今后的资金筹措情况时。

(2)哪一种分析方法最容易被决策人所理解和接受

如果某公路部门多年来习惯于使用效益费用比法,对应用这种方法分析的结果有较好的领会和掌握,那么,尽管这不是最好的方法,但要想换成其他更好的方法不仅很难,而且要花费较长的时间熟悉。

(3)经济分析用于网级还是项目级决策

对于网级系统来说,管理部门可以用效益费用比法对整个路网的投资效益进行分析;而对于项目级系统,决策人员则可采用净现值法选择项目方案。

(4)经济分析中是否包括效益

任何分析如果不考虑各方案或项目在效益上的差别,那么这种分析基本上是不完善的。然而,对于路面来说,效益有时很难准确估算,这时往往假设各方案或项目具有相同的效益,从而采用净现值法或年费用法分析。

五、评价步骤

道路全类型资产中,路面资产直接承受车辆荷载的作用,更容易发生病害,对其养护费用的投入是最高、最频繁的,以路面资产养护经济性分析为例,介绍经济性分析评价步骤:

(1)交通量调查与预估。

应调查各种车型的数量及载客、载货情况,并对分析期内交通量增长率进行预测,用于计算道路使用者费用中车辆运营费用、行程时间费用、交通事故费用及延误或绕行费用等。

(2)养护方案设计。

应根据各设计单元的养护需求,结合设计年限、交通量分析结果和当地实际情况进行技术设计,并进行方案比选。

(3)确定分析期。

分析期的长短对养护方案的选择有一定的影响:分析期长,有关费用和效益计算的参数计算误差可能比较大,如分析期内养护方案的组合、交通量预估、使用性能衰变程度等,对后期效益好的方案容易被采用;分析期短,则可能使某些因素难以体现,前期效益好的方案容易被采用。

(4)确定路面使用性能衰变模型。

路面使用性能衰变模型应根据技术方案的不同分别制定,具体内容见本教材第四章和第五章相关内容。

(5)确定分析期内的养护对策。

包括设定养护标准值,并提出分析期内需要开展养护的路况边界条件;构建养护对策集,针对不同的养护类型,提出可供选择的养护方案。

(6)确定分析期内发生的各项费用组成及计算模型,并计算所产生的费用,具体内容见第六章第一节。

(7)确定贴现率。

(8)选择经济评价方法和评价指标。

(9)必要时开展敏感性分析。

(10)综合总费用现值及敏感性分析结果,选择最优的养护方案。

第五节　公路养护寿命周期经济分析方法与案例

一、公路养护寿命周期分析方法

从国内的情况来看,我国的公路建设分为两大部分:公路网未成形地区的大规模新建道路和公路网已经成形地区的公路养护维修。以往的工程项目,不管是新建道路还是现存道路的翻修、维修,主要考虑初建成本,工程使用后再花多少钱则很少考虑。所以就出现了"最昂贵的道路在中国,而寿命最短的公路也在中国"的现象。实践证明,这种做法在技术、经济方面都是不合理的。在保证使用寿命的前提下花钱最少,正是公路设计者和建设者的共同目标。全寿命周期费用分析 LCCA(Life Cycle Cost Analysis)正是这样的一项技术经济分析的技术。

寿命周期费用分析是以经济分析原理为基础,评价备选方案的长期经济效益率的一种技术,它考虑了备选方案的初始修建费以及未来的管理费用和用户费用,其目的是为投资消耗确定最佳值,即满足所求性能目标下的长期费用最低的方案。

二、路面养护寿命周期经济分析案例

1. 分析流程

路面从设计开始到寿命期或分析期末,可能包含的寿命周期费用有设计费、初期修建费、养护费、改建费等管理部门费用,和车辆运营费、延误费、行程时间费、事故费等用户费用。考虑到管理部门和整个社会所关注的是由于路面使用性能的差异所带来的费用和效益上的差别,所以,费用分析时应着重考虑受使用性能影响的那些费用组成,而不必考虑所有费用项,这里的用户费用只包括车辆运营费(即燃油消耗费、轮胎消耗费和保修材料消耗费)。

寿命周期费用分析应当在项目开发周期内尽可能早地进行。分析水平应当和投资的水平一致。该过程基本包括以下几步:

(1)确定新建和罩面改建后的路面使用性能衰变模型;
(2)交通组成资料调查及交通量预估;
(3)为分析期制定养护和改建策略;
(4)确定各种养护和改建策略的时机或预期寿命;
(5)施工、改建和养护评估管理费用;
(6)各项用户费用模型(主要包括燃油消耗费、轮胎消耗费和保修材料消耗费);

(7)确定材料单价;

(8)制定现金流量图;

(9)计算费用现值。

进行寿命周期费用分析,需要①客观而准确的路面使用性能评定数据;②路面使用性能随时间变化的预估模型;③同路面使用性能变化相关联的用户费用模型;④把路面使用性能变化转化为路面养护需要和养护费用的模型。

用户费在路面寿命周期费用中起重要作用,特别在交通量大的情况下,更起着主导作用。如果不考虑用户费,所得到的可能是次佳方案。

贴现率的选用对分析结果有重大影响。低贴现率对于初期投资高和服务年限长的方案有利;反之,高贴现率将会导致选择初期投资低的分期修建方案。周期费用分析流程图如图 6-13 所示。

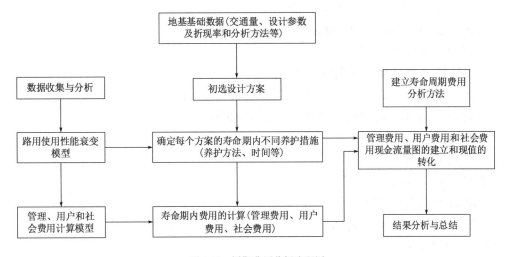

图 6-13 周期费用分析流程图

2. 路面寿命周期经济分析案例

某农村公路,长 50km,年平均日交通量(AADT)为 4000 辆/d,路面为泥结碎石,现面临大修。试拟定改建方案,并通过经济分析和评价选择设计方案。

交通组成见表 6-14,年平均增长率为 10%。

交通组成 表 6-14

小客车	公共汽车	轻货车	中货车	大货车	铰接车
21.19%	11.02%	20.32%	25.66%	19.94%	1.87%

案例分析如下:

(1)初拟方案

方案1:粒料基层15cm补强+沥青表面处治2.5cm,初期修建费用低,但使用寿命短、后期养护费用高。

方案 2:粒料基层 15cm 补强 + 沥青混凝土面层 4cm,初期修建费用高,但后期费用低。

(2)使用寿命预估

通过专家调查和国内类似工程经验预估两种养护方案的使用寿命,方案 1 使用寿命为 5.5~8.4 年,现取为 6 年;方案 2 使用寿命为 8~12.5 年,现取为 10 年。

(3)分析期确定

按各方案的路面使用寿命,分析期取 10 年。

(4)使用性能(平整度)预估

根据该地区建立的使用性能预估模型,不同方案的平整度随时间的变化如下所示,式中 y 为年份。

方案 1:$IRI = 14.689 - 10.804e^{-0.064y}$

方案 2:$IRI = 12.689 - 11.046e^{-0.039y}$

(5)管理部门费用计算

①经计算,不同方案的初期修建费用如下:

方案 1:18.93 万元/km,改建后 6 年需重建再次投入;

方案 2:28 万元/km,使用寿命恰好与分析期相同。

②养护费用按如下模型预估:

方案 1:$MC_1 = 0.304e^{0.000387AADT}$

方案 2:$MC_2 = 0.213e^{0.000387AADT}$

③路面残值(使用期末)计算如下:

方案 1:寿命 6 年,到分析期末第二次重铺已使用 4 年,因而残值为 $SV = (1 - 4/6) \times 18.93 = 6.31$ 万元;

方案 2:使用寿命与分析期相同,均为 10 年,故残值为零。

(6)用户费用预估

燃油消耗、轮胎消耗和汽车保修材料消耗采用如下模型估算,模型参数见表 6-15。在计算费用时,单价如下:燃油单价为 7.5 元/L(不分柴油和汽油);轮胎单价取为:小汽车和轻货车 210 元,公共汽车和中货车 800 元,重货车和铰接车 1130 元;新车单价取为:小汽车 17.3 万元,公共汽车 7.5 万元,轻货车 3.2 万元,中货车 5.0 万元,重货车 11.0 万元,铰接车 25.7 万元。

①燃油消耗:$FL = a_1 + b_1 IRI$(条/100km);

②轮胎消耗:$TC = a_2 + b_2 IRI$(条/1000km);

③保修材料消耗:

$P_C = C_0 C_{KM}^{k_p} e^{C_q \cdot IRI}$(占新车价比例/1000km)(客车)

$P_C = C_0 C_{KM}^{k_p} (1 + C_q \cdot IRI)$(占新车价比例/1000km)(货车)

路面使用性能相关联的用户费用模型　　　　　　　　　　　　表 6-15

车辆类型	a_1	b_1	a_2	b_2	C_0 ($\times 10^{-6}$)	C_q ($\times 10^{-3}$)	k_p	C_{kM} ($\times 10^4$)
小汽车	9.78	0.182	0.0466	0.0071	12.95	17.81	0.31	15.00
公共汽车	23.80	0.294	0.0739	0.0016	1.87	4.63	0.48	50.00
轻货车	17.42	0.568	0.0669	0.0107	1.87	327.33	0.37	30.00
中货车	23.00	0.434	0.0653	0.0012	1.87	327.33	0.37	30.00
重货车	19.00	0.298	0.1556	0.0034	5.52	45.90	0.37	30.00
铰接车	35.39	0.893	0.2155	0.0053	5.52	20.35	0.37	30.00

(7) 费用计算

两个方案的费用计算结果如表 6-16、表 6-17 所示。

方案 1 各项费用　　　　　　　　　　　　表 6-16

年数	AADT（辆/日）	IRI(m/km)	修建费（万元/km）	养护费（万元/km）	油耗费（万元/km）	轮耗费（万元/km）	材料费（万元/km）
0			18.93				
1	4000	4.55		1.43	222.18	10.77	8.43
2	44000	5.18		1.67	247.22	12.05	9.51
3	4840	5.77		1.98	274.86	13.47	10.70
4	5324	6.33		2.39	305.36	15.03	12.03
5	5856	6.84		2.93	339.01	16.76	13.49
6	6442	7.33		3.68	376.11	18.67	15.11
7	7086	4.55	18.93	4.72	393.56	19.07	14.93
8	7795	5.18		6.21	437.94	21.34	16.84
9	8574	5.77		8.39	486.92	23.85	18.96
10	9432	6.33		11.70	541.01	26.63	21.31
			−6.31（残值）				

方案 2 各项费用　　　　　　　　　　　　表 6-17

年数	AADT（辆/日）	IRI(m/km)	修建费（万元/km）	养护费（万元/km）	油耗费（万元/km）	轮耗费（万元/km）	材料费（万元/km）
0			28.0				
1	4000	2.07		1.00	211.98	10.03	7.58
2	4400	2.47		1.17	235.01	11.16	8.49
3	4840	2.86		1.39	260.45	12.42	9.50
4	5324	3.24		1.67	288.54	13.81	10.62

续上表

年数	AADT（辆/日）	IRI(m/km)	修建费（万元/km）	养护费（万元/km）	油耗费（万元/km）	轮耗费（万元/km）	材料费（万元/km）
5	5856	3.60		2.05	319.56	15.35	11.87
6	6442	3.95		2.58	353.81	17.05	13.24
7	7086	4.28		3.31	391.62	18.93	14.77
8	7795	4.60		4.35	433.34	21.01	16.46
9	8574	4.91		5.88	479.39	23.31	18.33
10	9432	5.21		8.20	530.20	25.85	20.41
			0(残值)				

(8) 费用现值计算

贴现率取为5%、10%和15%，计算2个方案的费用现值，结果见表6-18、表6-19。

方案1 费用现值　　　　　　　　　　　　　　　　　　　　　表6-18

年数	初期修建费	改建费			养护费			用户费			残值		
		5	10	15	5	10	15	5	10	15	5	10	15
0	18.93												
1					1.36	1.30	1.24	229.88	219.43	209.89			
2					1.51	1.38	1.26	243.79	222.13	203.24			
3					1.71	1.49	1.30	258.32	224.67	196.62			
4					1.96	1.63	1.36	273.48	227.05	190.06			
5					2.30	1.82	1.46	289.32	229.28	183.59			
6					2.74	2.08	1.59	305.87	231.37	177.21			
7		13.45	9.71	7.12	3.35	2.42	1.77	303.86	219.41	160.74			
8					4.20	2.90	2.03	322.27	222.12	155.65			
9					5.41	3.56	2.39	341.47	224.66	150.58			
10					7.18	4.51	2.89	361.57	227.07	145.58	3.87	2.43	1.56
小计	18.93	13.45	9.71	7.12	31.74	23.08	17.30	2929.83	2247.19	1773.15	3.87	2.43	1.56

方案2 费用现值　　　　　　　　　　　　　　　　　　　　　表6-19

年数	初期修建费	改建费			养护费			用户费			残值		
		5	10	15	5	10	15	5	10	15	5	10	15
0	18.93												
1					1.36	1.30	1.24	229.88	219.43	209.89			
2					1.51	1.38	1.26	243.79	222.13	203.24			
3					1.71	1.49	1.30	258.32	224.67	196.62			

续上表

年数	初期修建费	改建费			养护费			用户费			残值		
		5	10	15	5	10	15	5	10	15	5	10	15
4					1.96	1.63	1.36	273.48	227.05	190.06			
5					2.30	1.82	1.46	289.32	229.28	183.59			
6					2.74	2.08	1.59	305.87	231.37	177.21			
7		13.45	9.71	7.12	3.35	2.42	1.77	303.86	219.41	160.74			
8					4.20	2.90	2.03	322.27	222.12	155.65			
9					5.41	3.56	2.39	341.47	224.66	150.58			
10					7.18	4.51	2.89	361.57	227.07	145.58	3.87	2.43	1.56
小计	18.93	13.45	9.71	7.12	31.74	23.08	17.30	2929.83	2247.19	1773.15	3.87	2.43	1.56

(9) 结果讨论

两个方案的寿命周期费用汇总结果见表6-20。由结果可知,①考虑寿命周期成本,得到方案更为合理,初期投资高、质量好的项目有对比优势;②用户费在路面寿命周期费用中起重要作用,特别在交通量大的情况,更起着主导作用;③交通量对全寿命周期成本有重要影响,交通量越小,用户费用越小,初期投资低的方案有对比优势;④贴现率的选用对分析结果有影响;⑤低贴现率对于初期投资高和服务年限长的方案有利。

两个方案对比结果 表6-20

方案	不考虑用户费			考虑用户费		
	5	10	15	5	10	15
1	60.25	49.29	41.79	2990.07	2296.48	1814.94
2	50.24	44.17	40.12	2870.33	2202.53	1739.82
费用现值最小方案	2	2	2	2	2	2

三、桥梁养护寿命周期分析方法

对公路桥梁全寿命周期成本分析的首要任务是确定全寿命周期成本的构成及计算模型。全寿命周期成本分析在桥梁中的应用主要有两种情况:在役桥梁和新建桥梁。在役桥梁应用全寿命周期成本分析的主要目标是确定桥梁剩余寿命周期内的桥梁构件的更换、修复等维护策略,新建公路桥梁应用全寿命周期成本分析的主要目标是确定桥梁全寿命周期内的最佳维护策略。

新建公路桥梁全寿命周期成本 LCC(Life-Cycle Cost)包括从桥梁规划、设计、建造直至桥梁最后退出服务、拆除整个周期内的成本。

$$LCC = AC + UC + EC - RC \tag{6-157}$$

式中:AC——机构成本(Agency Cost);

UC——用户成本(User Cost);

EC——环境成本(Environment Cost);

RC——风险成本(Risk Cost)。

1. 桥梁养护寿命周期分析流程

在对桥梁进行全寿命周期成本分析时,必须遵循一定的步骤,下面是公路桥梁全寿命周期成本分析步骤:

(1)确定桥梁和桥梁构件的基本特性

在分析中首先需要确定的是与全寿命周期成本相关的桥梁和桥梁构件特性,包括桥梁设计使用寿命、桥梁结构形式、交通流模型、交通量预测、桥梁构件的设计使用寿命等。

(2)确定桥梁全寿命周期成本分析期

在分析中分析期是一个十分重要的变量,确定一个合适的分析期不仅要考虑桥梁或桥梁构件的设计使用寿命,还要考虑桥梁维护决策的性质,是针对构件还是桥梁结构。对于桥梁不同构件的分析期一般是不一样的,但是分析期一般至少等于桥梁构件在正常养护情况下的使用寿命,以保证分析末桥梁构件基本达到失效状态。桥梁技术状态与桥梁维护事件的关系是互动的,根据桥梁结构出现的损伤状况确定桥梁技术状态,进而确定应该采取的桥梁维护事件,反过来桥梁维护事件又会改变桥梁技术状况,如此反复。因此在分析中必须定义在什么情况下桥梁技术状态如何,在这样的桥梁技术状态下应该采取怎样的桥梁维护措施,例如日常养护、构件修复、构件更换各自对应的桥梁技术状态。

(3)确立桥梁管理和维护策略方案

一个桥梁管理或维护策略对应着一系列的在全寿命分析期间确保桥梁性能和技术状态处于最低可接受水平(失效状态)之上的桥梁维护事件。在桥梁维护策略中,每一项桥梁维护事件的发生都对应于一个特定的时刻,尽管具体时刻由于桥梁劣化情况的不确定而不确定。同时每一项事件的发生都会影响桥梁技术状态(例如可能会提高结构的抗风险能力),会产生相应的成本现金流(包括机构和用户成本)。因此不同的桥梁维护策略对桥梁全寿命周期的影响是不同的,对应的周期成本也是不同的。

(4)桥梁劣化模型及参数选择

在分析中桥梁劣化模型的选择取决于不同的桥梁构件特性和维护策略。如果分析桥面板的退化,需要选择能够反映在重复荷载作用下桥面板裂缝和疲劳破坏的退化模型;如果分析桥梁整体结构的退化,需要选择能够反映桥梁技术状态及其迁移概率的退化模型——马尔可夫模型。

(5)估计桥梁全寿命周期成本

在分析中全寿命周期成本的估计取决于桥梁退化模型和桥梁维护事件。对于成本的估计是基于成本的概率分布规律的,以桥面板的更换或修复成本估计为例,首先要得到桥面板破坏的概率分布,其次要得到不同桥面板破坏程度的更换或修复成本,最后得到基于概率分布的更换或修复成本。桥梁全寿命周期内发生的桥梁维护事件会产生一系列的机构成本,每一种机构成本一般都应该采取基于概率分布的方法估计。

(6)成本净现值计算

在分析中,对桥梁全寿命周期发生的一系列成本都需要统一折现以比较不同桥梁维护策略的全寿命周期成本净现值。当采用随机过程理论和蒙特卡洛模拟计算不同桥梁维护策略全寿命周期成本净现值时,我们可以得到这个净现值的概率分布。

(7)分析计算结果

当在分析中采用随机过程方法时,必须对计算结果进行认真分析,因为过分依赖计算机和数据库而不考虑一些现实的假设和经验很可能会产生一些没有意义的计算结果。对计算结果还应该进行敏感性分析,例如当不同的维护策略产生相当的全寿命周期成本而机构和用户成本的分布截然不同时,尤其应该进行敏感性分析。

(8)调整桥梁管理和维护策略方案

调整桥梁管理和维护策略方案,重复上述(4)~(7)步骤,直至满足成本目标。通过分析初始计算结果,需要调整相应的桥梁维护策略以减少全寿命周期成本,对调整后的桥梁维护策略重新进行分析。

(9)确定最佳桥梁管理和维护策略

桥梁全寿命周期成本分析的主要目标就是确定一个最小周期成本的桥梁管理维护策略。确定的依据可以有最小全寿命周期成本法、最小机构成本法等。在采用最小全寿命周期成本法时,应该利用最小全寿命周期成本的正态分布来判断不同维护策略的优劣。

2. 桥梁寿命周期经济分析案例

某桥全长 100m,宽 11m,双车道。年平均日交通量(AADT)为 3500 辆/d。根据调查,桥梁关闭使用时的最短交通绕行距离为 20km。根据桥梁建设管理机构的要求,桥梁全寿命周期分析期为 80 年,不考虑通货膨胀,推荐折现率为 6%。根据桥梁专家的建议,预计未来第 10 年桥梁法定极限荷载提高的概率为 40%。

交通组成中货车比例为 15%,客车比例为 85%,当年单车道高峰小时交通量为 315 辆,预计交通量年平均增长率为 1.5%。根据预测通车后第 95 年的单车道高峰小时交通量将达到 1320 辆,接近单车道通行能力极限 1340 辆。

根据设计方案,桥梁拟采用三种不同结构材料,见表 6-21。

设计方案　　　　　　　　　　　　　　　　　表 6-21

方案	方案一	方案二	方案三
结构材料	钢结构	钢筋混凝土结构	高性能预应力混凝土结构

1)方案一:钢结构方案

(1)机构成本

①初始建设前期成本(规划、可行性研究、初步设计):100000 美元。

②初始建设成本:2000000 美元。假定桥梁技术设计时间为全寿命周期分析期第 1 年,桥梁施工时间为第 2 年和第 3 年,桥梁通车时间为第 4 年初,初始建设成本现金流第 2

年 1000000 美元,第 3 年 1000000 美元。

考虑资金的时间价值,初始建设成本的现值如下:

$$PV = 1000000/(1.06)^2 + 1000000/(1.06)^3 = 1729616$$

考虑桥梁建设期的材料价格变动、其他成本因素的变动影响,基于概率的初始建设成本现值的敏感性分析如表 6-22 所示。

敏感性分析表　　　　　　　　　　　　表 6-22

成本变动	-10%	0%	10%	20%
成本现值	1556654	1729616	1902577	2075539
概率	0.10	0.60	0.20	0.10

初始建设成本现值的期望如下:

$$EV_0 = 1556654 \times 0.10 + 1729616 \times 0.60 + 1802577 \times 0.20 + 2075539 \times 0.10 = 1781504$$

③桥梁定期检查成本。

假定桥梁定期检查周期为 2 年,每次定期检查成本为 1000 美元。为了简化考虑,可以假定桥梁每年的定期检查成本为 500 美元,那么桥梁全寿命周期定期检查成本现值(由于桥梁通车时间为第 4 年初,因此桥梁第一次定期检查时间为第 6 年,简化后桥梁从第 5 年开始考虑定期检查成本,前 4 年的定期检查成本不考虑)计算如下:

$$PV_{80} = 500 \times [(1.06)^{80} - 1]/[0.06 \times (1.06)^{80}] = 8255$$

$$PV_4 = 500 \times [(1.06)^4 - 1]/[0.06 \times (1.06)^4] = 1733$$

桥梁定期检查成本现值:8255 - 1733 = 6522

④桥梁上漆成本。

由于桥梁为钢结构,因此在桥梁运营过程中必须考虑桥梁上漆成本。假定桥梁上漆不影响桥面车辆通行,即不考虑桥梁上漆导致的用户成本。由于桥梁定期上漆成本与上漆方法、油漆性能以及外界环境的影响有关,因此估计真实的桥梁定期上漆成本存在诸多变量。在分析中简化考虑这些变量,假定桥梁定期上漆成本如下:

$$PV_E = 153000/(1.06)^{15} + \cdots + 153000/(1.06)^{75} = 108169$$

根据上述假定,桥梁定期上漆的时间为第 15、30、45、60、75 年,那么桥梁上漆成本现值如表 6-23 所示。

桥梁上漆成本表　　　　　　　　　　　　表 6-23

使用寿命	12 年	15 年	18 年
概率	0.10	0.70	0.20
定期上漆成本(美元)	120000	150000	195000
概率	0.20	0.60	0.20
成本期望(美元)	\multicolumn{3}{l}{0.20 × 120000 + 0.60 × 150000 + 0.20 × 195000 = 153000}

当然也可以根据基于概率的桥梁定期上漆成本来计算桥梁上漆成本现值，如下所示：
$$PV = 0.10 \times [153000 \times (1.06^{-12} + 1.06^{-24} + 1.06^{-36} + 1.06^{-48} + 1.06^{-60} + 1.06^{-72})] +$$
$$0.70 \times [153000 \times (1.06^{-15} + 1.06^{-30} + 1.06^{-45} + 1.06^{-60} + 1.06^{-75})] +$$
$$0.20 \times [153000 \times (1.06^{-18} + 1.06^{-36} + 1.06^{-54} + 1.06^{-72})]$$
$$= 106860$$

⑤桥面铺装更换成本。

由于钢结构桥梁的桥面铺装一般使用沥青混凝土，因此在分析中必须考虑沥青混凝土桥面铺装更换成本。假定桥面铺装更换周期为10年，沥青混凝土桥面铺装综合单价为25美元/m，桥面铺装的面积为1000m²，那么桥面铺装定期更换成本为25000美元。

根据上述假定，桥面铺装更换成本的现值如表6-24所示。

全寿命周期机构成本表 表6-24

成本项目	时间	成本(美元)	成本现值(美元)
初始建设前期成本	0	100000	100000
初始建设成本	1~2	2200000	1781504
桥梁定期检查成本	2年一次	1000/次	6522
桥梁上漆成本	12、15、18年一次	153000/次	106860
桥面铺装更换成本	10年一次	25000/次	27658
机构成本			2022544

(2)用户成本

为了简化分析，只考虑由于桥面铺装更换产生的用户成本。关于桥面铺装更换产生的用户成本的假定如下：

①桥面铺装定期更换施工时间为5d，施工期间只关闭单车道。

②施工期间当双车道同时堵塞时考虑用户时间延误，每天双车道同时堵塞的情况出现6次，每次车辆平均交通延误时间按0.5h考虑。

③单车道关闭期间的小时交通量需求为平均日交通量ADT的6%，即桥梁通车当年为$3500 \times 6\% = 210$辆，按预计交通量年平均增长率为1.5%计算桥面铺装第一次更换（第12年）时为$210 \times (1 + 1.5\%)^{10} = 240$辆。

④单车道关闭期间车辆通行速度为2辆/min(120辆/h)，每次双车道同时堵塞时考虑车辆通行、交通堵塞的不确定性，确定车辆延误数量按40辆/次考虑，每天车辆延误数量为$40 \times 6 = 240$辆/d，桥面铺装第一次更换（第12年）施工期间的车辆延误数量为$240 \times 5 = 1200$辆，以后桥面铺装定期更换施工期间的车辆延误数量按年平均增长率为1.5%计算。

⑤考虑车辆运营成本和车辆延误时间成本，货车单位时间车辆延误成本为25.00美元/h，客车单位时间车辆延误成本5.00美元/h。考虑货车和客车比例，单位时

间车辆延误成本为 $25 \times 0.15 + 5 \times 0.85 = 8.00$ 美元/h。

桥面铺装第一次更换(第12年)产生的用户成本如下所示：
$$UC_{12} = 1200 \times 0.50 \times 8.00 = 4800 \text{ 美元}$$

以后桥面铺装定期更换产生的用户成本按年平均增长率为 1.5% 计算如下所示：
$$UC_{22} = 4800 \times (1 + 1.5\%)^{10} = 5571 \text{ 美元}$$
$$UC_{32} = 4800 \times (1 + 1.5\%)^{10} = 6465 \text{ 美元}$$
$$UC_{42} = 4800 \times (1 + 1.5\%)^{10} = 7503 \text{ 美元}$$
$$UC_{52} = 4800 \times (1 + 1.5\%)^{10} = 8707 \text{ 美元}$$
$$UC_{62} = 4800 \times (1 + 1.5\%)^{10} = 10105 \text{ 美元}$$
$$UC_{72} = 4800 \times (1 + 1.5\%)^{10} = 11727 \text{ 美元}$$

综上所述,桥面铺装更换产生的用户成本的现值如下所示：
$$\begin{aligned}PV[UC_T] &= (4800 \times 1.06^{-12}) + (5571 \times 1.06^{-22}) + (6465 \times 1.06^{-32}) + \\ &\quad (7503 \times 1.06^{-42}) + (8707 \times 1.06^{-52}) + \\ &\quad (10105 \times 1.06^{-62}) + (11727 + 1.06^{-72}) \\ &= 6452 \text{ 美元}\end{aligned}$$

(3) 荷载规范标准提高造成交通分流或桥梁加固改造产生的成本

如果在桥梁运营期间荷载规范标准提高,必然造成交通分流或者对桥梁加固改造以提高其承载能力。

①交通分流产生的用户成本

假定荷载规范标准提高发生在第10年,20% 比例的货车交通量需要分流,分流绕行距离为20km,那么在剩余分析期间(第10~80年)的车辆绕行等效交通量计算如下所示：(公式中对 n 次方求和)

$$\text{货车绕行量} = 365 \times 3500 \times 15\% \times 20\% \times n = \sum_{10}^{80}(1.015)^n = 365 \times 14590 = 5.325 \times 10^6 \text{ 辆}$$

假定单位车辆分流绕行时间为 0.4h/辆,单位公里车辆分流绕行的车辆运营成本为 0.65 美元/km,那么单位车辆分流绕行成本计算如下所示：
$$UC/\text{辆} = 0.4h \times 25 \text{ 美元}/h + 20km \times 0.65 \text{ 美元}/km = 23 \text{ 美元}/\text{辆}$$

每年交通分流产生的用户成本计算如下所示：
$$UC = 23 \times 365 \times 15\% \times 20\% \times 3500 \times (1.015)^n$$

每年交通分流产生的用户成本的现值计算如下所示：
$$PV[UC_n] = 23 \times 365 \times 15\% \times 20\% \times 3500 \times (1.015)^n \times (1.06)^{-n}$$

交通分流产生的用户成本的现值如下所示：
$$PV[UC_T] = 12276500$$

②加固改造产生的成本

假定荷载规范提高后对桥梁进行加固改造,加固时间是第11年,加固成本 350000 美元,加固施工时间为 4 个月。

加固改造产生的机构成本的现值如下所示：
$$PV = 350000 \times (1.06)^{-11} = 184376 \text{ 美元}$$

加固改造产生的车辆分流绕行用户成本的现值如下所示：
$$PV = 23 \times 365/3 \times 15\% \times 20\% \times 3500 \times (1.015)^{11} \times (1.06)^{-11} \times 464204$$

考虑荷载规范标准提高的不确定性，根据预计未来第10年桥梁法定极限荷载提高的概率为40%，那么桥梁加固改造产生的期望成本计算如下：
$$AC = (0.4 \times 184376) + (0.6 \times 0) = 73750 \text{ 美元}$$
$$UC = (0.4 \times 464204) + (0.6 \times 0) = 185682 \text{ 美元}$$

(4) 风险成本

为了简化计算，只考虑桥梁地震破坏风险成本。关于桥梁地震破坏的概率与地震破坏产生的风险成本的关系如表6-25所示。

地震破坏风险概率表 表6-25

强度	0~3	4	5	6	7
机构成本(美元)	0	500	4000	100000	2000000
用户成本(美元)	0	0	10000	500000	2000000
概率	0.738	0.20	0.05	0.01	0.002

那么桥梁地震破坏年平均期望风险成本计算如下：

机构成本 = 0.738(0) + 0.20(500) + 0.05(4000) + 0.01(100000) + 0.002(2000000)
= 5300 美元

用户成本 = 0.738(0) + 0.20(0) + 0.05(10000) + 0.01(500000) + 0.002(2000000)
= 9500 美元

$$EV = 5300 + 9500 = 14800 \text{ 美元}$$

桥梁地震破坏期望风险成本的现值计算如下：
$$VC = 14800/0.06 \times (1.06^{80} - 1)/(1.06^{80}) = 244335 \text{ 美元}$$

(5) 残值

计算桥梁全寿命周期分析期末的残值，必须考虑桥梁使用寿命的概率分布。如果假定使用寿命为80年，那么残值为0；如果假定使用寿命为60年，那么计算残值必须考虑桥梁修复成本；如果假定使用寿命大于80年，那么残值大于0。假定桥梁恶化指数范围为1~9，指数越大，桥梁恶化程度越低，指数越小，桥梁恶化程度越大，3代表桥梁恶化临界指数，一旦指数低于3，桥梁必须中止服务进行修复。

假定桥梁使用寿命为60年，然后对桥梁进行修复，不考虑修复产生的用户成本，修复机构成本为2400000美元。修复后桥梁恶化指数为9，桥梁恶化程度与时间呈线性关系，在桥梁全寿命周期分析期末(第80年)桥梁恶化指数为7，桥梁修复机构成本残值为1600000美元。残值概率表见表6-26。

残值概率表　　　　　　　　　　　　　　　　　表6-26

使用寿命	60年	80年	大于80年
第60年修复成本(美元)	72754	0	0
第80年修复成本残值(美元)	15123	0	3214
概率	0.40	0.50	0.10

桥梁修复机构成本的现值为 $2400000/(1.06)^{60}=72754$ 美元，桥梁修复机构成本残值的现值为 $1600000/(1.06)^{80}=15123$ 美元。

假定桥梁使用寿命大于80年，在桥梁全寿命周期分析期末(第80年)桥梁恶化指数为4，桥梁初始建设成本为340000美元，桥梁初始建设成本残值的现值为：

$$340000\times(1.06)^{-80}\times\frac{9-4}{9-3}=3214\text{ 美元}$$

桥梁残值现值的期望和桥梁修复机构成本现值的期望计算如下所示：

$$ACA = 0.40 \times 72754 = 29102 \text{ 美元}$$
$$RVA = (0.40 \times 15123) + (0.50 \times 0) + (0.10 \times 3214) = 6371 \text{ 美元}$$

(6) 全寿命周期成本

根据上述分析计算结果，钢结构方案的桥梁全寿命周期成本计算如下所示：

$$\begin{aligned}TLVVA &= ACA + UCA + VCA - RVA \\ &= (2022544 + 73750 + 29102) + (6452 + 185682) + 244335 - 6371 \\ &= 2555494 \text{ 美元}\end{aligned}$$

2) 方案二：钢筋混凝土结构方案

(1) 机构成本

①初始建设前期成本(规划、可行性研究、初步设计)为100000美元。

②初始建设成本为2200000美元，其他假设与钢结构相同。初始建设成本的现值为1902578美元。基于概率的初始建设成本现值的敏感性分析如表6-27所示。

敏感性分析表　　　　　　　　　　　　　　　　　表6-27

成本变动	-20%	0%	15%	25%
成本现值(美元)	1552062	1902578	2187964	2378222
概率	0.10	0.60	0.20	0.20

初始建设成本期望如下：

$EV = 1760000 \times 0.10 + 2200000 \times 0.60 + 2530000 \times 0.20 + 2750000 \times 0.10 = 2277000$ 美元

初始建设成本期望的现值如下：

$$EV = 1138500 \times (1.06)^2 \times 1138500 \times (1.06)^3 = 1969168 \text{ 美元}$$

假定桥梁定期检查、桥面铺装更换成本的假设与钢结构方案相同，不考虑桥梁上漆，那么钢筋混凝土结构方案的全寿命周期机构成本如表6-28所示。

全寿命周期机构成本表 表6-28

成本项目	时间	成本(美元)	成本现值(美元)
初始建设前期成本	0	100000	100000
初始建设成本	第1~2年	2200000	1969168
桥梁定期检查成本	2年一次	1000/次	6522
桥面铺装更换成本	10年一次	25000/次	27658
机构成本			2103348

(2) 用户成本

假定用户成本的假设与钢结构方案相同,那么钢筋混凝土结构方案的用户成本现值为6452美元。

(3) 荷载规范标准提高造成交通分流或桥梁加固改造产生的成本

假定荷载规范标准提高后对桥梁进行加固机构成本为440000美元,其他假设同钢结构方案,加固改造产生的机构成本的现值为231787美元。桥梁加固改造产生的期望成本计算如下:

$$AC = 0.4 \times (231787) + 0.6 \times (0) = 92715 \text{ 美元}$$
$$UC = 0.4 \times (464204) + 0.6 \times (0) = 185682 \text{ 美元}$$

(4) 风险成本

假定钢筋混凝土结构方案的地震破坏风险成本的假设同钢结构,桥梁地震破坏期望风险成本计算如下:

$$EV = 0.738 \times (0) + 0.20 \times (500) + 0.05 \times (4000 + 10000) + 0.01 \times (100000 + 500000) + 0.002 \times (2000000 + 2000000) = 14800 \text{ 美元}$$

桥梁地震破坏期望风险成本的现值计算如下:

$$VC = 14800/0.06 \times (1.06^{80} - 1)/(1.06)^{80} = 244335 \text{ 美元}$$

(5) 残值

假定桥梁使用寿命为60年后的修复机构成本为1800000美元,其他残值计算的假设同钢结构方案。在桥梁全寿命周期分析期末(第80年)桥梁修复机构成本残值为1200000美元,桥梁修复机构成本的现值为$1800000/(1.06) = 54566$美元,桥梁修复机构成本残值的现值为:

$$1200000/(1.06) = 11343 \text{ 美元}$$

假定桥梁使用寿命大于80年时的初始建设成本为600000美元,其他残值计算的假设同钢结构方案,桥梁初始建设成本残值的现值为5671美元,桥梁残值的期望和桥梁修复机构成本的期望计算如下所示:

$$AC_B = 0.20 \times 54566 = 10913 \text{ 美元}$$
$$RV_B = 0.20 \times 15123 + 0.70 \times 0 + 0.10 \times 5671 = 3592 \text{ 美元}$$

桥梁残值与桥梁使用寿命概率分布的关系如表6-29所示。

残值概率表　　　　　　　　　　　　表 6-29

使用寿命	60 年	80 年	大于 80 年
第 60 年修复成本（美元）	54566	0	0
第 80 年修复成本残值（美元）	11343	0	5671
概率	0.20	0.70	0.10

（6）全寿命周期成本

根据上述分析计算结果，钢筋混凝土结构方案的桥梁全寿命周期成本计算如下所示：

$$TLCC = AC_B + UC_B + VC_B - RC_B$$
$$= (2103348 + 92715 + 10913) + (6452 + 185682) + (244335) - 3592$$
$$= 2639853 \text{ 美元}$$

3）方案三：高性能预应力混凝土结构方案

高性能预应力混凝土结构主要采用高强混凝土、高性能桥面铺装、镀锌钢板、预应力技术来建造，以达到更高的设计荷载承载能力，因此高性能预应力混凝土结构的使用寿命更长，耐久性更好。

（1）机构成本

①初始建设前期成本（规划、可行性研究、初步设计）

考虑高性能预应力混凝土结构的技术复杂性，初始建设前期成本为 150000 美元，要高于钢结构和钢筋混凝土结构。

②初始建设成本

同样基于技术复杂的因素，初始建设成本为 2500000 美元，其他假设同钢结构，初始建设成本的现值为 2162020 美元。基于概率的初始建设成本现值的敏感性分析如表 6-30 所示。

敏感性分析表　　　　　　　　　　　　表 6-30

成本变动	−15%	0%	10%	20%
成本限值（美元）	1837717	2162020	2378222	2594424
概率	0.10	0.60	0.20	0.10

初始建设成本期望如下：

$$EV = 2500000 \times (0.85 \times 0.10 + 1.0 \times 0.60 + 1.10 \times 0.20 + 1.2 \times 0.10)$$
$$= 2562500 \text{ 美元}$$

初始建设成本期望的现值如下：

$$EV_0 = 1281250/(1.06)^2 + 1281250 \times (1.06)^3 = 2216070 \text{ 美元}$$

假定桥梁定期检查成本的假设与钢结构方案相同，不考虑桥梁上漆。考虑高性能桥面铺装的耐久性，假设桥面铺装定期更换时间为第 30 和 57 年，定期更换成本为 100000 美元，桥面铺装更换成本的现值如下：

$$PV = 100000[(1/1.06^{30})(1/1.06^{57})] = 21022 \text{ 美元}$$

高性能预应力混凝土结构方案的全寿命周期机构成本如表6-31所示。

全寿命周期机构成本表 表6-31

成本项目	时间	成本(美元)	成本现值(美元)
初始建设前期成本	0	150000	150000
初始建设成本	1~2	2500000	2216070
桥梁定期检查成本	2年一次	1000/次	6522
桥面铺装更换成本	27年一次	100000/次	21022
机构成本			2393614

（2）用户成本

由于桥面铺装在分析期只进行了两次更换，因此桥面铺装更换产生的用户成本与钢结构方案不同。假定桥面铺装更换产生的用户成本的其他假设与钢结构方案相同，桥面铺装定期更换产生的用户成本计算如下所示：

$$UC_{30} = 4800 \times (1+1.5\%)^{18} = 6275 \text{ 美元}$$

$$UC_{57} = 4800 \times (1+1.5\%)^{45} = 9380 \text{ 美元}$$

桥面铺装更换产生的用户成本的现值如下所示：

$$PV[UC_T] = 6275/1.06^{30} + 9380/1.06^{57} = 1431 \text{ 美元}$$

（3）荷载规范标准提高造成交通分流或桥梁加固改造产生的成本

由于采用高性能预应力混凝土结构方案，因此不考虑荷载规范标准提高造成交通分流或桥梁加固改造产生的成本。

（4）风险成本

由于采用高性能预应力混凝土结构方案，因此桥梁地震破坏风险成本比钢结构小。关于桥梁地震破坏的概率与地震破坏产生的风险成本的关系如表6-32所示。

地震破坏风险概率表 表6-32

强度	0~3	4	5	6	7
机构成本(美元)	0	0	500	4000	100000
用户成本(美元)	0	0	0	10000	500000
概率	0.738	0.20	0.05	0.01	0.002

桥梁地震破坏年平均期望风险成本计算如下：

$$EV = 0.738(0) + 0.20(0) + 0.05(500) + 0.01(4000 + 10000) + $$
$$0.002(100000 + 500000)$$
$$= 1365 \text{ 美元}$$

桥梁地震破坏期望风险成本的现值计算如下：

$$VC = 1365/0.06 \times (1.06^{80} - 1)/(1.06)^{80} = 22535 \text{ 美元}$$

(5)残值

由于采用高性能预应力混凝土结构方案,因此在桥梁全寿命周期分析期末(第80年)残值比钢结构大。假定桥梁初始建设成本残值范围为833000~1250000美元,桥梁残值现值的期望如下所示：

$$RV = (0.50 \times 833000 + 0.50 \times 1250000)/(1.06)^{80} = 9840 \text{ 美元}$$

(6)全寿命周期成本

根据上述分析计算结果,高性能预应力混凝土结构方案的桥梁全寿命周期成本计算如下所示：

$$\begin{aligned} TLCC_C &= AC_C + UC_C + VC_C - RC_C \\ &= 2393614 + 1413 + 22535 - 9840 \\ &= 2407740 \text{ 美元} \end{aligned}$$

上述三种不同结构材料的桥梁全寿命周期成本的对比关系如表6-33所示。根据上述对比关系,可以得出如下结论：

①高性能预应力混凝土结构方案的桥梁全寿命周期成本最小,钢筋混凝土结构方案的桥梁全寿命周期成本最大。

②高性能预应力混凝土结构方案的桥梁机构成本最大,钢结构方案的桥梁机构成本最小。

全寿命周期成本对比表　　　　　　表6-33

成本项目	方案		
	钢结构	钢筋混凝土结构	高性能预应力混凝土结构
机构成本(AC)(美元)	2125396	2206976	2393614
用户成本(UC)(美元)	192134	192134	1431
风险成本(VC)(美元)	244335	244335	22535
残值(RV)(美元)	6371	3592	9840
全寿命周期成本(美元)	2555494	2639853	2407740

复习思考题

1. 公路养护费用由哪几部分构成,每部分包含哪些方面？
2. 公路养护后的资产效益体现在哪几个方面？
3. 公路用户费用由哪些部分组成？在分析时应如何考虑道路特征或性能的影响？
4. 公路管理部门费用由哪些部分组成？如何估算？
5. 公路养护效益分析指标分为哪几种,都包括哪些内容？
6. 论述常见公路资产估值方法的特点与适用性。
7. 对比分析公路养护各种经济分析方法的优缺点。

8. 结合本章第五节路面养护寿命周期经济分析及案例中案例,假定初始交通量为4500辆/d,分析期和贴现率取为12年和6%,试计算两种方案的费用现值,并与示例结果进行对比。

9. 针对某农村地区短跨径桥梁,提出两种设计方案,如表6-34所示。第一种设计方案是分两期施工桥梁(第一阶段现在和第二阶段30年)。第二种方案是一期完成桥梁的建设。假设年利率为8%,采用现值法确定哪种方案为首选。

设计方案对比　　　　　　　　　　　　　　　　　　　　表6-34

比较方案	建设成本(万元)	年维护费用(万元)	服务年限(年)
Ⅰ(1)	1730	12	1~30
Ⅰ(2)	1420	4	31~60
Ⅱ	2800	16	1~60

10. 对于桥梁的维护,正在考虑两种方案。采用年费用法选择性价比最高的备选方案。假设利率为每年8%,每个方案的设计寿命为70年。

方案Ⅰ:设计寿命年维护费用为每年70000元,第30年,其中桥面维修将花费210000元,第40年,甲板覆盖和结构修理将花费1050000元;

方案Ⅱ:包括除设计寿命外每年42000元的维护成本,第30年,桥面维修费用为315000元,第40年,甲板加铺和结构维修费用为125000元。

11. 假设你的公司获得了投资桥梁工程的机会,该项目相关信息如表6-35所示,项目预计运营10年。如果期望的投资收益率为25%,你会推荐这个项目吗?

项目相关信息　　　　　　　　　　　　　　　　　　　　表6-35

所需投资		6000万元
10年后残余价值		0
项目预期总收入		2000万元/年
经营成本	人工	250万元/年
	材料、许可、保险等	100万元/年
	燃料等费用	150万元/年
	维修费用	50万元/年

第七章 CHAPTER SEVEN
公路养护决策分析

【学习目标】

养护决策分析,包括养护目标制定、养护标准设置、养护决策模型建立与更新、养护决策分析方法选取、决策分析结果输出和公路养护效益评估等内容。本章主要介绍了公路养护决策内容与程序、项目级养护决策和网级养护决策。通过本章的学习,明确公路养护决策的基本程序与内容,掌握项目级和网级公路资产养护决策方法。

第一节 公路养护决策内容与程序

本书第一章已初步介绍了公路养护决策与程序的相关内容,本节在此基础上对其程序细节展开具体阐述。

1. 养护目标制定

根据养护决策分析的目的,可将养护目标按照时间跨度分为短期目标、中期目标和长期目标。其中,短期目标是指期望在 1 年达到的养护目标,可用于指导编制年度养护计划;中期目标是指期望在 2~5 年达到的养护目标,可用于指导编制养护工程项目库;长期目标是指期望在 5~10 年或更长的时间达到的养护目标,可用于指导编制中长期养护规划。

与此同时,养护目标一般有最优服务目标、适度发展目标、最低服务目标三个选项,要根据各地基础条件、资金能力、社会要求等实际情况,实事求是、科学合理地确定。其中,最优服务目标是指路况达到最优水平或较当前路况水平明显提升,可以为社会公众出行提供最佳的服务水平和通行能力,养护投资效益最佳,道路使用者费用最低;适度发展目标是指受到养护资金限制,在最优服务目标和最低服务目标两个方案进行折中,使养护投资效益和公路路况水平均较现状略有提升,道路使用者费用中等;最低服务目标是指在养护资金严重受限的情况下,路况维持在现有水平或社会公众已难以接受比现状更差的公路路况水平,养护投资效益较差,道路使用者费用较高。

2. 养护标准的设置

养护标准,指为达到制定的养护目标,针对不同公路设施设置的技术状况指标养护维修阈值,当设施单元任意一项指标低于养护标准时,该设施单元被列入备选养护需求。与此同时,应综合考虑当前路况水平、路况衰减规律、养护资金等因素设置合理的养护标准,并且养护标准不应低于国家或交通运输行业对于公路设施本质安全的最低标准。此外,养护标准应结合行政区域、技术等级、设施类型的实际差异,针对设施的分项指标,按照预防养护和修复养护分别设置。其中,路基养护标准、路面养护标准、桥隧构造物养护标准及沿线设施养护标准如下所示:

(1)路基养护标准宜包含,路肩技术状况指数 VSCI、路堤与路床技术状况指数 ESCI、边坡技术状况指数 SSCI、既有防护及支挡结构物技术状况指数 RSCI、排水设施技术状况指数 DSCI 等分项指标的养护标准。

(2)路面养护标准宜包含,路面损坏状况指数 PCI、路面行驶质量指数 RQI、路面车辙深度指数 RDI、路面跳车指数 PBI、路面磨耗指数 PWI、路面抗滑性能指数 SRI 和路面结构强度指数 PSSI 等分项指标的养护标准。

(3)桥隧构造物养护标准宜包含桥梁、隧道、涵洞等设施的养护标准。

(4)沿线设施养护标准宜包含防护设施、隔离栅、标志、标线及绿化管护等设施的养护标准。

值得注意的是,应针对初步设定的养护标准开展敏感性分析,分析养护标准在上下浮动一定范围或一定比例时,对应的养护需求和预期达到的养护目标,进而确定最佳的养护标准。

3. 养护决策模型建立与更新

针对不同的设施分类,对公路技术等级、交通量、技术状况等主要的决策因素进行层级分类,宜按照不同的等级或数量分为 2~3 个层级。为各决策因素的不同层级组合提供对应的养护方案对策,即构建养护对策模型。具体来说,养护对策模型是指根据公路技术等级、交通量、技术状况等,选择日常养护、预防养护、修复养护等对策方案。养护决策模型,包括养护对策模型、使用性能预测模型、养护方案费用模型、优先排序模型等。此外,养护对策模型可采用决策树或决策矩阵的形式,结合地方技术特点、经验和管理需求构建。除此之外,应对养护对策模型进行定期更新,根据养护方案应用效果评价,将养护效果较好、经济适用的新养护方案纳入养护对策模型库中,剔除养护效果或经济适用性较差的养护方案。

4. 养护决策分析方法选取

养护决策分析方法,包括养护需求分析、养护预算分析、养护投资效益分析、养护资金优化分配等,根据养护决策工作需要,进行单一或组合选用。

(1)养护需求分析

养护需求分析,应在不考虑资金限制约束下,基于设定的养护标准,确定需要养护的设施或设施构件、养护时机、养护措施和养护费用等。养护需求分析结果,应包括需求汇总、设施技术状况预测、空间分析、时序分析和详细需求等内容。具体来说,即利用构建的使用性能预测模型,开展设施技术状况预测,分析不同养护标准下的养护需求是否达到预期养护目标。此外,应对不同养护标准下的养护需求分析结果进行对比分析,综合考虑预期养护目标和资金需求等因素,确定最优的养护标准。

(2)养护预算分析

养护预算分析是指在指定的预期服务水平约束下,根据设施当前的技术状况和预测的未来的技术状况,确定当前或分析期内任一年内,把设施技术状况维持在要求的服务水平之上所需要的最小养护预算费用和工程量。此外,养护预算分析结果,应包括预算汇总、设施技术状况预测、空间分析、时序分析和详细需求等。

(3)养护投资效益分析

养护投资效益分析是指通过分析公路养护投资和设施养护后技术状况的关系,可获得分析期内不同投资规模下的路网内设施预期服务水平,为决策者提供公路养护投资的选择方案。养护投资效益分析,宜包括投资效益、效益汇总、养护质量、空间分析、时序分析等不同投资比例的分析结果,路网中修复养护、预防养护和日常养护的里程、资金投入、各年度路况服务水平,并可根据分析的需要选择不同的比例,投资比例范围为0%~100%。其中,路网内公路技术状况的维持和改善是养护投资效益分析中最显著的投资效益。

(4)养护资金优化分配

若养护投资水平低于实际的养护资金需求,应对已确定需要进行维修的路段或设施,通过优先排序、方案比选、经济分析及优化决策,将有限的养护资金分配到路网中最需要处治的项目上,从而获得最大的投资效益。养护资金优化分配应考虑技术与经济两方面的因素,技术上应考虑不同养护方案的可行性,经济上应为投资效益最大化。在考虑养护效益指标时,除考虑路段本身的技术状况之外,应综合考虑安全、通行能力等用户指标,以及环保等社会因素,尤其是应充分重视公路安全因素,以确保公路设施安全为优先条件。

养护资金优化分配包括单一设施单年度养护资金优化分配、单一设施多年度养护资金优化分配、多设施养护资金优化分配。单一设施单年度养护资金优化分配,宜根据现有的标准或依据,对养护工程项目库或养护规划项目库中所有需进行养护的项目做出优先级排序,在进行下一年养护资金分配时优先考虑获得效益更大或养护需求更迫切的项目。单一设施多年度养护资金优化分配,除使用优先排序模型外,还需采用公路技术状况预测模型预估各路段的使用性能达到需采取养护措施的年度,进而将路网内的路段按养护年度划分为相应的类型,即可按照路网级单年度养护资金优化分配问题对多个年度进行养护资金优化分配。多设施养护资金优化分配,可开展多设施养护投入效益分析,在预算约束的情况下,综合考虑不同资金分配水平下系统达到的效益均衡,以及不同路段达到的效益均衡,从而确定最优的分配策略。

在进行不同设施养护资金优化分配时,考虑到不同设施的差异,可针对各类设施技术状况设置路段重要性系数,在进行优先排序或目标规划时计算相应的路段养护综合指标与养护效益。路网中不同区域技术状况差异过大时,养护资金分配在向技术状况水平较低区域倾斜的同时,应兼顾技术状况水平较好的区域的养护需求,确保这部分区域不会因为养护资金的不足导致设施技术状况的快速衰减。此外,结合养护资金优化分配的结果在合理范围内对养护标准进行调整,通过多次重复得到养护资金最优分配结果。

5. 决策分析结果输出

根据养护管理工作需求,决策分析结果的输出,包含中长期养护规划、养护工程项目库和年度养护工程计划等。

(1) 中长期养护规划

中长期养护规划是依照路网中长期养护发展目标编制的。中长期养护规划是对路网中长期养护发展目标的细化和任务的分解。通过中长期养护规划,对公路设施易损性分析和有效的风险评估,进一步指导中长期养护管理工作,对可能存在的设施性能的衰变、养护需求增加,进行科学的预判与适当的干预,避免因为设施养护需求的突然爆发,养护资金筹措不足或不及时等,导致设施技术状况的快速衰减和可能引发的安全风险。中长期养护规划应至少包括当前公路路况、公路长期性能、多年养护需求、多年养护预算、养护投资效果与效益预测等主要内容。

(2) 养护工程项目库

结合公路养护规划目标和中长期养护规划,在养护需求分析的基础上,综合考虑资金、政策等约束条件进行优化分析,编制养护工程项目库。公路养护工程项目库宜储备3~5年的项目。与项目养护方案不同的是,养护工程项目库是对中长期养护规划的进一步细化。此外,每个入库项目应包含设施类型、位置、大小、现有技术状况、推荐养护方案、实施时间、资金需求等信息。在进行养护工程项目库编制时,宜将养护性质相似且空间连续的路段进行归类合并,考虑的因素包括路面类型、横断面形式、养护历史、交通状况、路面技术状况、养护类型等。值得注意的是,对于养护精细化程度较高的高等级公路,路面养护可按车道,并以百米或更小的单位进行养护工程项目库的编制。此外,应根据当年度公路技术状况和养护需求分析结果,对养护工程项目库进行年度动态更新,调整已入库项目实施时间与具体措施、新增入库项目或移除已入库项目。在路网未发生较大规模公路技术状况突变的前提下,年度更新养护工程项目规模不宜超过项目库总规模的30%。

(3) 年度养护工程计划

公路养护工程技术方案确定应在养护决策分析的基础上,根据养护工程设计类型与病害类型确定设计原则、设计标准、设计方案及其他技术要求等内容。与此同时,公路养护工程技术方案确定应根据设计需要开展专项检测,例如路面养护工程可补充路面芯样检测、地质雷达检测等,进一步确认设施技术状况,并提出更加精准的养护工程技术方案。

公路养护工程技术方案确定应根据养护目标合理选用设计指标和标准。其中,路面养护应根据养护类型确定养护措施设计使用年限;桥涵养护宜维持原设计使用年限,可更换桥涵部件应满足新建设计使用年限要求;对于年代久远、资料缺失的桥涵,养护设计标准可采用同时期类似工程;新设或集中更换、改造交通安全设施宜采用现行设计标准。此外,公路养护工程技术方案确定应综合考虑养护计划、建养情况、交通状况、病害情况及发展趋势、技术发展水平及工程实施条件等因素,并应符合下列规定:

①应根据养护工程的项目特点、公路等级、交通量与交通荷载条件及所在的公路自然区划等进行针对性设计;

②应针对不同病害的分布特点进行分类、分段设计;

③公路养护工程技术方案确定实行动态设计,应在养护工程实施过程中根据病害发展情况开展必要的优化设计;

④城镇段公路修复养护工程设计宜兼顾城镇道路的功能需求。

6. 公路养护效益评估

为掌握公路养护决策达到既定养护目标的程度,需开展公路养护效益评估。公路养护效益评估是对公路养护决策的评价,也是优化公路养护决策工作的重要依据。公路养护效益评估,包含公路养护工程效益评估和路网养护效果评估,一般以定量评估与定性评估相结合,以定量评估为主。值得注意的是,无法进行定量评估的工作,可采用定性评估。此外,公路养护效益评估结果,宜分阶段反馈养护决策各环节,以改善养护决策方法,优化养护决策模型,逐步提升养护决策的科学化水平。

养护工程效益评估宜从设施技术状况的提升、设施服务水平的改善、长期路用性能等方面进行。设施技术状况的提升,分为绝对提升和相对提升两种情况。绝对提升,即使用该养护方案后,设施达到的技术状况水平;相对提升,即使用该养护方案后,相较于实施养护方案前技术状况水平的提升。设施服务水平的改造,即相较于养护工程实施前,公路的服务水平的提升。通过多年设施技术状况连续检测评定的方式,进行设施长期路用性能评估。

在上一年实施的养护工程完毕后,对其进行效益评估,分析通过实施养护工程对整个路网或单个项目技术状况的改善效果。针对效益较差或未达到预期目标的工程项目,应有针对性地分析其产生原因,不断改善设计和施工水平。此外,挑选针对性和代表性路段,对当地典型养护方案、典型结构长期路用性能进行跟踪监测,以此来进一步完善相关典型结构,并对其进行修正补充。

路网养护效果评估应包括养护科学决策使用率评估、路网技术状况改善情况评估、养护资金使用效益评估、养护预期目标实现程度评估。其中,科学决策使用率,是反映路网养护管理中科学决策的应用深度,同时也是对科学决策成果对于当前路网的适用性的评价。通常情况下,科学决策的使用率宜在80%以上。目前,主要通过以下两个方面对养护科学决策使用率进行评估。

(1)实施的养护工程数量或资金投入,同养护建设计划的工程项目数量或资金投入额度的吻合率,主要评估实际的养护投入是否到位。

(2)实施的养护计划与养护建议计划项目的吻合率,主要评估养护计划安排的合理性和决策建议的科学性。

路网技术状况改善情况评估,以年度为单位,路网实施养护工程后技术状况的提升,可分为路网设施总体技术状况的改善和实施养护工程设施技术状况的总体改善。养护资金使用效益评估,可按照时间维度上,路网多年养护资金使用效益的评估;亦可按照空间维度,与其他路网进行养护资金使用效益对比分析。此外,养护计划实施后路网技术状况是否能达到预期养护目标,需要对其进行评估,对产生的偏差进行原因分析,持续完善相关决策模型;并且逐年分析路网养护投入和路网技术状况的关系,逐步建立适应当地特点的养护投入和产出关系,为确定相关管理政策和目标提供依据。此外,可通过资产评估的方法评价养护工程实施前后设施资产价值的变化。公路资产评估是发达国家较为先进的公路管理方法,根据我国财税体制改革的相关政策、公共基础设施评估准则和会计准则,针对公路网基础设施资产评估实现对其价值化管理,使投资决策者对公路基础设施总资产年度变化情况有更加客观的理解,从而在制定中长期养护规划、年度养护建议计划、投资策略和实施方案的过程中能够依托准确的数据和翔实的资料,做出更为科学合理的决策,确保投资效益最大化和服务水平最优化。

第二节 项目级公路养护决策分析

一、概述

项目级决策仅针对一个工程项目或一个路段,主要目的在于为一个工程项目或一个路段选择费用—效果最佳的方案,主要任务在于:

(1)技术状况检测与评定;
(2)养护对策确定;
(3)养护时机确定;
(4)养护措施选择;
(5)经济分析与最佳养护措施确定。

在上述任务中,其核心为根据公路病害与技术状况确定最佳的养护时机与措施。最佳养护时机包括预防防护和修复养护时机。根据《公路养护工程管理办法》,养护工程按照养护目的和养护对象,分为预防养护、修复养护、专项养护和应急养护。由于专项养护和应急养护决策具有其特殊的决策方法和程序,不纳入养护决策范畴。养护工程应当按照前期工作、计划编制、工程设计、工程施工、工程验收等程序组织实施。公路养护决策工作主要为前期工作和计划编制两项工作环节提供决策支撑和参考。

项目级养护决策流程包括:资料收集和分析、技术状况调查与检测、技术状况评定、技术状况预估、养护对策确定、养护时机确定、养护措施选择、经济分析和最佳养护措施确定。

二、路基养护决策分析

1. 资料收集和分析

路基基本数据采集应包括路基主体基本情况,路线信息、沿线地质水文、地形地貌、气象、地震、交通状况、材料供应、施工能力等基础数据;原设计文件、交竣工资料、养护历史信息和当地病害防治经验等详细数据;定期检测、技术状况评定、定点监测与评价获得的相关数据。

2. 路基技术状况调查与检测

按照《公路技术状况评定标准》(JTG 5210—2018),路基调查与检测的项目包括路肩损坏、边坡坍塌、水毁冲沟、路基构造物损坏、路缘石损坏、路基沉降和排水系统淤塞。按照《公路路基养护技术规范》(JTG 5150—2020),路基调查与检测的项目包括路肩或路缘石缺损、阻挡路面排水、路肩不洁、边坡堆积物、不均匀沉降、开裂滑移、冻胀翻浆、坡面冲刷、碎落崩塌、局部坍塌、滑坡、表观破损、排(泄)水孔淤塞、结构损坏、结构失稳、排水设施堵塞和排水设施损坏。

对于路基预防养护和修复养护,针对的病害与缺陷有所不同,因此在具体检测项目上有所不同。《公路养护工程设计规范》(征求意见稿)规定,路基预防养护和修复养护专项检测项目见表 7-1、表 7-2。

路基预防养护专项检测项目 表 7-1

序号	病害与缺陷	检测类型		检测项目
		高速、一级	二级及以下	
1	坡面冲刷	病害外观调查		病害范围、位置、破损深度等
		水文地质	—	地下水出露位置、流量变化、地表汇水和径流情况等
2	碎落崩塌	病害外观调查		病害范围、位置、破损深度等
		地质勘探	—	地层岩土性质、厚度、空间缝补特征及有关物理力学参数
		水文地质	—	地下水出露位置、流量变化、地表汇水和径流情况等
3	防护及支挡表面破损	病害外观调查		病害范围、位置、破损深度等
4	排(泄)水孔淤塞	病害外观调查		堵塞的数量、位置、堵塞原因等
		水文地质		地下水出露位置、流量变化、地表汇水和径流情况等

路基修复养护专项检测项目 表 7-2

序号	病害与缺陷	检测类型		检测项目
		高速、一级	二级及以下	
1	路肩	病害外观调查		病害类型、位置、范围、面积等
2	不均匀沉降、桥头跳车、开裂滑移、冻胀翻浆	地质勘察		地层岩土性质、厚度、空间缝补特征及有关物理力学参数
		病害外观调查		病害位置、面积、规模、排水设施等
		弯沉		路面弯沉、路基弯沉
		水文条件		地下水出露位置、流量变化、地表汇水和径流情况等水文地质特征
		路基稳定性	—	采用全站仪,连续测高程及水平位移
		雷达法	—	病害脱空、松散、破碎等
3	局部坍塌、滑坡	地质勘察		地层岩土性质、厚度、空间缝补特征及有关物理力学参数
		病害外观调查		病害位置、面积、规模、排水设施等
		水文条件		地下水出露位置、流量变化、地表汇水和径流情况等水文地质特征
		雷达法	—	病害脱空、松散、破碎等
		边坡稳定性		连续测边坡位移及应力等
4	局部损坏、结构失稳	地质勘察		地层岩土性质、厚度、空间缝补特征及有关物理力学参数
		病害外观调查		病害位置、面积、规模、排水设施等
		水文条件		地下水出露位置、流量变化、地表汇水和径流情况等水文地质特征
5	排水设施损坏	病害外观调查		病害位置、范围、程度等
		水文条件		地下水出露位置、流量变化、地表汇水和径流情况等水文地质特征

路基技术状况调查与检测的项目可采用人工巡查的方式,人工巡查分为一般巡查和专项巡查。一般巡查能够最全面地反映路基的技术状况,巡查时应记录路基的各种病害以及严重程度,并填写路基病害调查与技术状况评定表。专项巡查应主要对高边坡、既有防护及支挡结构物、排水设施等的病害进行实地查看与量测,做好路基专项巡查记录。特殊路基病害路段的养护工程,应进行地质勘测与检测,查明特殊地质岩土的性质、成因类型、规模、稳定状况及发展趋势;特殊路基养护工程设计所需要的物理力学参数,宜采用原位测试的数据,并结合室内试验资料综合分析确定。

3. 路基技术状况评定

路基技术状况评定应以 1000m 路段长度为一个基本单元,不足 1000m 按一个基本单元计,并对上、下行方向分别评定。按照调查与检测结果,分别计算第 i 类路基损坏的累计扣分 GD_{iSCI} 和路肩技术状况指数(VSCI)、路堤与路床技术状况指数(ESCI)、边坡技术状况指数(SSCI)、既有防护及支挡结构物的技术状况指数(RSCI)、排水设施技术状况指数(DSCI),最后根据第三章中的式(3-1)和式(3-2)计算路基技术状况指数(SCI)。

路基损坏特征分析,应基于多年技术状况调查数据、路基病害类别统计,进行病害特征、成因等维度的分析,宜结合交通数据、环境数据等,进行路基技术状况主要影响因素的研判。路基损坏特征分析,应包含总体情况、病害分布情况、病害较集中路段统计分析。此外,应根据前期采集的各项数据,进一步确定设计对象的病害位置、病害类型与程度、数量等,综合分析判断其主要病害。应结合地质、气候、荷载条件和力学分析结果,确定主要病害产生的原因。

4. 路基技术状况预估

技术状况预估主要是建立性能预估模型并进行预测,主要流程如下:

(1)收集基础数据

收集建立模型所需数据,主要包括设计和施工数据,公路等级,路基类型、厚度与土质,路基土的性能参数,养护和改建数据,技术状况检测数据,路基损坏状况、交通数据(日交通量、车型组成和交通增长率等),标准轴载数(轴型、轴重和日轴载作用次数等)和环境因素(温度、降水量、冻融周期和太阳辐射等)等。

(2)选择预估模型形式和模型结构

依据理论分析和工程经验,确定模型形式,路基技术状况预估模型主要形式可参考第四章。按照各自模型的形式和结构,采用数学方法对模型中的参数进行估计并进行假设检验,最终识别和确认所建立的具体模型。

(3)模型标定

模型必须经标定后方能使用。①所建立的模型大都是通过分析路网长期积累的路况信息得到的,因而这些模型实质是平均模型,具有时空平均意义;而对于某一特定路段而言,其实际情况大多不能和模型相吻合,应根据实际数据对模型进行修正(一般与特殊),即特定路段的标定;②所建模型只能反映过去的养护水平,而今后的养护水平可能会有所变化,因此应根据养护水平的变化对模型进行修正,即养护水平的标定;③在采取养护措施后,使用性能会产生突变,即使用性能预估的起点将会变更,因此需要随之改变模型的预估起点,即养护措施的标定。对于养护措施的标定,当预估模型为零起点模型时需要重新选择预估模型进行零起点预估,当预估模型为变起点模型时还要确定使用性能初值(如双参数模型),当预估模型为概率型模型时需要确定处于某一状态的路面在采取适宜的改建措施后,其路况从原有状态上升到哪一个状态(依据工程经验或实测)。

(4)技术状况预估

根据所建立和标定的预估模型,代入相关参数,预估以后的路基技术状况。

5. 路基养护对策确定

养护对策模型,即根据公路技术等级、交通量、技术状况等,选择日常养护、预防养护、修复养护等对策方案。针对不同的设施分类,对公路技术等级、交通量、技术状况等主要的决策因素进行层级分类,宜按照不同的等级或数量分为2~3个层级。为各决策因素的不同层级组合提供对应的养护方案对策,构建养护对策模型。养护对策模型可采用决策树或决策矩阵的形式,结合地方技术特点、经验和管理需求构建。决策树,是通过一定的形式(树结构等),根据公路技术等级、交通量、技术状况等各种影响决策的因素,将路网不断进行分枝、细化,综合考虑各种组合条件,在各个分枝的枝末,各处各种组合条件限制下的项目可能的处治对策。决策矩阵,则是决策对策模型以矩阵形式表达。

路基养护对策应根据路基技术状况评定结果、养护工作对象与内容,以及病害处治类型进行选择。对于路基某一养护工作对象与内容,存在两个或以上对策可供选择时,应根据实际情况选择其一。《公路路基养护技术规范》(JTG 5150—2020)规定,路基养护对策如表7-3所示。《公路养护工程设计规范》(征求意见稿)规定,路基预防养护与修复养护的实用病害如表7-4、表7-5所示。

路基养护对策　　　　　　　　表7-3

养护工作对象与内容		日常养护		养护工程			
		日常养护	日常维修	预防养护	修复养护	应急养护	
						抢通保通	应急修复
路肩	路肩清扫	√	—	—	—	—	—
	路肩整修	√	√	—	√	—	—
	路缘石维修	√	√	—	√	—	—
路堤与路床	沉降处治	—	—	√	√	√	√
	开裂滑移处治	—	—	√	√	√	√
	冻胀翻浆处治	—	√	—	√	—	—
	桥头跳车处治	—	—	√	√	—	—
边坡	坡面防护	√	√	√	√	—	—
	碎落崩塌处治	√	√	—	√	√	√
	局部坍塌处治	—	√	—	√	√	—
	滑坡处治	—	—	—	√	√	√
既有防护及支挡结构物	表面破损处治	—	√	—	√	—	—
	排(泄)水孔淤塞处治	√	√	—	√	—	—
	局部损坏修复	—	—	√	√	—	—
	结构失稳加固	—	—	—	—	—	√
排水设施	排水设施疏通	√	√	—	√	—	—
	排水设施修复	—	—	√	√	—	—
	排水设施增设	—	—	√	√	—	—

路基预防养护的病害与缺陷　　　　　　　　　　　　　　　　表 7-4

序号	工程部位	病害与缺陷	病害描述
1	边坡	坡面冲刷	雨水冲刷坡面,形成深度10cm以上的沟槽(含坡脚缺口)
		碎落崩塌	路堑边坡因表层风化等产生的碎石滚落、局部坍塌等现象
2	防护与支挡	表面破损	勾缝或沉降缝损坏、表面破损、钢筋外露和锈蚀等现象
		排(泄)水孔淤塞	排(泄)水孔被杂物堵塞,造成排水不畅
3	排水设施	排水设施不完善	既有公路排水设施缺失、未与外部排水系统衔接,造成排水不畅

路基修复养护的病害与缺陷　　　　　　　　　　　　　　　　表 7-5

序号	工程部位	病害与缺陷	病害描述
1	路肩	路缘石破损	路缘石破损或者缺失
		路肩破损	路肩产生裂缝、变形及破损等病害
2	路堤与路床	不均匀沉降	路面出现大于4cm的差异沉降,或大于5cm/m的局部沉降
		桥头跳车	桥梁与路基交界处,由于桥台与路堤的沉降不一致,导致桥头处出现错台
		开裂滑移	沿路基纵向出现弧形开裂,路基产生侧向滑动趋势
		冻胀翻浆	季节性冰冻引起的路面隆起、变形,春融或多雨地区的路基破裂、冒浆等
3	边坡	局部坍塌	边坡表面松散破碎或雨水冲刷而引起坡面的滑塌现象
		滑坡	边坡发生整体剪切破坏引起的坡体下滑,或有水平位移现象
4	防护及支挡结构物	局部损坏	局部出现基础掏空、墙体脱空、脱落、轻度裂缝、下沉等现象
		结构失稳	结构物整体出现开裂、倾斜、滑移、倒塌等现象
5	排水设施	损坏	排水沟、截水沟、急流槽等设施破损

6.路基养护时机确定

在确定养护对策后(即确定预防养护还是修复养护后),需要确定养护时机,包括预防养护时机和修复养护时机。一般来说,养护时机应根据养护标准确定。养护标准,指为达到制定的养护目标,针对不同公路设施设置的技术状况指标养护维修阈值,当设施单元任意一项指标低于养护标准时,该设施单元被列入备选养护需求。当路况指标的实测值或预测值超出此限制时,便产生了养护需求,即当路基技术状况衰变到一定程度或低于养护标准时,就要考虑对其采取养护措施,以保持或恢复路基的技术状况。因此,养护时机是根据检测或预测的公路设施技术状况是否低于养护标准来确定的,示意图如图7-1所示。应综合考虑当前路况水平、路况衰减规律、养护资金等因素设置合理的养护标准。养护标准不应低于国家或交通运输行业对于公路设施本质安全的最低标准。

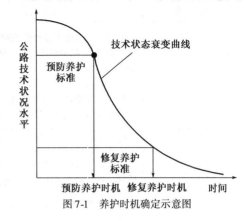

图7-1　养护时机确定示意图

7. 路基养护措施选择

根据养护对象、公路技术等级和交通量、公路病害等级等,选择技术可行的养护方案。当技术状况为优、良,但有局部轻微损坏或病害迹象时,应适时采取预防性养护措施,防止或延缓病害发生和发展。当公路设施出现明显病害或较大损坏,技术状况等级为中,或出现局部损坏时,应实施修复养护工程。对于路基来说,路基典型修复养护措施见表7-6。

路基典型修复养护措施　　　　　表7-6

养护分类	常见病害	养护措施
地基、路堤	1. 路基发生冻胀翻浆、沉降等病害	可采用换填改良、加铺罩面、化学改良、注浆或粉喷加固等方法,并应做好排水
	2. 路基发生不均匀沉降	可采用水泥搅拌桩、水泥粉煤灰碎石桩、预应力混凝土管桩或挤密砂石桩等复合地基
	3. 路基发生侧滑失稳	可采用锚固法、预应力混凝土管桩、微型钢管桩、注浆法、挡土墙、挡土墙加双锚技术或反压护道法等
	4. 路基出现空洞和塌陷等病害	可采用开挖回填、灌砂浆或压力注浆等方法
边坡、结构物	1. 路基边坡出现冲刷、风化剥落、碎落明塌等浅表病害	应及时清理和整理坡面,可采取生态防护、工程防护、冲刷防护或棚洞等措施
	2. 边坡工程变形及失稳与地表水或地下水直接相关时	应采取截排水等工程措施
	3. 路堑边坡整体稳定性及支护截挡结构稳定性等不满足要求	可选用削方减载法或堆载反压法

续上表

养护分类	常见病害	养护措施
边坡、结构物	4.发生较大变形和开裂的边坡，或支护结构承载能力、抗滑移或抗倾覆能力等不满足要求，且有锚固条件时	可选用锚固法
	5.当边坡整体稳定性或支护结构稳定性不满足要求，且嵌岩段地基强度较高时	可选用抗滑桩法
	6.支护结构、构件或基础加固	可选用加大截面法
	7.支护结构地基土、岩土边坡坡体、抗滑桩前土体或提高土体抗剪参数值的加固	可选用注浆法
	8.出现碎落崩塌、局部坍塌或边坡整体出现滑坡	可设置挡土墙或其他支挡构造物
排水设施	1.当排水设施出现堵塞、损坏和冲刷时	应及时疏通、修复或加固
	2.原有排水设施无法正常排水时	应及时采取清理、修补、改造或增设等措施进行恢复和完善
	3.当土质边沟、截水沟、排水沟等出现冲刷或渗漏等病害时	应根据地形、地质和纵坡等条件，采取稳定土、碎砾石、干砌片石、浆砌片石或预制块等加固措施
特殊路基	1.当路基出现翻浆、沉降或侧滑失稳等病害时	见地基、路堤处治方式
	2.坍塌病害	宜采取截排水、刷坡、支撑及嵌补、锚固及注浆、挂网喷射混凝土、围护、拦截或遮挡等措施
	3.软土路基的不均匀沉降和开裂滑移	可采用换填改良、侧向限制、反压护道、注浆、设置复合地基的方法
	4.膨胀土路基的边坡失稳和胀缩变形	可采用换填改良、坡面封闭、坡面防护、支挡防护等措施
	5.湿陷性黄土路基病害	可采用夯实法和桩挤密法处理路基沉陷变形，且做好排水设施的养护与加固
	6.盐渍土路基溶蚀、盐胀、冻胀、翻浆	可选用换填改良法、增设护坡道或排碱沟、设置隔断层等方法
	7.岩溶区路基冒水、塌陷	可采用充填法、注浆法、盖板跨越法、托底灌浆法等
	8.其余不良地质路基	对损坏的设施应及时修复，治理措施和设施功能不完善时，应及时予以改造

8. 经济分析和最佳养护措施确定

如表7-6所示,针对同一种病害,技术可行的处治或养护措施可能存在多种。如当路基发生翻浆、沉降等病害时,技术可行的措施有换填改良、化学改良、注浆或粉喷加固等方法,那么到底选择哪种措施?哪种措施使用寿命越长?哪种措施投资低?此时,可采用寿命周期经济分析方法确定最佳的养护措施。具体示例见本章沥青路面和桥梁部分。

三、路面养护决策分析

1. 资料收集和分析

各省、市公路养护管理机构对公路网都有各自的管理方法和路面管理系统,有的公路每隔一定时间后对路面进行一次全面的调查,这样收集的资料一般对于可行性研究来说是足够的,但这些数据往往不能满足详细设计的要求。因此在路面进行评估之前,需要取得以下数据:①路面结构类型及各结构层厚度;②自修建以来的交通量;③路面平整度等。

路面结构类型及其厚度可以从设计、施工或养护资料获得;交通量可采用历史交通量的观测资料,如无历史资料,则应进行观测调查,以便获得现期数据,作为评估之需。

2. 路面技术状况调查与检测

按照划定的同类结构将公路划分为不同路段之后,可再根据需要和目前公路状况进一步细分小段,可根据下列条件将公路划分为较短的等质路段:建成通车以来的时间、交通荷载、公路破损类型和地形等,之后进行各段的详细调查,如果等质路段较短,最好对该段全长都进行详细调查。然而当工作条件受限制时,也可选几段1km长的、有代表性的路段用于确定路面的损坏原因。

对路面进行详细调查时,应记录各类病害(面层病害、裂缝、变形、坑槽、边缘破损等)的性状范围、严重程度及发生部位,必要时,对路面结构层材料进行取样试验,以找出病害原因。按照相关规范调查路况,量测路面平整度,进行弯沉测量、抗滑试验等,对路况进行整体评价。同时,还应做好路基状况和公路排水系统的调查。

按照《公路技术状况评定标准》(JTG 5210—2018),沥青路面调查与检测的项目包括龟裂、块状裂缝、纵向裂缝、横向裂缝、沉陷、车辙、波浪拥包、坑槽、松散、泛油、修补。水泥混凝土路面调查与检测的项目包括路面破碎板、裂缝、板角断裂、错台、拱起、边角剥落、接缝料损坏、坑洞、唧泥、露骨和修补。按照《公路沥青路面养护设计规范》(JTG 5421—2018),沥青路面调查与检测的项目包括龟裂、块状裂缝、纵向裂缝、横向裂缝、坑槽、松散、沉陷、车辙、波浪拥包、泛油、块状修补、横向裂缝修补、纵向裂缝修补、唧浆。按照《公路水泥混凝土路面预防性养护技术规范》(DB51/T 2800—2021),水泥混凝土路面调查项目包括破碎板、裂缝、板角断裂、错台、唧泥、边角剥落、填缝料损坏、坑洞、拱起、露骨和板底脱空,评定的项目包括路面损坏、平整度、抗滑性能。

沥青路面预防养护和修复养护,针对的病害与缺陷有所不同,因此在具体检测项目上有所不同。《公路养护工程设计规范》(征求意见稿)规定,沥青路面预防养护和修复养护专项检测项目见表7-7、表7-8。

沥青路面预防养护专项检测项目

表 7-7

序号	病害与缺陷		检测类型		检测项目
			高速、一级	二级及以下	
1	表面出现轻度病害	详细病害	病害外观调查		病害类型、位置、发展形态
		钻芯取样	病害位置钻芯取样		结构层厚度、病害破坏层位、裂缝病害发展形态、结构层间黏结情况
2	表面抗滑性能不良	构造深度	铺砂法或车辙激光法		构造深度
		摩擦系数	动态摩擦系数法或摆式仪法		动态摩擦系数或摆值
		横向力系数（SFC）	路面摩擦系数测试法		横向力系数（SFC）
		材料性能试验	室内试验		粗集料磨光值等
3	水损坏	渗水系数	渗水系数测试法		渗水系数
		钻芯取样	病害位置钻芯取样		结构层厚度、病害破坏层位、裂缝病害发展形态、结构层间黏结情况
		材料性能试验	室内试验		表面层空隙率
4	行驶舒适性不足	详细病害	病害外观调查		病害类型、位置、发展形态
		钻芯取样	病害位置钻芯取样		各结构层病害发展状况
		结构强度	落锤式弯沉仪		结构强度

沥青路面修复养护专项检测项目

表 7-8

序号	病害与缺陷		检测类型		检测项目
			高速、一级	二级及以下	
1	裂缝类	详细病害	病害外观调查		病害类型、位置、发展形态
		钻芯取样	病害位置、完好路面处钻芯取样		各结构层厚度、病害破坏层位、病害发展形态、结构层间黏结情况
		材料性能	室内试验		回收沥青针入度、延度、软化点等，混合料冻融劈裂强度、空隙率，无机结合料稳定材料无侧限抗压强度等
		结构强度	落锤式弯沉仪		结构强度
		雷达检测（可选）	探地雷达法		结构层厚度、路面内部缺陷
2	变形类	详细病害	病害外观调查		病害类型、位置、发展形态
		钻芯取样	病害位置、完好路面处钻芯取样		对比各结构层变形、层间结合情况
		材料性能	室内试验		回收沥青针入度、延度、软化点等，集料级配、空隙率，无机结合料稳定材料无侧限抗压强度等
		结构强度	落锤式弯沉仪		病害位置与完好位置结构强度对比
		雷达检测（可选）	探地雷达法		结构层厚度、路面内部缺陷

续上表

序号	病害与缺陷		检测类型		检测项目
			高速、一级	二级及以下	
3	松散类	详细病害	病害外观调查		病害类型、位置、发展形态
		钻芯取样	病害位置、完好路面处钻芯取样		各结构层厚度、病害破坏层位、病害发展形态、结构层间黏结情况
		材料性能	室内试验		回收沥青针入度、延度、软化点等，集料级配、空隙率、无机结合料稳定材料无侧限抗压强度等
		结构强度	落锤式弯沉仪		病害位置与完好位置结构强度对比
		雷达检测(可选)	探地雷达法		结构层厚度、路面内部缺陷

水泥混凝土路面预防养护和修复养护，针对的病害与缺陷有所不同，因此在具体检测项目上有所不同。《公路养护工程设计规范》(征求意见稿)规定，水泥混凝土路面预防养护和修复养护专项检测项目见表7-9、表7-10。

水泥混凝土路面预防养护专项检测项目　　　　表7-9

序号	病害与缺陷		检测类型		检测项目
			高速、一级	二级及以下	
1	轻度病害	详细病害	病害外观调查		病害类型、位置、发展形态
		接缝传荷能力	病害板块抽检		接缝两侧弯沉值
		错台病害	病害板块抽检		相邻板块高差
2	抗滑性能不良	构造深度	铺砂法		构造深度
		摩擦系数	动态摩擦系数法		摩擦系数
		横向力系数	路面摩擦系数测试法		横向力系数
3	接缝填料损坏		逐板调查		填缝料损坏长度、啃边宽度、错台量等
4	行驶舒适性不足	详细病害	病害外观调查		病害类型、位置、发展形态
		接缝传荷能力	平整度较差路段板块抽检		接缝两侧弯沉值

水泥混凝土路面修复养护专项检测项目　　　　表7-10

序号	病害与缺陷		检测类型		检测项目
			高速、一级	二级及以下	
1	裂缝类	详细病害	病害外观调查		病害类型、位置、发展形态
		裂缝结构层病害	病害位置钻芯取样		各结构层厚度、病害破坏层位、病害发展形态、结构层间黏结情况
		接缝传荷能力	逐板检测		接缝两侧弯沉值
2	变形类	详细病害	病害外观调查		病害类型、位置、发展形态
		变形状况	病害位置钻芯取样		病害层位变形状况
		板底脱空	逐板检测		接缝两侧弯沉值

路面技术状况调查与检测的项目可采用人工检测和自动化检测两种方式,其中人工检测以目测为主,并辅以简单的量测工具。同一位置存在多类路面损坏时,应计权重最大的损坏。自动化检测应定期检校或比对,确保数据可靠准确,每个检测方向应至少检测一个主要行车道。二、三、四级公路的路面技术状况检测宜选择技术状况相对较差的方向。

3. 路面技术状况评定

根据各项路面技术状况调查结果,进行各分项的路面技术状况评价,以及路面技术状况综合评价。对任一指标低于养护标准的路段,列入需进一步分析的大中修候选路段。然后对这些候选路段的其他指标评价结果进行分析,结合公路等级、交通量等因素,确定是否需要实施路面大中修。

路面技术状况评定应采用路面技术状况指数 PQI 进行评定。按照调查与检测结果,分别计算 PQI 各分项指标权重与路面损坏状况指数 PCI、路面行驶指数 RQI、路面车辙深度指数 RDI、路面跳车指数 PBI、路面磨耗指数 PWI、路面抗滑性能指数 SRI 和路面结构强度指数 PSSI,最后根据第三章式(3-37)计算路面技术状况指数 PQI。

路面损坏特征分析,应基于多年技术状况调查数据、路面病害类别统计,进行病害特征、成因等维度的分析,宜结合交通数据、环境数据等,进行路面技术状况主要影响因素的研判。此外,应根据前期采集的各项数据,进一步确定设计对象的病害位置、病害类型与程度、数量等,综合分析判断其主要病害。应结合地质、气候、荷载条件和力学分析结果,确定主要病害产生的原因。

4. 路面技术状况预估

技术状况预估主要是建立性能预估模型并进行预测,主要流程如下:

(1)收集基础数据

收集建立模型所需数据,主要包括设计和施工数据,公路等级,路面类型,养护和改建数据,路面技术状况(路面损坏、路面平整度、路面车辙、路面跳车、路面磨耗、路面抗滑性能和路面结构强度),交通数据(日交通量、车型组成和交通增长率等),标准轴载数(轴型、轴重和日轴载作用次数等)和环境因素(温度、降水量、冻融周期和太阳辐射等)等。

(2)选择预估模型形式和模型结构

依据理论分析和工程经验,确定模型形式,路面技术状况预估模型主要形式可参考第四章。按照各自模型的形式和结构,采用数学方法对模型中的参数进行估计并进行假设检验,最终识别和确认所建立的具体模型。

(3)模型标定

模型标定具体流程同路基部分。

(4)技术状况预估

根据所建立和标定的预估模型,代入相关参数,预估以后的路面技术状况。

5.路面养护对策确定

(1)路面养护对策

路面养护对策应根据路面技术状况数据对评价单元进行评价分析,可将各评价单元划分为预防养护及修复养护等养护类型(表7-11),对于路面某一养护工作对象与内容,存在两个或以上对策可供选择时,应根据实际情况选择其一。养护标准值参考范围见表7-12。《公路养护工程设计规范》(征求意见稿)规定,路面预防养护与修复养护的适用病害见表7-13、表7-14。

评价单元养护类型划分方法　　　　表7-11

值域范围				养护类型
PCI	RQI	RDI	SRI	
≥A1	≥B1	≥C	<D	预防养护
		<C	—	修复养护
	B2~B1	—	—	预防养护
	<B2	—	—	修复养护
A2~A1	≥B2	—	—	预防养护
	<B2	—	—	修复养护
<A2	—	—	—	修复养护

养护标准值参考范围　　　　表7-12

公路等级	值域范围					
	PCI		RQI		RDI	SRI
	A1	A2	B1	B2	C	D
高速及一级	90	85	90	85	80	75
二级及三级	85	80	85	80	80	—
四级	80	75	—	—	—	—

路面预防养护的病害与缺陷　　　　表7-13

序号	分类	病害与缺陷
1	沥青路面	路面抗滑性能不良
		轻度裂缝、轻度松散、泛油等病害
		轻度水损坏病害
		行驶舒适性不足
2	水泥混凝土路面	路面抗滑性能不良
		轻度裂缝、唧浆、露骨等病害
		轻度错台
		接缝填料损坏
		行驶舒适性不足

路面修复养护的病害与缺陷　　　　　　　　　　　表7-14

序号	分类		病害与缺陷
1	沥青路面	裂缝类	龟裂、块状裂缝
			重度横向裂缝或纵向裂缝
		变形类	车辙
			沉陷
			推移或拥包
		松散类	重度坑槽
			重度松散
2	水泥混凝土路面	断裂类	中度及重度裂缝
			板角断裂
			破碎板
			边角剥落
		变形类	拱起
			重度错台

6. 路面养护时机确定

养护时机包括预防养护时机与修复养护时机。路面预防养护应根据病害类型、施工条件和养护设计方案等提出预防性养护方案。除此之外，应利用路面技术状况数据确定预防养护时机，各指标值应根据建养历史、交通状况、路况现状及养护目标等因素综合确定。路面修复养护应根据路面病害特点及养护需求情况提出修复养护方案。除此之外，路面应利用路面技术状况数据确定修复养护时机，各指标值应根据建养历史、交通状况、路况现状及养护目标等因素综合确定。

（1）沥青路面

根据《公路养护工程设计规范》（征求意见稿）规定，在缺少相关数据及经验的情况下，可依据表7-15与表7-16确定沥青路面预防养护时机与修复养护时机。

沥青路面预防养护时机　　　　　　　　　　　表7-15

序号	公路等级	路况指数			
		PCI	RQI	RDI	SRI（或PWI）
1	高速公路、一级公路	≥90	≥90	≥80	<75
			85~90	≥80	—
		85~90	≥85	≥80	—
2	二级公路、三级公路	≥85	80~85		
		80~85	≥80		
3	四级公路	75~80	—		

沥青路面修复养护时机　　　　　　　　　　　　　　　　　　　　　　　表 7-16

序号	公路等级	路况指数		
		PCI	RQI	RDI
1	高速公路、一级公路	≥90	≥90	<80
			85~90	<80
			<85	—
		85~90	≥85	<80
			<85	—
		<85	<85	
2	二级公路、三级公路	≥80	<80	—
		<80	—	—
3	四级公路	<75	—	—

(2) 水泥混凝土路面

水泥混凝土路面预防养护与修复养护时机如表 7-17、表 7-18 所示。

水泥混凝土路面预防养护时机　　　　　　　　　　　　　　　　　　　表 7-17

序号	公路等级	路况指数		
		PCI	RQI	SRI(或 PWI)
1	高速公路、一级公路	≥90	≥90	<75
			85~90	—
		85~90	≥85	—
2	二级公路、三级公路	≥85	80~85	—
		80~85	≥80	—
3	四级公路	75~80	—	—

水泥混凝土路面修复养护时机　　　　　　　　　　　　　　　　　　　表 7-18

序号	公路等级	路况指数	
		PCI	RQI
1	高速公路、一级公路	≥85	<85
		<85	—
2	二级公路、三级公路	≥80	<80
		<80	—
3	四级公路	<75	—

7. 路面养护措施选择

1) 沥青路面

(1) 预防养护

沥青路面预防养护技术具体包括雾封层、稀浆封层、微表处、碎石封层、纤维封层、复合封层、薄层罩面、封层罩面以及就地热再生等措施,根据《公路沥青路面预防养护技术规范》(JTG/T 5142-01—2021),沥青路面预防养护技术适用的公路技术等级和交通荷载等级应符合表 7-19 的规定。

预防养护技术适用的公路技术等级和交通荷载等级　　　　表 7-19

场合		雾封层[a]	碎石封层、纤维封层	稀浆封层	微表处	复合封层[b]	薄层罩面	超薄罩面	封层罩面	就地热再生
公路技术等级	高速公路	√	×	×	√	√	√	√	√	√
	一级公路	√	×	×	√	√	√	√	√	√
	二级公路	√	√	√	√	√	√	△	√	√
	三级公路	√	√	√	△	√	△	√	√	×
	四级公路	√	√	√	√	√	√	√	√	√
交通荷载等级	极重	△	△	×	√	√	√	√	√	√
	特重	△	△	×	√	√	√	√	√	√
	重	△	△	△	√	√	√	√	√	√
	中	√	√	√	√	√	√	√	√	√
	轻	√	√	√	√	√	√	√	√	√

注:√-适用,△-可用,×-不适用。
a 不含砂雾封层不适用于高速公路和一级公路。
b 复合封层中,碎石封层或纤维封层加铺微表处适用于二级及二级以上公路,适用于各交通荷载等级情况;碎石封层加稀浆封层适用于二级及二级以下公路,适用于重及以下交通荷载等级情况。

根据路面功能状况,预防养护技术宜按照表 7-20 进行选择。

预防养护技术选择表　　　　表 7-20

路面功能状况	雾封层	碎石封层、纤维封层	稀浆封层	微表处	复合封层	薄层罩面	超薄罩面	封层罩面	就地热再生
抗滑损失	×	√	√	√	√	√	√	√	√
路面渗水	√	√	√	√	√	√	√	√	△
路面磨耗	×	√	√	√	√	√	√	√	√
沥青老化	√	√	√	√	√	△	△	△	√
路面不平整	×	×	×	×	×	√	×	△	△

注:√-适用,△-可用,×-不适用。

决策树和决策矩阵是常用的路面养护措施选择方法。两者均是根据某些规则标准,由公路机构凭借过去的经验制定的。针对一种既定的路面状况,选择合理的养护或修复策略。并且在处治时机的选择过程中,它们是一种实用的辅助手段。决策树包含了一系列的标准,这些标准通过使用"子图表"以找到一种特定的处治方法,其中,每一个"子图表"都代表一系列具体因素(就影响因素而言,诸如路面类型,损坏类型和程度、交通量以及公路等级)。

图 7-2 为一个选择沥青路面预防养护措施的决策树。针对路面的平整度、车辙、裂缝

类型及结构状况，根据其损坏原因及交通量情况，确定是否可进行预防养护，及适当的预防养护措施。

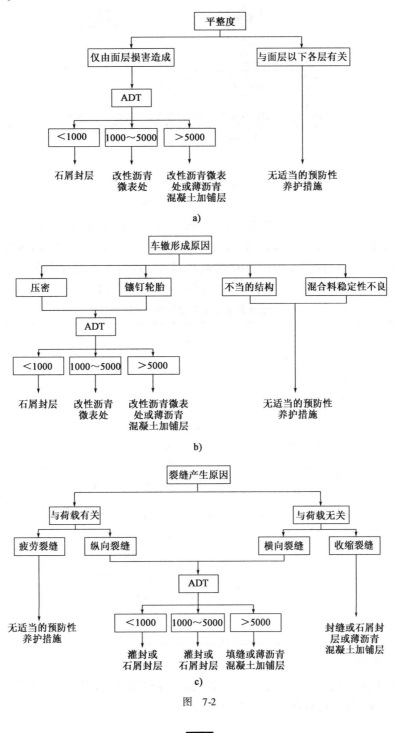

图 7-2

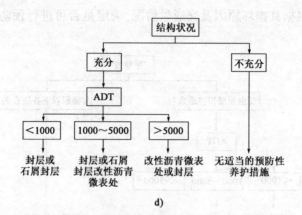

图 7-2　沥青路面预防养护决策树
注：ADT 为日平均交通量（辆）。

表 7-21 为美国联邦公路管理局（FHWA）进行的一项研究（该研究概述了预防养护处治措施及其有效性）中，针对预防养护处治方案提出的一个相对简单的决策矩阵。表中将沥青路面病害类型与可采用的处治措施联系起来。尽管该表没有明确提及再生利用，但是薄的冷拌或热拌沥青混合料都有可能含有再生利用的材料。

沥青路面预防养护决策矩阵　　　　　　　　　　　表 7-21

病害类型	病害名称	可行的处治措施
开裂	疲劳开裂	进行预防性养护不能解决问题
	网裂（低到中）	薄冷/热拌混合料罩面，碎石封层
	边缘开裂	裂缝处治
	纵向开裂	裂缝处治
	接缝处反射裂缝	裂缝处治
	横向裂缝	裂缝处治
修补与坑洞	修补与修补病害	较大面积的修补病害不适宜用预防性养护措施处治
	坑槽	不适宜用预防性养护措施处治
表面病害	车辙（路面压密所致）	用微表处、条状石屑罩面填车辙，之后用冷拌混合料薄层罩面或做石屑罩面
	车辙（不稳定的沥青混合料所致）	预防性养护不能修复此病害
	推移	不稳定的路面，不适宜于用预防性养护措施处治
	泛油	砂封层、石屑罩面或微表处
	集料磨光	冷拌混合料薄罩面、碎石封层、热拌沥青混合料薄罩面
	松散、剥落	雾封层、冷拌混合料薄罩面、碎石封层、热拌沥青混合料薄罩面

（2）修复养护

《公路养护决策技术规范》（征求意见稿）提出，沥青路面修复养护主要分为功能性修复和结构性修复，典型修复措施如表 7-22 所示。

沥青路面修复典型养护措施 表 7-22

养护类别	养护措施	适用范围
功能性修复	直接加铺、铣刨加铺	1.路面出现局部病害，如网裂、渗水、抗滑性能或平整度不足，可对表面层进行罩面或铣刨加铺； 2.适用于各级公路
结构性修复	面层翻修	当面层损坏严重但基层较完好时,可只对面层处治
结构性修复	面层、基层翻修	当路面面层和基层均损坏时,应对面层和基层整体处治
结构性修复	路基、路面翻修	由路基引起的路面整体结构性破坏,应对路面和路基全部处治

图 7-3 为一个较简单的路面养护维修方案选择的决策树。采用结构损坏、温度裂缝、路面磨损度、疲劳裂缝、车辙五个指标,每个指标按照严重程度划分为轻度、中等、严重三个程度,作为选择处置措施的依据。

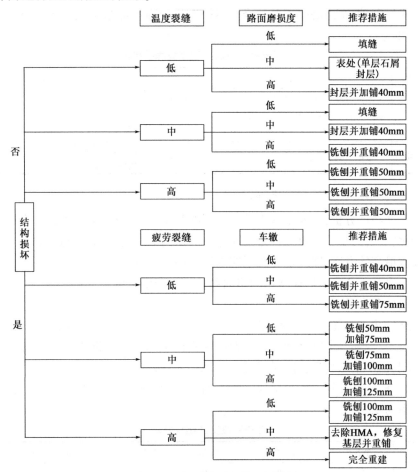

图 7-3 沥青路面修复养护措施决策树

2) 水泥混凝土路面

《公路养护决策技术规范》(征求意见稿)给出了水泥混凝土路面的预防性养护与修复养护典型措施及适用范围。

(1) 预防性养护

水泥混凝土路面预防养护主要分为罩面类与注浆类,见表7-23。

水泥混凝土路面典型预防养护措施　　　　　表7-23

养护类别	养护措施	适用范围
罩面类	加铺罩面	1. 当混凝土板结构强度较好,破损较少,路面抗滑性能或平整度不足时,可采取聚合物砂浆罩面或薄层沥青混凝土罩面等措施; 2. 罩面类适用于各级公路
注浆类	板底注浆、路床加固注浆、填充灌浆等	因基层冲刷、路床软弱、路基不均匀沉降等造成的路面局部脱空或错台等病害

(2) 修复养护

对于修复养护,水路混凝土路面修复养护主要分为局部结构性损坏与整体结构性损坏,见表7-24。

水泥混凝土路面典型修复养护措施　　　　　表7-24

养护类别	养护措施	适用范围
局部结构性损坏	水泥混凝土换板、植筋补强、设置隔离缝、补设传力杆、拱起修复及组合式沥青混凝土加铺等	当局部出现结构性损坏时,应采取一种或多种组合措施
整体结构性损坏	水泥混凝土碎石化等	适用于水泥混凝土板破碎严重,不再适合修补水泥混凝土板

8. 经济分析和最佳养护措施确定

寿命周期经济分析,主要是基于某个合理的基础经济指标,对2个或2个以上的备选方案进行比较,目的是分析对比各方案在养护周期内的总费用和总效益,以确定总费用最小和总效益最高的方案,即确定寿命周期内经济最优方案。

以下给出基于全寿命周期费用的路面养护措施确定示例。

1) 资料收集和分析

某公路段为四车道一级公路,路基宽度26m,设计速度100km/h,沥青混凝土路面。调查该路段,发现部分老路路面出现了大量纵横向裂缝、唧浆、网裂、沉陷车辙等病害,公路破损加剧,已严重影响到公路通行质量,需要大中修。

经过调查,该路段年平均日交通量(AADT)为7000辆/d,交通组成情况见表7-25,年平均增长率为9.49%。

养护路段交通组成情况　　　　　表7-25

车辆类型	小客车	大客车	小货车	中货车	大货车	铰接车
占比(%)	46.78	5.08	19.79	6.34	4.38	17.63

2）路面技术状况调查与检测

为了解和掌握路面技术状况的变化情况，必须定期对路面的技术状况进行调查与检测，以便于及时采取各种养护和改建措施。沥青路面技术状况调查与检测的内容包括：路面破损状况、行驶质量、抗滑性能、车辙、技术状况指数以及结构强度。

3）路面技术状况评定

该路段技术状况分项指标评分及等级划分见表7-26。

公路技术状况分项指标评分及等级划分 表7-26

评定指标	PCI	RQI	RDI	SRI	PSSI	PQI
评分	72.00	85.55	91.67	76.72	71.00	87.52
等级	中	良	优	中	中	良

（1）该路段路面损坏状况指数 PCI 等级为中，经分析本次检测的沥青路面病害在路线纵向上分布较为均匀，主导病害为翻浆，占病害总面积的65%，其次为裂缝类，占病害总面积的25%。

（2）该路段路面行驶质量指数 RQI 等级为良，IRI 平均为 2.67m/km，基本满足规范要求。

（3）该路段路面车辙深度指数 RDI 等级为优，平均车辙深度较小，按照养护标准其车辙状况处于较好水平。

（4）该路段路面抗滑性能指数 SRI 等级为中，需进行重点养护。

（5）该路段路面结构强度指数 PSSI 等级为中，在养护方案选定时需着重考虑结构强度是否满足规范要求并进行合理养护。

（6）该路段路面技术状况指数 PQI 等级为良，结合 PSSI 等级情况，需对该路段选定中到大修方案。

4）养护对策确定

（1）确定原则

根据路面使用状况的分析结果，参考国内类似工程的经验及教训，该公路改造工程方案应在满足技术要求（交通量和路面技术状况）的前提下，本着因地制宜、合理选材、节约投资的原则进行路面结构方案的技术经济比选，务求提高路面的结构承载能力，以满足重载交通的需求；同时还要兼顾考虑所有车道的需求及对工程量和造价的影响。为此，该路段养护工程应基于以下原则：

①满足一级公路养护工程验收标准。

②对于基层或路基病害反射至面层的路段，应对基层进行补强或铺筑土工布，以减少翻浆和基层反射裂缝，其次，还应加强路基排水，疏通修复路面排水系统，并减少路面水下渗。

③路面加铺方案设计在考虑处理表层病害的同时还应在一定程度上加强路面结构强度。

④表面层可采用 SMA 类沥青混合料，以提高抗滑、抗裂、密水性能。

（2）拟定方案

在参照上述改造思路和原则的前提下，主要以加铺和翻修的组合方案为主，参考其他公路修复养护的成功经验，结合现有路面承载能力条件下沥青路面结构设计验算，在不考虑旧路面沉降及调平情况下选取总体加铺方案。

5)养护时机确定

该路段技术状况分项指标中 PCI 评分为 72,沥青路面修复养护时机表明高速公路及一级公路 PCI<85 时应进行修复养护,确定该路段应进行修复养护。

6)养护措施选择

(1)方案拟定

根据路面抗滑性能、结构强度综合评定,拟定 3 种方案进行备选。

①方案 1

考虑到路面抗滑性能不足且路面结构强度尚可,同时为了减少路面水下渗以缓解翻浆病害,因此采取直接加铺 2cm 超薄磨耗层(表 7-27)。

养护方案 1　　　　　　　　　　表 7-27

路面结构		2cm 超薄磨耗层 + 4cm AC-13 + 7cm AC-25
表面层		2cm 超薄磨耗层
原路面	上面层	4cm AC-13
	下面层	7cm AC-25

②方案 2

为了对路面结构层进行一定的补强,同时提升路面表面层技术状况,因此,对原路面上面层进行铣刨,并加铺 6cm AC-20,在其上再加铺 4cm SMA-13(表 7-28)。

养护方案 2　　　　　　　　　　表 7-28

路面结构		4cm SMA-13 + 6cm AC-20 + 7cm AC-25
加铺上面层		4cm SMA-13
原路面	上面层	铣刨加铺 6cm AC-20
	下面层	7cm AC-25

③方案 3

为了进一步提高路面结构强度,使得路面技术状况恢复到较高水平,因此,对原路面上、下面层进行铣刨,并加铺 12cm ATB 下面层和 6cm AC-20 中面层,在其上再加铺 4cm SMA-13(表 7-29)。

养护方案 3　　　　　　　　　　表 7-29

路面结构		4cm SMA-13 + 6cm AC-20 + 12cm ATB
加铺上面层		4cm AC-13
原路面	上面层	铣刨加铺 6cm AC-20
	下面层	铣刨加铺 12cm ATB

(2)确定各方案基本信息

①预算单价

根据调查,养护工程各费用项目预算单价见表 7-30。

预算单价 表7-30

费用项目	预算单价(元)	费用项目	预算单价(元)
SMA-13(m^3)	1812	AC-25(m^3)	1100
超薄磨耗层(m^3)	4000	铣刨费(m^2)	10
ATB(m^3)	1360	防水黏结层(m^2)	22
AC-20(m^3)	1300		

②工程量及费用预估

根据养护路段的基本情况及上述单价调查结果,结合工程实际情况,采用不同养护方案的工程量及费用预估见表7-31。

工程量及费用预估 表7-31

方案	项目	SMA-13 (m^3)	超薄磨耗层 (m^3)	AC-20 (m^3)	AC-25 (m^3)	ATB (m^3)	铣刨费 (m^2)
方案1	合计工程量	0	490	0	0	0	0
	单价(元)	1812	4000	1300	1100	1360	10
	费用预算(万元/km)	0	196	0	0	0	0
	费用合计(万元/km)	196					
方案2	合计工程量	980	0	1470	0	0	1470
	单价(元)	1812	4000	1300	1100	1360	10
	费用预算(万元/km)	177	0	191	0	0	20
	费用合计(万元/km)	370					
方案3	合计工程量	980	0	1470	0	2940	2695
	单价(元)	1812	4000	1300	1100	1360	10
	费用预算(万元/km)	177	0	191	0	400	20
	费用合计(万元/km)	770					

③使用寿命和性能预估

a. 使用寿命预估。

通过专家调查和国内类似工程经验得到三种养护方案的使用寿命见表7-32。

各养护方案使用寿命 表7-32

方案	方案1	方案2	方案3
使用寿命(年)	6	7	10

b. IRI预估模型。

根据该地区建立的技术状况预估模型,平整度随时间的变化可按下式计算:

方案1:$IRI = 14.689 - 10.804e^{-0.064y}$

方案2:$IRI = 12.689 - 11.046e^{-0.039y}$

方案 3：$IRI = 11.810 - 11.553e^{-0.027y}$

④公路部门费用计算

a. 修建费。各方案修建费用见表 7-33。

各方案修建费用　　　　　表 7-33

方案	方案 1	方案 2	方案 3
修建费用(万元/km)	196	370	770

b. 养护费。各方案养护费用参照以下养护费模型估算：

方案 1：$MC = 0.304e^{0.000387 AADT}$

方案 2：$MC = 0.213e^{0.000387 AADT}$

方案 3：$MC = 0.225e^{0.000387 AADT}$

c. 路面残值。分析期末路面的残值按剩余寿命占其使用寿命的比例计算，如式(7-1)所示。

$$SV = \left(1 - \frac{L_A}{L_B}\right)C_r \tag{7-1}$$

式中：L_A——最后一次改建的施工年份到使用寿命期末的年数；

L_B——该改建措施的预期使用寿命；

C_r——该改建措施的修建费用。

⑤用户费用计算(单价/消耗量)

寿命周期费用分析需要：与路面技术状况相关联的用户费用模型(表 7-34)。

a. 燃油消耗费：$FL = a_1 + b_1 IRI$ (l/100km)。

b. 轮胎消耗费：$TC = a_2 + b_2 IRI$ (条/1000km)。

c. 保修材料消耗费：

$P_C = C_0 C_{KM}^{k_p} e^{C_q \cdot IRI}$ (占新车价比例/1000km) (客车)

$P_C = C_0 C_{KM}^{k_p} (1 + C_q \cdot IRI)$ (占新车价比例/1000km) (货车)

与路面技术状况相关联的用户费用模型　　　　　表 7-34

车辆类型	a_1	b_1	a_2	b_2	C_0 ($\times 10^{-6}$)	C_q ($\times 10^{-3}$)	k_p	C_{KM} ($\times 10^4$)
小汽车	9.78	0.182	0.0466	0.0071	12.95	17.81	0.31	15.00
公共汽车	23.80	0.294	0.0739	0.0016	1.87	4.63	0.48	50.00
轻货车	17.42	0.568	0.0669	0.0107	1.87	327.33	0.37	30.00
中货车	23.00	0.434	0.0653	0.0012	1.87	327.33	0.37	30.00
重货车	19.00	0.298	0.1556	0.0034	5.52	45.90	0.37	30.00
铰接车	35.39	0.893	0.2155	0.0053	5.52	20.35	0.37	30.00

燃油的单价取用7.5元/L(不分柴油和汽油)。各种轮胎的单价为：小汽车和轻货车210元，公共汽车和中货车800元，重货车和铰接车1130元。新车单价为：小汽车17.3万元，公共汽车7.5万元，轻货车3.2万元，中货车5.0万元，重货车11.0万元，铰接车25.7万元。

7) 各方案寿命周期费用分析

(1) 各方案费用计算结果

各方案各项费用计算表见表7-35~表7-37。

方案1 各项费用计算表 表7-35

年数	AADT	IRI	修建费	养护费	油耗费	轮耗费	材料费
0			196.00				
1	7000	4.55		4.56	103.05	52.95	60.48
2	7664	5.18		5.90	114.32	59.18	67.25
3	8392	5.77		7.82	126.69	66.03	74.69
4	9188	6.32		10.64	140.27	73.56	82.86
5	10060	6.84		14.92	155.19	81.84	91.84
6	11015	7.33		21.58	171.58	90.95	101.72
7	12060	4.55	196.00	32.35	177.54	91.23	104.20
8	13204	5.18		50.37	196.95	101.96	115.86
9	14458	5.77		81.80	218.27	113.76	128.67
10	15830	6.32		139.12	241.66	126.73	142.75
			−73.50(残值)				

方案2 各项费用计算表 表7-36

年数	AADT	IRI	修建费	养护费	油耗费	轮耗费	材料费
0			370.00				
1	7000	2.07		3.20	97.70	48.62	56.83
2	7664	2.47		4.14	107.91	54.00	62.87
3	8392	2.86		5.48	119.16	59.94	69.52
4	9188	3.24		7.46	131.54	66.50	76.85
5	10060	3.60		10.45	145.14	73.72	84.90
6	11015	3.95		15.12	160.10	81.67	93.77
7	12060	4.28		22.66	176.52	90.41	103.51
8	13204	2.07	370.00	35.29	184.29	91.72	107.21
9	14458	2.47		57.32	203.56	101.87	118.59
10	15830	2.86		97.47	224.78	113.07	131.13
			−277.50(残值)				

方案3 各项费用计算表　　　　　　　　　　　表7-37

年数	AADT	IRI	修建费	养护费	油耗费	轮耗费	材料费
0			770.00				
1	7000	0.56		3.38	94.44	45.99	54.64
2	7664	0.86		4.37	104.11	50.93	60.30
3	8392	1.16		5.79	114.77	56.39	66.54
4	9188	1.44		7.88	126.45	62.38	73.39
5	10060	1.72		11.04	139.32	69.00	80.94
6	11015	1.98		15.97	153.42	76.26	89.22
7	12060	2.25		23.94	168.99	84.31	98.37
8	13204	2.50		37.28	186.04	93.14	108.39
9	14458	2.75		60.55	204.81	102.88	119.43
10	15830	2.99		102.96	225.41	113.59	131.56
			0(残值)				

(2) 费用现值计算

三个方案在分析期内不同时间支出的费用,按贴现系数换算为现值。贴现率取为5%、10%和15%三种。计算结果分别见表7-38~表7-40。

方案1 不同贴现率下的费用现值(万元/km)　　　　　　　　　　　表7-38

年数	初期修建费	改建费			养护费			用户费			残值		
		5%	10%	15%	5%	10%	15%	5%	10%	15%	5%	10%	15%
0	196.00												
1					4.35	4.15	3.97	206.18	196.81	188.25			
2					5.35	4.88	4.46	218.36	198.96	182.04			
3					6.76	5.88	5.14	231.00	200.91	175.83			
4					8.76	7.27	6.09	244.08	202.64	169.63			
5					11.69	9.26	7.42	257.68	204.21	163.51			
6					16.11	12.18	9.33	271.81	205.61	157.48			
7		139.29	100.58	73.68	22.99	16.60	12.16	265.07	191.39	140.21			
8					34.09	23.50	16.47	280.73	193.49	135.59			
9					52.73	34.69	23.25	296.97	195.38	130.96			
10					85.40	53.63	34.39	313.79	197.07	126.35	-45.12	-28.34	-18.17
小计	196.00	139.29	100.58	73.68	248.22	172.04	122.67	2585.69	1986.48	1569.84	-45.12	-28.34	-18.17

方案2 不同贴现率下的费用现值(万元/km)　　　　表7-39

年数	初期修建费	改建费			养护费			用户费			残值		
		5%	10%	15%	5%	10%	15%	5%	10%	15%	5%	10%	15%
0	370.00												
1					3.05	2.91	2.78	193.48	184.69	176.66			
2					3.75	3.42	3.13	203.88	185.77	169.97			
3					4.73	4.12	3.60	214.77	186.79	163.47			
4					6.14	5.09	4.26	226.16	187.76	157.17			
5					8.19	6.49	5.20	238.00	188.61	151.02			
6					11.28	8.54	6.54	250.39	189.41	145.07			
7					16.11	11.63	8.52	263.27	190.10	139.27			
8		250.43	172.61	120.95	23.89	16.46	11.54	259.38	178.77	125.28			
9					36.95	24.31	16.29	273.32	179.82	120.53			
10					59.84	37.58	24.09	287.92	180.81	115.93	−170.36	−106.99	−68.59
小计	370.00	250.43	172.61	120.95	173.92	120.54	85.95	2410.57	1852.53	1464.35	−170.36	−106.99	−68.59

方案3 不同贴现率下的费用现值(万元/km)　　　　表7-40

年数	初期修建费	改建费			养护费			用户费			残值		
		5%	10%	15%	5%	10%	15%	5%	10%	15%	5%	10%	15%
0	770.00										0	770.00	
1		3.22	3.07	2.94	185.78	177.34	169.63				1		3.22
2		3.96	3.61	3.30	195.32	177.97	162.83				2		3.96
3		5.00	4.35	3.81	205.34	178.59	156.29				3		5.00
4		6.48	5.38	4.50	215.73	179.10	149.93				4		6.48
5		8.65	6.86	5.49	226.65	179.61	143.82				5		8.65
6		11.92	9.02	6.91	237.97	180.02	137.87				6		11.92
7		17.01	12.28	9.00	249.92	180.46	132.20				7		17.01
8		25.23	17.39	12.19	262.32	180.80	126.70				8		25.23
9		39.03	25.68	17.21	275.32	181.14	121.41				9		39.03
10		63.21	39.70	25.45	288.89	181.42	116.32				10		63.21
小计	770.00	183.72	127.33	90.80	2343.25	1796.46	1417.00				小计	770.00	183.72

各个方案汇总结果见表7-41。

改建方案费用现值汇总表　　　　表7-41

方案	不考虑用户费			考虑用户费		
	5%	10%	15%	5%	10%	15%
方案1(万元/km)	538.39	440.28	374.19	3124.08	2426.76	1887.33
方案2(万元/km)	623.99	556.16	508.31	3034.56	2408.70	1972.67
方案3(万元/km)	953.72	897.33	860.80	3296.97	2693.79	2277.80
费用现值最小方案	1	1	1	2	2	1

由表7-41结果可知:

①仅考虑公路管理部门的修建费和养护费时,采用方案1在经济上最优。虽然方案1的使用寿命并没有其他两个方案长,但是其初期修建费较低,故其总费用现值最低。

②贴现率高低对各方案的分析结果有影响。当贴现率采用5%、10%时,方案2现值低于方案1和方案3,当贴现率采用15%时,方案1的现值低于方案2和方案3。

③计入用户费时,方案1的费用现值相近或低于其他方案。综上所述,确定方案1为本次养护工程的最终方案。

四、桥梁养护决策分析

1. 资料收集和分析

桥梁基本数据采集应包括桥梁基础位置、桥梁名称、桥梁尺寸、桥梁结构信息、材料信息和管养单位等建设基础数据;检测信息、桥梁大修、中修及时间等养护历史数据;桥梁主体、部件、构件技术等级,构件病害明细等技术状况数据;桥梁技术性能预测和技术等级评定模型等其他数据。

2. 桥梁技术状况调查与检测

按照《公路桥涵养护规范》(JTG 5120—2021),桥梁调查与检测的项目包括桥梁结构异常变形和振动,桥梁外观完整性,混凝土主梁裂缝,斜拉索、吊杆索、系杆等索结构锚固区密封设施,支座缺陷,桥面铺装病害,伸缩缝堵塞破损,人行道、缘石损坏,栏杆、护栏损坏,排水设施损坏,墩台损坏,翼墙(侧墙、耳墙)、锥坡、护坡、调治构造物损坏,悬索桥锚碇渗水、积水,附属设施损坏和永久观测点及标志点损坏。

对于桥梁预防养护和修复养护,针对的病害与缺陷有所不同,根据《公路养护工程设计规范》(征求意见稿)规定,桥梁预防养护和修复养护专项检测项目见表7-42、表7-43。

桥梁预防养护专项检测项目　　表7-42

序号		病害与缺陷	检测类型	检测项目
1	钢结构	涂层劣化	病害外观检查	涂膜劣化范围与程度
		构件开裂与焊缝裂缝	病害外观检测	病害长度、位置、宽度、深度
		螺栓、铆钉缺损	病害外观检测	病害数量、位置
2	混凝土构件	非结构性裂缝及其他表观缺陷	病害外观检测	集中裂缝的分布范围、分散裂缝的条数、长度;蜂窝、空洞、剥落、破损等缺陷大小、深度及其位置
		保护层损害	病害外观调查	钢筋与预应力筋保护层厚度
		内部缺损	结构稳定性	预应力灌浆空洞、涵洞壁后空洞的大小、深度及其位置
		钢筋锈蚀	结构稳定性	混凝土电阻率、锈蚀电位的大小
		涂层劣化	病害外观调查	涂膜劣化范围与程度

桥梁修复养护专项检测项目　　　　表 7-43

序号	病害与缺陷		检测类型	检测项目
1	钢构件	涂层劣化	耐久性	涂膜劣化范围与程度
		环境湿度		锚室、鞍室、钢箱梁与钢塔内部相对湿度
2	混凝土构件	涂层劣化		涂膜劣化范围与程度
		有害介质		碳化深度、氯离子含量
3	梁桥	结构变形	结构稳定性	桥面上下游线形,曲线桥梁横向变位,钢构件局部屈曲,钢混结合面错台
		钢构件连接		钢构件连接失效或缺失
4	拱桥	结构变形		桥面上下游线形、拱桥拱圈(肋)轴线、圬工拱桥侧墙突出
		圬工破损		拱圈纵向开裂、渗水,拱石脱落的位置、范围、数量
		锚头锈蚀		吊杆、系杆两端锚头锈蚀程度
		钢管脱空		钢管混凝土拱桥拱肋脱空范围
5	缆索结构体系桥梁	结构变形		桥面上下游线形、悬索桥主缆线形、桥塔空间偏位、缆索力大小、拉索异常振动
		索夹		环缝开裂程度、索夹
		滑移		紧固螺栓力与索夹位置
		缆索锈断		防护破损大小与位置、索股及钢丝(绞线)、锚头锈蚀的断裂位置,数量
6	墩台		病害外观调查	墩台沉降,墩台倾斜程度
7	涵台			接缝破损,沉陷程度
8	基础			冲刷深度、不均匀沉降程度
9	铺装			破损、坑槽、车辙、拥包等分布范围
10	支承装置			剪切变形、串位、偏压、不均匀鼓凸的程度
11	伸缩装置			变形、断裂,破损的程度
12	栏杆			变形、断裂,破损的程度

3. 桥梁技术状况评定

桥梁技术状况评定应以单座桥梁作为评价主体。按照调查与检测结果,分别计算桥梁上部结构技术状况评分(SPCI)、桥梁下部结构技术状况评分(SBCI)和桥面系技术状况评分(BDCI),最后根据第三章中的式(3-42)计算桥梁总体技术状况评分(D_r)。

桥梁构造物病害情况分析,应包括病害总体情况分析、典型病害类别分析、病害发展变化情况分析、重点关注构造物分析、重点关注病害类型分析。桥梁构造物检测结果分析应包括周边环境与水文地质概况、交通流量及重载交通分析、年度定期检查情况分析、历史检查结果对比分析、维修养护措施分析、技术状况分析。

4. 桥梁技术状况预估

桥梁技术状况预估主要是建立预估模型并进行预测,主要流程如下:

(1)收集基础数据

为较好地预测桥梁技术状况,建立可靠的预测模型,首先对影响桥梁技术状况的主要因素进行收集分析,包括桥梁结构类型、桥梁服役时间、交通环境因素(风载、地质工程、河床水文、空气湿度和空气腐蚀物等)、设计施工水平和养护水平。

(2)选择预估模型形式和模型结构

依据理论分析和工程经验,确定模型形式,桥梁技术状况预估模型主要形式可参考第四章。按照各自模型的形式和结构,采用数学方法对模型中的参数进行估计并进行假设检验,最终识别和确认所建立的具体模型。

(3)模型的标定

模型必须标定后方能使用。标定流程参见本章路基部分。

(4)技术状况预估

根据所建立和标定的预估模型,带入相关参数,预估以后的桥梁技术状况。

5. 桥梁养护对策确定

由于桥梁结构的复杂性和缺损类型的多样性,建立明确的决策目标是养护决策的基础。立足于国家层面和各地需求可能并不一致,因此养护目标围绕桥梁"安全、畅通、舒适、美观"的总体目标,同时考虑国家总体要求及各地发展需要。根据所制定的养护目标建立决策树,进行综合考虑,制定处置对策。

《公路养护决策技术规范》(征求意见稿)中桥梁养护对策模型利用桥梁技术状况数据对评价单元进行评价分析后,可将桥梁构件及全桥划分为预防养护及修复养护等养护类型,划分方法应符合表7-44~表7-46的规定。《公路养护工程设计规范》(征求意见稿)规定,桥梁预防养护与修复养护的适用病害见表7-47、表7-48。

构件技术状况等级和养护类型 表7-44

构件技术状况等级	状态	养护类型
1类	完好	正常保养
2类	良好	预防养护/修复养护
3类	中等	修复养护/加固
4类	较差	修复养护/加固或更换
5类	差	修复养护/加固或更换

桥梁技术状况等级和养护类型　　　　　　　　　　　　　　　　　　　　表 7-45

桥梁技术状况等级	状态	养护类型
1 类	完好、良好	预防养护
2 类	较好	修复养护、预防养护
3 类	较差	修复养护、加固或更换较大缺陷构件
4 类	差	修复养护、加固或改造
5 类	危险	修复养护、改建或重建

涵洞技术状况评定标准和养护类型　　　　　　　　　　　　　　　　　　表 7-46

技术状况评定等级	涵洞技术状况描述	养护类型
好	各构件及附属结构完好,使用正常	预防养护
较好	主要构件有轻微缺损,对使用功能无影响	预防养护
较差	主要构件有中等缺损,病害发展缓慢,尚能维持正常使用功能	修复养护
差	主要构件有大的缺损,严重影响涵洞使用功能;或影响承载能力,不能保证正常使用	修复养护、加固或改造
危险	主要构件存在严重缺损,不能正常使用,危及涵洞结构安全	修复养护、改建或重建

桥梁预防养护的病害与缺陷　　　　　　　　　　　　　　　　　　　　表 7-47

序号	分类	病害描述
1	钢构件	防腐涂层出现 2~3 级开裂、剥落、起泡、3 级以上粉化且减薄厚度大于初始厚度的 50%、局部破损、Ri2~Ri3 锈蚀;焊缝浅层轻微开裂;少量连接螺栓、铆钉断裂、缺失
2	混凝土构件	表面存在非结构性开裂,不影响结构受力的蜂窝、空洞、破损、剥落等小型表观缺损
		钢筋保护层厚度不足、脱空、预应力管道灌浆不饱满等内部缺陷
		钢筋存在锈蚀可能
		防腐涂层出现 2~3 级开裂、剥落、起泡、3 级以上粉化且减薄厚度大于初始厚度的 50%、局部破损
3	圬工砌体	表面风化、破损,砌缝开裂、脱落
4	伸缩装置	部件功能性损伤、锚固混凝土轻微破损
5	支座	橡胶保护层开裂、偏压、脱空、剪切变形过大、防尘罩缺失
6	桥涵冲刷	基础冲空、桥台冲刷、过水涵洞冲刷
7	桥涵防水	积水与渗漏
8	桥面铺装	铺装性能衰减与轻微破损

桥梁修复养护的病害与缺陷 表7-48

序号	工程部位		病害与缺陷	病害描述
1	钢构件		耐久性损害	防腐涂层出现 Ri3 及以上锈蚀;3 级以上开裂、剥落或起泡,损坏贯穿整个涂层;缆索防护层破损或失效;防护钢结构湿度超出 50% RH
2	混凝土构件			防腐涂层出现 3 级以上开裂、剥落或起泡,损坏贯穿整个涂层;结构性开裂;锈胀、碱骨料反应、冻融及冲蚀导致的各类剥落
3	上部结构	梁桥	各种原因导致的构件结构性开裂;影响结构受力的大型表观破损;超出设计允许的屈曲、变形或错位;构件达到设计使用年限不适宜延寿	横向联系断裂或不足;混凝土箱梁开裂下挠;钢构件局部屈曲、开裂;钢混结合面脱开、错位
		拱桥		拱脚位移;拱圈与侧墙开裂、掉块、偏位;钢管脱空;吊杆、系杆钢丝锈蚀与断裂、锚头锈蚀与破损
		索桥		缆索体钢丝锈蚀与断裂、锚头或锚固系统锈蚀、破损;缆索断丝;索夹滑动
		涵洞		接缝破损、错台;洞身上部开裂
4	下部结构	墩台		墩台倾斜、水平位移;盖梁、台身结构性开裂;挡块抵死、破损
		涵台		接缝破损、错台、涌砂;台身开裂
		基础		基础不均匀沉降
		地基		承载力不足
5	桥面系			铺装严重破损、正交异性钢桥面疲劳开裂
6	附属设施			伸缩装置错台、断裂、变形、伸缩量不足;支座破损、不均匀鼓凸、功能丧失、承载能力不足;护栏锈蚀、变形、防撞能力不足

6. 桥梁养护时机确定

技术状况评定为 1、2 类的桥梁存在表 7-48 病害时应进行预防养护。预防养护设计应对病害规模进行统计、对病害成因进行分析,明确养护材料指标、关键施工工艺与质量验收标准。对技术状况评定为 3、4 类或通行能力不足的桥梁进行修复养护设计,应包含材料技术要求、病害成因分析、维修加固措施、施工工艺要求与验收标准等内容。

7. 桥梁养护措施选择

《公路养护决策技术规范》(征求意见稿)规定,桥梁养护根据养护对象、公路技术等级交通量、桥梁病害等级等,选择技术可行的养护方案,其典型养护措施见表7-49。

桥涵典型养护措施表 表7-49

养护分类		工程病害	养护措施
桥面系及附属设施		1.桥面铺装层病害	可采取局部修补或整跨重铺措施
		2.伸缩缝出现松动、翘裂、破损、老化或功能失效	应及时修理或更换
		3.桥头搭板脱空、断裂或枕梁下沉引起的桥路连接不顺适	应结合路基病害处治及时修复或重新浇筑搭板
		4.其他：护栏、灯具、交通标志标线、防眩板及隔离栅等病害	出现损坏时应及时维修或更换
上部结构	钢筋混凝土及预应力混凝土	1.结构表面出现混凝土剥落、蜂窝麻面、露筋及钢筋锈蚀等病害	应及时进行钢筋除锈和混凝土修补处理
		2.结构出现非结构性裂缝	在不影响结构安全的前提下可封闭处理
		3.构件出现明显损伤，或产生明显变形和位移	应及时修复或加固
		4.预应力钢束或锚固区存在明显病害	应及时修复或加固
		5.体外预应力钢束失效	应及时更换
		6.主梁挠度超过规定的允许值并有发展趋势	应及时加固或更换构件
		7.支座出现病害或构件失效	应及时处治或更换
		8.典型加固方法	应根据上部结构形式、病害类型、分布和严重程度等确定，可采用施加体外预应力、改变结构体系、增大截面、更换主梁、增强横向整体性、粘贴纤维复合材料或钢板等方法，以及多种方法的组合
	拱桥	（一）圬工拱桥	
		1.结构表面出现风化、剥落	应及时修补
		2.砌体出现孔洞、碎裂、松动、灰缝脱落和渗水等	应及时修补
		3.砌体损坏严重、拱圈强度不足、变形超过限值、拱脚发生明显位移，或拱轴线发生严重变形	应及时加固
		4.加固措施	应根据病害类型、分布和严重程度等确定，可采用增大主拱截面、调整拱上建筑恒载或增强横向整体性等方法

续上表

养护分类		工程病害	养护措施
上部结构		(二)钢筋混凝土拱桥	
	拱桥	1.主拱圈、肋拱、双曲拱、桁架拱、刚架拱等构件表面发生混凝土剥落、露筋等现象	应及时进行钢筋除锈和混凝土修补处理
		2.钢管混凝土结构存在管内混凝土脱空	应及时处治
		3.上部结构各部位出现开裂、破损或渗水等病害	应及时修复或加固
		4.主拱圈、拱肋裂缝宽度超过限值、变形异常、拱顶下挠严重、强度或刚度不足时	应限制或禁止通行,并及时进行加固
		5.加固措施	应根据桥型、病害类型、分布和严重程度等确定,可采用增大截面、粘贴纤维复合材料或钢板、更换吊杆或索杆、增强横向整体性、调整拱上恒载或施加体外预应力等方法
	钢桥	1.钢桥构件涂装层局部破损,当病害面积达到物件面积的10%以上时	应及时处理涂装层病害;当达到10%以上时,整孔、整桥重新涂装
		2.构件出现裂缝、损伤、变形或节点松动等病害	应及时维修、矫正或加固
		3.构件强度或刚度不足	应限制或禁止通行,并应根据专项检查和评定结果,及时进行加固或更换
		4.焊缝出现缺陷	应及时进行返修焊接
		5.钢—混凝土组合梁桥的梁端出现相对滑移,或桥面板受压区混凝土压裂、压碎等病害	应及时修复或加固
		6.加固措施	可采用加焊钢板、型钢、粘贴纤维复合材料、加大连接强度、增加混凝土桥面板厚度或改变结构受力体系等方法
	悬索桥	1.主缆索股、索鞍、吊索等各构件的保护层	应定期涂刷防锈油漆、更换或补充油脂,出现锈蚀或防护层开裂、剥落时,应及时修复
		2.螺栓出现松动	螺栓应定期紧固,出现松动应及时紧固,损坏时应及时更换
		3.主缆线形有异常变化、出现明显受力偏差、松弛或过紧	应进行专项检查和评定,并及时调整
		4.索鞍出现松动或损坏时	应及时紧固或更换
		5.吊索出现明显摆动、倾斜、受力发生变化或索夹发生移位等情况;吊索断丝超过5%、索体严重锈蚀、锚头发生裂纹或破损、索夹或减震装置失效	应及时检修或更换
		6.其他加固措施	根据结构状况和加固需要,还可采用增设斜拉索、设置中央扣、加强加劲梁风扣等方法

续上表

养护分类		工程病害	养护措施
上部结构	斜拉桥	1.锚固系统的防护油、防水垫圈、阻尼垫圈、钢护筒、锚具及其构件存在开裂变形时	应定期更换、防腐处理,无法修复时应及时更换
		2.拉索钢丝出现局部锈蚀、护套出现表层裂缝;拉索钢丝严重锈蚀、断丝超过2%或索力超出安全限值	应进行修复或更换
		3.拉索线形有异常变化或索力偏差超过10%时	应进行专项检查和评定,并应及时调整或更换
		4.拉索振幅过大	当无减振装置时,应增设减振装置;当有减振装置时,应及时修复或更换
		5.其他加固方法	还可采用增设辅助墩或纵横向主梁限位装置等方法
下部结构		1.墩台各部位表面出现混凝土剥落、蜂窝麻面、露筋及钢筋锈蚀等病害	应及时进行修复
		2.墩台发生异常变位或出现裂缝	应查明原因并采取针对性加固措施。因墩台基础病害造成时,应先处理基础病害,再对墩台进行加固
		3.圬工砌体出现砌缝脱落时或砌体严重风化、鼓凸或损坏时	应重新勾缝或加固改造
		4.桥梁墩柱加固措施	桥梁墩柱加固:可采用增大截面、钢套管内灌注混凝土、粘贴纤维复合材料或钢板等方法; 台身加固:可采用外包钢筋混凝土外箍、更换台后填土、增设辅助挡墙或框架梁加注浆锚杆等方法
		5.基础出现结构性裂缝、异常变位或承载力不足;基础冲刷过深或基底局部掏空;桩基础存在颈缩、露筋、钢筋锈蚀等病害;高寒地区桩基础发生浅桩冻拔或深桩环状冻裂时	应及时修复或加固
		6.基础加固措施	可采用增大基础底面积、增大桩头面积、增加基桩或增设支撑梁等方法

续上表

养护分类	工程病害	养护措施
涵洞	1.洞内及洞口排水设施出现淤积、积雪或积冰;涵洞各部位出现局部破损、渗漏水、基础沉陷或洞口冲刷等病害	应及时清除、疏通维修
	2.涵洞病害严重、承载能力或排水功能不足时	应及时加固或改建
	3.调治构造物发生局部损坏、坡面变形、砌体开裂或基础冲刷时	应及时修复或加固
调治构造物及其他工程	1.调治构造物发生局部损坏、坡面变形、砌体开裂或基础冲刷时	应及时修复或加固
	2.调治构造物位置不当,数量、长度不合理,或因外部条件改变无法满足功能需求时	应进行改建或增建

五、隧道养护决策分析

隧道养护维修决策工作是通过检查和监测工作,系统地掌握隧道设施、设备的运行状况,及时发现病害缺陷,并通过制定科学的养护维修计划,指导养护维修工作,确保隧道安全运营,延长设施设备使用寿命。

1.资料收集和分析

检查人员应对有关的技术资料、档案进行调查,并对隧道周围的地质及地表环境等展开实地调查。对公路隧道进行定期检查,收集检查结果,并调查隧道交通运营状况、结构和设施技术状况以及病害程度、围岩地质条件等资料。

2.隧道技术状况调查与检测

按照《公路隧道养护技术规范》(JTG H12—2015)的规定,土建结构检查应包括经常检查、定期检查、应急检查和专项检查。

经常检查宜采用人工与信息化手段相结合的方式,配以简单的检查工具进行,及时发现早期缺损、显著病害或其他异常情况,确定对策措施。经常检查以定性判断为主,检查内容和判定标准宜按表7-50执行。经常检查破损状况判定分三种情况:情况正常、一般异常、严重异常。

经常检查内容和判定标准　　表7-50

项目名称	检查内容	判定描述	
		一般异常	严重异常
洞口	边(仰)坡有无危石、积水、积雪;洞口有无挂冰;边沟有无淤塞;构造物有无开裂、倾斜、沉陷等结构开裂、倾斜、沉陷、错台、起层、剥落;渗漏水	存在落石、积水、积雪隐患;洞口局部挂冰;构造物局部开裂、倾斜、沉陷,有妨碍交通的可能洞口	坡顶落石、积水浸流或积雪崩塌;路口挂冰掉落路面;构造物因开裂、倾斜或沉陷而致剥落或失稳;边沟淤塞,已妨碍交通

续上表

项目名称	检查内容	判定描述	
		一般异常	严重异常
洞门	结构开裂、倾斜、沉陷、错台、起层、剥落;渗漏水(挂冰)	侧墙出现起层、剥落;存在渗漏水或结冰,尚未妨碍交通	拱部及其附近部位出现剥落;存在喷水或挂冰等,已妨碍交通
衬砌	结构裂缝、错台、起层、剥落	衬砌起层,且侧壁出现剥落状况,尚未妨碍交通,将来可能构成危险	衬砌起层,且拱部出现剥落状况,已妨碍交通
	渗漏水	存在渗漏水,尚未妨碍交通	大面积渗漏水,已妨碍交通
	挂冰、冰柱	存在结冰现象,尚未妨碍交通	拱部挂冰,形成冰柱,已妨碍交通
路面	落物、油污;滞水或结冰;路面拱起、坑槽、开裂错台等	存在落物、滞水、结冰、裂缝等,尚未妨碍交通	拱部落物,存在大面积路面滞水、结冰或裂缝等,已妨碍交通
检修道	结构破损;盖板缺损;栏杆变形、损坏	栏杆变形、损坏;盖板缺损;结构破损,尚未妨碍交通	栏杆局部毁坏或侵入建筑限高;道路结构破损,已妨碍交通
排水设施	缺损、堵塞、积水、结冰	存在缺损、积水或结冰,尚未妨碍交通	沟管堵塞,积水漫流,结冰,设施缺损严重,已妨碍交通
吊顶及各种预埋件	变形、缺损、漏水(挂冰)	存在缺损、漏水,尚未妨碍交通	缺损严重,或从吊顶板漏水严重,已妨碍交通
内装饰	脏污、变形、缺损	存在缺损,尚未妨碍交通	缺损严重,已妨碍交通
标志、标线、轮廓线	是否完好	存在脏污、部分缺失,可能会影响交通安全	基本缺失或严重缺失,影响行车安全

当经常检查中发现隧道存在一般异常情况时,应进行监视、观测或做进一步检查;当经常检查中发现隧道存在严重异常情况时,应采取措施进行处治;当对其产生原因及详细情况不明时,尚应做定期检查或专项检查。预防养护的检测与调查,应按《公路隧道养护技术规范》(JTG H12—2015)规定的定期检查内容开展,还应符合《公路养护工程设计规范》(征求意见稿)中的要求,见表7-51。

隧道预防养护专项检测项目　　　　　　　　　　　　　　　　表7-51

病害与缺陷	检测类型	检测内容
裂缝	裂缝计、现场调查	裂缝的位置、宽度、长度、深度等
渗漏水	现场调查、pH值检查等	漏水位置、程度、水量,防排水系统的堵塞、破坏情况
表层剥落和腐蚀	现场调查	衬砌表面腐蚀情况,涂装层或混凝土保护的起层、脱落和剥落情况

通过定期检查,系统掌握结构技术状况和功能状况,开展土建结构技术状况评定,为制订养护工作计划提供依据,定期检查需要配备必要的检查工具或设备,进行目测或量测检查。检查时,应尽量靠近结构,依次检查各个结构部位,注意发现异常情况和原有异常情况的发展变化;对有异常情况的结构,应在其适当位置做出标记;此外,检查结果记录宜量化。

通过应急检查,及时掌握结构受损情况,为采取对策措施提供依据,应根据受异常事件影响的结构,决定采取的检查方法、工具和设备。应急检查的内容和方法原则上应与定期检查相同,但应针对发生异常情况或者受异常事件影响的结构或结构部位做重点检查,以掌握其受损情况。检查的评定标准,应与定期检查相同。当难以判明缺损的原因、程度等情况时,应做专项检查。检查结果的记录,应与定期检查相同。检查完成后,应编制应急检查报告,总结检查内容和结果,评估异常事件的影响,确定合理的对策措施。

按照《公路隧道养护技术规范》(JTG H12—2015)规定,通过专项检查,完整掌握缺损或病害的详细资料,为其是否实施处治以及采取何种处治措施等提供技术依据,检查的项目、内容,应根据经常检查、定期检查或应急检查的结果有针对性地确定,可按表7-52选择执行。按照《公路养护工程设计规范》(征求意见稿)中的要求,针对隧道的修复养护,开展隧道修复养护的调查与专项检测,查明养护段落的病害类型、范围、程度和成因,根据隧道病害特点针对性地选择表7-53所列的检测内容。设计前宜对检测结果进行必要的现场验核。

专项检查项目表 表7-52

检查项目		检查内容
结构变形检查	公路线形、高程检查	公路中线位置、路面高度、缘石高度以及纵、横坡度等测量
	隧道横断面检查	隧道横断面测量、周壁位移测量(与相邻或完好断面比较)
	净空变化检查	隧道内壁间距测量(自身变化比较)
裂缝检查	裂缝调查	裂缝的位置、宽度、长度、开展范围或程度等
	裂缝检测	裂缝的发展变化趋势及其速度;裂缝的方向及深度等
漏水检查	漏水调查	漏水的位置、水量、浑浊、冻结及原有防排水系统的状态等
	漏水检测	水温,pH值检查、电导度检测、水质化学分析
	防排水系统	拥堵、破坏情况

隧道修复养护专项检测项目 表7-53

序号	病害类型	病害检测位置	检测类型	检测项目
1	衬砌结构类	裂缝检查	裂缝计、超声法、钻芯法、现场调查	裂缝的位置、宽度、长度、深度等
		漏水检查	现场调查、pH值检查等	漏水位置、水量,防排水系统的堵塞、破坏情况
		横断面检查	断面仪或全站仪	断面内轮廓
		材质检查	地质雷达法、钻芯法	混凝土强度、厚度、钢筋、保护层厚度等
		衬砌背后空洞	地质雷达法、钻芯法	空洞位置和大小

续上表

序号	病害类型	病害检测位置	检测类型	检测项目
2	隧底结构类	电缆沟检查	现场调查	侧壁倾斜、盖板倾斜
		路面检查	现场调查、断面仪或全站仪	隆起或底鼓、路面开裂
		仰拱检查	钻芯法、地质雷达法	仰拱及回填厚度
3	洞口工程类	洞门墙检查	现场调查	墙体沉降、倾斜、开裂、渗漏水、挂冰等
		边仰坡检查	现场调查	坡面破损、局部垮塌和坡体失稳
		安全影响检查	现场调查	安全影响检洞口落石、滚石、崩塌、水害等

3. 隧道技术状况评定

按《公路隧道养护技术规范》(JTG H12—2015)中的规定,根据制订的隧道检查计划进行隧道现场检查,对各项检查指标的技术状况进行评定,并依据各检查指标的技术状况评定结果按照相关评定模型计算隧道土建结构、机电设施、其他工程设施的技术状况,最后进行全隧总体技术状况评定。完成评定后相关资料按规定归档。公路隧道检查及技术状况评定工作流程如图7-4所示。

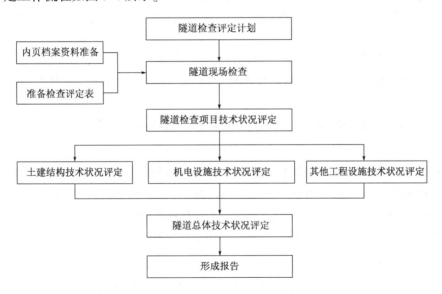

图7-4 公路隧道技术状况评定工作流程图

(1)隧道检查分为日常巡查、经常检查、定期检查、应急检查和专项检查。

①日常巡查是对公路隧道正常使用和安全通行进行的日常巡视检查工作,每日不少于一次。

②经常检查是指对隧道及其附属设施的外观进行的一般性检查,是养护维修工作的

基础。经常检查要求技术人员步行，采用目测的方法并配以简单的检查工具进行，检查以定性判断为主。通过日常检查，及时发现隧道设施、设备早期缺陷、显著病害或其他异常情况，为科学、合理安排养护维修工作计划目标做准备。

③定期检查是按规定周期对隧道设施、设备及其附属构造物进行全面检查，系统掌握基本技术状况，评定隧道设施、设备及其附属构造物状态，为制订下一阶段养护维修工作计划提供依据。

④应急检查是指隧道遭遇自然灾害、发生交通事故或隧道保护区域大型施工等外力作用后，对遭受影响的隧道结构立即进行详细勘察、检查，及时掌握结构受损情况，为下一步采取针对性对策提供依据。

⑤专项检查是针对难以判别的损坏原因、缺损的程度和需要，确保承载能力的结构，对病害进行专门的现场试验检测、验算与分析等鉴定工作。

(2)公路隧道技术状况评定包括隧道土建结构、机电设施、其他工程设施技术状况评定和总体技术状况评定。

①土建结构技术状况评定应根据检查资料综合考虑洞门、结构、路面和附属设施等各方面的影响，确定隧道土建结构的技术状况等级，土建结构技术状况评定分为1类、2类、3类、4类和5类。

②机电设施技术状况评定应根据日常巡查、经常检修和定期检修资料，结合设备完好率统计，确定机电设施的技术状况等级，机电设施技术状况评定分为1类、2类、3类和4类。

③其他工程设施技术状况评定应根据设施完好程度、损坏发展趋势、设施使用正常程度等检查结果，确定其他工程设施的技术状况等级，其他工程设施技术状况评定分为1类、2类和3类。

④公路隧道总体技术状况评定分为1类、2类、3类、4类和5类。

4. 隧道技术状况预估

隧道的技术状况预估关键在于收集设计、施工以及隧道损坏状况等数据，并且选择贴合工程实际的技术状况预估模型。主要采用的技术状况预估模型包括灰色突变预测模型、结构状态转移的预测模型、韦布尔(Weibull)分布残存曲线预测模型、隧道技术状况指标预测的马尔可夫模型，这几种模型已经在第四章中详细介绍。

5. 隧道养护对策确定

根据《公路隧道养护技术规范》(JTG H12—2015)，隧道养护维修工作贯彻"预防为主，防治结合，安全至上"的原则，根据对隧道技术状况的评定分类，以及当地水文资料、围岩地质条件、气候、交通量等实际情况，采取预防性、经常性的保养和维修措施，使公路隧道始终处于良好的技术状况。

(1)对评定划定的各类隧道土建结构，应分别采取不同的养护决策：

①1类隧道应进行正常养护。

②2 类隧道或存在评定状况值为 1 的分项时,应按需进行保养维修。
③3 类隧道或存在评定状况值为 2 的分项时,应对局部实施病害处治。
④4 类隧道应进行交通管制,尽快实施病害处治。
⑤5 类隧道应及时关闭,然后实施病害处治。
⑥重要分项以外的其他分项评定状况值为 3 或 4 时,应尽快实施病害处治。
(2)对评定划定的公路隧道总体,应分别采取不同的养护决策:
①1 类隧道应进行正常养护。
②2 类隧道应对结构破损部位进行监测或检查,必要时实施保养维修。
③3 类隧道应对结构破损部位进行重点监测,并对局部实施保养维修。
④4 类隧道应尽快实施结构病害处治措施。
⑤5 类隧道应及时关闭隧道,实施病害处治,特殊情况需进行局部重建或改建。

根据《公路养护决策技术规范》(征求意见稿)要求,隧道养护范围应包括隧道土建结构、机电设施及其他工程设施,应加强日常养护、预防养护及机电设施的维护工作。本书仅对土建部分养护对策进行介绍,隧道典型病害及养护措施见表 7-54。

隧道典型病害及养护措施 表 7-54

结构类型	养护类别	工程病害	养护措施
隧道	土建结构	洞口和半山洞内出现碎落石、积雪、积冰、积水及隧道内外杂物等	应及时定期清洁、保养结构物及各类附属设施
		隧道渗漏水	及时疏通排水系统
		洞口仰坡出现冲刷、风化剥落或碎落坍塌等病害时	应及时清理处治、修复或加固
		明洞顶出现危石或有崩塌可能时	应及时清除或采取保护性开挖措施
		隧道洞身加固措施	根据病害类型、分布和严重程度等,可采用注浆加固、套拱加固、换拱加固、隧底加固等单项或组合方法
		隧道内外排水堵塞	出现损坏或功能失效时,应及时修复

《公路养护工程设计规范》(征求意见稿)重点对预防养护、修复养护和应急养护工程设计做出规定。专项养护主要是针对阶段性重点工作实施的专项公路养护治理项目,其作业内容一般由地方结合阶段性重点工作自行确定,工程对象和内容存在不确定性,因此其设计一般参照修复养护,并根据工作要求编制相应的技术指南指导设计。

(1)预防养护

参考隧道预防性研究的有关成果,把衬砌表面涂装、裂缝修补、渗漏水处理、剥落和掉块的预防处理纳入预防养护内容,以达到延缓隧道病害发展速度和延长隧道使用年限的目的。隧道预防养护主要病害类型见表 7-55。

隧道预防养护的病害与缺陷　　　　　　　　　　　　　　　　表 7-55

序号	病害类型	病害描述
1	表面剥落和腐蚀	混凝土腐蚀、衬砌表面涂装层掉块或脱落、钢筋混凝土衬砌保护层起层和剥落
2	衬砌开裂	衬砌表面出现环向和纵斜向裂缝、表面网状开裂等
3	隧道渗漏水	衬砌表面出现浸渗、漏水、挂冰或冰柱等现象

（2）修复养护

隧道的技术状况评定方法和养护对策，参考《公路隧道养护技术规范》（JTG H12—2015）实施。3 类隧道应局部实施养护设计，4 类隧道应尽快实施养护设计并进行交通管制，5 类隧道应立即实施并关闭隧道。隧道修复养护的病害与缺陷见表 7-56。

隧道修复养护的病害与缺陷　　　　　　　　　　　　　　　　表 7-56

序号	病害部位		病害及缺陷
1	衬砌结构类		混凝土强度不够、厚度严重不足、严重开裂渗漏水、网状开裂或局部可能掉块等
2	隧道结构类		隧底翻浆冒泥、路面底鼓或隆起、路面纵斜向严重开裂、不均匀沉降、电缆沟侧壁严重倾斜变形等
3	洞口工程类	洞门结构	洞门墙体沉降、倾斜、开裂、渗漏水、挂冰等
		洞口边仰坡	坡面破损、局部垮塌和坡体失稳等
		洞口安全影响区	洞口落石、滚石、崩塌、水害等

6. 隧道养护时机确定

（1）预防养护的时机

当技术状况评定类别为 2 类、3 类或重要结构分项评定状况值为 2 时，为预防性养护的最佳时机。

（2）修复养护的时机

隧道技术状况评定类别为 3 类及以上时，应适时启动修复养护设计。病害原因复杂、处治规模过大或养护实施条件受限时，可对病害进行分级，按一次设计分段分期实施，并做好重点隐患段落的安全监测专项方案。应先调查隧道交通量和路网概况，制定有效的交通管制方案与安全保障措施。再采用工程类比法对修复养护设计参数进行选择，必要时进行结构验算。

7. 隧道养护措施选择

（1）清洁养护

按照现行《公路隧道养护技术规范》（JTG H12—2015）的相关规定，隧道清洁应综合考虑隧道养护等级、交通组成、结构物脏污程度、清洁方式及效率和环境条件等因素以确定清洁方案和频率。按照养护等级，隧道清洁维护频率宜不低于表 7-57 和表 7-58 规定的频率。

高速公路、一级公路隧道清洁频率　　　　　　　　　　　　表7-57

清洁项目	养护等级		
	一级	二级	三级
路面	1次/d	2次/周	1次/旬
内装饰、检修道、横通道、标志、标线、轮廓标	1次/月	1次/2月	1次/季度
排水设施	1次/季度	1次/半年	1次/半年
顶板	1次/半年	1次/年	1次/2年
斜井	1次/半年	1次/年	1次/2年
侧墙、洞门	1次/2月	1次/季度	1次/半年

二级及二级以下公路隧道清洁频率　　　　　　　　　　　表7-58

清洁项目	养护等级		
	一级	二级	三级
路面	1次/周	1次/半月	1次/月
内装饰、侧墙、洞门、检修道、横通道、标志、标线、轮廓标	1次/季度	1次/半年	1次/年
排水设施	1次/半年	1次/年	1次/年
顶板	1次/年	1次/2年	1次/3年
斜井	1次/年	1次/2年	1次/3年

(2) 土建结构的保养养护

保养维修的工作内容主要包括预防性地对结构物进行维护,修复结构物轻微破损,以保持结构物的完好状态。应对土建结构经常检查和定期检查发现的一般性异常和技术状况值为2以下的状况,进行保养维修。

寒冷地区隧道尚应进行下列保养维护:

①寒冷地区隧道的防冻保温设施应做好保养维护,当有损坏时,应及时维修,保证其正常使用功能。

②洞口设有防雪设施的隧道,应做好防雪设施的保养维护,并在大雪降临前完成设施的维修加固;冬季应及时清除洞口处积雪。

(3) 土建结构的病害处治

病害处治主要技术工作程序包括:检查、评定、设计、施工和验收。检查评定工作的重点是对结构各分项分段检查、分析病害产生原因,为处治设计提供依据。

选定病害处治方法,重要的是要正确把握病害产生的原因。为了找出病害的原因,有必要将有关隧道设计和施工技术资料、地质资料和病害发生至今的过程做综合分析和研究。隧道病害的原因大体分类如下:①松弛土压(含突发性崩溃);②偏压;③地层滑坡;④膨胀性土压;⑤承载力不足;⑥静水压;⑦冻胀力;⑧材质劣化;⑨渗漏水;⑩衬砌背面空隙;⑪衬砌厚度不足;⑫无仰拱。隧道典型养护措施见表7-59。

隧道典型养护措施

表7-59

处治方法	病害原因											病害现象特征	预期效果
	外力引起的变化							材料劣化	渗漏水	其他				
	松弛压力	偏压	地层滑坡	膨胀性土压	承载力不足	静水压	冻胀力			衬砌背面空隙	衬砌厚度不足	无仰拱		
衬砌背后注浆	★	★	★	★	★	★	★	★	○	★	★		①衬砌裂纹、剥离、剥落;②支护结构有脱空	初期支护与岩体结合,二次衬砌与初期支护紧密结合,荷载作用均匀,衬砌和围岩稳定
防护网	○							★					①衬砌裂纹、剥离、剥落;②衬砌材料劣化	防止衬砌局部劣化
喷射混凝土	☆	☆	☆	☆	☆	○	○	☆					①衬砌裂纹、剥离、剥落;②衬砌材料劣化	防止衬砌局部劣化
施作钢带	☆	☆	☆	☆	☆	○	☆	○					①衬砌裂纹、剥离、剥落;②衬砌材料劣化	防止衬砌局部劣化
锚杆加固	★	★	★	★	★		☆						①拱部混凝土和侧壁混凝土裂纹,侧壁混凝土挤出;②路面裂缝,路基膨胀	①岩体改善后岩体稳定性提高,防止松池压力;②通过施加预应力,提高承受膨胀性土压和偏压的强度
排水止水	○	○	☆	○	○	★	★	○	★				①衬砌裂纹或施工缝漏水增加;②随着漏水流出大量沙土	①防止衬砌劣化,保持美观;②恢复排水系统功能,降低水压
凿槽嵌设或直接增设钢拱	★	★	★	★	★		★	★					①衬砌裂纹、剥离、剥落;②衬砌材料劣化	增加衬砌刚度,衬砌抗剪、抗压强度得到提高
套拱	○	☆	☆	☆	☆	○	○	☆			★		①衬砌裂纹、剥离、剥落;②衬砌材料劣化	由于衬砌厚度增加,衬砌抗剪强度得到提高

续上表

处治方法	病害原因													病害现象特征	预期效果
	外力引起的变化							材料劣化	渗漏水	其他				
	松弛压力	偏压	地层滑坡	膨胀性土压	承载力不足	静水压	冻胀力			衬砌背面空隙	衬砌厚度不足	无仰拱		
隔热保温							★						①拱部混凝土和侧壁混凝土裂缝,侧壁混凝土挤出;②随季节变化而变动	①由于解冻,防止衬砌劣化;②防止冻胀压力的产生
滑坡整治		○	★										①衬砌裂缝,净空宽度缩小;②路基膨胀	防止岩层滑坡
围岩压浆	○	★	★	★	★	○	○	○	☆	☆		☆	①拱部混凝土和侧壁混凝土挤出;②路面裂缝,路基膨胀	周边岩体改善,提高了岩体的抗剪强度和黏结力
灌浆锚固	☆	★	★	★	★	○	☆				○	★	①拱部混凝土和侧壁混凝土挤出;②路面裂缝,路基膨胀	由于施加预应力,提高偏压岩层的强度
隧底加固		☆	☆	☆	☆	○	○		☆	☆		★	①拱部混凝土和侧壁混凝土挤出;②路面裂缝,路基膨胀	提高对膨胀岩围岩压力和偏压围岩压力的抵抗力
更换衬砌		☆	☆	☆	☆			★	☆	☆	★	★	①拱部混凝土和侧壁混凝土挤出;②路面裂缝,路基膨胀	更换衬砌,提高耐久性

注:★—对病害处治非常有效的方法;○—对病害处治较有效的方法;☆—对病害处治有些效果的方法。

上述病害原因很少单独出现,大部分为几种原因重复出现,设计的欠缺、材料性质和施工不当,常常会引起病害。在选定病害处治方法时,对表中各项处治方法要进行综合研究,充分考虑单项和组合的处治方法,并且应考虑到施工时的交通管理、安全和工期。

病害隧道往往存在结构失稳风险,对施工人员和行人、行车安全均有威胁,因此有必要将风险管理引入病害处治工程中,并制订专门的应急预案。病害处治工程依然是一种隧道工程,鉴于隧道工程的复杂性和不可预知性,其处治依然应遵循信息化设计和动态施工的思想和原则。

运营隧道病害处治施工不可避免会对行人和行车造成干扰,因此在制订处治方案和措施时,应以保证运营和施工安全为前提,尽量减少施工与行车的相互影响,制订可靠的安全措施和周密的交通组织设计,确保行车和施工人员的安全。

按照《公路隧道养护技术规范》(JTG H12—2015)中的相关规定,公路隧道是土建结构和机电设施的集合体,在制订处治方案和措施时,应尽量减少施工对机电设施的影响,在施工完毕后应恢复机电设施、排水设施及附属设施。

六、沿线设施决策分析

《公路养护决策技术规范》(征求意见稿)规定,沿线设施养护对策如表7-60所示,养护措施如表7-61所示。

沿线设施养护对策　　　　　　　　　　　　　　　表7-60

沿线设施	日常养护		修复养护	
	日常养护	日常维修	预防养护	修复养护
防护设施	—	√	—	√
隔离栅	—	√	—	√
标志	√	√	—	√
标线	—	—	—	√
公路沿线绿化	√	—	—	√

沿线设施养护措施　　　　　　　　　　　　　　　表7-61

养护类别	工程病害	养护措施
交通安全设施	当交通安全设施技术状况等级为中、次,局段落出现损坏或设施局部丧失使用功能时	实施修复养护或更换
	交通标志出现版面不清晰、视认性不良、版面遮挡、支撑件出现歪斜变形时	应及时进行清理、修复或更换
	标线出现局部脱落或出现明显褪色	应重划标线
	波形梁钢护栏出现部件缺损、锈蚀、松动或立柱倾斜等缺陷	应进行修复、加固或更换

续上表

养护类别	工程病害	养护措施
交通安全设施	水泥混凝土护栏出现明显裂缝、破损或变形等缺陷	应进行修复、加固或更换
	缆索护栏出现部件缺损、锈蚀、明显变形、松动或立柱倾斜等缺陷	应进行修复、调整或加固
	因路面加铺导致护栏高度不足时	应增加护栏高度
	轮廓标、诱导标等出现破损、缺失或反光色块剥落	应进行修复、更换或补设
	隔离栅和防落网出现断丝、锈蚀,或隔离栅立柱出现损坏、倾斜等缺陷	应进行修复或加固
	防眩板出现部件缺失、污损或松动等缺陷	应进行修复、加固或更换
服务设施	服务设施养护范围包括服务区、停车区和客运汽车停靠站及其房屋建筑、停车场、公共厕所、加油站和维修站等配套设施,以及服务区域的污水、垃圾处理等附属设施	应保持各项设施及设备完好、齐全,环境整洁,服务功能、使用功能和安全满足设计要求
管理设施	管理设施养护范围应包括监控、通信、收费、供配电、照明、监测系统、通风、消防等机电设施,以及管理中心、管理站、养护工区或养护道班等管理养护设施	应保证各项设施及设备完好、齐全,环境整洁,服务功能、使用功能和安全满足设计要求

第三节 网级公路资产养护维修排序与优化决策

一、概述

网级决策面向一个地区(省、市)的公路网或一大批工程项目,主要目的是为管理部门在进行关键性的行政决策时提供对策,任务包括:

(1)性能检测——路网内道路设施技术状况检测;
(2)技术分析——路网内道路设施技术状况的分析和预估;
(3)路网规划——确定路网内需要养护、改建和新建的项目;
(4)计划安排——这些项目应进行养护、改建和新建的时间,各项目的优先排序;确定项目内需要养护的结构;

(5) 预算编制——路网达到不同预定服务水平时,各年度所需的投资额;

(6) 资源分配——各行政区域或不同等级道路或养护、改建和新建之间的资源分配。

与项目级公路资产养护维修决策不同,网级公路资产养护维修决策包括财政规划和项目规划两部分。财政规划主要是分析路网维持在某种技术状况水平上的投资需求和预算受限制时因技术状况降低导致用户费用增加等。项目规划则是在财政规划所确定的最佳投资规模和技术状况水平的约束下,决定路网内诸项目在何时采用何种养护维修措施以使路网效益最大。为达到这一目标,所有决策方案都必须评估不同养护维修措施的净效益差异。从公路管理者角度来讲,效益一般指的是公路技术状况、路网整体服务水平以及运输能力的提高。一般讲,系统要求将所有的效益和费用以货币的形式来衡量,但路网技术状况、通行能力与服务水平等难以完全用货币的形式来充分表达。为克服这一困难,一些公路机构开始采用非货币形式来评估某一决策的"效益"。

无论财政规划还是项目规划,均需要依靠数学优化模型来解决养护维修资金需求与项目养护计划安排。网级公路资产养护决策的任务就是同时考虑路网内每个项目的对策方案和采取的措施的时间,运用合适的数学优化模型,提供在规划期内可使整个路网得到最大效益的最佳对策方案。由此可见,最优化是网级公路资产养护维修决策的核心内容。

根据决策问题的具体要求和条件建立完备的数学模型是网级公路养护维修决策好坏的关键。然而完备的数学模型需要不断地修改与补充,其求解过程与计算规模是相当惊人的。因此,在解决实际工程中必须对问题加以适当的抽象和简化,不同的简化方法将得到不同的数学优化模型和计算结果。随着计算机技术的发展与工程优化问题的日益复杂,数学规划法、动态规划法、近似优化法、遗传算法等优化算法在路网养护维修中得到了广泛的应用。无论采用何种优化模型或优化算法,都必须从路网养护维修的实际需要出发,切忌片面追求模型上的完美,而忽略工程实际。下面简要介绍一下各种数学优化方法原理及其在网级公路资产养护维修决策中的应用。

二、项目排序

排序模型通常是先初步安排改建的时间和选择改建的对策,然后考虑预算的约束和优先次序的要求,决策一年或多年的项目规划改建时间的安排,可以遵循某一事先设定的标准进行。例如,采用某一技术状况标准(路面状况指数 $PCI = 40$),当路段路面的 PCI 低于此标准时,该路段即需采取改建措施。这时,改建时间和改建对策是分开考虑的,通常采用使用性能参考进行各项目的排序。也可事先不设定安排改建时间的标准。例如,采用经济分析参数进行排序时,改建时间和改建对策的确定是同时进行的。下面,分别介绍这两种排序模型。

1. 按技术状况参数排序

这种排序模型的第一阶段是鉴别路网内需采取改建措施的路段(项目)。为此,需要设定一个鉴别标准。通常,选用一个或几个技术状况参数(路面损坏状况指数 PCI、路面行驶质量指数 RQI 等)作为标准。如果是年度项目计划,则利用此标准筛选出路网内下年度需采取改建措施的路段,余下的即需在以后采取改建措施的路段。如果是多年规划,则除了鉴别标准外还需要路面技术状况预估模型。利用此模型,可以预估各路段路面的技术状况在何时达到需采取措施的标准,由此确定各路段的改建时间(图 7-5),进而把路网内的路段按改建年份划分为相应的类组。

确定哪些路段需改建后,下一阶段便是为各改建路段选择相应的改建对策。对策选择可以依据经验,也可以在寿命周期费用分析的基础上进行。确定了需改建项目和改建对策,就可编制初步的年度计划或多年规划。但这时可能遇到三种情况:改建所需的资金同预算额相匹配,或者低于预算额,或者超出预算额。通常发生第三种情况。这时,需将这些项目按预先设定的优序原则进行排序,确定因预算额不敷而转入下 年度的项目。

可以按照决策者的工程经验判断来确定各项目的优先顺序。这种方法虽然很简便,但是经验因人、因时、因地而异,随意性较大。如果对这些经验判断进行分析研究,提出影响经验判断的主要因素,使之定量化,在这基础上制定出优序的规则,那么,利用这些规则进行项目排序,就可以得到比较稳定的结果,并且还可以通过实施效果的反馈而不断改善排序规则。

影响排序的主要因素首先是路面的技术状况。平整度越差、损坏状况越严重或结构强度越显不足的

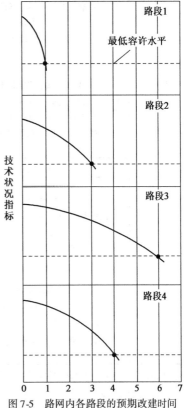

图 7-5 路网内各路段的预期改建时间

路段,其改建的迫切性就越大,因为通过路况改善而可得到的收益越大。其次,公路等级和交通量大小也有重大影响。同等技术状况水平的路段,公路等级高和交通量大的路段应予优先考虑,因为用户因路况改善而得到的收益要比其他路段的大。此外,还可考虑其他因素,如环境、政治等。

改建项目的排序步骤如下:首先依据当地工程经验,分析各主要影响因素,选择其中最主要的几项,然后分别赋予优先考虑的序列,从而制订出改建项目的优先排序原则和排序表。例如,表 7-62 所列为美国加利福尼亚州路面管理系统中所采用的改建项目优先排序表。它选用平整度、路面损坏程度和平均日交通量三项因素作为影响排序的主要因素。根据当地养护工作的经验,对这三项因素提出了定量分等的界线(平整度分为差和好二等,以 45 为界;结构性损坏分为差、中和好三等;日交通量分为重、中和轻三等)。而后,按平整度、日交通量和结构性损坏的优先序列以及按各因素的分等序列,排列组合的优先序列见表 7-62。

美国加利福尼亚州路面管理系统中改建项目优先排序　　　　表 7-62

问题类型		平均日交通量		
		>5000	1000~5000	<1000
平整度差，≥45	严重结构性损坏，平整度差 柔性：龟裂 = 11%~29% 和修补面积 >10%； 或龟裂≥30%； 刚性：第三阶段裂缝≥10%	①	②	⑪
	中等结构性损坏，平整度差 柔性：龟裂 = 11%~29% 和修补面积≤10%； 或龟裂≤10% 和修补面积 >10%； 或龟裂 = 10% 和修补面积 >20%	③	④	⑫
	仅平整度差	⑤	⑥	
平整度好，<45	严重结构性损坏 柔性：龟裂 = 11%~29% 和修补面积 >10%； 或龟裂≥30%； 刚性：第三阶段裂缝≥10%	⑦	⑧	⑬
	中等结构性损坏 柔性：龟裂 = 11%~29% 和修补面积≤10%； 或龟裂≤10% 和修补面积 >10%； 或龟裂 = 0% 和修补面积 >20%	⑨	⑩	⑭

注：数字①~⑭表示改建项目的优先排序。

另一种使各主要因素对排序的影响定量化的方法，采用由有经验人员进行评分的办法，通过统计分析建立优先排序同各影响因素间的回归方程。这种方法类似于 AASHTO 试验路建立现时服务能力指数（PSI）公式时所采用的方法。其步骤可简述如下：

（1）选择认为对排序有重要影响的变量，如路面损坏状况指数（PCI）、平整度（或行驶质量指数 RQI）、日平均交通量、气候条件或路面类型等。

（2）确定这些变量的分等数和等级划分的标准。如果没有发现有非线性影响关系，一般仅需划分为高、低两级。

（3）为评分者准备一份详细的评分须知，对各变量的分级标准作明确的定性和定量描述。

（4）列出这些影响变量的全因子表（表 7-63）。在全因子表中适当地选择一部分因子（如表中打×的），以减少所考虑变量的组合数，从而减少评分表格的数量。

（5）设计评分表格。把所需要评分的路段（也即条件符合表中打×的路段）分为几组，每组不超过 12 个路段（最佳数为 8~12 个），每张表 1 组，见表 7-64。

影响因子变量　　　　　　　　　　　　　　　表7-63

路面类型		刚性				柔性			
路面损坏状况		严重		轻		严重		轻	
平整度		好	差	好	差	好	差	好	差
气候条件	交通等级	—	—	—	—	—	—	—	—
潮湿	有冰冻 重	×			×	×	×		
	有冰冻 轻		×	×		×			×
	无冰冻 重			×		×			×
	无冰冻 轻	×			×		×	×	
干燥	有冰冻 重		×	×		×			×
	有冰冻 轻	×			×		×	×	
	无冰冻 重	×			×		×	×	
	无冰冻 轻		×	×		×			×

优先次序评分表　　　　　　　　　　　　　　表7-64

路段编号	路面类型	环境条件	交通等级	路面损坏状况	平整度	应否改建	改建优先评分
258	刚	干、无冰冻	轻	严重	差	是_否_	
213	柔	湿、有冰冻	轻	严重		是_否_	
206	柔	湿、有冰冻	重	严重	是	是_否_	
231	柔	湿、无冰冻	轻	轻度	好	是_否_	
235	刚	干、有冰冻	重	轻度	好	是_否_	
249	刚	干、无冰冻	重	严重	好	是_否_	
224	柔	湿、无冰冻	重	轻度	差	是_否_	
244	刚	干、有冰冻	轻	轻度	差	是_否_	
218	刚	干、无冰冻	重	轻度	差	是_否_	
281	柔	湿、有冰冻	轻	严重	好	是_否_	

(6)选择一组合适的评分人。请他们按评分表中描述的各路段影响变量的情况给予应否改建的意见和改建优先次序的评分值。评分可采用10分制,分数越低该路段越优先。评分可单独进行,也可在小组内进行。

(7)汇总评分资料,进行统计分析,由此建立可用以进行排序的回归方程。其一般形式如下:

$$P = a_0 + a_1\chi_1 + a_2\chi_2 + \cdots + a_n\chi_n \tag{7-2}$$

式中:P——优先次序评分数;

$\chi_1 \sim \chi_n$——各影响变量;

$a_0 \sim a_n$——回归常数。

利用上述回归公式,就可以为路网内的各个路段,按其影响变量的具体情况确定相应的优先次序评分数。按评分数由小到大排列,可得到路网内需改建项目的排序。这种方法的优点是,它综合了许多有经验人员的经验和意见,并使各变量对排序的影响程度(权数)定量化,从而减少了凭主观经验决断的随意性。

2. 按经济分析参数排序

(1)养护指数排序方法

对于单年度养护资金优化分配,可采用养护指数排序模型,计算路网内各个路段的路段养护指数,用于确定养护项目的优先顺序。路段养护指数应按式(7-3)计算。

$$P_{养护指数} = \sum K_i \times P_i \tag{7-3}$$

式中:$P_{养护指数}$——路段养护指数,即公路养护优先程度,取值范围为 0~100,值越大表明养护优先程度越高;

K_i——影响参数的权重,根据影响力大小设置不同的权重,$\sum K_i = 1$;

P_i——影响参数的优先度,为 0~100 的无量纲值,根据拟实施养护工程路段的属性进行取值。

路段技术状况指数 $P_{技术状况}$ 应按表 7-65 和表 7-66 计算。

$P_{技术状况}$ 计算表　　　　　　　　　　　　　　　表 7-65

技术等级	SCI/PQI/TCI	$P_{技术状况}$
高速公路	≥90	60
	80	100
	其他	进行内插法计算
一级公路	≥80	60
	70	100
	其他	进行内插法计算
二级及以下等级公路	≥70	60
	60	100
	其他	进行内插法计算

$P_{技术状况}$ 计算表　　　　　　　　　　　　　　　表 7-66

BCI	$P_{技术状况}$
100	0
90	30
≤60	100
其他	进行内插法计算

注:根据桥隧构造物技术状况指数 BCI 计算 $P_{技术状况}$ 不包含评价为 4、5 类的桥梁和隧道以及评价为差和危险等级的涵洞。此类结构物属于严重影响公众安全通行的项目,路段养护指数 $P_{养护指数}$ 取 100。

路段交通量指数 $P_{交通量}$ 应按表 7-67 计算。

$P_{交通量}$ 计算表　　　　　　　　　　　表 7-67

交通等级	$P_{交通量}$
轻交通	20
中等交通	40
重交通	60
特重交通	80
极重交通	100

注：对于缺乏交通量观测站点的路段，交通量计算，将同一路线上，该路段前后路段交通量的平均值作为该路段的交通量；对于整条路线均无交通量观测结果的路段，以区域内对应行政等级、技术等级路段交通量与路段长度加权平均值作为该路段的参考交通量。

路段内资产运行服役时间指数 $P_{服役时间}$ 最低限取 0，最高限取 100，其余服役时间按内插法进行计算。

路段技术等级指数 $P_{技术等级}$ 应按表 7-68 计算。普通国省干线公路含此项指标，高速公路路网，不考虑此项指标。

$P_{技术等级}$ 计算表　　　　　　　　　　　表 7-68

技术等级	$P_{技术等级}$
一级公路	100
二级公路	75
三级公路	50
四级公路	25

路段行政等级指数 $P_{行政等级}$ 应按表 7-69 计算。

$P_{行政等级}$ 计算表　　　　　　　　　　　表 7-69

行政等级	路线类型	$P_{行政等级}$
普通国道	首都放射线	100
	北南纵线、东西横线	75
	联络线	50
普通省道	省会放射线	75
	北南纵线、东西横线	50
	联络线	25

注：依据《公路路线标识规则和国道编号》(GB/T 917—2017) 对国省道进行路线类型的划分。

路段政治经济指数 $P_{政治经济}$ 应按表 7-70 计算。

$P_{政治经济}$ 计算表　　　　　　　　　　　　　　　　　表 7-70

路线类型	$P_{政治经济}$
国家或省级重要客货运输通道	100
国家或省级示范路	100
国家级或省级扶贫路	100
旅游公路或景区公路	100
其他政治经济因素或具有一定社会影响力的路段	100
其他路段	0

对于使用优先排序模型的多年度养护资金优化分配问题,需采用公路技术状况预测模型预估各路段的技术状况达到需采取养护措施的年度,进而将路网内的路段按年度划分为相应的类型,即可按照路网级单年度养护资金优化分配问题对多个年度进行养护资金优化分配。

(2) 效益—费用比排序方法

按技术状况变量和交通量排序,虽然能反映出各项目需采取改建措施的迫切程度,但并不能保证得到优化的结果,因为缺乏该排序下的经济效益定量分析。

对于需要改建的项目,包括项目内的各个方案(也即对策选择方案),进行寿命周期费用分析,按各项目和方案的初期修建费、净现值或效益—费用比等经济指标的大小排序,可以较明显地对比出各项目和方案在经济上的效益。

这里,列举美国陆军工程兵团的路面管理系统(PAVER)中所采用的按效益—费用增量排序的方法,见表 7-71 和表 7-72。这个方法的目标是在改建资金受限制的条件下使效益最大。

计算效益—费用所用到的数据　　　　　　　　　　　　　　　　　表 7-71

项目号	改建方案号	初期修建费(元)	年费用(元/平方码)	年效益
1	1-1	24000	2.10	32
	1-2	32000	2.80	28
	1-3	37000	3.20	45
	1-4	47000	4.10	53
2	2-1	43000	3.50	43
	2-2	43000	3-40	35
	2-3	35000	2.80	29
3	3-1	46000	4.20	38
	3-2	29000	2.70	28
	3-3	62000	5.70	58

续上表

项目号	改建方案号	初期修建费(元)	年费用(元/平方码)	年效益
4	4-1	41000	4.00	54
	4-2	37000	3.60	45
	4-3	30000	2.90	36
5	5-1	48000	4.60	44
	5-2	36000	3.40	36
	5-3	26000	2.50	32
	5-4	40000	3.80	42

注：平方码为英制的面积单位，1 码为 3 英尺。

计算效益-费用增量　　　　　表 7-72

项目号	方案号	年费用(元/平方码)	年效益	费用增量 ΔC	效益增量 ΔB	$\Delta B/\Delta C$	平均效益/费用比
1	1-1	2.10	32	2.10	32	15.2	
	1-3	3.20	45	1.10	13	11.8	
	1-4	4.10	53	0.90	8	8.9	
2	2-3	2.80	29	2.80	29	10.4	
	2-2	3.40	35	0.60	6	10.0	
	2-1	3.50	43	0.10	8	80.0	12.3
3	3-2	2.70	28	2.70	28	10.4	
	3-1	4.20	38	1.50	10	6.7	
	3-3	5.70	58	1.50	20	13.3	10.0
4	4-3	2.90	36	2.90	36	12.4	
	4-2	3.60	45	0.70	9	12.9	12.5
	4-1	4.00	54	0.40	9	22.5	13.5
5	5-3	2.50	32	2.50	32	12.8	
	5-2	3.40	36	0.90	4	4.4	
	5-4	3.80	42	0.40	6	15.0	11.1
	5-1	4.60	144	0.80	12	2.5	

具体步骤简述如下：

①对于每一个项目和项目内的方案，分别计算其初期修建费、分析期内的等额年费用和年效益。例如，一个包含 5 个项目的规划，其计算结果列于表 7-71，作为计算效益—费用增量的输入数据。

②对于每一个项目，各方案按年费用大小，由小到大依次排列，分别计算其费用增量 ΔC、效益增量 ΔB 和增量比 $\Delta B/\Delta C$，见表 7-72。

$\Delta B/\Delta C$ 计算时,如果出现负值,表明费用增加效益反而下降,因而可将此方案剔除,不需要做进一步分析(如方案1-2)。然后,联系上下方案,计算新的 ΔB、ΔC 和 $\Delta B/\Delta C$,见图7-6。

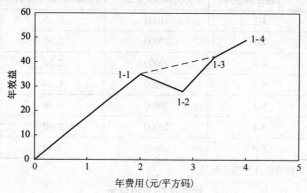

图7-6 项目1的年效益—年费用图

按效益—费用增量比 $\Delta B/\Delta C$ 由大到小次序重新排列各方案,见表7-73。排列时,不按项目分列。计算包括每一个项目的最佳方案在内的累计初期修建费,见表7-73末栏。从上到下累计时,遇到同一项目的其他方案时,只有在第二个方案的效益较高时,才以它取代前一方案。

效益-费用增量计算结果输出　　　　　　　　　　　表7-73

序号	方案号	年费用 (员/平方码)	年效益	$\Delta B/\Delta C$	初期修建费 (元)	累计初期修建费 (元)
1	1-1	2.10	32	15.2	24000	24000
2	4-1	4.00	54	13.5	41000	65000
3	5-3	2.50	32	12.8	26000	91000
4	4-2	3.60	45	12.5	43000	—*
5	4-3	2.90	36	12.4	30000	—*
6	2-1	3.50	43	12.3	43000	134000
7	1-3	3.20	45	11.8	37000	147000
8	5-4	3.80	42	11.1	40000	161000
9	2-3	2.80	29	10.4	35000	—*
10	3-2	2.70	28	10.4	29000	190000
11	3-3	5.70	58	10.0	62000	223000
12	2-2	3.40	35	10.0	48000	—*
13	1-4	4.10	53	8.9	47000	223000
14	3-1	4.20	38	6.7	46000	—*
15	5-2	3.40	36	4.4	36000	—*
16	5-1	4.60	44	2.5	48000	241000

注:*非最佳方案。

由表中 7-73 第一行可知,方案 1-1 的效益最高。如果预算限额在 25000 元以内,则仅有方案 1-1 中选,其余项目留待下年度进行改建。

（3）改建项目排序方案

对于不同的预算水平,改建项目的排序方案,可汇总于表 7-74。例如,预算额若为 134000 元,则可选择第 4 行的方案:1-1,2-1,4-1,5-3。从表 7-74 中可看出,随着总预算（累计初期修建费）的增加,总的年效益也增加,但效益—费用比下降。如果将累计初期修建费和效益—费用比点绘成曲线,如图 7-7 所示,可发现当预算额大于 150000 时,效益—费用比急剧下降。所以,当预算有限时,决策人可选用第 5 行 147000 元方案,采纳 1-3,2-1,4-1 和 5-3 项目方案。

由以上分析可知,采用经济分析方法选择项目和方案,可以得到比较接近于优化的结果,而花费的计算工作量不太大。

不同预算水平时的建议改建项目和方案 表 7-74

累计初期修建费（元）	累计年费用（元/平方码）	总年效益	效益—费用比	选择项目和方案
24000	2.1	32	15.238	1-1
65000	6.1	86	14.098	1-1,4-1
91000	8.6	118	13.721	1-1,4-1,5-3
134000	12.1	161	13.306	1-1,2-1,4-1,5-3
147000	13.2	174	13.182	1-3,2-1,4-1,5-3
161000	14.5	184	12.690	1-3,2-1,4-1,5-4
180000	17.2	212	12.326	1-3,2-1,3-2,4-1,5-4
223000	20.2	242	11.980	1-3,2-1,3-3,4-1,5-4
233000	21.1	250	11.848	1-4,2-1,3-3,4-1,5-4
241000	21.9	252	11.597	1-4,2-1,3-3,4-1,5-1

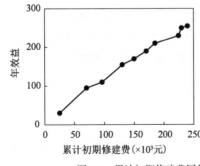 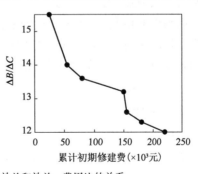

图 7-7 累计初期修建费同年效益和效益—费用比的关系

三、项目优化方法

使用优化工具或方法,公路管理者对比评价不同备选方案,确定最佳的解决对策,以确定在给定的约束下实现某些最佳目标(最大总体养护维修效益或最小总体养护维修成本)。

为实现最佳目标而控制的内容称为决策变量(也称为设计变量、输入变量或控制变量)。在寻求决策的最优选择时,决策往往是决策变量水平上施加一定的界限时做出的功,这些边界称为约束。路网决策中常见的约束类别包括资金预算、路网服务水平、路网技术状况等。因此,在典型的问题结构中,目标和约束都是以决策变量的形式存在。

优化问题可能只涉及一个目标(单目标优化),也可能涉及多个相互冲突的目标(多目标优化)。在路网养护决策中,目标函数可以只有一个标准,路网养护维修效益的最大化,或者是养护维修成本的最小化;当优化问题存在多个目标,既要实现路网养护维修效益的最大化,也要达到路网养护维修成本最小化,路网养护维修决策中常常采用效益—费用比或净现值来满足两者。

在每个优化问题中,至少有一个决策变量或控制变量,其值关系着优化问题的输出。如果决策变量是离散的,那么该优化问题可以描述为离散变量优化问题,相反称为连续变量优化问题。若决策变量都是整数,那么问题就是整数优化问题;根据决策变量的离散/连续性质,需要采用不同的优化工具来解决。在本节中,我们将讨论连续变量或离散变量优化问题的各种类别及其解决方法。

1. 微积分无约束优化

一般的无约束优化问题可以写成如下形式:

最大或最小 $Z = f(x_1, x_2, \cdots, x_n)$,其中 $f(x_1, x_2, \cdots, x_n)$ 是 n 个决策变量 $x_1, x_2, \cdots, x_n$ 的非线性函数。

最常见的无约束优化问题是单变量(或一维)问题:最大或最小 $Z = f(x)$,其中 $f(x)$ 是决策变量的非线性函数。

可以使用经典微分法找到最优解,或者最大点或最小点的坐标。当决策变量为最优时,目标函数的斜率应该为零。如果目标函数在该点的斜率为零,但既不是目标函数的最小值点也不是最大值点,则 x^* 是拐点。

在无任何约束的情况下,决策变量的最佳值(最大值或最小值)由微分确定。一阶导数确定决策变量的转折点,而二阶导数确定所识别的转折点是最大值还是最小值。对于转折点目标函数的最大值或最小值,$dx/dy = 0$。对于目标函数的最大值和最小值,$d^2x/d^2y = 0$ 分别为负值和正值。

2. 微积分约束优化

(1) 代入法

代入式微积分可用于计算具有等式约束的小型非线性优化问题。假定目标函数为 $Z = f(x)$,约束函数为 $g_i(x)$,决策变量为 x,则问题通常可以表述如下:

目标函数:

$$Z = f(x_1, x_2, \cdots, x_n) \tag{7-4}$$

约束条件:

$$\begin{cases} g_1 = f(x_1, x_2, \cdots, x_n) = b_1 \\ g_2 = f(x_1, x_2, \cdots, x_n) = b_2 \\ \cdots \\ g_m = f(x_1, x_2, \cdots, x_n) = b_m \\ m < n \end{cases} \quad (7\text{-}5)$$

这类问题在文献中被称为"经典优化问题"。从理论上看,约束方程可以用剩余的 $n-m$ 个变量来求解 m 个变量,然后将这些表达式代入目标函数,得到一个扩展的、包含 $n-m$ 个变量的无约束优化问题,简化后的问题就可以用微积分无约束优化来求解。

(2)拉格朗日法

在处理有约束的连续变量优化问题时,拉格朗日乘数法可以将有约束问题转化为无约束问题。该方法涉及以下步骤:

①用数学符号表示目标函数和约束条件

对于决策变量 $x_1, x_2, \cdots, x_n$

目标函数: $Z = f(x_1, x_2, \cdots, x_n) = b_1$

约束条件: $g_1(x_1, x_2, \cdots, x_n) = 0$

②引入一个新的变量 λ

$\Phi(x_1, x_2, \cdots, x_n, \lambda) = f(x_1, x_2, \cdots, x_n) + \lambda g(x_1, x_2, \cdots, x_n)$

③对每个决策变量取偏导数

$\dfrac{d\phi}{dx_1}, \dfrac{d\phi}{dx_2}, \cdots, \dfrac{d\phi}{dx_n}, \dfrac{d\phi}{d\lambda}$

一般来说,该方法可以将所有约束附加到原始目标函数中,创建一个带有扩展目标函数且没有约束的新问题陈述。

3. 数学规划方法

(1)线性规划

目标函数和约束函数都是线性函数的最优化问题称为线性规划问题,对应的算法称为线性规划法。线性规划是常规数学优化问题中最简单的一种情况,它由一个线性目标函数和一个或多个线性约束条件组成。线性规划问题的可行域是一种封闭的凸多边形或凸多面体,它的最优解一般位于可行域的某一顶点上,而可行域的顶点是有限的。

线性规划问题的图解步骤:

①确定目标函数和决策变量。

②用一个决策变量作为方程的主体写出约束条件。

③将每个不等式约束转化为等式,求出可行区域的边界函数。

④绘制边界函数,用不等式约束函数表示满足约束的区域。

⑤确定边界函数的交点。交点是可行域的顶点或极值点,可以通过绘图或使用联立方程的方法找到。每个顶点代表一个决策变量值的组合,因此是一个候选解(可行解)。

⑥将每个顶点的坐标代入目标函数,确定目标函数的最优值对应的顶点。

在某些线性规划问题中,并不是所有的约束都是可行域的边界,不是边界的约束称为冗余约束,因为这些约束对最优解没有影响。这被认为是一种干扰。因此在求解之前,从模型中剔除所有冗余约束。

线性规划的标准形式的约束是由含有 n 个决策变量的 m 个方程构成的线性方程组,其中包括剩余变量与松弛变量。一般情况下,应有 $m<n$。若 $m=n$,存在唯一可行解,即最优解;若 $m>n$,优化问题被过度约束,无可行解。

(2) 非线性规划

如果目标函数 f 或至少一个约束函数 $g_1, g_2, \cdots, g_m$ 是非线性的,那么该优化模型就是一个非线性规划问题。一般的单目标非线性优化问题可以用式(7-6)、式(7-7)计算:

$$\text{Max(or Min)} Z = f(x_1, x_2, \cdots, x_n) \tag{7-6}$$

s.t.

$$h_i(x_1, x_2, \cdots, x_n) \ \{\leq, =, \text{or} \geq\} \ b_i \quad (i=1, \cdots, m) \tag{7-7}$$

这个问题与一般的 LP 问题有三个主要的不同之处:

①非线性问题的可行解空间可以是凸的,也可以是非凸的。

②非线性问题的最优解可能出现在可行域的任何点(不一定是极值点)。

③可能存在不止一个"最优解"。目标函数的绝对最大值(或最小值)对应的解称为全局最优解;所有其他的最优解都称为局部最优解。

4. 涉及二元变量的约束优化

为了解决离散决策变量的优化问题,可采用不同的规划方法:当决策变量为正整数时,采用整数规划;当决策变量仅取 1 或 0 时,使用二进制(0-1)编程。这是一类特殊的问题,决策者寻求在给定设施上延长一段时间,或在某一时间点或延长一段时间内,为网络中的每个设施实施一组最佳的措施组合。目标通常是由一个或多个性能标准组成的最大化效用,伴随一个或多个条件约束。

二进制编程问题通常用"背包"模型来解决。背包模型的基本原理就是:有一个背包和 n 件不同物品,这些物品的价值和体积不同,而背包的容量是一定的,现在需要考虑如何选取物品,使得背包中的物品价值和最大。

假设背包的容量为 V,第 i 件物品的体积为 v_i,价值为 p_i,总价值为 P,则背包问题可以用式(7-8)~式(7-10)描述:

$$\text{目标函数}: \text{Max} P = \sum_{i=1}^{n} p_i x_i \tag{7-8}$$

$$\text{约束条件}: \sum_{i=1}^{n} v_i x_i \leq V \tag{7-9}$$

$$\text{决策变量}: x_i = 0 \text{ 或 } 1 \tag{7-10}$$

对于目标函数,可以有几个目标中的任何一个(或多个)。它们包括:最大化总效益,最小化成本,最大化效益成本比,最大化平均效益或最小化平均成本。

对于约束,可存在成本约束、利益约束和体积约束中的一种或多种。成本约束可能是下列任何一种:所有物品所占总空间必须小于或等于背包容积 C^*,所有物品所占的平均空间不得超过某个最大阈值 C^{**},任何单个物品所占的空间不得超过某个最大阈值 C^{***},按照式(7-11)~式(7-13)计算。

$$\sum_{i=1}^{N} x_i c_i \leq C^* \tag{7-11}$$

$$\frac{1}{N}\sum_{i=1}^{N} x_i c_i \leq C^{**} \tag{7-12}$$

$$c_i \leq C^{***} \tag{7-13}$$

式中:N——背包中所有物品的总数量;

c_i——第 i 件物品的成本。

同样,利益约束可能是下列任何一种:所有选择物品的总满意度应超过某个最低满意度阈值 R^*,所有选择物品的平均满意度应该超过某个最低阈值 R^{**},任何单个物品的满意度不应低于某个最低阈值 R^{***},按照式(7-14)~式(7-16)计算。

$$\sum_{i=1}^{N} x_i r_i \geq R^* \tag{7-14}$$

$$\frac{1}{N}\sum_{i=1}^{N} x_i r_i \geq R^{**} \tag{7-15}$$

$$r_i \geq R^{***} \tag{7-16}$$

式中:r_i——第 i 件物品所带来的满意度(或利益)。

5. 动态规划

动态规划的基本思想是将待求问题分解成若干个子问题,先求解子问题,然后从子问题的解中得到原问题的最优解。如果一项决策过程可以分为若干个相互联系的阶段,在每个阶段都需要做出决策,一个阶段的决策确定后,常常影响到下一阶段的决策,从而就完全确定了一个过程的决策路线,则称它为多阶段决策问题。多阶段决策问题就是要在可以选择的策略中,选取一个最优策略,使在预定的标准下达到最好的效果。

动态规划不像线性规划有明确的定义过程。动态规划的一个最主要的原则是"任何一个最优策略只能由最优子策略组成"。根据这一原则,动态规划将一个单一的复杂的大问题简化为一组简单的问题划分为阶段,给出状态变量,并对各个阶段确定状态转移方程和权函数,然后对各个阶段递归求解,最终求得整个优化问题的最优解。

与其他传统方法相比较,动态优化能得到更全面的最优解。但如果要充分地利用动态优化的特点,必须对优化问题进行详细分析,很好地将问题模型化,只有这样才能充分发挥动态优化方法的效率。

动态规划中的关键要素包括:

阶段:描述阶段的变量称为阶段变量,在多数情况下,阶段变量是离散的;

状态:每个阶段开始面临的客观条件,如路网基础设施的性能状态;

决策:从给定状态演变到下一阶段某个状态的一种选择或措施;

影响:每种决策给系统带来的效益或引起的成本。

6. 遗传算法(Genetic Algorithms,GAs)

遗传算法的基本思想是基于 Darwin 的进化论和 Mendel 遗传学说。在本质上讲,遗传算法优化是一套引导搜索程序。与线性规划和动态规划相比,遗传算法具有以下特点:

(1)遗传算法的操作对象是一组可行解,而非单个可行解,起始搜索点有多个而非一个,因为遗传算法具有良好的并行性。

(2)遗传算法只需要利用目标函数的取值信息,而不需要导数等高阶信息,因而适用于大规模、高度非线性的不连续多峰函数的优化以及无解析表达式的目标函数最大化,具有很强的通用性。

(3)遗传算法的择优机制是一种"软"决策,加上良好的并行性,具有良好的全局优化性和稳健性。

(4)遗传算法操作的可行解集是经过编码的,目标函数可解释为编码化个体的适应值,因而具有良好的可操作性。

GAs 的工作原理类似于群体遗传学,涉及选择、交叉和变异等操作。

与线性规划等技术不同,它们不一定收敛到全局最优解。然而,由于它们与模拟模型一起工作,它们可以处理任何非线性、不连续或逻辑的目标函数或约束集。从本质上讲,任何可以在计算机上模拟的系统都可以使用 GAs 进行优化。"图式理论"表明,在 GAs 运行的后续世代中,越来越适合的解决方案将以指数级增长的数量出现。

遗传算法优化的目标函数称为适应度函数。遗传算法优化通常以适应度函数的最大化为目标,所以当问题涉及最小化时,适应度函数表示为目标函数的负值。

遗传算法优化的操作流程如图7-8所示。

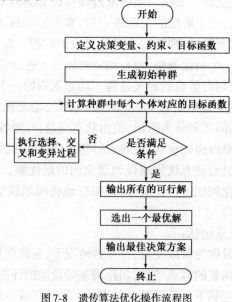

图7-8 遗传算法优化操作流程图

7.0-1 整数规划模型

对于单年度养护资金优化分配问题,可采用0-1整数规划模型,即式(7-17)~式(7-21)计算,其中式(7-17)为目标函数,式(7-18)~式(7-21)为约束条件,通过对整数规划模型的求解可以对下一年度的养护资金进行最优分配,可根据实际需要添加人力、工时、设备等资源约束。

$$\max Z = \sum_{i=1}^{N} \omega_i x_i \Delta p_i \tag{7-17}$$

$$\sum_{i=1}^{N} x_i c_i \leq C \tag{7-18}$$

$$p_i + x_i \Delta p_i \geq p_{\min}^i \tag{7-19}$$

$$c_i \geq 0 \tag{7-20}$$

$$C \geq 0 \tag{7-21}$$

式中:Z——所有路段下一年的养护效益;

i——第i个路段;

ω_i——第i个路段的重要性系数,取值为$0\sim1.0$,可根据路段内各类设施技术状况由模糊综合评价法计算;

Δp_i——第i个路段的下一年实施养护措施的养护效益,可由本书第六章的公路养护效益模型计算;

x_i——取0时,为第i个路段在下一年采取养护措施;取1时,为第i个路段在下一年不采取养护措施;

c_i——第i个路段的下一年的养护费用,可由本书第六章的公路养护费用模型计算;

C——下一年的养护资金预算;

p_i——第i个路段下一年的技术状况,可由本书第六章的公路技术状况预测模型计算;

$p_{\min}^i$——第i个路段下一年最低的养护目标,由养护需求分析与养护标准确定。

多年度养护资金优化分配可按照式(7-22)~式(7-26)计算,其中式(7-22)为目标函数,式(7-23)~式(7-26)为约束条件,通过对整数规划模型的求解可以对多年度的养护资金进行最优分配,可根据实际需要添加人力、工时、设备等资源约束。

$$\max Z = \sum_{i=1}^{N} \sum_{t=1}^{T} \omega_{it} x_{it} \Delta p_{it} \tag{7-22}$$

$$\sum_{i=1}^{N} x_{ij} c_{ij} I_t \leq C_t \tag{7-23}$$

$$p_{it} + x_{it} \Delta p_{it} \geq p_{\min}^{it} \tag{7-24}$$

$$c_{it} \geq 0 \tag{7-25}$$

$$C_t \geq 0 \tag{7-26}$$

式中:Z——所有路段T年期间的养护效益;

i——第i个路段;

ω_{it}——第 i 个路段在第 t 年的重要性系数,取值为 0~1.0,可根据路段内各类设施第 t 年的技术状况由模糊综合评价法计算;

Δp_{it}——第 i 个路段在第 t 年实施养护措施的养护效益,可由本书第六章的公路养护效益模型计算;

x_{it}——取 0 时,为第 i 个路段在第 t 年采取养护措施;取 1 时,为第 i 个路段在第 t 年不采取养护措施;

I_t——第 t 年的折现系数;

c_{it}——第 i 个设施的第 t 年的养护费用,可由本书第六章的公路养护费用模型计算;

C_t——第 t 年的养护资金预算;

p_{it}——第 i 个设施第 t 年的技术状况,可由本书第六章的公路技术状况预测模型计算;

$p_{\min}^{it}$——第 i 个设施第 t 年最低的养护目标,由养护需求分析与养护标准确定。

四、进制规划方法

网级公路资产养护决策优化综合考虑路网内每个项目的对策方案和采取养护维修的时间,以在路网规划期内提供能使整个路网养护效益、养护效果或养护效益/费用比值最大化的最佳养护维修方案。通俗讲,就是在养护资金受限的条件下,路网中的哪些项目需要进行养护维修,选取何种养护维修方案,以及在什么时间进行养护维修,才能使得规划期内路网养护维修效益最大化。由此看出,网级公路养护决策是典型的组合最优化问题,解决组合优化问题的常用方法就是 0-1 整数规划方法,也称为背包模型。

由于在实际应用过程中决策目标与约束条件的复杂性,特别是在网级公路资产养护维修决策中,涉及的公路资产包括路面、路基、桥梁、隧道、涵洞以及交通附属设施等;其养护维修措施也是多种多样,就公路而言,其养护维修措施包括日常养护、预防性养护、小修、大修和重建等。根据决策目标与约束条件的复杂程度,可将背包问题分为简单背包问题、多选择背包问题、多维背包问题、多维多选择背包问题。下面对这 4 种背包问题进行简单介绍。

1. 简单背包问题

简单背包问题(Knapsack Problem,简称 KP)是指在可选择项里面,每项最多选择一次。在这里,决策者寻求从基于单一"规模"约束(如预算)的更大集合中选择项目可选方案的回报最大化。在网级公路资产养护维修决策中,考虑要不要养护维修某项基础设施(如公路、桥梁、隧道、涵洞或其他交通附属设施),且其对应的养护维修措施有且仅有一种。此时,该路网养护决策问题就是简单背包问题。

2. 多选择背包问题

多选择背包问题(Multi-choice Knapsack Problem,简称 MCKP)是 0-1 背包问题的扩展,主要是物品种类的扩展,将物品分为 n 类,从每类物品中选取且仅选取一个放入背包中,此时决策者面临着对每个方案的多重选择。即在公路工程系统,背包问题并不是要不要采取某种方案(如简单的背包问题),而是要进行几种相互竞争的方案中的哪一种。即在网级公路资产养护维修中,针对路网中某一项基础设施,存在多种养护维修方案需要进行选择,如日常养护、预防性养护、小修、大修、重建等。如何在不超过路网总体养护维修预算或路网总体水平达到某一标准的约束下,选择可行性养护维修策略,实现路网整体养护维修效益、养护效果或养护效益/费用比值最大化。这就成为路网养护维修决策的多选择背包问题。

3. 多维背包问题

和 KP 一样,多维背包问题涉及选择满足某些目标函数和约束的实体子集,然而,在多维背包问题(MDKPs)有多个大小约束:学生在为她的背包选择物品时,可能会从多个角度考虑她的限制条件。例如,可能有一个她可以携带的重量上限,或背包的最大容量,或从选择的物品中获得的最小利益(满足)。这些约束给这个问题带来了多维度的影响。在网级公路养护维修决策中,存在多项基础设施,如公路、桥梁、隧道、涵洞等设施,每项基础设施中的项目有且仅有一种养护维修措施,即在路网中哪些基础设施需要进行养护维修的问题。此类问题的目标仍然是实现路网整体养护维修效益最大化,而其约束条件不仅仅是路网养护维修预算,同时路网养护效益还受养护维修工作绩效目标的影响。

4. 多维多选择背包问题

从路网资产设施养护维修角度来看,针对路网中多项基础设施,同样存在多种养护维修方案(日常养护、预防性养护、小修、大修和重建等)需要进行选择,且每个项目(路段)只能采取一种处治措施。

无论何种路网养护维修决策—背包问题,效益最大化是其应用最广泛的目标,此外养护维修效果最大化、养护维修效益/费用比值最大化均可作为路网养护维修决策的优化目标。如式(7-27)~式(7-29)所示。

$$\text{Max} Z = \sum_{i=1}^{m} x_i u_i \tag{7-27}$$

$$\text{Max} Z' = \sum_{x=1}^{m} x_i \left[\sum_{j=1}^{n} (A_{ij} - M_{ij})^p \right]^{1/p} \tag{7-28}$$

$$\text{Max} Z'' = \frac{\sum_{i=1}^{m} x_i u_i}{\sum_{i=1}^{m} x_i c_i} \tag{7-29}$$

式中:Z、Z'、Z''——路网养护维修效益、养护效果以及养护效益/费用比;

x_i——确定一项基础设施是否进行养护(养护,则 $x_i = 1$;否则 $x_i = 0$);

u_i——第 i 项基础设施的养护维修效益;

m——路网中基础设施数量;

A_{ij}——第 i 项基础设施的第 j 个性能实际值;

M_{ij}——第 i 项基础设施的第 j 个性能预测值;

n——评估路网养护维修效果的性能指标数量;

p——决定距离的度量标准,($p=1$,曼哈顿距离;$p=2$,欧式距离);

c_i——第 i 项基础设施的养护维修费用。

背包模型应用于路网养护维修决策的主要约束条件为路网养护维修的整体预算,各项养护维修方案的资金预算或各地区的养护维修预算均作为辅助约束条件,公路管理部门也可根据实际情况增加相应的约束条件,如式(7-30)~式(7-32)所示:

$$\sum_{i=1}^{m} x_i c_i \leqslant C \tag{7-30}$$

$$\sum_{i=1}^{m} x_i y_i^s c_i \leqslant S_s \tag{7-31}$$

$$\sum_{i=1}^{m} x_i y_i^s c_i \geqslant f_s \tag{7-32}$$

式中:C——路网整体养护维修预算;

y_i^s——第 i 项基础设施所在的第 s 地区;

S_s——第 s 地区的养护维修预算上限;

f_s——第 s 地区的养护维修预算下限。

公路资产管理部门在路网养护决策中通常会考虑整体路网或某项目的绩效目标,因此会在路网养护维修决策中引入绩效约束,这就要求路网中所有基础设施,给定绩效度量值变化的总体影响应在阈值范围内,或最终绩效度量平均值不得超出一定范围;对于路网中某一基础设施(某一项目),项目实施对绩效度量值的影响应该高于(低于)某制定的最小(最大)阈值,如式(7-33)~式(7-35)所示。

$$\frac{\sum_{i=1}^{m}(\Delta a_{ij} x_i)}{m+q} \geqslant (\leqslant)[\Delta L_j] \tag{7-33}$$

$$\frac{\sum_{i=1}^{m}(a_{ij} + \Delta a_{ij} x_i) + \sum_{i=1}^{q} a_{ij}}{m+q} \geqslant (\leqslant) L_j \tag{7-34}$$

$$a_{ij} \leqslant (\geqslant) A_j \tag{7-35}$$

式中:Δa_{ij}——由于项目实施而导致的绩效度量 j 的预期变化;

ΔL_j——绩效度量 j 变化的阈值;

q——路网中养护维修决策范围外的项目数量;

a_{ij}——绩效度量值 j 的初始值(项目 i 实施之前);

A_j——绩效度量值 j 制定的项目阈值。

对于上述四种背包问题,其优化目标函数只有一个,即养护维修效益、养护效果或养护效益/费用比值最大化其中的一种;而其约束条件则是根据实际养护维修决策问题的复杂程度进行组合或适当补充。

五、动态规划方法

动态规划方法的特征在于它是不变嵌入方法的一种特殊形式,利用流动的时间与变动的状态作为参量,将单一的优化问题嵌入一族相同形式的最优化问题,以此导出特殊的最优性条件及特殊解法。其基本理论基础是贝尔曼的最优化原理:决策过程的最优策略总是由一系列最优子策略组成。由于路网在分析期内的养护维修策略具有序贯性质,因此动态规划一般用于多年或多阶段路网养护维修决策优化。

网级公路资产养护维修决策过程是一个具有较长规划期,且每一阶段相互联系的多阶段决策问题,是一个典型的动态规划过程。为此,可利用动态规划分析整个路网在规划期内各个路段的最优养护维修决策,并对财政需求做出规划。

动态规划的基本要素包括:阶段、状态、决策、策略、状态转移矩阵和最优指标函数。

阶段:在路网养护维修决策中,常设定每一年为一个阶段 t。

状态:采用某些路网性能指标作为状态指标,并划分等级状态。如美国陆军建筑工程研究所为军用机场和城市公路开发的路面管理系统(PAVER 系统)中采用路面状况指数 PCI 来表征路面性能,并将 PCI 划分为 10 个等级状态。

决策:各养护维修措施为决策变量。

策略:各阶段每种可能状态最优决策的组合。

状态转移矩阵:一般采用马尔可夫性能预测模型,将马尔可夫预测模型中的状态转移概率矩阵作为状态转移矩阵。

指标函数:采用某一养护维修措施后的效果。

动态规划方法就是对每一阶段的每一状态都给出一个最优的养护维修策略组合。其目标函数为:在保证所有路段(或项目)的性能不低于一个规定的最低水平情况下,使系统的养护维修费用最小,如式(7-36)所示:

$$\begin{cases} \min(Z_{1,N}) = \min[C_{ik1} + \min(Z_{2,N})] \\ \min(Z_{2,N}) = \min[C_{ik2} + \min(Z_{3,N})] \\ \cdots \\ \min(Z_{t,N}) = \min[C_{ikt} + \min(Z_{t+1,N})] \\ \cdots \\ \min(Z_{N-1,N}) = \min[C_{ikN-1} + \min(Z_{N,N})] \\ \min(Z_{N,N}) = 0 \end{cases} \quad (7\text{-}36)$$

式中:$\min(Z_{1,N})$——规划期 $1 \sim N$ 中最佳策略的最小养护维修费用;

$\min(Z_{t,N})$——规划期 $t \sim N$ 中最佳策略的最小养护维修费用;

C_{ikt}——t 阶段 i 状态下采用 k 措施的费用。

约束条件:

①每一年(或每一阶段),路网中基础设施性能状况评价为优或良的比例不低于某值;路网中基础设施性能状况评价为次或差的比例不大于某界限值,这两个界限值是依据公路管理要求提出的路况水平。

②遵照管理和养护要求,依据实际经验,规定最低可接受水平为 $S_{\lim}$。

③规定每个项目只能采用一种养护维修措施,并在规划期内,只能被处治一次。

动态规划方法采用逆序递归法求解,其具体步骤如下:

从规划期末的第 N 年开始,从动态优化的角度,这是阶段0。计算每一路段(或项目)各状态的日常养护费用。如果路段 i 状态的 $R_{tik}=1$ 或 $S_{\lim}<i$,那么日常养护可行;若可行,则 $C_{i0N}=C_{i0}$。若不行,就赋予它一个超大值,保证它不会被采用。对各个状态的其他可能养护维修措施的费用,$C_{ikN}=C_{ik0}$。则第 N 年中每个状态的最佳策略可以由式(7-37)得到:

$$C_{iN}^* = \min(C_{i0N}, C_{ikN}) \tag{7-37}$$

式中:C_{iN}^*——N 年 i 状态最佳策略费用;

C_{i0N}——N 年 i 状态采用日常养护措施的费用;

C_{ikN}——N 年 i 状态采用其他养护维修措施的费用。

根据目标函数,依次进行 $N-1,N-2,\cdots,N-t$ 年的费用计算和相应的最佳对策选择。那么,对于阶段 $N-t$ 年(即 t 阶段),其决策过程是在 $N-t$ 年状态 i 选择的养护维修策略,应满足式(7-38):

$$C_{i,N-1}^* = \min(C_{i,0,N-1}, C_{i,k,N-t}) \tag{7-38}$$

其中,$N-t$ 年状态 i 选择的日常养护和其他养护维修措施的计算遵循逆序递归的原则,分别按照式(7-39)、式(7-40)计算。

$$C_{i,0,N-t} = C_{i,0} + \left[P_{ii0} \cdot C_{i,N-t+1}^* + (1-P_{ii0}) \cdot C_{i+1,N-t+1}^*\right]\frac{1}{1+I} \tag{7-39}$$

$$C_{i,k,N-t} = C_{i,k} + \left[P_{i1k} \cdot C_{j,N-t+1}^* + (1-P_{ijk}) \cdot C_{j+1,N-t+1}^*\right]\frac{1}{1+I} \tag{7-40}$$

式中: $C_{i,0}$——$N-t$ 年(t 阶段)状态 i 采取日常养护措施的费用;

P_{ii0}——采用日常养护措施时,公路维持同一级的概率;

$1-P_{ii0}$——采用日常养护措施时,路面转移到下一级的概率;

$C_{i,N-t+1}^*$、$C_{i+1,N-t+1}^*$——采用日常养护措施时,前一阶段状态 i 和 $i+1$ 最佳策略的费用,由前一阶段计算结果提供;

$C_{i,k}$——$N-t$ 年状态 i 采取其他养护维修措施的费用;

P_{i1k}——采用其他养护维修措施 k 时,公路恢复到状态1后,公路转移到下一级的概率;

$C_{j,N-t+1}^*$、$C_{j+1,N-t+1}^*$——采用其他养护维修措施 k 时,前一阶段状态 j 和 $j=1$ 最佳策略的费用,由前一阶段计算结果提供;

I——贴现率。

对规划期的每一年按上述关系式不断重复这一反算过程,直到第一年。由此可以得到,规划期内每年处于不同状态的公路的最佳养护维修对策和实施最佳对策规划期的总费用。

上述模型未考虑各年的资金约束情况,实际是无资金约束的优化,其目标函数和约束条件也是针对财政规划建立的。若是应用在项目规划中,模型的目标则是养护预算资金预算约束的条件下,路网内的总效益最大;增加一个约束条件,即第 t 年路网内养护的费用应小于当年路网内的养护维修资金预算(由财政规划模型算出),并允许一个适当的偏差。

六、马尔可夫决策

马尔可夫决策过程是研究一类随机序贯问题的理论,其指在一系列相继的或连续的时刻(养护维修时机)上做出决策。在每个决策时刻点,决策者根据观察到的状态从若干个可用的决策中选择一个。将决策付诸实施后,系统将获得与所处状态和所采取决策有关的一项费用并影响系统在下一决策时刻所处的状态。系统在下一决策时刻点所处的状态是随机的。在这一新的决策时刻点上,决策者要观察系统所处的新的状态(即收集到的新信息)并采取新的决策,如此一步一步进行下去。在每一决策时刻采取的决策都会影响下一个决策时刻系统的运行(状态、决策),并以此影响将来。决策的目的是使系统的运行在某种意义(称为准则)达到最优。

马尔可夫决策过程的主要依据是假设路面性能只与当前状态有关,与路面如何达到这种状态无关。其建立在路面性能发展不确定性的基础上,认为路面以一定的概率向某一方向发展变化。马尔可夫决策用于网级公路资产养护维修决策中,以沥青路面为例,须符合以下几点基本假设和前提:

①大的路网区域可划分为一定的数量区域,并可划分为更小的区域。

②可按照路面等级将路网划分为子网,并根据路面结构、交通量、养护维修技术等将路面划分为不同类型。对于给定类型的路段,在分析期内应保持类型不变,且该类型的所有路段都是均匀的。

③对于每种类型路面,可根据路况的不同分成各种状态,以反映路面性能的变化。

④对于每种类型路面的状态,都有相应的养护维修对策,并且在每个阶段对路网任一路段均采用了唯一的养护维修措施。

⑤对于各类型各状态的每一路段,在采用某一养护措施后,路段处于各个状态的概率是已知的,且与时间和地区无关。

⑥规划期可划分为多个阶段。

马尔可夫决策过程主要包括子网划分与路况状态定义、路面状态转移概率确定、养护维修目标的确定、路面对策分析及路况改善效果评估、马尔可夫决策模型建立、模型求解与结果分析。下面结合马尔可夫决策过程在某路网中的应用进行说明。

(1)子网划分与路况状态定义。由于交通量等级、基层和面层类型的不同,导致了路面技术状况不同的衰变规律。为能在优化过程中区分这种技术状况变化的差异,以使优化结果更加合理,可以将路网按交通量等级(轻、中、重和特重)、基层类型(碎砾石和半刚性)和面层类型(沥青路面、水泥混凝土路面和其他路面)划分成多个子网。如将路网按交通量等级和基层类型进行划分,则子网数量为 $4 \times 2 = 8$。

在《公路技术状况评定标准》(JTG 5210—2018)中,采用了 PCI、RQI、SSI 和 SFC 四个指标对路面技术状况进行评价。例如以路面损坏状况指数 PCI 和路面行驶质量指数 RQI 为评价方法,若将 PCI 分为 5 级,RQI 分为 3 级,那么整个路网就有 $5 \times 3 = 15$ 个组合状态(表 7-75),剔除 2 个不可能状态(状态 3 和状态 13),则有 13 个组合状态。

某路网 W 的路面状态划分标准与组合状态　　　　表 7-75

性能指标		PCI				
		1(>85)	2(70~85)	3(55~70)	4(30~55)	5(<30)
RQI	1(>8)	1	4	7	10	13
	2(5~8)	2	5	8	11	14
	3(<5)	3	6	9	12	15

(2)路面状态转移概率确定。路网中的路段养护维修后,其性能发展具有不确定性(高于预期值或低于预期值),而路面性能的变化总是与路面当前的状态有关,并以一定的概率向其他状态变化。马尔可夫决策认为路网中的路面在当前状态向其他状态转移都是有可能的,这种可能性以概率的形式表达,就是马尔可夫决策过程的状态转移概率。如果决策者能够确定路面在采取养护维修后由状态 i 转移到状态 j 的概率,就有可能依据路面目前的状态和采用的养护维修方案确定路面未来的状态。因此,马尔可夫决策的关键在于如何建立反映路面状态发展的马尔可夫转移概率矩阵。

下面仍以某路网 W 为例,说明路面状态转移概率和确定过程的计算方法。确定路面状态转移概率,首先需要确定用于评价路面状态的路面性能指标的状态转移矩阵,性能指标 PCI 和 RQI 的状态转移概率矩阵如下所示。

$$H^{\mathrm{PCI}} = \begin{bmatrix} P_{11} & P_{12} & P_{13} & P_{14} & P_{15} \\ P_{21} & P_{22} & P_{23} & P_{24} & P_{25} \\ P_{31} & P_{32} & P_{33} & P_{34} & P_{35} \\ P_{41} & P_{42} & P_{43} & P_{44} & P_{45} \\ P_{51} & P_{52} & P_{53} & P_{54} & P_{55} \end{bmatrix}, H^{\mathrm{RQI}} = \begin{bmatrix} P_{11} & P_{12} & P_{13} \\ P_{21} & P_{22} & P_{23} \\ P_{31} & P_{32} & P_{33} \end{bmatrix}$$

由于性能概率预估模型是单指标的,须将它们组合成综合路况状态的转移概率矩阵才能参加优化过程,如下:

$$P_{ij} = P^{\mathrm{PCI}}_{i_1,i_2} \cdot P^{\mathrm{RQI}}_{j_1,j_2} \tag{7-41}$$

式中:P_{ij}——处于路况状态 i 的路面一年后转移到路况状态 j 的概率;

$P^{\mathrm{PCI}}_{i_1,i_2}$——一年后 PCI 由状态 i_1 转移到状态 i_2 的概率;

$P^{\mathrm{RQI}}_{j_1,j_2}$——一年后 RQI 由状态 j_1 转移到状态 j_2 的概率。

(3)养护维修目标的确定。应根据公路等级、路面技术状况、交通量大小、预期寿命等因素,确定合理的路面养护维修目标,沥青路面养护维修质量应满足《公路沥青路面养护技术规范》(JTG 5142—2019)要求,如高速公路沥青路面 PCI 不得小于 80,一、二级公路沥青路面 PCI 不得小于 75 等。

(4) 路面对策分析及路况改善效果评估。由于财政规划的目的是从宏观角度调控路网的资金流向和规模，以使有限资源得到合理有效的利用，因而处于各种路况状态的路面可行对策的选择可以不必过于明细具体。可选用日常养护、预防性养护、小修、大修和重建等较具有代表性的典型对策作为处于各种路况状态的路面的普适对策。若每个状态可能有 5 种养护维修对策，那么状态和对策的组合就可能有 13 × 5 = 65 种。

养护维修对策的路况改善效果同对策实施前路面所处的路况状态和对策的档次等因素有关，可根据当地工程经验确定。

(5) 马尔可夫决策模型建立。采用 MDP 进行路网养护维修决策财政规划的线性规划，模型如式(7-42) ~ 式(7-47)。该模型即投资需求模型，可用于路网的管理目标和其他所需的投资规模相互关系的分析。

目标函数：

$$\min Z = \sum_{i=1}^{N} \sum_{k=1}^{A_i} \sum_{t=1}^{T} W_{ikt} \cdot AC_{ikt} \cdot r_t \tag{7-42}$$

约束条件：

$$\sum_{k=1}^{A_i} W_{ikt} = q_{i1} \tag{7-43}$$

$$\sum_{k=1}^{A_j} W_{ikt} = \sum_{i=1}^{N} \left\{ \left[\sum_{k=1}^{A_i} W_{ik(t-1)} + \sum_{m=1}^{M} W_{ik(t-1)} \cdot H_{im} \right] \cdot P_{ij} \right\} \quad (i=1,\cdots,T; j=1,2,\cdots,N; t=2,\cdots,T) \tag{7-44}$$

$$\sum_{i=1}^{N} \sum_{k=1}^{A_i} W_{ikt} = 1.0 \tag{7-45}$$

$$\sum_{\text{可接受状态} i} \sum_{k=1}^{A_i} W_{ikt} \geq P_a(t) \cdot a \tag{7-46}$$

$$\sum_{\text{不可接受状态} i} \sum_{k=1}^{A_i} W_{ikt} \leq P_u(t) \cdot u \tag{7-47}$$

式中： N——路况状态数；

A_i—— i 种路况状态的可行对策数；

T——分析期长；

W_{ikt}——第 t 年处于 i 种路况状态采用 k 种对策的路面占路网的比例；

AC_{ikt}——第 t 年处于第 i 种路况状态的路面采取第 k 种对策时公路的养护维修费用；

r_t——第 t 年的贴现系数，$r_t = 1/(1+r)^t$，其中 r 为贴现率；

q_{i1}——第一年路网中处于第 i 种路况状态的比例；

M——决策变量个数；

P_{ij}——处于第i种路况状态的路面一年后转移到第j种路况状态的概率;

a、u——路网中处于可接受路况状态的路面的最小比例和处于不可接受路况状态的路面最大比例;

$P_a(t)$、$P_u(t)$——第t年适当放松路网可接受路况比例和不可接受比例的乘数。

(6)模型求解与结果分析。

复习思考题

1. 简述养护目标的分类及具体定义。
2. 简述项目级养护决策的主要内容与流程。
3. 简述网级养护决策的主要内容与流程。
4. 养护对策模型可以采用决策树与决策矩阵,两者有何特点?
5. 对比分析网级项目排序不同方法的异同点。
6. 本章沥青路面全寿命周期经济分析的养护决策案例中,假如分析期15年、贴现率7%,试分析不同养护方案的寿命周期费用,并推荐最佳的养护方案。

第八章
CHAPTER EIGHT
公路养护决策支持系统

【学习目标】

公路养护决策支持系统是进行公路养护决策的重要技术手段,合适的公路养护决策支持系统将会为公路养护决策提供有效的保障与支撑。本章介绍相关的单项和综合公路养护决策支持系统。通过本章的学习,了解公路养护决策支持系统的发展脉络,认识公路养护单项决策支持系统和公路养护综合决策支持系统的组成、构架与作用等。

第一节 公路养护单项决策支持系统

20世纪60年代末70年代初,面对有限的公路养护资金,西方发达国家开始研究如何在不断损坏的道路网中确定最需要养护的路段并实施及时养护。因此,亟需稳定有效的支持系统对道路及其附属设施进行统一规划,公路养护决策支持系统在该背景下应运而生。在发展的初期,公路养护决策支持系统主要是路面养护管理系统(PMS)。路面养护管理系统的应用在很大程度上促进了公路检测技术、检测装备、数据管理技术、数据分析技术、养护决策技术、养护规划及养护计划技术的进步。随着地理信息系统(GIS)、全球定位系统(GPS)、遥感系统(RS)以及图像识别等技术被不断应用于路面养护管理系统,使得路面养护管理系统得到了进一步发展,并逐渐扩展成为包含路基、路面、桥隧、交通工程等的公路养护综合决策支持系统。

一、路面养护管理系统

1. 路面养护管理系统的产生

在路面使用期内,还需继续投入大量资金以维护(包括养护和改建),使之保持一定的使用性能。通常养护资金有限,不能对所有不满足使用性能最低要求的路段进行及时养护或改建,需要考虑怎样把有限的资金分配到最需要采取措施并能取得最佳效果的路段上,使现有的路网保持合理的服务水平。因而,无论是新建路面或是维护现有路面,都需要进行有效的管理。路面管理工作,包括规划、设计、施工、养护、路况监测和评价、研究,其主要内容和相互关系如图 8-1 所示。

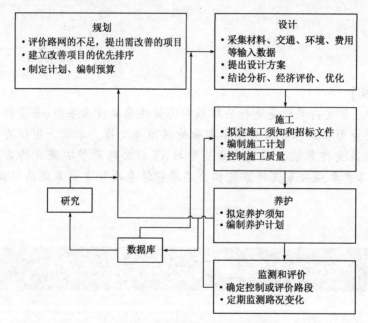

图 8-1 路面管理内容

进行路面养护决策时,需要解决以下问题:①如何向上级申请投资和决定如何使用好分配资金。要求对路网内路面的使用性能进行监测,对其现状做出评价,由此确定哪些项目需要投资,在预算容许的范围内按优先次序资助尽可能多的急需项目,或对项目优先次序的安排,需依据该项目的使用性能或服务水平现状对养护投资的效益进行论证;②如果投资申请得以批准,路网的服务能力或路况将会得到多大的改善,反之会恶化到什么程度?③了解公路网路面的使用性能变化规律,科学预测公路网的养护需求;④采用何种方法把有限的资金分配到最需要的养护公路上;⑤选择何种养护措施,使得养护后路面的使用性能保持长久?

基于以上技术需求,20 世纪 60—70 年代美国和加拿大率先提出了基于现代检测、评价与决策技术的路面养护管理系统(PMS)。它通过应用系统分析的方法,综合考虑技术、经济、社会和政治等方面因素,协调各项路面管理活动,促使路面管理过程系统化。1966年美国 NCHRP 研究计划,在路面设计中引入系统分析方法,提出路面设计系统概念。20世纪70年代初期,引入系统分析和运筹学方法以建立路面设计系统,而后逐步扩展成项目级路面养护管理系统,为某个项目何时养护、采取何种养护措施提供决策。20世纪70年代中期,发达国家公路管理部门把注意力转向养护改建维护和改善现有路网,开始研究网级路面养护管理系统,为路段选择、养护时机和养护措施确定提供决策支持。路面养护管理系统概念一经提出,即被世界各国的公路管理部门、研究院所、学校、国际金融组织等机构采用。其中,美国、英国、德国、法国、芬兰、新西兰、澳大利亚、南非、世界银行和亚洲银行等国家和金融机构为了提高公路管理水平和公路投资的使用效益,投入了大量资金和技术力量,重点研究了路面使用性能评价技术和评价标准、路面长期使用性能预测技术、基于系统工程理论的路面养护决策技术、公路养护资金优化分配技术、包含道路用户费用的养护投资效益分析技术、全寿命周期费用分析技术和路面大中修养护设计技术。1994年至今,在关键技术研究的基础上,逐步完善和丰富了路面养护管理系统技术体系,建立了不同版本、适合不同公路管理体制和养护需求的路面养护管理系统,实现了公路评价、养护项目优先排序、路面使用性能预测、养护需求分析、资金优化分配和路面大中修养护全寿命周期设计的现代化、科学化和规范化。

路面养护管理系统的推广应用有效提高了各国公路养护管理的水平和养护资金的使用效益,促进了公路养护管理的现代化、科学化、规范化建设,主要效益表现在:

(1)与路面养护管理系统配套的路面检测技术与装备的应用,使公路养护部门能够准确、客观和快速地掌握路面使用性能和公路技术状况的变化趋势。

(2)路面养护管理系统的应用,使公路管理部门能够准确评估路面的技术状况,预测未来路面使用性能和公路养护需求,科学编制公路养护预算报告、年度养护计划和长期养护规划。

(3)基于路面养护管理系统的养护分析报告,已经成为许多国家政府部门(如国会、财政、审计等部门)年度财政预算审批和养护工程审计的基本依据。

(4)有关现代化的管理制度、规范和标准的制订,促进了现代养护决策模式的形成及普及。

(5)路面养护管理系统带动了相关新技术的广泛应用,提高了管理水平、养护效率和养护资金的使用效益。

2.路面养护管理系统的分类

根据路面养护管理系统应用范围的不同,路面养护管理系统可划分为网级管理系统和项目级管理系统,分别适应不同管理层次的需要,具有不同的功能和结构。

1)网级路面养护管理系统

网级路面养护管理系统是涉及整个公路网的、用于制定路网养护政策、确定路网养护需求和养护费用优化分配的宏观分析系统。它主要是利用数据库中的数据信息,通过路面状况评价、路面使用性能预测、道路使用者费用预测、养护方案效益分析和优化决策,实

现以下功能:

(1)路况分析与评价:对路网内路面现有状况进行分析评价,对今后路面状况的变化进行预测。

(2)路面养护需求分析:确定路网内未来一段时间内需要养护、改建和新建的项目,以及这些项目的实施方案与费用。

(3)路面养护水平优化分析:分析未来一段时间内,路网内的路面达到一定使用性能水平或要求时,所需要的最小养护资金投入。

(4)预算优化与编制:分析不同投资水平对路网内路面状况产生的影响,建立投资水平与路况的关系,确定最佳的路网养护投资方案和计划,并对路网内不同地区或不同等级道路的养护、改建和新建之间进行资源分配。

(5)投资敏感性及风险性分析:对养护方案推迟或提前实施,对路面使用性能、养护费用和用户费用可能产生的影响进行分析。

(6)新建、改建项目投资效益分析:对路网内新改建项目实施所产生的经济效益进行预测分析。

为实现上述任务,网级路面养护管理系统主要包含图 8-2 中所示各项基本要素。其中,管理方面的输入要素包括:

(1)使用性能标准和目标:路网内各项目规定的使用性能(行驶质量、损坏程度、结构强度和抗滑能力)的最低要求,预定路网使用性能应达到的总体水平等。

(2)政策约束条件:项目优先排序的特定原则,事先规定的地区投资分配比例或养护、改建和新建投资分配比例等。

(3)预算约束条件:各年度可用于路面养护工程的资金等。

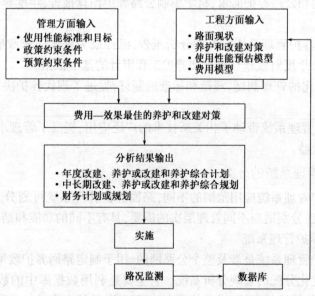

图 8-2 网级路面养护管理系统的基本要素

工程方面的输入要素包括：

(1)路面现状:通过路况监测系统定期采集到的路面技术状况数据及评价结果。

(2)养护和改建对策:为不同类型和不同路况的路面,按当地的经验、条件和政策,制订出若干典型的养护和改建对策,供选择对策方案时参考。

(3)使用性能预估模型:建立各类路面(包括采取各种养护和改建措施后)的使用性能随时间或交通作用而变化的关系,据以分析比较各种对策方案的效果,以求得到最佳的对策。

(4)费用模型:通常包括建筑费用、养护费用和用户费用三部分。

上述管理方面和工程方面的输入要素为系统进行分析提供了基础。建立管理系统的主要目的之一是提供最佳的路网养护和改建对策。这些对策能使整个路网在预算受约束的条件下维持最高的路况(服务)水平,或者使整个路网在满足最低使用性能标准的条件下所需的投资最少。为实现这一目标,可以采用不同的优先规划或优化方法,从最简单的排序方法到利用数学规划模型考虑时序影响的全面优化方法。优化分析的结果可为路网提供养护和改建项目的优先排序表。据此,可以编制年度计划、中长期规划和财务计划。这些计划或规划可以按改建或养护分别编制,也可综合在一起编制。

路面养护管理系统的评价、预测与决策功能都必须依据大量、可靠的数据信息,以数据作为支撑。这样,才能使系统提出的对策具有客观性和针对性。因而,整个管理须包含一个数据管理系统,它由数据采集系统和数据库管理系统两部分组成。数据采集主要是定期采集路面使用性能参数和交通参数。数据库提供了数据的储存和检索,通常包含下述四类信息:

(1)设计和施工数据:道路等级、几何参数、路面结构和厚度、所用材料及其性能试验结果、路基土性质及试验结果等。

(2)养护和改建数据:曾采取过的养护和改建措施的类型、日期和费用等。

(3)路面使用性能数据:主要包括行驶质量、路面损坏状况、结构强度和抗滑能力四方面参数的定期测定结果。

(4)其他:环境(降水、温度等)、交通(日交通量、标准轴载数)等。

2)项目级路面养护管理系统

项目级路面养护管理系统是以某一路段为对象,从技术和经济角度分析制订养护方案的系统。它的主要任务是为管理部门对某一项路面大中修工程进行技术决策时提供对策,以选择费用—效益最佳的方案。项目级管理系统的基本要素及其同网级管理系统的关系,如图8-3所示。由网级管理系统的输出,可以得到某一计划工程项目的三方面目标:行动目标(采取哪一类养护、改建或新建措施)、费用目标(可分配到的最高投资额)和使用性能目标(在预定期限内应具有的使用性能指标)。这三方面目标便是选择项目方案的约束条件。

项目级管理系统依据网级系统所给定的约束条件,把该计划项目有关的设计、施工、养护和改建活动组织协调在一起进行周详的考虑。通常,新建或改建路面的设计都是按预定的服务年限(设计年限)提出结构断面方案,而并不分析寿命周期的经济性,也不考虑初期修建与养护和改建(铺加铺层)的相互影响。项目级管理系统可以对考虑设计、施工、养护和改建的各个方案的费用和效益进行比较,从中得到设计期内满足服务水平或效益要求的总费用最低的最佳对策方案。图8-4即为实现这一项功能的项目级管理系统的流程图。

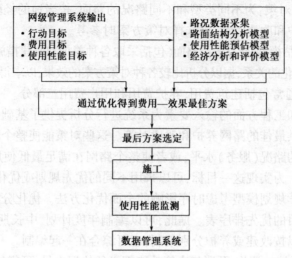

图 8-3　项目级管理系统的基本要素

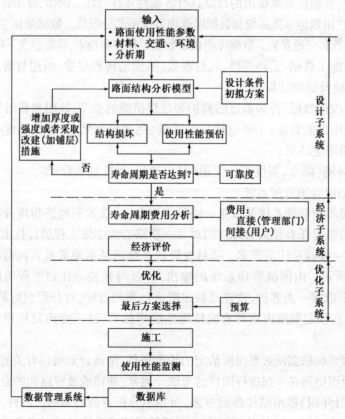

图 8-4　项目级管理系统流程图

3. 路面养护管理系统的基本组成

一个完整的路面养护管理系统包括数据采集、数据库、路面性能评价、路面性能预测、对策选择、经济分析、决策和反馈等模块,如表8-1所示。每个模块都有独立的分析结果输出,下面对模块的关键部分进行详细阐述。

分阶段建立的路面养护管理系统的模块结构 表8-1

模块	主要功能	典型输出结果
数据采集	对路面养护管理系统所需数据的收集,包括:基本状况数据、交通调查数据、路况调查数据	路段划分及编码、交通量及轴载组成、病害调查报告等
数据库	对路面养护管理系统所需、生成的各种数据进行管理,由数据文件和数据管理两部分组成	路段的养护历史、历年路况调查的原始记录、路段的详细设计资料(结构、材料)
路面性能评价	对存储在数据库中的路况调查数据进行综合,得出道路各方面性能的指标,判断路网的养护需求	各路段及路网的性能参数表、图;各性能等级路段的百分比表、图及有养护需求的路段的列表
路面性能预测	表征路面性能同时间、行车荷载的关系;对未来养护需求进行规划;确定各养护对策的费用效益比	路面未来各项性能的发展趋势;规划期内有养护需求路段的列表;采取某项养护措施后各项性能的发展趋势
对策选择	根据路面性能调查数据及由此综合而成的指标,选择可供该路段使用的养护对策。可以通过决策树或决策图进行	可供路段选择的养护对策
经济分析	对需要养护路段的一系列可供选择的养护对策的经济性分析	某一对策的各种费用、效益;综合经济指标,用收益率法、效益费用比法等经济分析模型表征的经济指标
决策	通过对系统当前所处状态的评估和未来发展的分析、判断,选择恰当的对策,以最大限度地满足系统的要求	在现有养护资金和其余限制条件下最优的养护策略;规划期内各项目的养护计划和养护措施的具体信息;各参数的敏感性分析
反馈	主要是对养护对策实施的效果进行跟踪、监控,进而对各种预测模型进行修正,以提高系统的分析精度	对各预测模型提出建议,以便完善和修正

1)数据库和数据库管理

数据库和数据库管理是路面养护管理系统的核心组成部分,数据库包含进行各种分析和为决策者提供报告所需的所有信息。一个数据库可以包含多个用来存储信息的数据文件,这些数据文件的组成设计和每个文件的数据项设计便是数据库设计的主要内容。

为了使数据库能有效地进行工作,首先必须确定哪些信息应存储在数据库内以及如何将它们分类存入。一个路网包含数百至数千公里的道路,有关路面的数据可能有数万至数十万个。如果在数据库内存入不必要的信息,或者路网划分成很短的路段,则数据库运行的效率将非常低,而系统所输出的报表格式十分冗长甚至失去意义。

路面养护管理系统的数据库通常包含6种类型的数据文件:路段划分和识别;几何数据;路面结构;交通;使用性能数据;路面历史。

2) 养护计划子系统

养护计划子系统用于制订和管理养护计划,分析和评价养护对策,确定养护计划对路面使用性能和管理部门预算的影响。养护计划子系统是路面管理系统的关键模块。

为了实现上述功能,系统需要输入下述两方面信息:

(1) 可能采取的养护措施

总结当地养护经验,整理出可采取的典型(或标准)养护措施,并提出各项措施的单价。

(2) 养护决策参数

依据当地养护经验和管理单位的养护政策,为每一种路面性能及其组合和严重程度等级规定一种宜采取的养护措施。这方面信息可以采用决策树的形式(图8-5),也可采用列表的形式(表8-2和表8-3)。

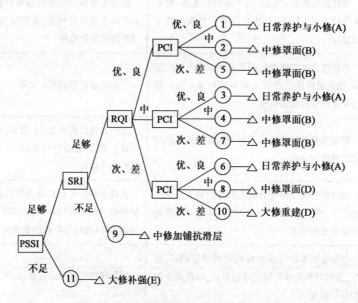

图8-5 养护措施决策树示例

高速公路沥青路面性能的组合状态及养护决策示例 表8-2

路面组合状态编号	ROL	PSSI	PCI	SRI	建议养护对策	允许养护对策
1	优良	强度足够	优良	能力足够	A	
2	中	强度足够	优良	能力足够	B	A
3	优良	强度足够	中	能力足够	B	A

续上表

路面组合状态编号	ROL	PSSI	PCI	SRI	建议养护对策	允许养护对策
4	中	强度足够	中	能力足够	B	A
5	优良	强度足够	次差	能力足够	B	A
6	次差	强度足够	优良	能力足够	B	A
7	中	强度足够	次差	能力足够	B	A
8	次差	强度足够	中	能力足够	B	A
9				能力足够	C(强制措施)	
10	次差	强度足够	次差	能力足够	D	B
11		强度不足			E(强制措施)	

注：1. A-日常养护与小修，B-中修罩面，C-中修加铺滑层，D-大修重建，E-大修补强。其中，C、E 为强制措施，即对处于第 9 种和第 11 种状态的路面必须采取的措施。

2. 建议养护对策是指按照规范标准要求应采取的措施，允许养护对策是在资金等条件限制下不得已可考虑采取的措施。

高速公路水泥混凝土路面性能的组合状态及养护决策示例　　　表 8-3

路面组合状态编号	ROL	PCI	SRI	建议养护对策	允许养护对策
12	优良	优良	能力足够	F	
13	中	优良	能力足够	G	F
14	次差	优良	能力足够	G	F
15			能力足够	H(强制措施)	
16	优良	中	能力足够	I	G
17		次差		I(强制措施)	

注：F-日常养护与局部修补，G-中修罩面或加铺(改善平整度)，H-中修加铺抗滑层，I-大修。其中，H、I 为强制措施，即对处于第 15 种和第 17 种状态的路面必须采取的措施。

利用上述信息，系统可以进行养护需要分析和养护对策分析。

养护需要分析是确定为修补路面损坏所需进行的养护活动。先从路网内选出路面有损坏的路段，应用上述信息，按每一个路段的损坏类型和严重程度确定相应采取的养护措施及其单价。由此列出养护需要分析报表。

为了评价养护计划方案和优化养护费用支出，需为各项养护措施确定其效益。效益的评估可以简单地用养护措施采取前后路面损坏状况的改善来表示，例如，养护前路面状况指数 PCI 为 50，养护后 PCI 提高为 75，则该养护措施采取后所得到的效益为 25。此效益宜更确切地称为效果。各项养护措施的效果，可近似地从各类损坏的评分表中估计得到。为了更确切地反映路网内各路段采取不同养护措施所取得的效果,每个路段按上述方法估算到的效果还应除以路段的长度或面积,并且还可以按交通量的大小乘以相应的权数。由此得到的效果值也列入养护需要分析表,并且使之按效果大小顺序排列,以便于养护部门决策人员了解哪些路段的效益最佳。

养护对策分析主要用于进一步分析不同预算水平下的养护需要。它可以包括下述内容:

(1)整个路网(或进一步按道路等级或地区分类)的路面现状,可以用 PCI 平均值和 PCI 分布频率表示。

(2)按养护需要分析表所列全部路段进行修补,估算所需的预算和实施后所达到的路面状况。

(3)选择几种预算水平,分别为每一种预算水平按效果大小顺序选择路段,并确定相应的路面状况水平(平均值和分布频率)。

(4)通过经济分析设定分界标准,将需要过多养护费用的路段转为采取改建措施而纳入改建计划。

应用上述分析,提出养护对策分析报告,反映不同养护预算水平可能取得的效果,供养护部门决策人选择。

3)改建计划子系统

改建计划子系统用于确定路网内需要进行改建的路段和所采取的改建方案,分析和评价改建对策,编制改建计划。各种路面养护管理系统建立改建计划子系统的方法,简繁程度差异很大。最简单的为,规定某一使用性能指标的最低可接受水平,由此确定路网内需改建的路段;按预定的改建政策为每一改建项目选定改建措施;设定优先排序的原则,按此排定各路段的优先次序;按预算水平确定项目以编制改建计划。由于路面改建后其使用性能有很大改变,而改建所需的费用很大,因而一些复杂的方法包含各种改建措施实施后的使用性能预估模型和以费用最小或效益最大为目标的优化方法。在本章第三节中列举一些实例,介绍改建计划子系统建立所采用的不同方法。类似于养护计划子系统,改建计划子系统通常包含以下三方面内容:

(1)需要输入的信息

可能采取的(典型)改建措施,改建决策参数(使用性能最低可接受水平和改建政策,即不同路况宜采取的改建措施)。

(2)需改建路段和改建措施分析

应用使用性能预估模型和使用性能标准分析各年需改建的路段,按改建政策选择改建措施,并再应用使用性能预估模型分析各项措施的效益或效果。

(3)改建计划优先分析

选用第五章中所述的各种方法进行改建项目的排序或优化,编制改建计划和分析路面的使用性能水平。

分析结果,可提供改建项目和方案分析报告,项目优先次序分析报告等。

4)项目级子系统

经改建计划子系统分析确定的改建项目,可送入项目级子系统进行分析,以确定最经济有效的改建方案。

项目级分析包括:弯沉数据的输入,路面结构分析和设计,改建方案分析。

子系统的第一步是弯沉数据的输入。这里的弯沉信息要比数据库内的详细得多,包括测定日期、路面温度、季节性调整系数和弯沉数据的分析。当然,测点间距也比网级的密些。

弯沉数据进入后,随即输入交通数据,并进行结构分析,确定各改建方案所需的结构厚度。如果路段内的弯沉值变化较大,需要划分若干个子路段,则对每一个子路段分别进行结构分析。

分别为各改建方案确定结构厚度要求后,应用使用性能预估模型预估分析期内使用性能的变化,而后进行费用和效益的计算,得到各方案的经济指标值(效益—费用比,净现值或费用—效果等),供方案比较和选择。

子系统分析结果汇总丁改建方案使用性能报告和改建方案分析报告。

4. 路面养护管理系统实例

1)美国加利福尼亚州路面养护管理系统

美国加利福尼亚州路面养护管理系统是在1978年建成并付诸实施的一个网级系统,主要用于计划年度路面改建项目。它对全州24000km(或75600km/车道)刚性和柔性路面进行路况监测,提供有关损坏路段的位置、性质、严重程度和范围的信息,确定合适的养护和改建对策,供各地区主管提出路面改建的候选项目,州主管部门进行项目的优先排序,制订年度计划和编制预算。

整个系统分为七部分:路况调查和评级系统,路况评价和对策系统,对策及其性能系统,优先排序和计划编制系统,报表输出系统。

(1)路况调查和评级系统

1969年起,每两年对全州公路系统的路面状况和平整度进行一次量测和评级。整个系统的路面划分为柔性和刚性两大类。各类路面又划分为道路特性基本相似的路段。路段最大长度很少超过16km。每个路段又按行车道情况的变化划分为区段,柔性路面的最小区段长为160m,刚性路面的标准区段长度为1.6km。量测和评级工作按区段逐个车道进行。路况调查和评级包括平整度、路面损坏状况和抗滑能力三项。

(2)路况评价和对策系统

此系统的作用是建立各种路面损坏同可采取的养护和改建对策之间的联系。例如,图8-6和图8-7分别为对沥青路面的龟裂和块裂类损坏和水泥混凝土路面损坏相应采取各种养护和改建对策的决策树。图中,引向各决策路径的标准值,可以按所需的服务水平进行调整。对路网内各区段路面存在的损坏分别进行单独评级,并按图8-6和图8-7选取相应的对策。对于存在的各种损坏都做出评价后,比较各相应对策,选取可以改正所有损坏并提供可接受服务水平的对策作为主要对策,其过程如图8-8所示。

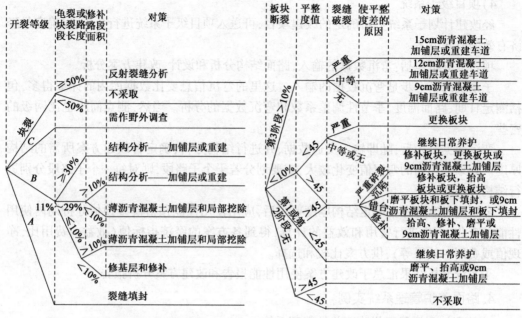

图 8-6 沥青路面龟裂和块裂的对策

图 8-7 水泥混凝土路面损坏的对策

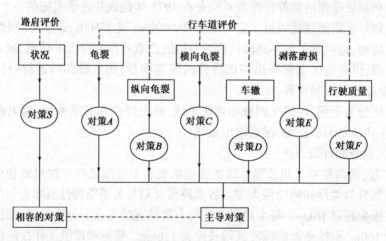

图 8-8 沥青路面评价过程

(3) 对策及其性能系统

系统在总结了美国加利福尼亚州和其他州所采用的各项养护和改建措施使用经验的基础上,提出了美国加利福尼亚州可采用的各项改建措施的功能、适用和不适用场合、服务寿命和平均费用,供改建对策选择时考虑。服务寿命的定义为一项措施实施后到路面重新出现损坏而需要再次实施同一措施的时段。利用自 1969 年起采集到的路况数据,并按预定的破坏状况标准,整理得到各项措施的服务寿命,沥青路面不同改建措施的服务寿命如表 8-4 所示。

沥青路面不同改建措施的服务寿命　　　　　　　　表 8-4

措施		平均寿命(月)	最大寿命或范围(月)
砂封层		14	40
石屑封层		16	50
薄沥青加铺层(2.5cm)		30	75
厚沥青加铺层 （≥4.5cm）	按弯沉设计方法	129	88～170
	按砾石当量设计方法	100	27～173
	按工程判断方法	94	25～163
	按反射裂缝方法	88	5～171

(4)优先排序和计划编制系统

根据平整度值、路面损坏评级和交通量，按预先制定的排序表确定各路段采取养护和改建措施的先后顺序。然后，依据预算水平编制项目年度计划。

(5)报表输出系统

系统提供三类报表输出：

①路面状况清单——柔性路面、刚性路面和桥头引道行驶质量。

②候选项目清单(按主要对策)——路面翻修计划，路面重建计划，柔性路面养护计划，刚性路面养护计划。

③各损坏车道的养护和改建对策清单。

2)中国陕西省公路局路面养护管理系统

该系统采用了 B/S(浏览器/服务器)架构，基于地理信息系统(GIS)构建，实现了省、市、县三级养护管理体系下的路面信息实时化、数字化、实景化管理。系统涵盖的公路等级包括高速公路、一级公路和二、三、四级公路(不包括农村公路)，路面类型包括沥青混凝土路面和水泥混凝土路面；依据交通运输部的行业标准以及陕西省公路局的《养护生产全面质量管理体系》而开发。其系统功能框架图如图 8-9 所示。

陕西省公路局路面养护管理系统所具有的功能主要包括以下六个方面。

(1)公路基础数据库管理

公路基础数据库主要是针对省局管辖范围内的 45 条国省干线及其附属设施而建立，涵盖公路养护管理的七大类数据：路线、路段、路面、路基、沿线设施和桥隧构造物。针对路线变更或改扩建等特殊情况对基础数据引起的改变，系统采用两级单位定期汇总、上报、更新基础数据的管理模式，实现基础数据归档化管理。

(2)公路检测数据管理

公路检测数据管理是用于导入来自省局大型公路检测设备输出的检测结果数据，实现与省局公路检测设备的对接。检测车输出的数据可批量导入系统,对各项检测数据进行归档化管理,为路面状况评价、预测分析和养护辅助决策提供依据。

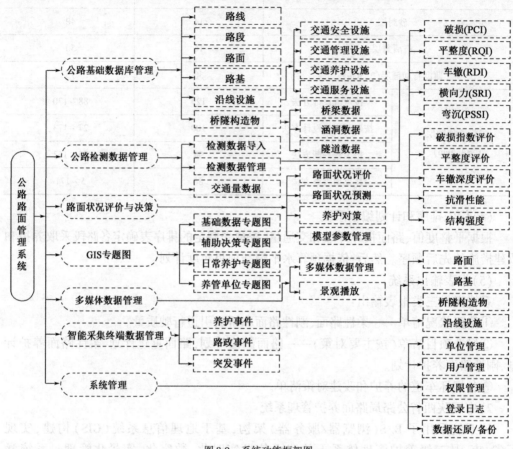

图 8-9 系统功能框架图

(3)路面状况评价与决策

路面状况评价与决策作为系统的核心功能模块,通过建立评价标准、养护标准、分项指标评价模型、PQI 综合指标评价模型、预测模型和预防性养护对策模型,为省局检测部门及养护部门提供公路路面状况评价、路面状况预测、预防性养护决策的辅助工具。

针对我国路面养护历史数据少,无法通过足量数据建立预测模型的特点,该系统采用了单参数自跟踪的路面性能预测模型,对路面性能的衰变规律进行未来 1~10 年的预测,用于路网中长期养护需求分析,有利于路面大中修养护方案的设计优选和全寿命周期费用的测算。

在预测模型的基础上,建立了路面养护决策模型,实现在设定的养护标准要求下,根据路面技术状况评定和路面性能预测结果,确定预测期内的各年度大中修和日常养护的路段位置、养护对策和养护费用;通过对路面性能指标约束阈值设定,给出预测期内,路网使用维持在要求的服务水平,所要采用的养护对策和养护费用;通过费用约束条件给出养护排序,将资金优化分配到路网的具体路段上。

系统通过预测模型和决策树模型的数据分析,提供路面寿命周期内多个养护方案比对方案,通过养护因素、改建因素、道路使用因素、路面残值的分析,为养护部门确定最佳养护投资方案提供参考。

(4) GIS 及多媒体数据管理

系统通过建立基于 GIS 数字路面表达技术和移动终端路面实景管理工具,全面提升了路面管理的数字化管理水平和操作体验。GIS 专题图采用 ArcGis 技术,实现国省干线及其附属设施信息、路面状况统计分析及其评价结果、养护巡查事件信息的 GIS 化,可以为相关部门及领导提供直观的支持工具。

(5) 智能采集终端数据管理

智能采集终端数据管理用于接收和管理手持终端采集上传至系统当中的养护数据、路政事件以及突发事件。养护数据主要用于公路养护生产管理,由相关养护部门进行内业处理。路政事件和突发事件则发送至路政部门和路网调度中心进行及时处理;依据陕西省公路局《养护生产全面质量管理体系》,实现日常管理和小修工程的闭合工作流。

(6) 系统管理

系统管理实现省、市、县三级管养单位及其用户的网络化管理,针对于本系统用户数量大的特点,采用角色化的用户管理方式。权限管理采用功能权限和数据权限相结合的方式,以满足不同业务部门和不同级别用户的使用需求。

二、桥梁养护管理系统

1. 桥梁养护管理系统内容

桥梁养护管理系统可以定义为决策者在桥梁管理中寻求投资有效分配方案、优化利用桥梁可用资源、包含信息采集、信息分析和方案决策的管理方法和工具。它是桥梁管理与现代科学技术相结合的产物。建立桥梁养护管理系统,必须以系统思想为指导,综合运用系统分析、运筹学、经济学、工程技术以及计算机技术,考虑技术、经济、社会和政治等方面因素,最终目的是协调桥梁管理内容,促使桥梁管理工作系统化。

桥梁养护管理系统运行的基础是桥梁综合数据库。通过数据处理和系统中的专家知识库,对桥梁的技术状况做出准确评价,提出切实有效的处治措施及其优先选用次序。除了可以安排实施必要的日常养护,还可以在恰当的时候安排维修加固,使桥梁处于最佳的工作状态。当桥梁使用一定年限后,可以检验桥梁养护投资是否正确,同时预测桥梁的使用年限,优化桥梁养护费用计划,使资金能得到最合理有效的利用,从而达到桥梁管理决策的快速化、自动化和系统化。桥梁养护管理系统的建立能为桥梁管理部门的决策人提供科学的管理工具和方法，使资源得到最大程度的利用和发挥。

2. 桥梁养护管理系统的分类

桥梁养护管理系统可分为网级桥梁养护管理系统和项目级桥梁养护管理系统，分别应用于不同的管理层次。网级桥梁养护管理系统是涉及整个桥梁网的、用于制定桥梁网养护政策、确定桥梁网养护需求和养护费用优化分配的宏观分析系统。它是按有限的预算进行重建和养护优先权分析，在整个桥梁网的基础上做出决策，目标是追求系统整体效益的最大化。项目级桥梁养护管理系统则是以单个桥梁为对象，从技术和经济角度分析养护方案的系统。其主要任务是为管理部门对某一具体工程进行技术决策时提供对策并选择费用、效果最佳的方案。它根据网级系统所给定的约束条件，把与计划项目有关的设计、施工、养护和改建活动组织协调在一起进行周详的考虑。比较不同方案的效益和费用，鉴定在分析期内以最小代价获得所需要的效益或服务水平的养护维修策略。项目级桥梁管理基本上只包括技术考虑和决策。

总之，两种系统具有不同的作用和同样的重要性。对于综合性的桥梁养护管理系统应该同时包括这两种类型，建立从宏观至微观的管理流程。网级和项目级管理系统相互协调、相互作用，才能最好地发挥桥梁养护管理系统的作用。

3. 桥梁养护管理系统的基本组成

一个完整的桥梁养护管理系统，要达到有效实现协调桥梁各项管理活动、辅助桥梁管理部门正确决策、使桥梁管理过程系统化的目的，一般应包括下列四个基本子系统。

1）数据采集及数据库管理子系统

这是系统的核心，主要完成整个系统内所有数据库的管理工作，包括数据的编辑、修改、校验等，并进行数据的检索、查询、常用桥梁卡片的打印等功能。其余模块或子系统均以此为基础进行工作，共同完成桥梁管理功能。

主要模块有：

（1）桥梁原始数据库模块包括桥梁结构设计数据、施工数据等；

（2）桥梁评价数据库模块包括检查情况数据、技术状况评价等级等；

（3）桥梁维修数据库模块包括养护维修方案、养护维修记录数据等；

（4）费用分析数据库模块包括对策方案基价、费用分析数据等。

桥梁养护管理系统必须建立在大量信息的基础上，以数据作为支撑。数据的质量和数量直接影响系统的正常运行及功能的可靠性，是桥梁养护管理系统建立的基石。但这并不意味着数据越多越好，相反，数量有限而意义重大的数据比数量多意义较小的数据更有益。

桥梁数据库中应该包含桥梁养护管理系统所需的各种桥梁相关信息。主要有桥梁结构设计数据、施工数据、养护改建历史数据、技术状况数据、费用数据、交通环境数据等。

桥梁养护管理系统的所有功能和决策都来源于数据库。

2) 桥梁技术状况评价子系统

依据桥梁技术状况监测系统采集的数据,选择能反映桥梁结构特点、功能特点、服务特点、管理特点的一系列指标,按照一定的标准进行评定,其结果是进行桥梁养护对策分析、需求分析以及项目优化排序的重要依据。

3) 桥梁技术状况预测子系统

预测桥梁在车辆荷载及环境因素作用下技术状况的变化规律及采取某种养护维修措施后,桥梁技术状况随时间或交通变化的规律。这是制定桥梁养护维修中、长期计划及进行寿命周期费用分析的依据。

4) 养护维修计划子系统

分析年度或中长期需要采取多种不同养护措施的桥梁数量或资金需求。它是确定管理目标、制定养护政策、估计费用需求的重要依据。主要包括:

(1) 养护维修对策选择模块依据桥梁技术状况,综合考虑技术、材料、环境、经济等因素,选择技术上先进、经济上合理的对策方案。

(2) 费用—效果分析模块分析处于某种技术状况的桥梁采取某种对策所需的费用及产生的效益或效果以便选择费用—效果最佳对策方案。

(3) 优先次序排列模块根据桥梁的不同指标制定排序规则,按此规则对桥梁网内需要养护维修的桥梁排定先后次序。

各个模块一般以它前面的模块为基础建立,才能更好地实施桥梁的养护维修。桥梁养护管理系统的基本结构如图 8-10 所示,此系统的运行方式如图 8-11 所示。

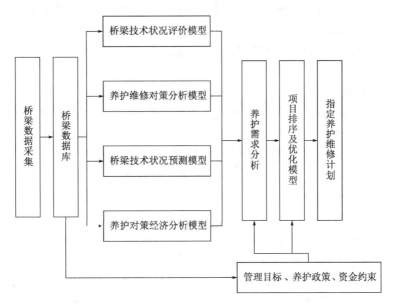

图 8-10　桥梁养护管理系统基本结构图

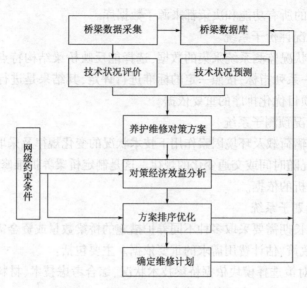

图 8-11　桥梁养护管理系统运行示意图

三、边坡养护管理系统

1. 数据库设置

（1）工程概况数据库

该数据库记录有边坡地形地质条件和工程设计施工的全部基础资料，包括边坡的地形地貌、地层岩性、地质构造、水文条件、周围环境、设计和施工数据、失稳和治理记录等多方面信息。工程概况数据库涵盖了公路边坡自勘察之日起的所有信息，是一个数据集合，是构建养护管理系统的基础，可为边坡巡查、评估决策、养护管理等提供数据支持和对比参考。

（2）边坡巡查数据库

该数据库包含两个子数据库，分别为巡查数据库和病害分类量化标准信息数据库。巡查数据库存储了经常性巡查、定期巡查和专项巡查所获取的全部信息。病害分类量化标准信息数据库，可为边坡巡查提供科学判据，有助于将巡查数据分类量化，对边坡安全性与风险性状态进行评价，及时发现边坡异常变化，为边坡的养护决策提供有利依据。

（3）边坡监测数据库

对巡查中发现存在重大风险的边坡采取相应的监测手段，对边坡安全进行监控，当前普遍采用的监测手段主要是人工监测和自动监测。因此该数据库主要由人工监测数据、自动监测数据、监测数据分析三部分组成，包含边坡位移、变形、地下水、降雨等方面的原始监测数据，可通过监测数据分析系统对数据进行分析整理，实时掌握边坡的安全状态。

(4)边坡评定及养护策略数据库

边坡评定及养护策略数据库主要对边坡巡查和监测数据进行综合分析,对边坡的安全状态与风险状态进行专家评定和养护策略分析,包括评定规范标准库和养护策略库。评定规范标准库包含病害评定专家信息库和评定标准规范库,可为边坡灾害评定提供标准依据。养护策略库就是根据对灾害的评定和数据的分析,提供可采取的养护策略、处治对策,并给出相应的费用分析,为边坡管养部门提供数据参考。

2. 养护管理系统设计

边坡养护管理系统是以沿线边坡资料数据库为基础,通过综合调用数据库信息并评定分析边坡安全状况和风险状况,最后给出养护对策和方案的数据处理平台(图 8-12)。因此将养护管理系统设计为以下几个层面:

(1)数据层:系统所应用的数据为通过综合分析数据库信息、计算机内边坡灾害数据库信息定量化描述的边坡灾害安全状态及参数。

(2)评价层:参照指标体系和相关规范标准,对边坡运营状况进行分析评价,得出边坡当前的安全状况和可能的风险状况。

(3)分析层:根据边坡所处的安全状况和风险状况,分析确定相应的养护或治理对策,并对养护费用做出预算分析。

(4)应用层:采取相应的养护及处治措施对边坡进行养护管理。

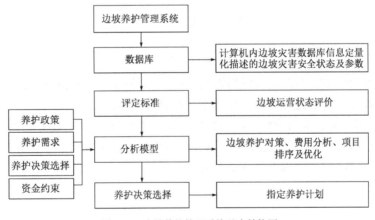

图 8-12　边坡养护管理系统基本结构图

四、隧道养护管理系统

公路隧道养护管理系统由以下七个模块组成:①隧道信息采集;②信息存储与管理平台;③隧道状况评估;④隧道性能预测;⑤维修计划及效果评估;⑥成本效益分析,资金分配;⑦维修措施优化决策。本系统的详细流程设计如图 8-13 所示。

隧道信息的采集应包括隧道周围地形地质条件和工程设计施工的全部基础资料,包括周边环境的地形地貌、地层岩性、地质构造、水文条件、设计施工数据和治理记录等多方面信息。除此之外,还应该收集日常巡检、定期巡检、专项检查等监测数据。这些数据将进入信息存储及管理平台,信息存储及管理平台是构建养护管理系统的基础,其作用为评估决策、养护管理等提供数据支持和对比参考。

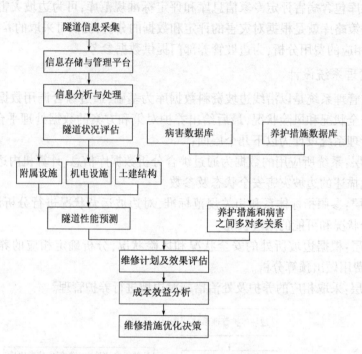

图 8-13 隧道养护管理系统结构图

隧道养护维修的内容包括土建结构、机电设施、附属设施。根据相关研究成果并结合隧道现场调查结果,初步建立评价指标体系。结合隧道信息,对隧道目前状况做出评价或者结合预测模型对隧道未来的性能做出评价。收集隧道病害资料,建立隧道病害数据库。对各种病害及维修措施进行了总结和归纳,然后建立病害和养护之间的多对多关系。结合隧道未来的性能状况,做出维修计划及效果评估。

第二节 公路养护综合决策支持系统

目前,世界上许多国家已经采用了多种不同类型的公路养护综合决策支持系统,其中包括 HDM-4 公路养护决策支持系统、AgileAssets 公路养护决策支持系统等。在公路里程高速发展的背景下,我国也开发并采用了各种各样的公路养护综合决策支持系统,其中就有 CPMS 公路养护决策支持系统以及地方公路养护管理平台。

一、HDM-4 公路养护决策支持系统

HDM 为 Highway Development and Management(公路养护管理系统)简称,目前已更新至第四版本。自 20 世纪 60 年代开始,世界银行对发展中地区(如东南亚、非洲等)提供低息或无息贷款用于公路建设,并参与公路的前期规划和设计。为了评估项目可行性、提高资金使用效率以及保证公路建设质量,世界银行资助部分研究单位研发公路投资模型、公路项目建设评估模型等,并整合研究成果,在公路交通投资模型 RTIM2 的基础上,研发了 HDM-3 和 HDM-4 系列软件。随着软件的更新升级,目前的 HDM-4 作为世界银行研发的全寿命周期公路养护管理系统,可以用于公路设计、建设、养护等全生命周期各阶段的辅助决策,对提升公路建设质量、节约公路建设和养护成本、延长公路使用寿命等具有较好的实际应用价值。

1. HDM-4 的运行原理

HDM-4 作为专业的道路经济分析软件,引入了新的技术关系来模拟路面损坏、事故成本、交通拥堵、能源消耗和环境影响,其可以综合考虑外部因素(如天气/道路维护升级等)及内部因素(如路况变化进程等)。与此同时,HDM-4 可通过对道路技术性与经济性的评价,从用户成本、工程活动成本等多元角度来决定最优的道路提升与维护策略及评估投资价值。

HDM-4 包含三个专门的应用程序工具,分别为项目级分析,预算受限下的道路工程规划,长期网络性能和支出需求的战略规划。其中,表 8-5 给出了 HDM-4 管理流程的变更及其应用。HDM-4 虽然具备多重功能,但它仍需从公路数据中聚合有关路面网络的信息,以此获得公路信息矩阵。这不同于北美典型的网络级 PMS,其网络中每个部分的精确数据用于网络级或战略分析。虽然总体精度受到限制,但在许多发展中国家使用矩阵级数据是可以理解的。与大多数北美模型相比,战略分析更全面地考虑了用户成本,这对于从世界银行和其他国际贷款机构获得资金至关重要。

HDM-4 管理流程 表 8-5

活动	时间范围	专管员	空间范围	数据详情	计算机运行模型
计划	长期(战略)	高级管理和政策水平	全网络	粗糙/总结	自动的
规划	中期(策略)	中级专家	网络或子网络		
准备	预算年	初级专家	项目级/部分		
运营	即刻/非常短暂的时间	技术员/次专业专家	项目级/子部分	详细	交互式

(1)HDM-4 的系统模块及分析架构

HDM-4 的分析架构源自于路面寿命周期费用分析的概念,主要架构内容与模式如图 8-14 所示。在进行相关模式分析之前,必须先进行道路交通资料的收集与分析,再应

用相应的模式来预测路面的寿命周期状况，最后，根据上述模式的分析结果，并借助经济分析的概念和评价方法，作为道路相关应用分析方案、规划和决策分析决策的依据，总的分析流程和输入资料见图 8-14。

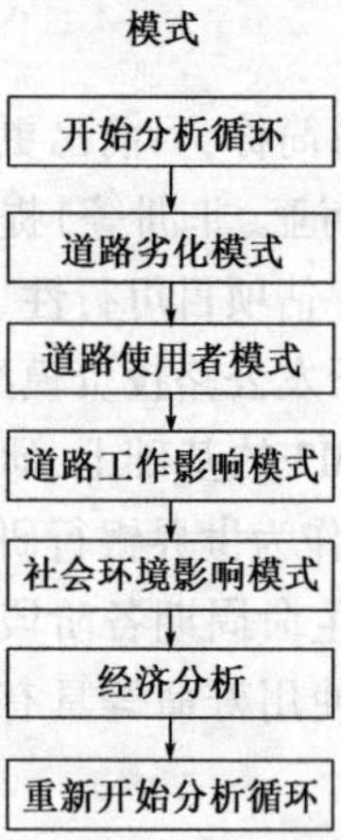

（2）HDM-4 的经济分析架构

在 HDM-4 中，每个分析路段面都由一套独特的几何特性、环境状况、交通荷载、路面状况和路面设计等参数来定义，只要给定某一路段面的初始路面设计和养护措施，就可计算分析期内与之相对应的寿命周期总运输费用（Total Transport Cost）的现值（Present Value），其中道路建设成本（Construction Cost）、道路养护成本（Maintenance Cost）与所节省的道路使用者成本（Road User Cost）构成了 HDM-4 中道路运输总成本（或寿命周期成本）的主要部分；道路使用者成本为一条公路或整个公路系统中所有车辆的行车费用（Operating Cost），包含车辆营运费、延迟费、时间价值、交通事故费和舒适与便利性等。通过输入道路建设成本、车辆运行费用和养护措施成本等，HDM-4 就可计算养护费用和道路使用者费用的时间—流量，乃至与初始路面设计和养护措施的任意组合相对应的总运输成本的时间—流量及社会的净效益，在 HDM-4 中，净效益是指每一外部指定养护措施的总运输费用现值同作为基本案例的最小总运输费用之间的差值。HDM-4 经济分析架构及流程图如图 8-15 所示。

图 8-14 HDM-4 分析流程

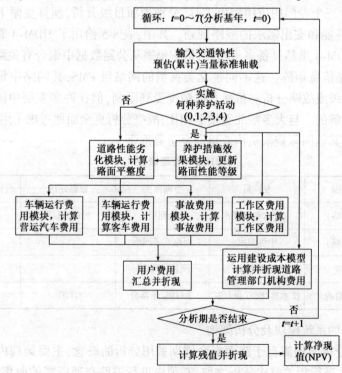

图 8-15 HDM-4 经济分析架构及流程图

2. HDM-4 的作用与应用

(1) HDM-4 的作用

高速公路管理过程通常被认为是在计划、规划、准备和运营的每个管理职能内进行的活动循环。HDM-4 在高速公路管理过程中的主要作用如表 8-6 所示。此外，HDM-4 在基于路网、车辆、道路养护（标准及成本）和其他系统默认参数四个基础数据模块之上可进行四方面技术分析：①路面性能衰变预测（Road Deterioration, RD）：可预测沥青混凝土路面、水泥混凝土路面、未铺装路面的性能衰变；②道路施工影响（Work Effects, WE）：模拟养护施工对路面性能的影响；③道路用户影响（Road Users Effects, RUE）：确定车辆运行成本、交通事故成本、车辆使用时间等；④社会和环境影响（Social and Environment Effects, SEE）：确定汽车排放和能源消耗的影响。

HDM-4 在管理过程中的作用　　　　　　　　　表 8-6

管理作用	常见的例子	应用
计划	战略分析系统 网络规划系统 路面养护管理系统	策略规划
规划	方案分析系统 路面养护管理系统 预算系统	工作布局
准备	项目分析系统 路面养护管理系统 桥梁养护管理系统 路面/覆盖层设计系统 合同采购系统	项目分析
运营	项目管理系统 维护管理系统 设备管理系统 财务管理/会计系统	未采用 HDM-4

HDM-4 可为高速公路管理过程提供策略分析。HDM-4 中的策略分析处理由道路组织管理的整个网络或子网络。例如，主要或主干道路网络或市政网络。HDM-4 应用了道路网络矩阵的概念，包括根据最影响路面性能和用户成本的关键属性定义的道路网络类别。例如，可以使用三种交通类别、两种路面类型和三种路面条件对道路网络矩阵进行建模。与此同时，随着道路矩阵变得更加详细，包含更多类别和子类别，策略分析

的质量会提高。当然,这也是好的 PMS 软件和数据的作用。此外,策略分析可用于对选定的网络进行整体分析,以准备不同预算情景下道路开发和保护支出需求的中长期规划估算。

值得注意的是,HDM-4 针对不同策略方案进行择优,对于规划或维护策略方案本身的制定并不是 HDM-4 的功能之一,其实质是道路经济分析评估软件。其评估择优的核心是成本,这里的成本不仅仅是狭义的基础设施规划或维护成本(工程成本),而是包含了用户成本在内的社会总成本。通常,工程成本由工程量、维护频率、人工成本等决定。在传统的方案决策中,此项成本由于估算容易且为直接产生的成本,通常作为方案选择的唯一决定因素。而用户成本由出行时间成本、车辆运营成本、事故成本等决定,由于用户成本估算较困难,且不直接计入项目预算中,所以常常被忽略。

在解决成本计算这一项难题中,HDM-4 具有以下优势:①强化工程成本计算。HDM-4 集成了完善的道路工程模型,适用于不同地区、类型的基础设施规划与维护的成本计算。考虑因素全面,计算结果更加精确。②补充并完善用户成本计算。综合考虑了包括:流量、交通量分布、通行能力、速度流量关系、车辆基本属性、道路属性、天气对用户出行时间成本及车辆运营成本的影响,成功实现了用户成本的量化。

精准与全面的用户成本计算作为 HDM-4 的主要功能及优势所在,能够实现高速公路运营控制评估指标的量化分析。由于 HDM-4 综合考虑到交通、路况、天气等多方面因素对用户成本的影响,而道路经济性分析对于交通数据又有很高的敏感度,故当交通数据随不同运营模式变化时,参数模型也需随之调整。亦即,通过采集不同运营模式下的交通数据,在数据分析的基础上,应用专业软件对交通流进行建模并校正相关参数,即可还原不同管理模式下的交通状况,而后就可计算不同模式下的用户成本(如时间成本和运营成本)的变化情况。HDM-4 通过分析研究用户成本的变化及其趋势,即可实现对智能高速公路收益和效率的评价。

(2)HDM-4 的应用

HDM-4 作为世界银行研发的全寿命周期公路养护管理系统,已在世界上 100 多个养护技术水平、气候和经济环境明显不同的发达国家和发展中国家得到成功应用,可移植性强,在国际上被广泛接受。HDM-4 在调用数据和模型的基础上可实现四级功能应用:①战略分析——编制路网养护中长期(5~40 年)预算,并对不同预算约束下路网的性能进行分析;②网络级分析——在预算约束下,编制路网最优路面养护滚动方案;③项目级分析——通过预测路面性能、确定道路用户和管理部门成本等,评估项目级公路养护方案的经济和工程效益;④政策分析——竞争性项目(如支线和干线)的融资政策、交通运输政策对能源消耗的影响、轴载负荷限制政策的影响及路面养护标准的制定等。此外 HDM-4 提供了针对各地区的不同气候、环境、路况、车辆等因素进行相关参数校正的功能,使得本工具能够适用于养护技术水平、气候、经济环境不同的各个国家各个地区的公路养护部门。

值得注意的是,在不同地区和国家应用的同时,HDM-4 模型适应根据当地条件进行校准,从而保证能精确预测路面性能。部分学者针对路网的路面性能衰变预测模型进行整体校准,即根据当地情况对主要病害模型进行校准。在印度,HDM-4 的 1 级和 2 级校准可以通过使用当地环境中不同研究机构过去进行的相关研究和在受控路段收集的有限时间序列数据来完成。例如,印度中央道路研究所根据 PPS-EPS 建立的路面劣化预测关系可用于校准 HDM-4 道路劣化模型。在摩洛哥,研究人员采用 55 个地区作为试验区,并对每个选定段的数据进行长达 6 年的连续测量。基于获得观测到的病害出现的年份与未校准模型预测的病害出现年份之间的系数。通过最小化估计数据和观测数据之间的差平方或平方差之和(SSD)来进行校准,即通过预测值与实测值之间的线性回归,对路面特性进行了标定,得到较好的校准结果。在美国华盛顿州,研究人员对 19200 车道英里道路网中的 HDM-4 标定和应用,通过实验将校准模型按照交通量和路面类型进行分别校准,具体包括:高交通量下的沥青混凝土路面(ACP),中等交通量下的沥青混凝土路面(ACP),低交通量下的沥青混凝土路面(ACP)、沥青表面处理(BST)和波特兰水泥混凝土路面(PCCP),分别对 HDM-4 手册中确定为"高灵敏度"和"中等灵敏度"(裂缝、松散、车辙、坑槽和平整度)的因素进行了校准,验证并调整模型后,HDM-4 模型显示出较好的预测能力。

二、AgileAssets 公路养护决策系统

1. AgileAssets 的运行原理

正如 Agileassets 公司的名字所展示的,它是一家专门为基础设施资产提供敏捷解决方案,以节省金钱、时间、拯救生命为导向的智能化决策提供者。

1) AgileAssets 的基础

Agileassets 平台基础涉及系统管理、安全、系统配置模式及报告,并以此为资源池向用户提供基础服务。系统管理用于系统管理员创建和维护资产管理系统所需的代码以及软件的管理功能。安全方面公司团队对运营和服务质量提供全天候综合监控和预警,为防止功能及服务故障准备备用方案,从多层面进行网络和系统安全检查,集中化的管理让数据更安全。报告支持多种格式的导出,并分详细报告和总结性报告,用户可依据自己的需求进行选择。

2) AgileAssets 的平台架构

除了早期的 PMS 实施之外,AgileAssets 还开发了桥梁管理的初始概念。其提供的众多管理系统如表 8-7 所示,平台架构如图 8-16 所示。

AgileAssets 公司系统概述套件 表 8-7

管理系统类型	系统功能
路面分析™(PMS)	安全分析™
桥梁分析™(BMS)	标志管理™

续上表

管理系统类型	系统功能
移动 Apps(现场数据收集)	权衡分析™(跨资产的资金分配)
桥梁检测™	信号和 ITS 管理™
机动性分析™(交通和拥堵)	公共事业管理™
设施管理™(建立通信等)	系统基础
网络管理™	公共事业分析™
车队及设备管理™	电信管理™
维护管理™(MMS)	

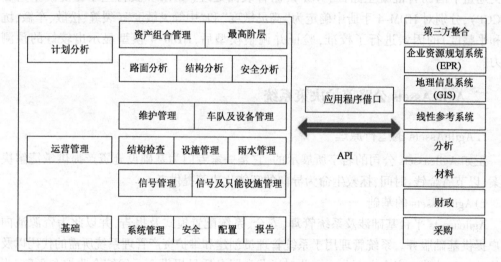

图 8-16 Agileassets 平台架构

3) AgileAssets 的产品

Agileassets 平台依据不同客户需求对道路管理业务扩展,推出运营管理及计划分析两大类产品。计划分析是针对单个及多个集成项目以改善投资决策及优化工作计划的服务,针对各服务 Agileassets 都有专业人员对各窗口、界面定义计算表达式。管理操作包含七种管理功能,较为全面地囊括了交通基础设施的范围,为各个管理对象从计划、数据收集到审查、报告定制完整的解决方案。平台提供多样化 API 可实现与第三方系统的无障碍对接,实现更新更智能的业务流程。将地理信息系统(GIS)接入,实现资产可视化空间管理。提供多个线性参考系统(LRS)间接口,确保路段定义的一致性,解决多个路段合并及分离问题。

4) Agileassets 的道路管理系统分析

选择 Agileassets 的各州政府对软件功能使用情况各异,其中路面管理的使用最为广泛。Agileassets 旗下的 PMS 分为以下六大功能模块,这里将详细介绍数据库、分析、报告及设置的内容,PMS 模块功能如图 8-17 所示。

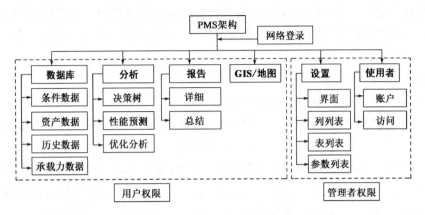

图 8-17　PMS 模块功能图

①数据库及 GIS/Map：PMS 采用关系型数据库,通过标准化 API 接入涵盖道路时空属性大数据。通过 GIS/LRS 结合 GPS 的定位,将路段设置为统一可视化单元,为下一步道路分析做准备。

②分析:调用数据库内属性(定义道路范围、位置及每部分其他属性)、性能(评估道路现状)、历史(确定道路结构)三大类数据,通过决策树、预测和优化模型进行道路维护的分析决策。目前系统预测模型支持经典的线性及非线性模型,由用户提供的自定义模型,及自动化的参数自更新。决策树分预测和决策两类。预测决策树由用户选择的决策变量和性能定义值划分父节点的子节点,并将其分支到父节点。每个分支的末端将被分配一个预测模型。最终决策由低层决策树附加为高层决策树完成,每底层决策树对应一种治疗方案,将几个较低级别的决策树分配到决策树的较高级别部分。最终在对方案进行约束条件筛选后输出优化方案路段、方法、时间的结果。③报告:对最后的优化决策,系统支持自生成多种格式的详细和总结性报告、自定义及图表类报告。④设置:管理层用户可对施工(如材料编码)、数据库(如路面类型代码)、网级分析(如约束)、性能(模型系数)及行政(道路政区)的表、列、参数和界面进行设置,满足不同机构需求。

2. AgileAssets 的特点与应用

1) AgileAssets 的特点

针对 Agileassets 所展现的服务,产品有如下特点:①柔性的管理:以客户为中心,针对不同用户提供定制服务,用户能够参与设计也可以选择公司的交钥匙管理。提供软件即服务(Software as a Service,SaaS),由专业人员负责平台维护管理,按需计费,用户因此省去前期的 IT 设施投入。②规范化的 API:实现与多个系统的整合,不仅扩大数据收集还增加完整工作流,满足更新更智能的系统服务。③科学化的服务:以数据驱动为基础,采用分布式云计算。在汇集大数据后运用先进的计算模型评估、预测及决策,实现对多场景约束下的资金配置。④专业化的人才:为了将业务面向全球客户,公司储备了工程师、数学家、科学家、程序员、经济学家、系统集成商和市场专家等多学科组织精英。在执行任务的同时,提供最权威的基础设施管理软件。

2) AgileAssets 的应用

AgileAssets 现在为许多州、县、市和私人机构提供路面管理和许多其他资产管理软件包。例如,犹他州实施了 AgileAssets PMS 来补充他们的 Deighton 系统,因为他们认为需要更好的分析以及为他们的路面开发更好的性能模型的能力。印第安纳州在早期的 Deighton PMS 中采用了 AgileAssets 维护管理。此外,AgileAssets 现在在 14 个州和省拥有 PMS,并为另外三个以及全球许多其他地点提供许可证。其中,爱达荷州交通部员工和 AgileAssets 员工描述了 PMS 和 MMS 集成(图 8-18)以及基于系统类型划分的 AgileAssets 客户端(表 8-8)。爱达荷州 PMS 软件的各种组件包括从系统到其他子系统的输出,新增的 PMS 功能如图 8-19 所示,分类如下所示:

(1)配置控制:软件使用 PMS 数据库中的数据方式。

(2)数据库:PMS 数据的存储库。

(3)分析:用于分析路面性能和优化工作程序的功能。

(4)报告:定义了系统用户呈现路面数据和分析结果的方式。

此外,爱达荷州 PMS 使用带有多约束和多年分析的整数优化方法。美国超过 13 个州正在使用这种整数优化方法,而其他软件似乎正在使用更简单的方法,例如增量成本效益(IncBEN)分析、一般线性优化和简单的优先级排序。

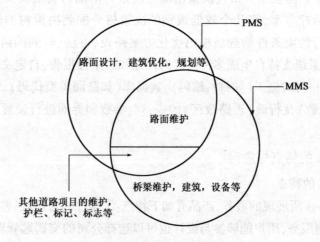

图 8-18 爱达荷州路面管理与养护管理的界面

按系统类型划分的 AgileAssets 客户端

表 8-8

地方交通部门	系统基础	MMS	车队	PMS	标志	信号	BIS	BMS	安全	权衡	流动性	Net. Mgr	设施	电信
加州交通部	x			x										
特拉华州交通部	x	x												
乔治亚州交通部	x	x	x	x		x		x						
爱达荷州交通部	x	x		x										
印第安纳州交通部	x		x									x	x	
肯塔基州财务处	x	x		x										
肯塔基州交通部	x	x	L	L										
路易斯安那州交通部	x		x	x									L	
蒙大拿交通部	x			x										
新墨西哥交通部	x	L	L	L			x	L	L	L				L
纽约交通部	x	x		x				x	L	L		L	L	L
北卡罗来纳交通部	x	x	x	L	L	L	L	L	L	x		L	x	L
俄亥俄州交通部	x	x	x	x								L	x	x
德州交通部	x	x		x									x	
犹他州交通部	x	x		x										
维吉尼亚州交通部	x	x	x	x										
西弗吉尼亚公园专用道路	x	x	x							x			x	
西维吉尼亚州交通部	x	x	x	x					x				x	
怀俄明交通部	x	x	x	x										x
卡罗尔县,佛罗里达州	x	x												
弗雷德里克	x													
威尔明顿	x													
以色列-马阿兹	x			x				x	x	x				
特立尼达和多巴哥	x	x	x	x				x	x				x	x
魁北克	x	x		x										
牙买加	x	x												
迪拜	x			x										
圭亚那	x		x											
沙特阿拉伯国家石油公司	x			x										

注:x-已经建立;L-正在筹建。

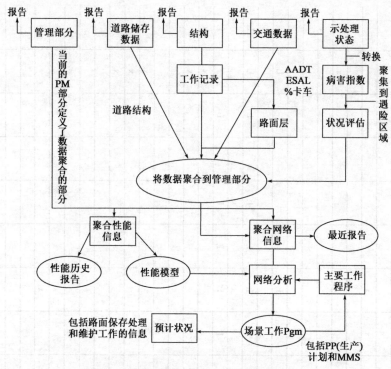

图 8-19 在爱达荷州实施的 PMS 系统流程框架图

三、CPMS 公路养护决策系统

交通部公路科学研究院公路养护管理研究中心(Highway Maintenance and Manegement Research Center),根据全国公路养护管理状况和发展趋势,研究开发了包含硬件和软件的国省干线及高速公路的 CPMS 养护决策系统。CPMS 养护决策系统技术的推广应用,将有效地提高我国国省干线及高速公路养护管理的科技含量、装备条件和软件水平。现代化公路养护管理过程如图 8-20 所示。主要服务内容包含以下几个部分:①国省干线及高速公路路况快速检测与处理;②年度公路技术状况评定;③科学养护决策;④中长期养护规划;⑤年度养护计划;⑥公路日常养护管理;⑦养护项目后评估或绩效评定,提供全过程的科学化养护分析方法与软件平台。

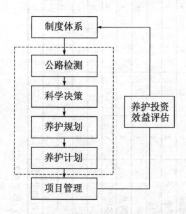

图 8-20 现代化公路养护管理过程

1. CPMS 的组成部分及功能

CPMS 公路养护决策系统由 12 个组合式模块化的专业养护管理分析软件和 4 种配套数据采集仪器及装备组成。各软件和配套装备配置见表 8-9 及表 8-10。

CPMS 配套检查仪器及装备　　　　　　　　　　　　　　　　　　　　表 8-9

编号	分类		内容和组成	备注
1	路况数据	RCRa	路况数据采集仪	公路技术状况数据采集
2	日常数据	RCRb	日常养护数据采集仪	日常养护数据采集
3	前方图像	ViewCS	景观图像采集系统	程控相机+相机支撑系统+便携PC+桌面+定位系统+采集软件
4	综合指标	CiCS	路况快速检测系统	路面损坏+前方图像+公路平整度+路面车辙+采集软件

CPMS 专业养护管理分析软件　　　　　　　　　　　　　　　　　　表 8-10

编号	分类		内容和组成	备注
1	数据管理	Data Info	国省干线及高速公路数据库	路线、路基、路面、桥涵构造物、沿线设施、绿化、沿线用地
2	模型管理	RD Models	公路模型数据库	决策、预测参数
3	交通管理	TMS	交通数据管理系统	出口交通量、路段交通量、交通量分布、收费、收费分布
4	路面管理	Net PMS	路面养护管理系统	路面状况评价、养护需求分析、预算需求分析、费用优化分配、养护工程计划
5	桥梁管理	BES	桥涵评价系统	技术等级评定、养护需求分析、预算需求分析、养护工程计划
6	日常管理	RoMS	路基、路面、桥涵构造物、设施的日常养护管理系统	路面、路基边坡、桥涵构造物、沿线设施、绿化的日常养护计划安排和项目管理
7	路况评定	MQI	技术状况评定系统	是《公路技术状况评定标准》(即将发布)和《高速公路养护质量评定方法(试行)》的辅助评定工具
8	养护计划	MPL	养护工程计划系统	路基、路面、桥梁、隧道、绿化、房建和机电等所有公路养护内容的日常保洁、小修保养、恢复更新和专项工程的计划编制与计划管理
9	项目管理	MPC	养护工程管理系统	专项工程及路面大中修养护工程项目从计划到竣工验收全过程的管理
10	养护报告	MR	养护报告制作系统	内容包括公路养护技术现状评定、未来技术状况预测、10年长期公路养护规划、未来公路养护需求、年度公路养护计划等内容
11	景观图像	RD View	前方图像管理系统	管理公路前方景观图像
12	综合养护	CMAP	综合养护分析平台	包含路线、路基、路面、桥梁构造物、沿线设施和绿化等内容的公路综合养护分析的大型软件平台

CPMS 公路养护决策支持系统运行的具体流程见图 8-21。首先通过 CPMS 配套检查仪器及装备将路况数据以及抗滑性能数据分类录入数据库中;再利用 CPMS 系统对数据库中的数据进行处理,采用路况评定系统 MQI、路面养护管理系统 NetPMS 和日常养护管理系统 RoMS 进行养护决策,利用养护报告制作系统 MR 和公路养护分析平台分别进行养护规划和养护计划。

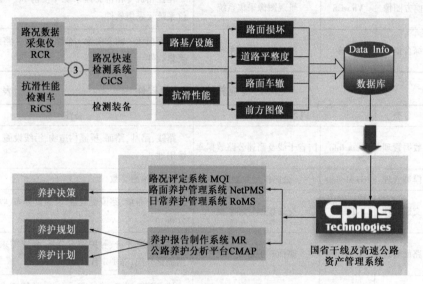

图 8-21 CPMS 公路养护决策支持系统运行流程

CPMS 各组成系统软件的功能如下:

(1)公路数据库/Data lnfo

国省干线及高速公路数据库包括对(高速)公路路线、路面、路基边坡、桥涵构造物、沿线设施、绿化、沿线建筑和交通流量等有关信息的综合管理,是(高速)公路综合管理系统养护决策的基础。公路数据库的技术特点:

①用于路面、路基、桥隧构造物及沿线设施的数据管理;

②与国内外的高效检测设备实现智能数据通信传输;

③数据加工、数据处理、数据保存、指标计算、路段数据自动生成、数据批量处理、数据恢复等功能。

(2)公路模型数据库/RD Models

公路模型数据库的主要功能是用来管理国省干线及高速公路路线、路面、路基、桥涵、设施和绿化等养护决策所需要的有关模型、参数、标准和规范。主要包括:路面结构与养护方案模型,优先排序模型和决策树模型、路面性能预测模型。路面性能预测模型主要靠以下三种方式提供参数、指标:

①路面长期性能监测

根据路面的各种影响因素及其相互作用,确定要观测的路段,并将路段进行严格标记,此后在一个比较长的时期内,对各种影响因素及路面状况,按照严格统一的标准进行定期检测。

②历史数据分析

数据库中路况数据和影响因素数据的可靠性要比路面长期性能监测的方法要差,做出的路面性能模型精度就不高。

③专家调查

专家在路面性能方面的经验以某种方式获取并表达,然后依次建立路面性能预测模型。

(3)交通数据管理系统/TMS

按照时间和空间分布格式,管理(高速)公路出入口交通流量。通过交通量分析,估计(高速)公路出入口间的路段交通量、交通量分布、车型分布和轴重分布,这些数据将用于路面寿命周期和桥梁损坏的预测。

(4)路面养护管理系统/Net PMS

主要功能包括:①路况评价分析,包括路面技术状况和交通量等各种公路因素的评价和分析;②养护需求分析,预测各年度的路面大中修养护费用和养护措施;③养护投资分析,分析不同投资水平对公路技术状况的影响;④养护资金优化,分配;⑤公路养护计划编制。首先对所有地区公路的路面技术状况进行汇总,对汇总的状况进行需求分析,基于不同投资水平引起路况变化对预算进行优化分配,最后制定详细的工程计划。

(5)桥梁评价系统/BES

桥梁评价系统的主要功能是建立桥梁基础信息,提供多种记录的归档和检索查询功能,对桥梁使用状况做出技术等级评定。

(6)日常养护管理系统(路基、路面、桥涵、设施和绿化)/RoMS

用于路基、路面、桥涵、设施和绿化等养护内容日常养护管理,包括制作养护任务表单、养护计划和日常养护工程统计报表。

(7)技术状况评定系统/MQI

用于公路管理部门定期或不定期的国省干线及高速公路养护质量及技术状况评定工作。系统是《公路技术状况评定标准》(即将发布)和《高速公路养护质量评定方法(试行)》的辅助评定工具,用于路况图和规定格式评定报表的自动生成和上报。

公路技术状况评定系统 MQI 可以灵活地按路线、养管单位、行政区或全省进行养护质量的统计和汇总;将路线、路面、路基、桥隧构造物、沿线设施的基本信息和技术状况明细打印生成 word 文档。

(8)养护工程计划系统/MPL

用于国省干线及高速公路路线、路基、路面、桥梁、隧道、绿化、房建和机电等所有养护项目的日常保洁、小修保养、恢复更新和专项工程等的计划编制与计划管理。

(9)养护工程管理系统/MPC

用于专项工程及路面大中修养护工程项目,从计划到竣工全过程的管理与控制。内容包括项目名称、工程性质(大修、中修)、数量、位置、工程开始日期、计划进度、实际进度、工程质量、项目资金、支付管理、承包商、监理公司和竣工验收等。

（10）养护报告制作系统/MR

根据国省干线及高速公路 CPMS 养护决策系统各组成部分的分析结果,自动编制《公路公路养护分析报告》。报告主要包括公路养护技术状况、10 年长期养护规划、年度养护计划、未来养护需求和日常养护工程量预测(路基、路面、桥涵、设施、绿化)等内容。报告所有内容均以图、表和文字描述,且全部自动生成。

（11）前方图像管理系统/RD View

RD View 的作用在于为国省干线及高速公路提供一种新的养护管理手段。图 8-22 展示了图像数据与国省干线及高速公路的数据库和 CPMS 养护决策系统的各个组成部分之间的相互关联。通过这一过程,我们可以更有效地利用图像信息,为公路养护提供更加科学、准确的决策支持。

图 8-22 前方图像管理系统界面

（12）综合养护分析平台/CMAP

基于地理信息技术和前方图像技术,对包含路线、路基、路面、桥梁构造物、沿线设施和绿化等内容的路况、历史、养护工程、养护需求等各种信息和数据进行综合养护分析的大型软件平台(图 8-23 ~ 图 8-25)。

2. CPMS 的应用现状

使用 CPMS 的省(自治区、直辖市)包括:辽宁省(所有高速)、北京市(京通高速)、河北省(所有高速)、山西省(所有高速)、山东省(所有高速)、湖北省(90% 高速)、江西省(所有高速)、浙江省(所有高速)、福建省(所有高速)、广西壮族自治区(所有高速)、宁夏回族自治区(所有高速)和广东省(广东高速公路公司全部、广佛高速、广州北环、西部沿海高速、深汕东、广东路桥等)。

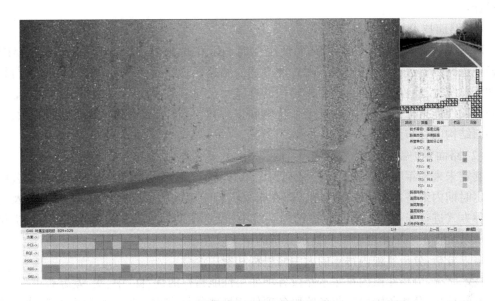

图 8-23 综合养护分析平台

图 8-24 路况快速检测系统(CiCS)   图 8-25 路面损坏识别系统(CiAS)

由于国内使用 CPMS 进行道路资产管理的单位众多,本书分别以河北省廊涿高速公路和内蒙古赤峰地区为例,详细介绍采用 CPMS 进行公路资产管理的应用情况及其效果。

1)CPMS 在河北省廊涿高速公路的应用

河北省廊涿高速公路全长 58.4km,2008 年 7 月 22 日开通。为了使运营期养护管理决策科学化、规范化、制度化,廊涿高速公路自 2009 年 6 月起开始全面应用《CPMS 公路资产管理系统》,使廊涿高速公路的养护管理科学化。经过前期的公路模型数据库的建设,初步开始了该系统的应用,并在同年 11 月进行路面检测数据的采集和录入工作,全面进行系统维护和应用。该系统经过近十年的运营,廊涿高速公路养护管理基本已实现以下目标：

(1) 路面技术状况评价

对适用廊涿高速公路的沥青路面使用性能 PCI、RQI、PSSI、SRI、PQI 和交通量 AADT 等各种道路因素进行评价和分析；对廊涿高速公路路况现状及其他一些基本信息进行评价和汇总统计，使养护决策人员了解辖段的整体状况和细部，即采用图表结合的形式显示路面各项性能指标优、良、中、次的分布比例和里程数，分布于不同交通等级的里程数，各种路面结构的分布情况，路面宽度的统计情况。

(2) 路面养护需求分析

制定未来各年度的廊涿高速公路路面大中修养护方案和费用计划，使廊涿高速公路在一定时期内维持预期的使用性能。即在未来的若干年内有哪些路段需要养护，以及采用何种方式进行养护。在路面养护管理系统中，设定预期的养护标准和 10 年的分析年限。从系统得出多个角度解析和显示分析的结果。

需求分析：分析年限内每年的大中修里程和费用汇总；

技术状况：分析年限内每年本路段各项使用性能指标的优、良、中、次、差分布里程；

空间分析：分析年限内每年各路段各项使用性能指标在空间连续变化曲线和建议养护方案及费用；

时序分析：各路段各项指标在分析年限内的变化趋势及对应的建议养护方案；

详细需求：预测分析年限内每年各路段的详细路况及推荐的养护方案。

通过"路面养护需求分析"，就指定的"养护标准"对某些路段进行公路养护的必要性分析，进行基于客观检测数据的科学分析和预测，提出廊涿高速公路范围内何时、何地、用何种方法，分别进行大修、中修和日常养护。

(3) 路面养护预算分析

通过需求汇总技术状况、空间分析、时序分析和详细需求等内容，指定路段设定的养护标准，在满足廊涿高速公路的总体养护水平要求下，分析指定路段需要大中修养护费用数额。

(4) 养护投资效益分析

通过养护质量、空间分析、时序分析、投资效益、效益汇总等分析结果，分析不同投资水平下，路况和服务水平在未来的变化趋势，以此作为决策部门确定养护计划及预算的客观依据。

(5) 养护预算优化分配

将廊涿高速公路预定的养护费用，按照效益最大原则，优化分配到辖段中最需要养护并且具有最大效益的路段上。通过分析科学决策，制定大修、中修和日常养护的最佳养护计划。

(6) 路面养护工程计划编制

编制路面养护工程计划，首先要进行如下数据的加工分析，即路面养护需求分析、编制路面养护预算、养护工程预算优化。

路面养护管理系统的功能是为养护管理人员进行养护决策提供依据,而不是完全取代人。其建立在养护需求分析、预算分析、优化分析的基础上,决策者可以通过路段养护方案的调整,实现编制可用于实施的路段养护工程计划的目标。

2）CPMS 在内蒙古赤峰地区的应用

1998 年赤峰市立项研究路面养护管理系统在公路养护与管理工作中的应用问题,2002 年"公路 CPMS99 路面养护管理系统的推广应用"项目荣获赤峰市科技进步二等奖,为今后的公路养护与管理工作提供了丰富经验。2002—2004 年赤峰市利用 CPMS 路面养护管理系统健全了公路路面管理机构,完善了管理机制,产生了较好的社会效益和经济效益。

通过 CPMS 近 20 年的应用,内蒙古赤峰地区高速公路已取得的应用推广效益如下:

(1)强化了公路路面管理机构,并进一步优化了管理机制。CPMS 系统的建立和应用,成功实现了对公路状况的综合评价、养护决策、投入分析以及路况预测。这一系统运用科学的综合手段,对现有的公路路面状况进行实时监控管理,并运用计算机技术及时处理公路动态数据。这使得我们能够优先制定科学、有效、合理的养护措施及资金投入方案,从而充分发挥投资效益,有效提高道路使用寿命。这一举措解决了以往单纯依赖人工方式无法有效完成的工作。

(2)提高养护管理人员技术素质和管理水平。CPMS 系统的广泛应用涉及多方面的科学技术技能,其将公路养护、管理与计算机应用紧密结合,因而需要具备综合能力的技术人员。因此,我们可通过参加各级培训学习,积极推进 CPMS 系统的应用,并培养和锻炼一批专业技术骨干。充分恰当地利用这些技术骨干的专业知识和技能,将会为社会带来显著的经济效益和社会效益。

(3)提高决策的准确程度及投资效益。该系统在经过科学理论支撑、大量试验数据验证及专家经验积累后,并结合广泛的实践应用和统计分析,证实其能有效提升决策准确性,增幅达到5%～10%。这意味着,在追求相同的养护目标时,我们能够在养护资金的使用上减少 5%～10% 的决策失误。以我市某年度公路养护大中修 58km 为例,实际投入 1089 万元,采用该系统后,可节约资金 55 万～110 万元。这些节约的资金可以转而用于增加 3～6km 油路大中修的投资,从而带来额外的 55 万～110 万元经济效益。此外,从道路使用者的角度来看,决策的合理性和准确性能够显著提高道路的服务性能。这将使道路使用者在完成相同的运输任务时,能够减少运输时间,降低各种费用的消耗。这些节约的费用,同样构成了一笔巨大的经济效益。

(4)节省人力、物力和时间,提高了工作效率。CPMS 系统建立后,现有干线公路基本数据及路面状况动态数据等多方面信息都已存入微机中,系统还提供了丰富的定量分析及统计功能,使管理者可随时能够从不同的角度、以不同的形式直观地了解掌握当地的道路状况,迅速得出多种需要的结果,这是过去在短期内无法做到的。

赤峰市通过近二十年的推广应用,实践证明:CPMS 系统数据编码定义精确,系统信息覆盖全面,功能设备完善,选择便捷。该系统在统计计算方面准确无误,运行速度快,实现了道路工程、工程经济以及日常养护、管理技术与计算机技术的深度融合,有效提升了工作效率与质量。

四、中国广东公路养护信息管理系统

该管理系统总体架构可概括为"一中心、一平台、三大体系、十大应用",支撑三级分层管理。三层管理示意如图8-26所示。

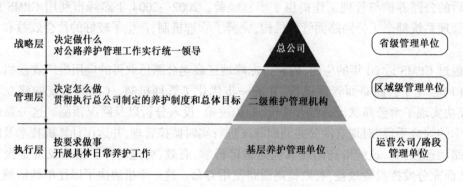

图8-26 三层管理示意图

一中心:构建以主题数据库为特征的统一养护数据中心。

一平台:通过网络、数据和应用三大平台的整合,构建统一的综合养护业务可视化信息管理平台。

三大体系:构建数据标准、信息安全及运维管理三大体系,支持系统安全稳定运行。

十大应用:集成化开发路面、桥涵、隧道、路基、交安、机电六大专业技术状况管理系统,以及路网基础数据、养护工程、综合查询展示、养护辅助决策分析四大养护综合应用系统,实现路网级、跨专业、跨部门的综合应用,促进养护信息共享,最终实现数据集成、应用集成和门户集成。

该管理系统平台主要包括基础数据管理系统、技术状况管理系统、养护工程管理系统以及平台辅助决策等功能。

1. 基础数据管理系统

建立涵盖公路的路线、路面、路基、桥涵、隧道构造物、安全设施、养护服务设施、监控设施、管理设施等路网基础数据库,实现公路路网公共基础数据、专业设施基础数据、GIS空间数据的综合管理,包括数据导入、数据入库、数据检查、数据交换、数据同步等。基础数据概况如图8-27所示。

2. 技术状况管理系统

支持检测数据采集录入、数据分析评定、报告生成、养护分析决策等技术状况精细化管理,实现路面、桥涵、隧道、路基边坡、交安等设施的技术状况管理可视化,直观全面展示公路设施的运营状况及养护管理水平。

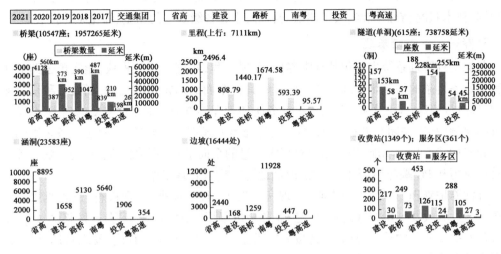

图 8-27 基础数据概况

路面技术状况管理。基于 GIS,结合路网各类设施的属性数据和空间数据,支持路面定期检测项目管理、检测数据导入、技术状况评定、检测报告生成,以及检测成果上报审核的全过程管理。支持路面技术状况实时评定和季度评定的报送,提供路面技术状况的电子地图、前方景象、路面病害扫描照片、技术状况四方联动综合展示,支持检测项目查询、路况评定、检测数据等信息的综合查询,以及各类统计图表、报表的生成导出,实现性能预测、养护需求分析及养护投资效益分析等分析决策功能。

桥涵技术状况管理。实行一桥一档管理(涵盖桥梁基础数据、定检病害及技术状况、桥梁历史、桥梁档案、桥梁卡片等信息),实现对桥涵数据采集、分类管理、查询、统计分析、报表、桥涵技术状况评估、检查报告生成、预警监测、移动端应用等功能,支持桥涵养护数据挖掘、评估分析和辅助决策等深度分析应用。

隧道技术状况管理。实行一隧一档管理(涵盖隧道基础信息、土建信息、定检病害及技术状况、隧道历史、隧道档案、隧道卡片等信息),满足隧道基础数据管理、隧道定期检查管理、隧道专项(含特殊)检查管理、综合查询、报表分析、养护决策支持分析、移动终端应用等管理需求,对接养护工程管理系统实现对隧道病害的维修处置、派发任务单、维修工程登记、维修验收业务管理;实现隧道检测数据采集、统计分析、技术状况评估、检测报告生成、统计报表、综合查询等基本功能,具备隧道养护数据挖掘、评估分析和辅助决策等深度分析应用。

边坡技术状况管理。实现一般路基、高边坡路基、绿化工程基础数据管理,可详细记录路基工程几何形态、防护支挡结构、地质、环境、历史病害等信息,记录公路的路中及公路两侧绿化情况;路基边坡监测项目管理,实现对监测数据的导入、监测情况的展示分析;路基与绿化病害管理,建立路基与绿化病害库,实现路基边坡的日常巡查、经常检查、定期检查、专项检查等各项养护业务管理,对接养护工程管理系统实现对路基病害的维修处置、派发任务单、维修工程登记、维修验收业务管理;技术状况管理,实现定期检查业务,病害录入、数据分析评定、报告生成,对路基变形稳定状况评估;利用统计图表及 GIS 综合展示路基的基础数据、技术状况、养护维修、竣工图纸资料等,生成各级所需的路基、绿化统计报表。

3. 养护工程管理系统

养护工程管理系统主要包括日常养护、专项工程、年度计划等模块,能实现公路养护工程全业务链条的信息化管理。统一病害库具备全面的病害管理功能,涵盖多种病害来源、基础数据概况、平台养护工程、养护业务闭环管理等方面。对于已修复的病害,系统支持继续观测(病害关闭),并提供 31 种以上的处治方式选择。此外,该库还具备多维信息查询和多种状态显示功能,满足用户对病害信息的全面了解和掌握。同时,统一病害库支持移动应用和 PC 端应用,方便用户随时随地进行病害管理工作。

日常养护管理。以病害为中心,实现病害发现(日常巡查、经常检查、路政通知等)、派单、维修、验收及计量统计的日常养护业务全过程精细化的闭环管理;开发移动 App,实现日常养护全业务的移动应用,支持按病害类型、桩号范围、紧急程度、发现日期、任意组合等多种方式派单和拆单验收,支持养护巡查检查、公路机械清扫和保洁清障的定位签到、轨迹记录及回溯功能,提升管理效率、加强养护监管。

专项工程管理。建立公路养护专项工程台账管理模块,实现里程碑进度计划、交付成果管理等功能,主要包含进度计划的制定、里程碑完成后的信息登记与审核、里程碑交付成果及重要附件的上传、工程量结算信息的登记等功能。实现文档资料与病害数据、结构物设施等关联。

养护计划管理。建立集团、二级单位、三级路段公司的多层级养护计划管理模块,实现养护计划的编制审批和变更、批复、汇总、调整、计划执行情况、统计分析等闭环管理功能。具体如图 8-28 所示。

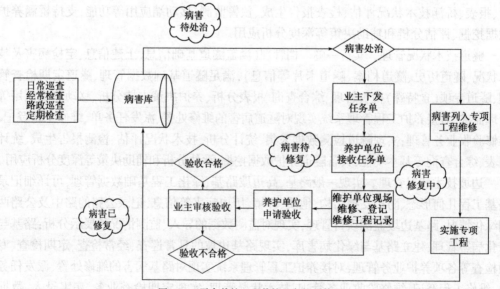

图 8-28　平台养护工程养护业务闭环管理

平台移动应用。建立支撑路段公司日常养护管理的移动办公平台,支撑桥涵、隧道、路基定期检测业务移动应用。

日常养护移动应用。支持日常养护的日常巡查、经常检查、路政巡查保修、维修任务单派发、维修记录登记及验收计量等具体业务的实施,结合公路养护现场业务需要可随时随地查询、使用、维护和上报基础数据、养护数据,灵活处理各类养护办公业务,支持公路日常巡查、结构物经常检查、机械清扫、清障等业务的电子地图轨迹记录、作业打卡签到等功能,实现日常养护全业务流程的移动办公。

桥梁定期检测移动应用。支持桥涵定期检测业务的数据录入、数据分析、技术状况评定、检测报告生成等全流程业务操作,支持检测数据、检测记录、检测报告等资料的快捷导出存档。突破桥涵结构物病害图片及 CAD 图的移动在线编辑、批量病害数据导入等桥涵定检项目中的技术难点,解决目前桥涵检测现场自动化程度低、检测报告数据处理周期长、工作量大的业务痛点。

4. 平台辅助决策

路面养护决策支持是公路养护科学体系重要组成部分之一,该模块以公路基础数据、检测数据、路面结构数据和评定数据为基础,开展路面性能预测、养护决策、费用估算,编制年度养护计划或中长期养护规划,为宏观养护决策提供基本依据。功能涵盖路面养护需求分析、决策建模、性能预测、养护投资效益分析、养护预算优化分配等内容。

五、安徽某高速公路运营管理平台

1. 安徽某高速公路运营管理平台的功能

该公路运营管理平台主要功能分别是:经常检查、日常养护、养护工程和养护辅助决策。

(1)经常检查

经常检查的功能流程如图 8-29 所示。路段管理公司发布检查任务,交由养护施工单位进行处理。养护施工单位列举任务清单,在平台签到完后开始进行病害采集,最后检查结果反馈给路段管理公司。

(2)日常养护

日常养护主要用于对养护巡查、经常检查发现的病害以及其他病害(为领导指派、品质提升等情况下的任务提供入口,并不一定要有病害)进行处理的小修保养工程,主要包括养护任务发布、施工作业、工程验收、工程计量等,其具体流程如图 8-30 所示。

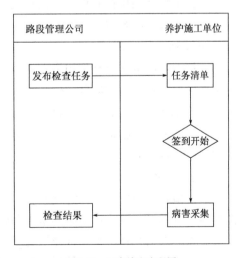

图 8-29 经常检查流程图

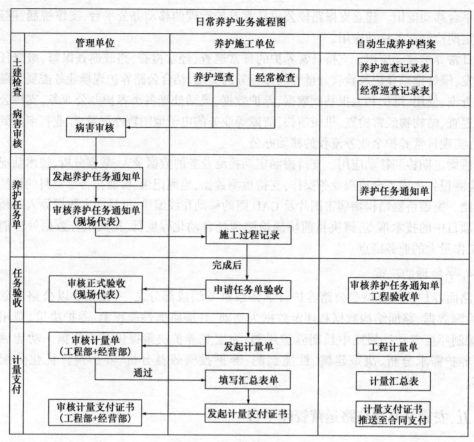

图 8-30 日常养护业务流程图

(3) 养护工程

养护工程功能包括养护项目的概况、过程监管、计量支付、交竣工等流程标准化管理,其标准化流程如图 8-31 所示。

(4) 养护辅助决策

养护辅助决策支持养护历史记录查看、日常养护决策和路面专项决策,基于决策结果编制年度养护计划,并进行批复。

2. 安徽某高速公路运营管理平台的应用

基于高速运营管理平台的四大主要功能可以实现对高速公路运营期间内各项工作的管理,具体应用如下。

(1) 经常检查

经常检查任务发布后,路段公司管理人员可查看已发布的任务及任务情况。在经常检查界面可以对项目进行相应的编辑(包括增加项目、查看详情、编辑、删除和下载)。路段公司管理人员查看检查任务详情可对所有设施检查状态进行筛选,也可以输入具体设施名称或桩号进行检索。并且可对具体设施进行勾选操作、进行批量下载操作等。

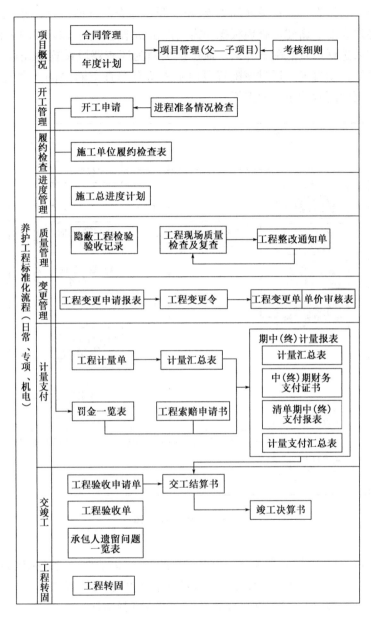

图 8-31 养护工程标准化流程图

养护施工人员在 App 端执行经常检查任务中的采集病害功能。在经常检查任务栏中找到需要检查的路段点击开始检查,进行经常检查任务;点击进入后,会显示所选路段中需要进行检查的设施;点击具体设施进入即可添加病害信息。日常巡查流程如图 8-32 所示。

日常巡查任务发布前需配置以下内容:坐标采集(固定点设置)、巡查模板配置、车辆配置。坐标(固定点)采集(App 和 Web 端均可以采集坐标),点击检查配置项目栏可以进行配置检查。通过巡查模板关联巡查点,App 开始巡查前选择巡查点时,可直接通过选定模板来选择巡查点。新建巡查模板操作需要点击新增巡查点,输入模块名称,点击固定点配置选项进入选择巡查点配置界面。通过该页面为巡查路段设置途经点,巡查单位经过途经点时系统自动打卡。通过该配置页面录入所有巡查车辆,App 开始巡查前选择巡查车辆时从此页面配置的车辆中选择。

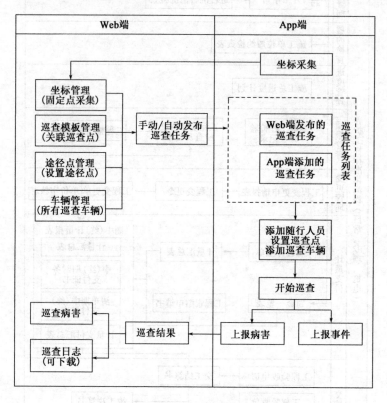

图 8-32 日常巡查流程图

(2)日常养护

①病害审核:对于养护巡查和经常检查采集的病害,需要路段管理单位的专业人员对病害进行审核。在病害大厅中选择需要决策的病害即可进入病害决策界面,界面中会显示病害位置、名称、参数等信息,并且在界面下方可以选择对应的养护措施。

②新增任务通知单:由路段养护单位为施工养护单位配置养护任务,生成养护任务通知单。养护任务通知单的新增可以在养护任务项目栏中添加完成。

③施工记录:在 Web 端不仅可添加、查看养护施工人员的施工记录(即病害详细信息和发展趋势、养护人员配置及完成的工作量),还可查看养护任务通知单、审批流程和病害列表。养护任务通知单审批通过后,在 App 端养护施工单位对任务单中的病害进行维修并记录施工照片及添加计量。

④工程验收:工程验收功能是为了方便路段公司管理人员与施工单位人员到现场验

收养护维修情况。在 Web 端可查看、编辑工程验收单,其中验收合格表示对单一具体的工程验收项通过验收,而验收不合格则表示该验收项未通过。验收通过表示完整的所有验收项目均已合格,全部验收通过。在任务验收单项目栏中点击具体项目的查看验收选项就可以查看验收详情。

(3)养护工程

①项目概况:包括新增子项目、新增子项目清单、新增考核细则等功能。具体流程如图 8-33 所示。

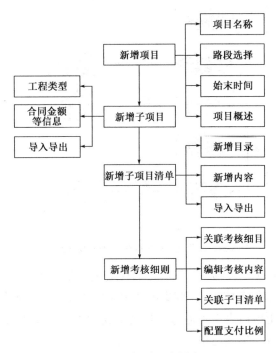

图 8-33 项目建立流程图

②考核细则:考核细则分为质量考核和进度考核,包含绿化养护质量检查、日常保洁考核、路况巡查考核、工程现场质量检查、隐蔽工程质量检查、进场准备情况检查、施工总进度计划,每类考核的内容直接在右侧编辑。

③施工报备:为了方便查看第二天路段上的施工占道情况,一般由施工单位每天晚上填写第二天路段上的施工占道计划。Web 端和 App 端均可实现施工报备功能。在施工报备项目栏中点击添加报备,之后输入具体信息即可。

④履约检查:为了在施工过程中对施工单位的履约情况进行考核,根据项目概况中配置的考核细则,可以在 Web 端或 App 端记录每次的考核内容和结果。

⑤开工管理:在施工单位开始施工前,由施工单位发起开工申请单,审批通过后才可以施工。在开工申请审批通过后,路段公司可以到现场检查施工单位的进场准备情况。

⑥进度管理:在项目概况中添加子项目时,会自动在进度填报页面生成一条记录,并

且自动获取在子项目中配置的考核细则中的施工总进度计划内容,可以在此处编辑并提交,提交后不能修改进度计划。可以随时添加实际的形象进度。

⑦质量管理:路段公司随时可以对施工单位的现场施工情况检查,如果检查发现问题,可以发起整改通知单,施工单位完成整改后,需要路段公司进行复查,整体业务流程如图 8-34 所示。

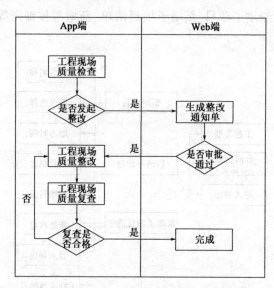

图 8-34 工程现场质量检查、整改及复查流程图

⑧变更管理:变更管理包括三个环节,工程变更申请表及工程变更令、工程变更单(如有单价变更,则有单价审核表)。变更申请表由施工单位、监理单位或路段公司发起,工程变更令在工程变更申请表审批通过后自动生成,不需要手动添加发起,在工程变更令审批通过后会自动生成工程变更单。

⑨计量管理:计量管理是对工程计量单的统计、汇总,以及中(终)期财务支付情况的集中管理。包括工程计量单、计量汇总表、中(终)期财务支付证书、罚金一览表、索赔申请书。

⑩交竣工:在交工或竣工前,施工单位需要向路段公司提起交工验收申请或竣工验收申请。在交工验收申请审批通过后,才可以发起交工结算书,交工结算书需要关联到计量管理中的终期财务支付证书,自动计算结算金额。在交工验收申请单以及交工结算书审批通过后,才可以发起竣工决算书。关联交工结算书后,金额自动计算后生成,可以修改。

(4)养护辅助决策

养护决策支持养护历史记录查看、日常养护决策和路面专项决策,基于决策结果编制年度养护计划,并进行批复。

①定检历史数据:通过这个功能可以查看到历年的各类病害数量统计、技术状况指数等历史数据,并查看各个路段基础数据、养护记录等详细信息。

②日常养护决策:系统可以根据历年数据拟合预测出日常养护费用。日常养护成本包含路基、路面、桥涵、隧道、交安、绿化、机电、房建、其他和平均养护成本,不同模块的预测费用采用不同颜色在柱状图中体现,使用者可以直观地获取不同年份、不同模块的费用变化趋势。

③路面专项决策:系统可以根据历年数据拟合得出路面专项预测结果。

④年度养护计划:可在系统中添加或编辑项目计划,生成项目建议书和计划汇总表,并能查看年度养护计划地图。

⑤年度计划决策:年度养护计划主页面如图 8-35 所示。该页面不但显示年度计划总金额(万元),而且对其进行分项统计(包括:日常养护、中修、大修、应急、其他)。在金额下方的目录中,可以点击下拉菜单查看每一个具体项目及其金额。

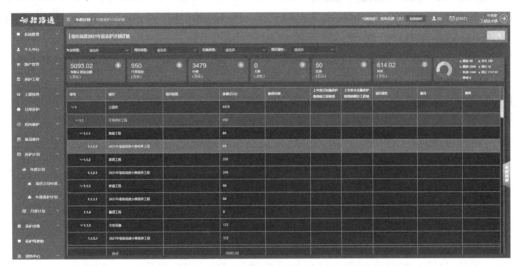

图 8-35　年度养护计划主页面

复习思考题

1. 公路养护单项决策支持系统主要包括哪些系统?各自的主要作用是什么?
2. 简述路面养护管理系统的组成、架构与功能。
3. 简述 CPMS 系统的组成与功能。
4. 简述 CPMS 系统数据库中数据的类别、采集方法与频率。
5. CPMS 中路面性能预测模型主要通过哪几个方面获得参数?
6. 简述 CPMS 的公路技术状况评定系统的主要特点。

参 考 文 献

[1] 姚祖康.路面管理系统[M].北京:人民交通出版社,1993.
[2] 潘玉利.路面管理系统原理[M].北京:人民交通出版社,1998.
[3] 武建民.路面养护管理系统[M].北京:人民交通出版社,2014.
[4] 郭忠印,杨群.交通运输设施与管理[M].2版.北京:人民交通出版社,2011.
[5] LI Z Z. Transportation asset management methodology and applications[M]. CRC Press, Taylor and Francis Group, 2019.
[6] Ralph Haas, W Ronald Hudson, Lynne Falls. Pavement asset management [M]. Scrinener Publishing, WILEY, 2015.
[7] W Ronald Hudson, Ralph Haas, Waheed Uddin. Infrastructure management [M]. McGraw-Hill Companies, Inc., 1997.
[8] 沙爱民.路基路面工程[M].2版.北京:高等教育出版社,2022.
[9] 王智远,张宏.隧道工程[M].北京:人民交通出版社,2014.
[10] 刘龄嘉.桥梁工程[M].3版.北京:人民交通出版社股份有限公司,2017.
[11] 张超,支喜兰.公路水运工程试验检测专业技术人员职业资格考试用书《道路工程》[M].北京:人民交通出版社股份有限公司,2018.
[12] 周迎新.沥青路面检测与养护技术研究[M].北京:中国建材工业出版社,2015.
[13] 武鹤.公路养护技术与管理[M].北京:人民交通出版社,2013.
[14] 李俊超.公路桥梁全寿命周期成本分析[D].武汉:华中科技大学,2009.
[15] 李露.公路养护总费用模型优化与效益评估[D].西安:长安大学,2018.
[16] 陈爽.公路基础设施快速养护的对象识别及方法研究[D].北京:清华大学,2016.
[17] 姚琳怡.基于强化学习的高速公路项目级养护决策研究[D].南京:东南大学,2019.
[18] 马磊.高速公路养护费用效益综合评价体系研究[D].南京:东南大学,2019.
[19] 中华人民共和国交通运输部.公路技术状况评定标准:JTG 5210—2018 [S].北京:人民交通出版社股份有限公司,2018.
[20] 中华人民共和国交通运输部.公路桥梁技术状况评定标准:JTG/T H21—2011[S].北京:人民交通出版社,2011.
[21] 中华人民共和国交通运输部.公路路基路面现场测试规程:JTG 3450—2019[S].北京:人民交通出版社股份有限公司,2019.
[22] 中华人民共和国交通运输部.公路路面技术状况自动化检测规程:JTG/T E61—2014[S].北京:人民交通出版社股份有限公司,2014.
[23] 中华人民共和国质量监督检验检疫总局,中国国家标准化管理委员会.多功能路况快速检测设备:GB/T 26764—2011[S].北京:中国标准出版社,2011.

[24] 中华人民共和国交通运输部.公路养护技术规范:JTG H10—2009[S].北京:人民交通出版社,2009.

[25] 中华人民共和国交通运输部.公路路基养护技术规范:JTG 5150—2020[S].北京:人民交通出版社股份有限公司,2020.

[26] 中华人民共和国交通部.公路水泥混凝土路面养护技术规范:JTJ 073.1—2001[S].北京:人民交通出版社,2001.

[27] 中华人民共和国交通运输部.公路沥青路面养护技术规范:JTG 5142—2019[S].北京:人民交通出版社股份有限公司,2019.

[28] 中华人民共和国交通运输部.公路沥青路面养护设计规范:JTG 5421—2018[S].北京:人民交通出版社股份有限公司,2018.

[29] 中华人民共和国交通运输部.公路桥涵养护规范:JTG 5120—2021[S].北京:人民交通出版社股份有限公司,2021.

[30] 中华人民共和国交通运输部.公路隧道养护技术规范:JTG H12—2015[S].北京:人民交通出版社股份有限公司,2015.

[31] 中华人民共和国交通运输部.公路养护预算编制导则:JTG 5610—2020[S].北京:人民交通出版社股份有限公司,2020.

[32] 中华人民共和国交通运输部.公路沥青路面预防养护技术规范:JTG/T 5142-01—2021[S].北京:人民交通出版社股份有限公司,2021.

[33] 中华人民共和国交通运输部.路面加热型密封胶:JT/T 740—2015[S].北京:人民交通出版社股份有限公司,2015.

[34] 中华人民共和国交通运输部.路面裂缝贴缝胶:JT/T 969—2015[S].北京:人民交通出版社股份有限公司,2015.

[35] 中华人民共和国交通运输部.公路路基施工技术规范:JTG/T 3610—2019[S].北京:人民交通出版社股份有限公司,2019.

参考文献

[24] 中华人民共和国交通运输部. 公路工程水泥及水泥混凝土试验规程: JTG E30—2005[S]. 北京: 人民交通出版社, 2005.

[25] 中华人民共和国交通运输部. 公路路基施工技术规范: JTG/T 3610—2019[S]. 北京: 人民交通出版社股份有限公司, 2020.

[26] 中华人民共和国交通部. 公路水泥混凝土路面设计规范大样图集: JTJ 073.1—2001[S]. 北京: 人民交通出版社, 2001.

[27] 中华人民共和国交通运输部. 公路沥青路面施工技术规范: JTG F40—2004[S]. 北京: 人民交通出版社, 2004.

[28] 中华人民共和国交通运输部. 公路沥青路面再生技术规范: JTG/T 5521—2019[S]. 北京: 人民交通出版社股份有限公司, 2019.

[29] 中华人民共和国交通运输部. 公路路面基层施工技术细则: JTG/T F20—2015[S]. 北京: 人民交通出版社, 2015.

[30] 中华人民共和国交通运输部. 公路工程沥青及沥青混合料试验规程: JTG E20—2011[S]. 北京: 人民交通出版社, 2011.

[31] 中华人民共和国交通运输部. 公路工程无机结合料稳定材料试验规程: JTG E51—2009[S]. 北京: 人民交通出版社, 2009.

[32] 中华人民共和国交通运输部. 公路工程集料试验规程: JTG E42—2005[S]. 北京: 人民交通出版社, 2005.

[33] 中华人民共和国交通运输部. 公路工程沥青路面设计规范: JTG D50—2017[S]. 北京: 人民交通出版社股份有限公司, 2017.

[34] 中华人民共和国交通运输部. 路面稀浆罩面技术规程: JTG/T F40—02—2005[S]. 北京: 人民交通出版社, 2005.

[35] 中华人民共和国交通运输部. 公路水泥混凝土路面施工技术细则: JTG/T F30—2014[S]. 北京: 人民交通出版社股份有限公司, 2014.